HASTA AQUÍ HEMOS LLEGADO

UNA HISTORIA DEL ANTIFEMINISMO EN ESPAÑA

Teresa María Ortega López

HASTA AQUÍ HEMOS LLEGADO

UNA HISTORIA DEL ANTIFEMINISMO EN ESPAÑA

CÁTEDRA
HISTORIA. SERIE MAYOR

1.ª edición, febrero de 2026

Diseño de cubierta: Germán Úcar

PAPEL DE FIBRA
CERTIFICADA

Valentín Beato, 21. 28037 Madrid
Depósito legal: M. 22.506-2025
I.S.B.N.: 978-84-376-4972-6
Printed in Spain

Para Julia Cobo Ortega (mi hija),
porque tu existencia me recuerda que el feminismo
sigue siendo necesario

Agradecimientos

Los agradecimientos deben ser siempre sinceros, y con esa honestidad quiero expresar mi gratitud, en primer lugar, a Raúl García Bravo, quien fuera editor en Cátedra durante buena parte de este proceso. En estos tiempos determinados por la saturación informativa y por la banalización del saber, quienes apuestan por publicaciones como esta desempeñan un papel esencial. De modo que la gratitud se vuelve una forma «trina», tan llena de milagros como de resistencia. Así pues, gracias, Raúl, por tu confianza en este proyecto, por tu apoyo constante y generoso mientras compartimos este camino editorial y, por supuesto, por tu firme compromiso con el pensamiento crítico y la memoria histórica. Hago extensivo mi agradecimiento a la editorial Cátedra por acoger este proyecto y contribuir, con su labor sostenida, a la difusión rigurosa del conocimiento en un tiempo que tanto lo necesita. De forma particular, expreso también mi reconocimiento a Esther Moñita, editora de Ediciones Cátedra, por su profesionalidad, su mirada precisa y su dedicación, así como por el cuidado riguroso y atento con el que ha acompañado la revisión del texto.

También deseo agradecer a mis queridas Valquirias, esas figuras mitológicas que descendían a los campos de batalla para elegir a los dignos de honor y que, en este caso, representan a mujeres reales —lúcidas, firmes, incansables— que han alzado la voz, y siguen haciéndolo, en favor de la igualdad. Conscientes de las contradicciones del mundo, no han dejado de imaginar y construir alternativas, ofreciendo, desde lo cotidiano y desde la academia, una crítica lúcida y una dedicación inquebrantable al compromiso colectivo. A vosotras, que desde hace años me acompañáis con cariño, complicidad y humor, os debo inspiración, horizonte y perspectiva. Y entre esas Valquirias está mi madre. Una mujer que, sin formar parte del mundo académico —sino del «de sus labores», tal como figuraba en su documento de identidad y en el censo de población—, ha sido y seguirá siendo para mí mucho más que cualquier cátedra: un ejemplo constante e insustituible.

No puedo dejar de mencionar a la Universidad de Granada y, en particular, a su Instituto Universitario de Investigación de Estudios de las Mujeres y de Género, así como a su Departamento de Historia Contemporánea. Estos centros no solo acogen mi labor académica, sino que también me brindan las herramientas necesarias para cuestionar, a través de la docencia y la investigación, las narrativas establecidas y visibilizar lo históricamente silenciado. A todas las personas que forman parte de este entorno les expreso mi profunda gratitud por acompañarme en este camino con generosidad, diálogo y rigor intelectual.

Asimismo, quiero destacar la importancia de los proyectos de investigación que, financiados mediante concursos públicos y bajo mi dirección o colaboración, constituyen la base para la creación de un espacio dedicado a la generación de conocimiento crítico. Entre ellos se encuentran iniciativas actuales como «Género, sustentabilidad y saberes rurales. Las mujeres del campo como agentes de cambio en la actual crisis ambiental» (Ministerio de Igualdad. Instituto de las Mujeres, Expo. 07-1-ID24) y «La agricultura familiar en perspectiva de género: trabajo reproductivo, saberes ambientales y modelos de feminidad en Galicia y Andalucía, 1900-2011» (Ministerio de Ciencia, Innovación y Universidades, PID2023-151334NB-100). Estos proyectos se desarrollan gracias al compromiso y la dedicación de un equipo de investigadores e investigadoras, entre los cuales sobresale la profesora Ana Cabana Iglesia, de la Universidad de Santiago de Compostela.

Finalmente, expreso mi más profundo agradecimiento a Francisco Cobo Romero, por ser un maestro en el pensamiento histórico, un compañero de vida y un amigo en todos los sentidos. Su rigor intelectual y su realismo sereno han sido, y siguen siendo, un faro esencial en mi desarrollo personal y profesional.

Introducción

El antifeminismo como objeto de estudio: definición y aportaciones al conocimiento

En la actualidad, resulta incuestionable que el feminismo, como movimiento social, político y cultural, ha logrado avances en la igualdad, garantizando que las mujeres puedan tener acceso a derechos tan fundamentales como la educación, la salud y la participación y representación políticas. Además, y como advierte el historiador Juan Sisinio Pérez Garzón (2018 y 2024), lo ha logrado sin violencia. Al contrario que otros movimientos sociopolíticos, el feminismo no cuenta con guerras, ni muertes ni afanes totalitarios a sus espaldas. Su estrategia ha sido razonar, y su táctica, convencer.

Frente a esta agenda constante de mujeres que reclaman su igualdad y que desmantelan los mecanismos de sometimiento acumulados durante siglos en todas las culturas, resultaría difícil justificar que se pusiera en duda la legitimidad de consolidar los estudios sobre el feminismo. Desde hace más de medio siglo, este constituye un campo reconocido de investigación académica en disciplinas como la ciencia política, la sociología, la antropología, la comunicación o la historia. Estas áreas —a las que podrían sumarse muchas otras— han desarrollado, desde posiciones feministas, y asumiendo el género como categoría de análisis, nuevas metodologías y enfoques que han transformado no solo la manera de entender el mundo y la sociedad, sino también los fundamentos mismos de la producción de conocimiento.

No obstante, a pesar de los avances alcanzados, persisten resistencias que, con distintas formas y matices, han logrado mantenerse a lo largo del tiempo (Nash, 2004). Las diversas investigaciones provenientes de disciplinas como las mencionadas han evidenciado no solo los logros, sino también las dinámicas profundas que subyacen a estas oposiciones. En particular, se han identificado lógicas ideológicas y discursos de resistencia que, desde ámbitos como la religión, la política o la ciencia, han recurrido históricamente a nociones como el orden natural o divino, la voluntad del pueblo y la tradición para legitimar jerarquías de género y sostener un orden social basado en la masculinidad hegemónica y la superioridad masculina. En lugar de promover la justicia y la igualdad, esos discursos han buscado neutralizar o desautorizar cualquier intento de cuestionar dichas jerarquías.

En las últimas décadas, estos marcos argumentales se han renovado mediante la incorporación de narrativas que denuncian supuestos «excesos del feminismo» o alertan sobre un clima de discriminación hacia los hombres, y que se presentan como una defensa legítima de la libertad individual, de la familia o de valores «auténticos» frente a lo que denominan «imposición ideológica de género» (Carreras, 2019: 51-61). Tales discursos, lejos de ser marginales, se articulan de forma coherente y encuentran eco en determinados espacios políticos, mediáticos y sociales, contribuyendo así a erosionar consensos alcanzados en torno a la igualdad entre hombres y mujeres y a reforzar imaginarios que sostienen la desigualdad estructural. Comprender estas oposiciones y su evolución histórica resulta esencial para analizar los desafíos actuales y diseñar respuestas efectivas que continúen impulsando la emancipación femenina.

El interés académico por la oposición masculina y, en términos más amplios, patriarcal a la emancipación de las mujeres es un fenómeno, no obstante, reciente. Afirmación que puede resultar sorprendente si atendemos a una frase atribuida a comienzos del siglo XX a la escritora británica Virginia Woolf: «La historia de la oposición del hombre a la emancipación de la mujer es quizás más interesante que la historia de la emancipación en sí misma». Con estas palabras, Woolf no solo señalaba una paradoja reveladora, sino que anticipaba, de algún modo, el surgimiento de un nuevo campo de estudio: el del antifeminismo como objeto de análisis académico. Este campo, aún en proceso de consolidación, permite comprender las formas históricas y actuales de resistencia al feminismo y revela hasta qué punto dicha resistencia ha sido, y sigue siendo, estructural, sistemática y culturalmente persistente.

Pese al interés reciente por el estudio del antifeminismo, las investigaciones existentes han logrado establecer una caracterización sólida y compartida —sin dejar de reconocer su diversidad plural— en cuanto a su naturaleza y formas de expresión. Así lo evidencian los dos volúmenes de la obra coordinada por Michael S. Kimmel y Amy Aronson, *Men & Masculinities: A Social, Cultural, and Historical Encyclopedia* (2004), que se han consolidado como una referencia imprescindible en la materia. Lejos de mostrarlo con esta simple definición, «oposición a la igualdad de las mujeres», o como un simple rechazo puntual a determinadas ideas feministas, como «la entrada de las mujeres en la esfera pública, la reorganización de la esfera privada, su derecho al control de sus cuerpos y a los derechos de las mujeres en general», el antifeminismo se presenta como un conjunto multiforme, potente y bien articulado de discursos, prácticas y movimientos —integrados por hombres y mujeres— que se oponen activa y sistemáticamente a los principios y avances planteados por el feminismo. Lamoureux y Dupuis-Déri (2015) ofrecieron hace una década una definición que se ajusta a esta interpretación: «el antifeminismo puede definirse como un marco ideológico y político que rechaza la legitimidad de las demandas feministas, niega la existencia de desigualdades estructurales entre hombres y mujeres y propone modelos alternativos de organización social basados en concepciones tradicionales de género». Una definición que también veíamos reflejada en el artículo «El antifeminismo: un movimiento organizado que "secuestra la conversación"», firmado por Isabel Valdés en *El País* de 5 de marzo de 2025. Varias cuestiones de interés se desprenden de dicho artículo. Por un lado, el antifeminismo aparece como un fenómeno estructurado y global, que utiliza en la actualidad múltiples mecanismos —las redes sociales y los medios de comunicación principalmente— para deslegitimar el feminismo y difundir una narrativa basada en la inversión del discurso de los derechos. Por otro lado, refuerza la necesidad de abordar el antifeminismo no como una reacción aislada, sino como una ideología con capacidad de incidencia real en el ámbito público y político. Y, por último, desenmascara formas letales con las que a menudo este discurso se presenta: como una defensa de la «neutralidad», la «igualdad sin ideología» o los «valores familiares», pero en la práctica refuerza jerarquías de género y deslegitima la lucha feminista.

Cuestiones definitorias y argumentales todas ellas que permiten establecer diferenciaciones con otros fenómenos que, de forma errónea, se suelen emplear como sinónimos: misoginia, machismo y sexismo. A pesar de que el antifeminismo puede contener elementos misóginos y machistas, y contribuye al mantenimiento del sexismo, tiene características distintivas. Se diferencia de la misoginia en que está organizado como un movimiento estructurado en contra del feminismo; del machismo, en su capacidad de articularse de manera más compleja e intelectual, y del sexismo, en su habilidad para adaptarse al contexto cultural e histórico, además de su carácter reactivo frente al avance de las demandas feministas. El antifeminismo, pues, no se limita a ser una resistencia pasiva e inofensiva, sino que constituye una respuesta planificada, consciente y estratégicamente orientada en oposición a los logros y aspiraciones del feminismo. Es por ello por lo que estudiar el antifeminismo resulta fundamental. Ofrecemos varias razones.

En primer lugar, permite comprender las resistencias sociales al cambio en contextos de transformación de las relaciones de género, especialmente cuando los avances legales o culturales en materia de igualdad generan respuestas de rechazo. Este enfoque resulta particularmente útil para analizar, por ejemplo, la irrupción en la última década, y como un fenómeno global (Forti, 2022), de partidos de extrema derecha en Europa y América Latina que incorporan con frecuencia el antifeminismo como parte central de su agenda política. En segundo lugar, el análisis del antifeminismo ayuda a visibilizar cómo se construyen y difunden determinados discursos de odio o desinformación, especialmente en entornos digitales. En este sentido, el estudio de los discursos antifeministas en redes sociales permite trazar cómo se articulan estrategias de desprestigio, manipulación narrativa y movilización de emociones (como el miedo o el resentimiento), muchas veces con un fuerte componente conspirativo (Carrizales González, 2022: 93-121; Gutiérrez, 2022). Estas dinámicas pueden derivar en formas explícitas o simbólicas de *violencia política de género,* entendida como toda acción, discurso u omisión que, por razones de género, intenta desalentar, castigar o impedir la participación de las mujeres —especialmente aquellas que se identifican con el feminismo— en la vida pública, política o institucional (Krook, 2020). Dicha violencia puede manifestarse en múltiples niveles: físico, psicológico, simbólico, sexual, patrimonial, económico o incluso feminicida, como ha señalado Rita Laura Segato en su libro *La guerra contra las mujeres* (2016), y afectar gravemente no solo a las mujeres como individuos, sino también a su derecho colectivo a la participación y representación. Asimismo, y en tercer lugar, el estudio del antifeminismo enriquece el conocimiento al poner en diálogo —tal y como señalan Michael S. Kimmel y Amy Aronson— diversas áreas de investigación de carácter histórico, biológico, intercultural, psicológico y sociológico. Este enfoque interdisciplinar, que también incorpora el análisis de la literatura, el arte y la música desde una perspectiva de género, permite comprender cómo operan los mecanismos de poder simbólico, cómo se configuran las masculinidades en contextos de crisis y de qué manera el rechazo al feminismo se entrelaza con otros sistemas de opresión, como el racismo, la LGTB-fobia o el nacionalismo excluyente.

En esta tarea de comprensión crítica, la disciplina histórica resulta especialmente valiosa. El análisis histórico permite no solo trazar la genealogía del antifeminismo, sino también entender cómo ha evolucionado, cómo se ha entrelazado con otros movimientos reaccionarios de corte político, religioso, cultural y científico y de qué modo ha condicionado los procesos sociales a lo largo del tiempo. Como señaló Christine Bard en el libro *Un siglo de antifeminismo* (2000b), y ahondando en lo ya dicho, este fenómeno no puede interpretarse como una respuesta puntual o anecdótica, sino como un movimiento estructurado, coherente y persistente que ha acompañado —y combatido— los avances feministas desde sus orígenes (Bard, 2000b: 25-39). En este sentido, la ciencia histórica no solo ayuda a iluminar el pasado de estas resistencias, sino que también aporta claves fundamentales para reconocer sus reformulaciones en el presente y anticipar sus derivas futuras.

No en vano, en el ámbito de la historiografía contemporánea, el antifeminismo ha emergido como un objeto de estudio de creciente interés, no solo por su presencia en la actualidad, sino por su relevancia para comprender los procesos históricos de resistencia al cambio social (Bonet-Martí, 2021: 61-71). Tradicionalmente relegado a un lugar secundario frente al estudio del feminismo y sus avances, el análisis del antifeminismo permite completar el panorama histórico de las luchas por los derechos de las mujeres, prestando atención a las y los actores, discursos y estructuras que han obstaculizado —y siguen obstaculizando— la igualdad de género. No obstante, debemos señalar que, desde una perspectiva histórica, el antifeminismo no es un fenómeno nuevo. Ya lo hemos dicho antes: ha acompañado al feminismo desde sus orígenes, adoptando distintas formas según el contexto socioeconómico, político y cultural. A lo largo de los siglos XIX y XX, el rechazo a los derechos civiles, políticos y reproductivos de las mujeres estuvo presente en múltiples discursos médicos, religiosos, jurídicos y políticos. En este sentido, y como se recoge en el libro pionero coordinado por Ana Aguado y Teresa María Ortega, *Feminismos y antifeminismos. Culturas políticas e identidades de género en la España del siglo XX*, el antifeminismo constituye una reacción histórica bien articulada frente a cada conquista feminista, ya sea el sufragio, la educación, el trabajo remunerado o el acceso a los espacios públicos (Aguado y Ortega, 2011: 11-19).

Incorporar, por tanto, el estudio del antifeminismo a la investigación histórica se antoja fundamental. Primero porque permitirá entender cómo se han construido las relaciones de poder de género a través del tiempo, y cómo se han sostenido mediante estrategias discursivas, institucionales y simbólicas. Asimismo, y en segundo lugar, ayudará a identificar los mecanismos de persistencia de la desigualdad, muchas veces legitimados en nombre de la tradición, el orden social o la «naturaleza» de los sexos. En el siglo XXI, el auge de discursos antifeministas —especialmente promovidos por sectores neoconservadores y partidos de extrema derecha— ofrece un campo fértil para el análisis histórico del presente. Estudiar estas resistencias desde la historia facilitará, en tercer lugar, contextualizarlas dentro de largas genealogías de oposición a los derechos de las mujeres y a los cambios en las estructuras familiares, laborales y sexuales. De este modo, el antifeminismo no solo refleja el conflicto político actual, sino que se inscribe en una continuidad histórica de tensiones entre avance y reacción.

Además, la historiografía reciente ha subrayado la importancia de no limitarse a estudiar los movimientos emancipatorios, sino también las culturas políticas y sociales que los confrontaron, lo cual contribuye a una comprensión más compleja de los procesos históricos (García Moreno, 2025). Analizar estas oposiciones ofrecerá una ventana para explorar las narrativas hegemónicas sobre género, nación, religión o familia que han moldeado los imaginarios colectivos y las políticas públicas. Estudiar el antifeminismo aportará, en consecuencia, una dimensión crítica a la historia de la igualdad de género al iluminar los obstáculos históricos, las continuidades ideológicas y las formas de resistencia que han configurado la experiencia social de las mujeres. Incorporarlo a la investigación histórica no solo enriquecerá el conocimiento académico, sino que también brindará algo tremendamente necesario: la posibilidad de intervenir con herramientas más precisas en los debates contemporáneos sobre democracia, derechos y ciudadanía.

Sobre este libro: capítulos, temas y propósito

El antifeminismo en España, sin ser una excepción respecto a otros países, presenta una historia tan profunda como compleja. Desde la aparición, en la edad contemporánea, de las primeras demandas de igualdad planteadas en el siglo XIX, seguidas, durante el siglo XX, de otras reivindicaciones en torno al acceso a la educación superior, al sufragio femenino, a la participación política y al derecho a decidir sobre el propio cuerpo, las respuestas contrarias a estos avances no se hicieron esperar. Desde múltiples formas y contextos cambiantes, y sustentándose en discursos religiosos, científicos, jurídicos o morales, la resistencia al avance de los derechos de las mujeres y a la modificación del *statu quo* del sistema patriarcal ha sido una constante. Una resistencia que ni siquiera la democracia ha conseguido derribar. Es más, y a la luz de los acontecimientos actuales, podría afirmarse lo contrario. En efecto, a pesar de haber sido reconocida España como uno de los países más punteros del mundo en el ámbito de la igualdad de género en el siglo XXI, estudios recientes evidencian que continúa siendo un Estado marcado por una profunda huella patriarcal con tendencias alarmantes en la última década (Canet-Benavent y Martínez-Martínez, 2019: 2). En este sentido, trabajos recientes, como el impulsado por centros como el Instituto de Ciencias Políticas y Sociales (ICPS) de la Universidad Autónoma de Barcelona (UAB), constatan la creciente hostilidad hacia el movimiento feminista. En palabras de la activista Laura Sagnier: «El término feminismo genera rechazo al 42% de las mujeres y al 62% de los hombres» (Europa Press, 21 de junio de 2023). Rechazo que ha ido en aumento. En 2025, esa resistencia se ha fortalecido de la mano de formaciones políticas neoconservadores y de extrema derecha que, como confirman estadísticas oficiales, se van asentando en el tejido social y en el arco parlamentario.

Un ejemplo especialmente ilustrativo se encuentra en el partido político Vox. Esta formación ha consolidado un discurso que niega la existencia de la violencia de género como fenómeno estructural, a la vez que estigmatiza y caricaturiza conceptos como la «ideología de género» o la «agenda *woke*». Con estas estrategias discursivas, plasmadas recientemente en las jornadas Ideología de género y denuncias falsas España/Argentina, organizadas en la sala Ernest Lluch del Congreso de los Diputados, Vox fomenta una falsa simetría entre hombres y mujeres que diluye y oculta las desigualdades reales y banaliza la violencia machista incluso frente a su persistencia y preocupante magnitud en España *(El País*, 4 de septiembre de 2025). En 2023, treinta y nueve mujeres fueron asesinadas por violencia machista en España, y en 2024 la cifra ascendió a cuarenta y cinco, lo que arroja un total de 1.290 víctimas desde 2003. A esto se añade el informe de FAD Juventud (2023), que advierte sobre el auge del antifeminismo entre adolescentes, influenciados por estereotipos de género y discursos políticos que niegan la existencia de la violencia estructural contra las mujeres. Según encuestas del CIS (enero de 2024), más del 44% de los hombres consideran que «la igualdad ha llegado demasiado lejos», hasta el punto de discriminarlos *(El País,* 15 de enero de 2024).

El peso de estos datos no puede analizarse al margen de sus raíces históricas. La historia contemporánea demuestra que el fenómeno antifeminista no es algo propio de los tiempos que corren, sino que el rechazo a los derechos de las mujeres ha estado presente, desde la fundación misma del Estado liberal en España (Espigado Tocino, 2015: 151-168; Romeo Mateo, 2006: 61-83), en discursos científicos, religiosos y políticos que negaban la capacidad intelectual, moral o legal de las mujeres. Como constató el mencionado libro coordinado por Ana Aguado y Teresa M. Ortega (2011), el antifeminismo ha funcionado como «una reacción organizada ante cada avance feminista», actuando históricamente desde instituciones clave y con una notable capacidad de permanencia.

Esa constatación da origen a este libro. Partiendo de la premisa de que comprender las manifestaciones actuales del antifeminismo requiere reconstruir su trayectoria histórica, a lo largo de ocho capítulos y un epílogo, el libro recorre más de un siglo de historia de

España —desde los inicios del siglo xx hasta la actualidad— analizando cómo se construyó, articuló y reprodujo el antifeminismo en el discurso político, intelectual, legislativo y cultural del país. Y lo hace renunciando a ofrecer una historia lineal del progreso y proponiendo, por el contrario, una genealogía crítica del antifeminismo en España fundamentada en fuentes primarias, en una amplia selección bibliográfica y en un sólido aparato crítico. Entre las fuentes primarias destacan especialmente la prensa de la época, esencial para reconstruir la recepción social y política de los acontecimientos narrados; los libros y publicaciones contemporáneas al periodo analizado, que ofrecen una visión directa de los discursos intelectuales, morales y jurídicos del momento; la legislación publicada en la *Gaceta de Madrid* y el *Boletín Oficial del Estado*, que permite acceder de forma sistemática y contextualizada a la normativa histórica española, facilitando el análisis comparado y la trazabilidad de las reformas jurídicas vinculadas a la igualdad y a la situación de las mujeres en el periodo estudiado; y los Diarios de Sesiones de las Cortes, fundamentales para conocer el debate parlamentario, la formulación de leyes y las tensiones ideológicas presentes en el discurso político. Todo ello para revelar cómo los discursos sobre la feminidad, la maternidad y el papel social de las mujeres han sido utilizados para legitimar diferentes proyectos políticos a lo largo de más de un siglo. Desde la Restauración hasta la actualidad, y atravesando tanto las derechas como las izquierdas políticas, el control sobre los cuerpos de las mujeres, la imposición de prejuicios de género, la regulación de sus voces y la restricción de sus espacios han constituido ejes centrales en la configuración del poder. Lejos de tratarse de reacciones puntuales frente a las demandas feministas, los antifeminismos —en plural, para dar cuenta de su diversidad— se revelan como un entramado ideológico persistente, en el que han participado tanto hombres como mujeres, y que se halla profundamente enraizado en las relaciones de poder que sostienen el orden patriarcal y la masculinidad hegemónica en España.

El primer capítulo comienza analizando los orígenes del antifeminismo en la España del periodo de la Restauración, mostrando cómo las élites políticas, religiosas y científicas del momento reaccionaron ante el avance del pensamiento feminista fortalecido por la experiencia que significó la Primera Guerra Mundial. Una experiencia que en los países beligerantes desacreditó el discurso de inferioridad o incapacidad de las mujeres para asumir responsabilidades económicas y tomar decisiones de calado. España, aunque no intervino en el conflicto, recibió los ecos de las movilizaciones de los miles de mujeres que reclamaban y exigían un papel activo en la vida política, económica y social de sus respectivos países, pero siempre sujetas a una participación subordinada, tutelada por el varón y orientada al servicio de los intereses de la nación.

Tal contexto propició que, durante la dictadura de Primo de Rivera, como se expone en el capítulo 2, los discursos antifeministas, influidos por la crisis internacional del liberalismo y por el ascenso del fascismo en Italia, se reconfiguraran en clave autoritaria, nacionalista y paternalista. De este modo, se consolidó una imagen —y un relato político— que situaba a las mujeres como garantes del orden moral y como piezas esenciales en el «renacer» de la patria, entendido en un sentido palingenésico: una regeneración total de la nación, presentada como retorno a un supuesto pasado glorioso y puro, que exigía reafirmar los valores tradicionales y reforzar las jerarquías de género como pilares del nuevo orden político y social.

Imagen y discurso que, como se detalla en el capítulo 3, se reforzaron todavía más durante los años de la Segunda República. En este periodo, las principales fuerzas conservadoras —católicas, falangistas, monárquicas— reaccionaron ante el avance de los derechos políticos, jurídicos y sociales de las mujeres articulando una narración dramatizada y reaccionaria sobre la supuesta «degeneración» de España. Desde esta retórica catastrofista, se atribuía al feminismo y a la figura emergente de la «mujer moderna» —independiente, instruida y políticamente activa— la responsabilidad de una quiebra moral y social que amenazaba los fundamentos de la nación. Para contrarrestar esa imagen, se difundió un modelo de feminidad «respetable», concebida como garante de la cohesión familiar, la pureza moral y la estabilidad del orden patriarcal, y cuya función principal era servir a los intereses de la nación. Este modelo, cargado de prejuicios de género, se opuso no solo al feminismo militante, sino también a cualquier expresión de autonomía femenina que cuestionara la autoridad masculina en el hogar, en la política o en el espacio público.

El capítulo 4, centrado también en la década de los treinta, aporta un contrapunto fundamental al analizar las tensiones internas que surgieron en relación con las demandas feministas dentro de las culturas políticas republicanas y de izquierda. Aunque estas formaciones proclamaban un discurso igualitario, presente incluso en sus estatutos fundacionales, muchas no lograron liberarse completamente de los prejuicios tradicionales sobre la feminidad. La cuestión de género, en lugar de constituir un eje central, fue en numerosas ocasiones relegada a un segundo plano, subordinada al imperativo del progreso nacional, a la consolidación de la democracia o a la lucha de clases. Esta priorización instrumental de los derechos de las mujeres generó fricciones internas y desencanto en los sectores feministas, que percibían que sus reivindicaciones quedaban diluidas o sacrificadas frente a objetivos políticos más amplios, lo que evidenciaba así la persistencia de barreras estructurales incluso en espacios considerados progresistas.

Por su parte, el capítulo 5 aborda la Guerra Civil y la inmediata posguerra y explora cómo la violencia simbólica y física contra las mujeres —especialmente las republicanas— se convirtió en un instrumento de guerra y de reafirmación del orden patriarcal por parte del bando sublevado. La represión de los avances igualitarios culmina en el capítulo 6. En él se analiza el régimen franquista como una «dictadura de género», sostenida en la alianza entre Estado, Iglesia, FET-JONS y sus instrumentos de movilización, adoctrinamiento y control social (Sección Femenina y Frente de Juventudes). El modelo de mujer impuesto tras el término de la guerra se basó en la sumisión, la maternidad y la dependencia económica, mientras se consolidaba un ideal de masculinidad asociado a la autoridad y al dominio. Dada la larga duración del franquismo, esos modelos de feminidad y de masculinidad terminaron siendo naturalizados por el conjunto de la sociedad española.

Una cuestión que determina, junto con el convulso periodo que se abrió tras la muerte de Franco, que, como puede comprobarse en el capítulo 7, se examine críticamente la Transición democrática. En aquellos años decisivos, el nuevo sistema político se construyó sobre un «consenso masculinista» que invisibilizó las demandas formuladas por el movimiento feminista forjado en la década de los sesenta y mantuvo la exclusión de las mujeres de los espacios de poder, incluso dentro de los partidos de izquierda.

En el capítulo 8, la atención se desplaza hacia las últimas décadas del siglo XX y al periodo de alternancia bipartidista en torno al PSOE y el PP. Durante esos años, ambos gobiernos pusieron en marcha reformas legales y políticas públicas que supusieron avances notables en materia de igualdad de género, como la incorporación de medidas contra la discriminación laboral, la mejora del acceso a servicios de salud reproductiva, la promoción de la participación política de las mujeres y el desarrollo de planes de igualdad en distintas instituciones. No obstante, tal y como desarrolla el capítulo, estos avances convivieron con tensiones y contradicciones significativas. Por un lado, el discurso institucional a favor de la igualdad a menudo chocaba con resistencias culturales profundas y arraigadas en sectores sociales, políticos y religiosos, que continuaban reproduciendo roles de género tradicionales. Por otro, las estructuras económicas y laborales mantenían dinámicas que limitaban la efectividad de las políticas porque dejaban intactos numerosos vestigios del sistema patriarcal. Esta dualidad evidencia que, aunque los gobiernos democráticos avanzaron en la formalización de derechos y en la construcción de un marco legal más igualitario, la transformación profunda de las jerarquías de poder de género requería superar barreras simbólicas, culturales y estructurales que permanecían resistentes a la legislación.

Por último, el epílogo con el que se cierra el libro sitúa el análisis en el siglo XXI, un periodo en el que España ha registrado avances legislativos notables en materia de igualdad que lo han situado a la vanguardia internacional en cuanto a derechos de las mujeres y diversidad de género. Sin embargo, este tiempo de progreso convive con nuevos desafíos y tensiones. Por un lado, emergen sectores neoconservadores y de extrema derecha que critican y cuestionan los avances alcanzados, enjuiciando las políticas de igualdad y recurriendo, como ya se adelantó con anterioridad, a discursos sobre la supuesta imposición de la «ideología de género», la defensa de la familia tradicional o la protección de los derechos de los hombres frente a lo que consideran excesos feministas. Por otro lado, la expansión sin control de redes sociales beligerantes ha amplificado estas narrativas, generando un espacio de contestación mediático que dificulta la consolidación de los avances legislativos. Asimismo, persisten brechas estructurales de desigualdad en ámbitos laborales, educativos y políticos que muestran los límites del reformismo institucional frente a transformaciones más profundas del orden patriarcal. A esto se suma la permanencia de prácticas machistas y jerarquías de género profundamente arraigadas en las instituciones, como ha quedado de manifiesto en recientes escándalos políticos que han afectado al Gobierno y, en particular, al PSOE. En conjunto, el epílogo plantea que, pese a los progresos alcanzados, la consolidación de una verdadera emancipación requiere enfrentar simultáneamente resistencias culturales, estructurales y simbólicas que continúan condicionando la vida de mujeres y hombres en la España contemporánea.

A tenor de lo expuesto en los distintos capítulos, confiamos en que la amplitud temporal abordada y el enfoque adoptado conviertan este trabajo en una herramienta útil y enriquecedora no solo para historiadores, investigadores, docentes y estudiantes, sino también para cualquier persona interesada en comprender el complejo proceso histórico de la igualdad de género en España. Más allá de ofrecer un análisis retrospectivo, la obra aspira a dejar un legado para el futuro: proporcionar claves para reconocer y afrontar las resistencias persistentes, inspirar nuevas investigaciones y fomentar un compromiso social e intelectual con la construcción de una sociedad más justa e igualitaria. En este sentido, el conocimiento del pasado se convierte en un instrumento para imaginar, diseñar y consolidar caminos que permitan avanzar en la igualdad real y en la emancipación de las mujeres en las generaciones venideras.

Capítulo primero

El antifeminismo en España a comienzos del siglo xx. Raíces, discursos y figuras clave

A principios del siglo xx, el mundo experimentó transformaciones que marcaron un antes y un después en la historia. La modernidad irrumpió de forma vertiginosa, alterando todos los aspectos de la vida cotidiana. La tecnología, la industria y la urbanización trajeron consigo cambios profundos que transformaron no solo las infraestructuras, como el transporte y las comunicaciones, sino también las relaciones sociales y la organización de la vida especialmente urbana. Las ciudades se convirtieron en centros de innovación, cultura e industria, mientras que las nuevas infraestructuras favorecieron la conexión entre personas y el intercambio veloz de ideas.

Estos avances, sin embargo, no estuvieron exentos de desafíos. La acelerada transformación de las costumbres y estructuras sociales dio paso a nuevas dinámicas de vida y trabajo, lo que generó sentimientos encontrados. Mientras que muchos se sintieron atraídos por la promesa de progreso, otros experimentaron temor ante lo desconocido y un profundo desarraigo (Balakrishnan, 2017: 24). La desaparición de los viejos valores y estructuras del siglo xix, con el colapso del modelo liberal burgués y la emergencia de las masas como actores políticos, provocó tensiones que se manifestaron en resistencias al cambio. El papel de los medios de comunicación fue crucial en este proceso de transformación. La prensa, la radio y el cine desempeñaron un papel fundamental al moldear la opinión pública y difundir los valores de la modernidad, como el individualismo, la secularización y la innovación cultural. Sin embargo, este cambio acelerado no fue bien recibido por todos los sectores de la sociedad. La modernización y el ascenso de nuevos actores sociales generaron inquietudes que se tradujeron en movimientos conservadores, que se oponían, desde la adaptación a los nuevos tiempos, como representantes de una «modernidad reaccionaria» (Aresti, 2025), a las reformas y luchaban por preservar un orden social considerado «natural».

En este contexto de incertidumbre, los movimientos sociales cobraron fuerza. La lucha de los trabajadores por mejores condiciones laborales se tradujo en la creación de sindicatos fuertes y en protestas que presionaron a gobiernos y empresas en busca de reformas. Además, los partidos políticos comenzaron a reflejar en sus agendas las demandas de las clases trabajadoras, los campesinos y otros sectores marginados. Dentro de este escenario de cambios y resistencias, el feminismo se alzó como uno de los movimientos sociales más influyentes a nivel global. La lucha por la igualdad de derechos para las mujeres se extendió por buena parte de los países de Europa y América, con las mujeres organizándose en asociaciones —interclasistas e intergeneracionales— que exigían el sufragio, el acceso a la educación y al trabajo y la igualdad legal (Duby y Perrot, 2000).

España no se mantuvo al margen de cuantas transformaciones dieron la bienvenida al nuevo siglo (Aguado y Ramos, 2004). La recepción de la modernidad se reflejó en una creciente polarización entre los sectores progresistas, que impulsaban cambios en favor de la modernización y la igualdad social, y los sectores conservadores, que se aferraban, no sin matices, a un modelo basado en la tradición, la religión y el orden jerárquico. Esta tensión se manifestó en diversos ámbitos, desde la política y la educación hasta el papel de la mujer en la sociedad (Morant, 2006, vol. IV). Por un lado, las corrientes reformistas abogaban por la ampliación de derechos y libertades, promoviendo avances en la educación, el laicismo, la participación política de sectores históricamente excluidos y el reconocimiento de derechos laborales. Figuras como Francisco Giner de los Ríos, impulsor de la Institución Libre de Enseñanza, iniciaron un modelo educativo laico y progresista que desafiaba la enseñanza tradicional controlada por la Iglesia. Al mismo tiempo, el movimiento obrero y jornalero, liderado por sindicatos como la UGT y la CNT, exigía el reconocimiento de derechos sindicales y libertad de asociación, mejores condiciones salariales y la reducción de la jornada laboral, mientras que el feminismo comenzaba a ganar terreno con intelectuales reconocidas como Emilia Pardo Bazán y Concepción Arenal, que reivindicaban el acceso de las mujeres a la educación y su participación en la vida pública.

Por otro lado, los sectores más conservadores veían estos cambios como una amenaza al orden establecido y reaccionaban con una fuerte resistencia. La Iglesia, que durante siglos había desempeñado un papel central en la educación y la moral social, se convirtió en uno de los principales bastiones contra la secularización y los derechos de las mujeres. A nivel político, la monarquía y las élites tradicionales intentaron frenar las reformas con leyes restrictivas y el mantenimiento de estructuras de poder que perpetuaban la desigualdad. En el ámbito social, la familia y el matrimonio seguían siendo concebidos como instituciones inamovibles en las que las mujeres en su conjunto debían desempeñar un papel subordinado al del hombre.

Esta polarización se intensificó con el paso de las décadas y se convirtió en un elemento fundamental de los conflictos sociales y políticos que marcaron el comienzo del siglo XX en España. La lucha entre modernidad y tradición no solo generó debates intelectuales y enfrentamientos políticos, sino que también sentó las bases de profundas divisiones que desembocarían en tensiones irreconciliables. Y en esos debates y confrontaciones, el feminismo fue decisivo. Más que un movimiento aislado, también en España se convirtió en un símbolo del cambio social, desafiando las estructuras patriarcales y cuestionando los valores conservadores que sustentaban la desigualdad de género. La lucha por la educación, el acceso al trabajo y la participación política de las mujeres españolas no solo fue una reivindicación de derechos, sino también un punto de quiebre en el debate sobre el modelo económico y de sociedad que debía prevalecer en el país.

La resistencia al feminismo en la España de la Restauración

A finales del siglo XIX y principios del XX, el feminismo en España era un concepto ambiguo, mal comprendido y, en muchos casos, objeto de burla. Multitud de ejemplos llenaban los debates parlamentarios, las tertulias de café y las páginas de la prensa. Un ejemplo de esta «incomprensión» se encuentra en una crónica publicada en *Zamarramala,* donde el término «feminismo» se empleaba con ironía no para presentarlo como un movimiento de emancipación, sino para describir situaciones en las que las mujeres ejercían una autoridad inusual sobre los hombres.

> Fugaces.
>
> Tanto como se anda a vueltas con el *feminismo* o femenismo, que aún no sabemos a ciencia cierta cómo hemos de pronunciar y escribir esa palabra, resulta que en Zamarramala, pueblo hasta cierto punto famoso, pues tiene su tradición interesante, en tal día como hoy las mujeres se sobreponen a los varones y mandan y disponen a su antojo cuanto les viene en gana, bello ideal este del *feminismo* o femenismo, como lo es aquel estado de cosas traído a la escena del Teatro con aquella obra tan en boga in illo tempore que llamaban la Isla de San Balandrán. La alcaldesa de Zamarramala, título este también de orden teatral, es, a fe, mejor dicho, originalísima, que, aparte su tendencia francamente feminista, se mostraba al público revestida de *música,* de la falta de aditamento de la monserilla que lucían con caballeros y lentejuelas, algunas mujeres de estos lugares de playas, olas y paisajes provinciales, donde la moda es hoy rara y peregrina.

> Y bien: he ahí un ejemplar típico de la línea del *feminismo* puro, que podría servir de escarmiento a Rivera y a ese Juez de Creación en el *feminismo* navarro, que es el pueblo de Zamarramala.
>
> ¡Que nunca sobre el adelgazamiento la libertad de los pueblos, sobre la emancipación de la mujer, sobre la educación madrileña, sobre la causa de la ciencia y sobre la causa del arte prevalezcan esos chichoneros, falderos y bonachones! *(El Porvenir Segoviano: diario de avisos de Segovia,* 5 de febrero de 1900: 1).

Esta visión simplista y satírica reducía el feminismo a una caricatura de dominación femenina y reflejaba la falta de comprensión sobre su verdadero propósito: la lucha por la igualdad de derechos y oportunidades.

De signo diferente, aunque también suponga un ejemplo de incomprensión del feminismo, es un escrito de Mme. Rattazzi en el que afirmaba que el feminismo como tal «no existía en España» (cit. en *La España moderna,* 1 de febrero de 1900: 160). No porque no hubiera aspiraciones de igualdad entre las mujeres, sino porque esas aspiraciones carecían de la cohesión y la fuerza necesarias para generar movimientos visibles y efectivos. Según Rattazzi, la educación de la mujer española estaba «por debajo de todo nivel», y aunque existían mujeres cultas, estas se encontraban aisladas y sin capacidad de organización. Además, señalaba que la inteligencia femenina en España iba de la mano de la modestia, lo que desembocaba en una falta de iniciativa. Este rasgo era identificado como «el gran defecto de los españoles», quienes se mostraban tímidos y vacilantes ante cualquier idea nueva.

Ambas perspectivas resaltaban dos aspectos clave. En primer lugar, evidenciaban las dificultades que enfrentaba el feminismo en España, las cuales no eran un fenómeno aislado, sino que reflejaban los desafíos comunes a otros países donde los movimientos feministas —como el sufragismo británico— también luchaban por abrirse camino en sociedades profundamente arraigadas en estructuras patriarcales. El feminismo no solo debía enfrentarse a las leyes e instituciones que limitaban los derechos de las mujeres, sino también a la resistencia cultural, la incomprensión y los prejuicios que frenaban su avance, incluso en sectores progresistas (Offen, 2000: 188). En segundo lugar, estas perspectivas subrayaban que el debate sobre la igualdad de derechos no era una cuestión marginal ni una simple reivindicación circunstancial en España, sino un conflicto de gran calado que ponía en tensión los fundamentos de la organización social, política y moral de la época. Se trataba de una disputa que se insertaba en un contexto global de transformación, donde las ideas sobre la mujer, la ciudadanía y la democracia estaban en plena redefinición.

La afirmación «La mujer vive mejor en casa que en la calle», extraída de la noticia «Voto con ella» *(La Rioja: diario político,* 25 de febrero de 1900: 1), reflejaba con claridad la visión crítica y conservadora del feminismo y del papel de la mujer en la sociedad que predominaba en España a comienzos del siglo XX. Lejos de ser, como decimos, un caso aislado, esta postura formaba parte de una corriente antifeminista bien arraigada en el país, que trataba de perpetuar los roles tradicionales de género y frenar las demandas de igualdad. Dicha corriente surgió como una reacción directa a los movimientos feministas y a las crecientes reivindicaciones de derechos para las mujeres que, durante el siglo XIX, comenzaron a tomar fuerza, especialmente en su último cuarto (Cabrera Bosch, 2007: 45-80). La lucha por el acceso de las mujeres a la educación y por su presencia en la esfera pública —defendida, desde posiciones diversas, por figuras como Concepción Arenal, Emilia Pardo Bazán, Carolina Coronado, Concepción Saiz de Otero, Concepción Gimeno de Flaquer, Amalia Domingo Soler, Ángeles López de Ayala, Amalia Carvia Bernal, Rosario de Acuña, Belén de Sárraga— abrió en España un espacio para la circulación de ideas renovadoras. A través de sus escritos y su militancia, se introdujeron en el país las propuestas de pensadoras y pensadores fundamentales como Mary Wollstonecraft, Olympe de Gouges, Flora Tristan, George Sand (seudónimo de Amantine Lucile Aurore Dupin), Harriet Taylor Mill y John Stuart Mill, cuyas obras ofrecían un horizonte crítico desde el que repensar la educación, la ciudadanía y la igualdad entre los sexos.

Estas ideas, que defendían la igualdad de derechos entre hombres y mujeres, despertaron una fuerte resistencia en sectores políticos, intelectuales y religiosos, que veían en ellas una amenaza directa al orden social establecido. Todos estos sectores reflejaron una visión crítica y negativa del feminismo, al que asociaban con términos como «rebajamiento», «desvergüenza» y «decadencia moral y social» *(El Cantábrico: diario de la mañana,* 21 de febrero de 1900: 1). En una España profundamente patriarcal, donde la influencia de la Iglesia católica era decisiva, no había lugar para modelos que defendieran la autonomía femenina ni para las voces de librepensadoras, espiritistas o masonas (Hernández Sandoica, 2022). En su lugar, se imponía una imagen idealizada de la mujer como ser sumiso, circunscrito al ámbito doméstico y definido esencialmente por la figura de la «maternidad sacrificada». La defensa de este modelo tradicional se consolidó como el eje central de la oposición antifeminista, cuyo objetivo principal era salvaguardar la estructura social liberal y capitalista vigente frente a los cambios suscitados por los movimientos en favor de la igualdad de género. Lejos de ser una reacción puntual, el antifeminismo se organizó al despuntar el siglo XX de forma sistemática, contando con el respaldo y la articulación de influyentes grupos políticos, intelectuales y religiosos (Ortega López, 2010: 155-171).

Esta organización quedó reflejada en el debate político sostenido por liberales y conservadores. En sus intervenciones parlamentarias se escucharon opiniones contrarias al avance de los derechos de las mujeres, como la de este diputado que llegó a afirmar: «Yo celebraría que el hombre ganara lo suficiente en España, para que la mujer, atendida por el padre de familia, por el marido, no tuviera que dedicarse más que a los quehaceres de su hogar» *(DSC,* sesión de 5 de diciembre de 1907, núm. 111: 3293). Declaraciones como esta se hicieron cada vez más frecuentes, reflejando la creciente inquietud que cualquier modificación del papel tradicional de la mujer comenzaba a suscitar en la clase política. Esta circunstancia dificultó la aceptación del feminismo en sus primeras expresiones en España. Y ello a pesar de que las pioneras del feminismo español adaptaron e interpretaron de forma moderada el discurso igualitario anglosajón y francés, tratando de hacerlo más compatible con la realidad sociocultural del país. Sin embargo, ni siquiera con ese esfuerzo sus reivindicaciones lograron despertar la tolerancia de la élite política e intelectual.

Un sólido bloque de hombres vinculados a la «res pública», cuyo pensamiento estaba profundamente arraigado en la defensa de la religión como pilar esencial de la vida social, moral y política, se movilizó enérgicamente para salvaguardar lo que consideraban un orden natural inquebrantable. Reseñable es el caso de Marcelino Menéndez Pelayo. Figura destacada de la intelectualidad española del momento, defendió la tradición frente a los movimientos de cambio. Consideraba que las funciones de la mujer debían estar limitadas al ámbito privado, exaltando su papel como garante de la moral y la familia. En sus conocidas obras, como *Historia de los heterodoxos españoles* (1880-1882) y *La ciencia española: polémicas, indicaciones y proyectos* (1879), Menéndez Pelayo exaltó la ortodoxia y criticó cualquier desviación del pensamiento cristiano, ideas que encajaban directamente con el discurso centrado en la defensa del ideal femenino tradicional. En *La ciencia española,* Marcelino Menéndez Pelayo construyó un relato monumental sobre el pensamiento científico e intelectual producido en el ámbito hispánico. Sin embargo, al recorrer sus páginas, resulta inevitable advertir la casi total ausencia de mujeres en su genealogía del saber. Aunque en ocasiones menciona figuras femeninas, estas aparecen siempre en relación con el ámbito religioso o literario —santas, místicas o poetisas—, sin que en ningún momento se las considere protagonistas en el desarrollo del pensamiento científico o filosófico. Un ejemplo es su referencia a santa Teresa de Jesús, a quien describe como «una mujer sin letras, como la admirable reformadora del Carmelo», evidenciando una visión condescendiente que, lejos de reconocer su capacidad intelectual, la presenta como una excepción devota, casi milagrosa, ajena al mundo del saber racional.

Esta ausencia del ser femenino no debe interpretarse simplemente como una carencia documental propia de su época, sino como la manifestación de una lógica patriarcal que configuraba y sostenía el proyecto intelectual mismo de la obra. En efecto, Menéndez Pelayo erigió una historia de la ciencia completamente masculina, en la que no se reconocía la participación de ninguna mujer en los procesos de producción, transmisión o renovación del conocimiento. Esta exclusión puede interpretarse como una forma de «violencia simbólica», al consolidar la idea de que la ciencia es un ámbito naturalmente reservado a los hombres. La exaltación de figuras como Juan Luis Vives, Feijoo o Gregorio Mayans, presentados como exponentes del genio español, se inscribe en esta lógica haciendo que la ciencia se representara como un terreno viril, en el que el progreso dependía de la lucidez, el talento y la autoridad intelectual masculinos. En ningún momento Menéndez Pelayo se cuestionó las barreras sociales, educativas y culturales que históricamente excluyeron a las mujeres de estos espacios. Así, su obra reforzó una visión esencialista, donde lo masculino se identificaba con la razón, el pensamiento y la civilización. Incluso en los pasajes más enfáticamente defensivos —aquellos en los que Menéndez Pelayo responde a las críticas vertidas desde Europa y combate la «leyenda negra» que acusaba a España de oscurantismo—, el argumento se articuló siempre a partir de nombres masculinos, sin que se abriera espacio alguno a la posibilidad de una memoria femenina del saber. Esta omisión proyectó una imagen parcial y jerárquica del legado científico español. De este modo, su obra no solo reprodujo la invisibilización histórica de las mujeres en el terreno científico, sino que contribuyó activamente a legitimar un canon científico androcéntrico.

Fue en el terreno político donde fructificó, no obstante, un ataque visiblemente beligerante al discurso igualitario. Tanto, que podemos hablar de la existencia de un antifeminismo político bien definido a finales del siglo XIX (Ortega López, 2020: 163) en la línea de la teología política y organizado alrededor del movimiento neocatólico que se había configurado unos años antes en España

(Urigüen, 1986). Sus artífices fueron fundamentalmente políticos conservadores fervientes defensores de un modelo de Estado teológico político cercano al tradicionalista (González Cuevas, 2000: 115-123) y, por tanto, provistos de una visión jerárquica y esencialista de los géneros. Políticos que, partidarios del orden social basado en las diferencias naturales y divinas, expresaron desde la tribuna, la prensa y desde otro tipo de publicaciones su oposición a la igualdad y a los derechos de las mujeres, consolidando su rol como madres, esposas y cuidadoras y rechazando su incorporación plena al ámbito público, político y laboral como ciudadanas de pleno derecho. Dos de los más firmes representantes de ese antifeminismo político fueron Jaime Balmes y, muy especialmente, Juan Donoso Cortés. De hecho, este último, utilizando su influencia intelectual, se convirtió en una figura clave en la construcción del discurso conservador contra los derechos de las mujeres para reforzar el papel subordinado de estas en la sociedad (Acle-Kreysing, 2023).

La oposición de Donoso Cortés al feminismo emergente se inscribía en un marco ideológico más amplio que perpetuó la desigualdad de género en España durante décadas. Sus discursos y escritos se convirtieron en referentes para las políticas educativas y sociales conservadoras que perpetuaron la desigualdad. Aunque no escribió obras exclusivamente dedicadas a la cuestión de los derechos de las mujeres, el político español expresó su oposición a la igualdad de género y los derechos femeninos a través de sus discursos, ensayos y cartas. En todos ellos dejó plasmada su visión sobre la educación y el rol de las mujeres. Argumentaba que la educación femenina debía limitarse a los valores religiosos y a las tareas domésticas, alineándose con su defensa del modelo de «mujer virtuosa». En una carta de 1849, Donoso escribió que el papel de la mujer en la sociedad debía centrarse en «inspirar virtudes» a través de su vida familiar, mientras que el hombre debía asumir la responsabilidad de dirigir la vida pública. Y como virtudes esenciales especialmente en las mujeres se encontraban la obediencia y la sumisión. Donoso creía que estas cualidades eran fundamentales para mantener el orden divino en la familia y en la sociedad y evitar así la descomposición moral y social. No en vano, él se preguntaba lo siguiente en su «Discurso académico sobre la Biblia» de ingreso en la Real Academia Española:

> ¿En dónde los hallaréis tan frescos y tan puros como en la época bíblica del patriarcado, cuando la mujer, la fuente y la flor eran amigas, porque todas juntas y cada una de por sí eran el símbolo de la primitiva sencillez y de la cándida inocencia? ¿Dónde hallaréis sino allí los sentimientos limpios y castos, y el encendido pudor de los esposos, y la misteriosa fragancia de las familias patriarcales? (Donoso Cortés, 16 de abril de 1848).

Con estas preguntas, Donoso Cortés dejaba entrever su exaltación del patriarcado bíblico, un modelo en el que el patriarca —el padre convertido en autoridad central— regía el hogar mientras que la mujer y los hijos ocupaban roles claramente subordinados y definidos. Para Donoso, esa época a la que aludía representaba un ideal de orden, armonía y pureza moral en el que la mujer, simbolizada como «la fuente y la flor», encarnaba la vida y la belleza, convirtiéndose en guardiana de la pureza. Este ideal no solo reflejaba su concepción de la familia, sino que también se inscribía en su defensa del orden social jerárquico, estrechamente relacionado con su adhesión al conservadurismo católico. En este marco, Donoso rechazaba el liberalismo y el socialismo, ideologías que consideraba desestabilizadoras del orden tradicional y una amenaza para la unidad familiar, que para él era el pilar fundamental de la sociedad. No en vano, en su *Ensayo sobre el catolicismo, el liberalismo y el socialismo* (1851), Donoso sostenía que las estructuras sociales, incluidas las diferencias entre hombres y mujeres, estaban fundamentadas en un orden divino. Según él, cualquier intento de igualdad social, ya fuera entre clases o géneros, constituía una transgresión del orden natural y de la voluntad de Dios. De esta manera, los planteamientos de Donoso Cortés promovieron un enfoque teológico que priorizaba la defensa de un orden social jerárquico y se convirtieron en una herramienta ideológica fundamental para el conservadurismo político del siglo XIX y parte del XX.

Las propuestas de Donoso Cortés no solo proporcionaron una base teórica y jurídica para justificar las restricciones a los derechos femeninos en el siglo XIX, sino que su influencia trascendió su tiempo. Esta influencia resonó en ideologías conservadoras posteriores y se proyectó en la obra de otros políticos conservadores y tradicionalistas que adoptaron sus planteamientos. Fue el caso de Antonio Cánovas del Castillo. El arquitecto del sistema de la Restauración en España compartió muchas de las ideas de Donoso sobre el orden social y la religión como pilar de la estabilidad. Tanto en sus colaboraciones en periódicos y revistas de la época como en sus obras de carácter histórico, ofreció una interpretación conservadora de la historia de España subrayando los valores tradicionales que conformaron la identidad española. Fue el caso de la *Historia de la decadencia de España desde Felipe III hasta Carlos II* (1854) o de la dirección de la *Historia general de España* (1890-1894). En estos trabajos, Cánovas tampoco abordó de forma explícita la cuestión de los derechos de las mujeres, pero su defensa de una sociedad jerárquica y tradicional se alineaba con el rechazo a la igualdad que, como hemos señalado, empezaban a reivindicar algunos sectores.

Esta visión predominante en el periodo restauracionista se tradujo en políticas que reforzaban el papel doméstico de la mujer, excluyéndola de la vida política y restringiendo su acceso a la educación superior. Las leyes aprobadas durante esta etapa consolidaron estas limitaciones, como el Código Civil de 1889 (Vivas Tesón, 2024), que estableció una serie de disposiciones que restringían los derechos femeninos, especialmente en materia de propiedad y ciudadanía, además de establecer la subordinación legal de la esposa al marido, lo que reforzaba su dependencia en la estructura familiar y social. Asimismo, se mantuvo en vigor la Ley de Instrucción Pública de 1857, que, aunque anterior a la Restauración, siguió marcando la educación de las mujeres al orientarlas principalmente hacia las ciencias domésticas (Scanlon, 1987: 194)..

Tabla 1
Artículos del Código Civil de 1889 agrupados por temas

Tema	Artículo	Contenido
Nacionalidad y estado civil	Art. 22, pfo. 1.º	La mujer casada sigue la condición y nacionalidad de su marido.
Autoridad del marido y dependencia legal de la mujer	Art. 57	El marido debe proteger a la mujer, y esta obedecer al marido.
	Art. 58	La mujer está obligada a seguir a su marido donde quiera que fije su residencia. Los Tribunales podrán eximirla si el marido se traslada a ultramar o al extranjero.
	Art. 60	El marido es el representante de su mujer. Ella no puede comparecer en juicio sin su licencia, salvo en casos específicos (juicio criminal, pleitos con su marido o con habilitación legal).
	Art. 61	La mujer no puede, sin licencia de su marido, adquirir bienes, enajenarlos ni obligarse, salvo en los casos establecidos por la ley.
Divorcio y adulterio	Art. 105.1.ª	Causas legítimas de divorcio: el adulterio de la mujer en todo caso; el del marido solo si causa escándalo público o menosprecio a la mujer.
Patria potestad y tutela	Art. 154	El padre (y en su defecto, la madre) tiene potestad sobre los hijos legítimos no emancipados. Los hijos deben obediencia mientras permanezcan bajo su potestad.
	Art. 168	La madre que pase a segundas nupcias pierde la patria potestad sobre sus hijos, salvo que el marido difunto haya previsto en testamento que la conserve.

Tema	Artículo	Contenido
	Art. 237	No pueden ser tutores ni protutores: 7.º Las mujeres, salvo los casos en que la ley las llama expresamente.
Derechos y capacidades jurídicas de la mujer	Art. 681	No pueden ser testigos en testamentos: 1.º Las mujeres, salvo lo dispuesto en el artículo 701 (testamento en epidemia con testigos varones o mujeres mayores de 16 años).
	Art. 893	No podrá ser albacea quien no tenga capacidad para obligarse. La mujer casada podrá serlo con licencia del marido, salvo si está separada legalmente.
	Art. 1263	No pueden prestar consentimiento: 1.º Menores no emancipados. 2.º Locos o dementes y sordomudos que no sepan escribir. 3.º Mujeres casadas en los casos expresados por la ley.

Fuente: Elaboración propia.

Detrás de estas medidas se encontraban figuras destacadas del Partido Conservador, como Francisco Silvela, Francisco Romero Robledo y Alejandro Pidal y Mon, cuyas ideas reflejaban el profundo vínculo entre el conservadurismo español del siglo XIX y una visión antifeminista que rechazaba la igualdad de género. Estos líderes promovieron un modelo social jerárquico y tradicional en el que las mujeres debían permanecer bajo la tutela del hombre, defendiendo la preservación de los valores morales y religiosos como pilares fundamentales de la sociedad. Pidal y Mon, en particular, mostró una firme oposición a cualquier intento de secularización que pudiera amenazar la influencia de la Iglesia en la educación y en la formación de los ciudadanos. Su postura, al igual que la de sus contemporáneos, reflejaba una resistencia a los cambios sociales que abogaban por los derechos de las mujeres, llegando en ocasiones a adoptar posiciones abiertamente reaccionarias. Al respecto, resultó especialmente relevante su discurso titulado «Feminismo y cultura de la mujer», publicado en noviembre de 1902 en el periódico *Ciudad de Dios*. En su intervención, Pidal y Mon expuso su visión sobre el papel que debía desempeñar la mujer en la sociedad, alineada con los principios tradicionales y conservadores de la época:

> El feminismo es el eterno engaño de la seducción con el que pone asechanzas la serpiente al calcaño de la mujer. Es el mismo lenguaje del Paraíso, el mismo silbo del dragón infernal murmurando a los incautos oídos de la inocente Eva el seréis como Dioses, para arrastrarla a su caída fatal (Pidal y Mon, 1902: 6).

Con esta alocución quedaron definidas las posturas del antifeminismo católico en España. Además de recurrir a la imagen del jardín del edén como un alegato derechista contra el feminismo, el político y académico conservador adornó su discurso con una serie de recursos retóricos para atacar el pensamiento igualitario. A quienes, ya fuera de manera individual o a través de movimientos sociales y organizaciones políticas, reclamaban derechos como el sufragio femenino, el divorcio o la revisión de las relaciones entre hombres y mujeres Pidal y Mon les respondía con calificativos despectivos como «lodazal del ideal», «templo del amor libre», «revolución», «cadáver putrefacto», «atrocidad novísima», «templo apocalíptico», «ignominia social», «retroceso a la barbarie» y «barbarie comunista» (Scanlon, 1986: 213).

Estos mismos términos los utilizó también contra quienes defendían la coeducación, una propuesta que el conservadurismo español de principios del siglo XX nunca llegó a aceptar. Así lo expresó el diputado José del Perojo y Figueras durante el debate sobre el «Estado de la enseñanza en España» en el Congreso de los Diputados, en junio de 1908:

> Yo combato el sistema de la coeducación desde el punto de vista pedagógico, porque creo que la educación de la niña y la del niño son completamente distintas, porque, como tienen que

> realizar una función social completamente distinta, distinta tiene que ser también su educación (*DSC*, sesión de 5 de junio de 1908, núm. 224: 6990).

El pensamiento de Donoso Cortés sobre la supremacía del catolicismo y el rechazo a las ideologías igualitarias también tuvo resonancia en el político y escritor tradicionalista Juan Vázquez de Mella. Las ideas de Vázquez de Mella desempeñaron un papel clave en la configuración de una feminidad tradicionalista que, si bien ceñía a las mujeres a los roles clásicos del hogar, la maternidad y la religión, también les atribuía funciones más activas y estratégicas en la defensa del orden social y político. Esta doble articulación —entre subordinación doméstica y protagonismo ideológico— anticipaba imaginarios de género que cobrarían fuerza en los años siguientes, especialmente en contextos autoritarios y nacionalcatólicos. Buena parte de este pensamiento se encuentra recogido en el volumen I de sus *Obras Completas* (1931), donde se compilan discursos y textos que ofrecen una visión sistemática de su ideario político y moral sobre las mujeres y su papel en la sociedad.

En la sección titulada «Canto a la Mujer», Mella, bajo una apariencia elogiosa —no en vano comenzaba con un «brindo por vosotras»—, reproducía una lógica patriarcal que exaltaba a las mujeres como símbolo de estabilidad, fe y moral, al tiempo que las fijaba en un rol subordinado, ligado en exclusiva al hogar, la religión y la nación. Su figura idealizada no rompía con los moldes tradicionales, sino que los reforzaba mediante una retórica emocional y espiritual que legitimaba un orden conservador y excluyente. En ese discurso, Mella elevaba a las mujeres como columna vertebral del hogar y alma moral de la patria. Con un tono encendido y profundamente tradicionalista, no solo les rendía homenaje, sino que las presentaba como garantes de la identidad nacional, custodias de la fe y defensoras del honor en los momentos más críticos de la historia de España. Frente a su visión pesimista del presente —marcado por la decadencia del Estado y la pérdida de la grandeza nacional—, sostenía que «todo se ha relajado menos la mujer, que ha permanecido en pie, y, al hacerlo, ha mantenido sin rendirse el hogar español». Aunque empleara el singular, aludía a las mujeres como sostén moral de la nación. Mientras el aparato estatal, afirmaba, resultaba deslucido frente a otras naciones europeas, el hogar español —encarnado en ellas— se alzaba por encima de todos los demás. Esta exaltación del hogar tradicional se convertía así en un elogio de la superioridad moral femenina frente al deterioro de las instituciones masculinas:

> Comparado con otras naciones, nuestro Estado es inferior al suyo; los organismos que nacen del Estado, lo que del Estado se deriva, es muy inferior y queda mal parado en la comparación con los extraños; pero, cuando se comparan los hogares, y estáis en litigio vosotras, no hay todavía, ni sobre Europa ni sobre el mundo, un hogar y una mujer que se levante más alto que el hogar y la mujer española (Ovación) (Vázquez de Mella, 1931: 304).

Su discurso apelaba con fuerza al patriotismo y a la religiosidad popular y confería a las mujeres no solo un papel pasivo o de resistencia, sino una capacidad activa de preservar, con un «soplo de amor», la llama de la patria en los momentos más oscuros. Así habría ocurrido, según él, tras la derrota frente a Estados Unidos, cuando ellas, permaneciendo fieles a su papel, habrían salvado el honor nacional:

> La llama de la Patria se habría extinguido con la última ascua, si vosotras, con vuestras manos y con un soplo de amor, no la hubieseis conservado en aquella hora aciaga, en aquella hora en que la república yanqui manchó por primera vez la historia de España; entonces fuisteis vosotras las que, cuando los hombres se rebajaban, cuando la bandera se cubría de crespones, solo con permanecer como erais, salvasteis el hogar, el honor de la Patria (Vázquez de Mella, 1931: 304).

Más allá del homenaje, Mella convocaba a las mujeres a participar en una causa política colectiva: la defensa del orden tradicional y cristiano. A su juicio, ninguna empresa podía triunfar sin su apoyo. No se trataba solo de una alabanza estética o moral: atribuía a las mujeres un papel estratégico en la lucha contra las «heterodoxias extrañas» y en la restauración de una España viril, noble y fiel a su fe.

Asimismo, el autor se detenía en los efectos civilizadores del trato con las mujeres. A la vulgaridad de los espacios masculinos —el casino, el club, el café— contraponía la influencia refinadora de ellas en el antiguo salón aristocrático. Siempre que conservaran el sello cristiano y no hubiesen sido corrompidas por el hombre, sostenía que las mujeres «pulen el sentimiento, ennoblecen las formas sociales y mantienen vivas las dos lámparas que arden en el umbral del hogar: el respeto y el honor» (Vázquez de Mella, 1931: 306).

Estas ideas convirtieron a Mella en un firme referente del antifeminismo a finales del siglo XIX y principios del XX. Sostenía que «sobre la igualdad natural está un hecho tan natural como ella: la desigualdad» (Vázquez de Mella, 1931: 102), y veía en las reivindicaciones feministas una derivación del liberalismo y el socialismo, ideologías que, siguiendo a Donoso Cortés, consideraba perjudiciales para la familia y la sociedad. En sus discursos, advertía de que el feminismo moderno desviaba a las mujeres de su misión natural y representaba una amenaza para el orden católico y patriarcal. Por ello, se oponía de forma tajante al sufragio femenino y a la participación política de las mujeres. Afirmaba, en primer lugar, que el hogar constituía su espacio natural, donde desempeñaban un papel esencial como madres y transmisoras de los valores religiosos y morales. En segundo lugar, creía que la igualdad de derechos políticos alteraba el orden natural establecido por Dios, una concepción compartida por sectores tradicionalistas que veían en el avance del feminismo una amenaza para la estabilidad familiar y social.

No obstante, esta defensa de la desigualdad no implicaba un desprecio hacia las mujeres. Al contrario, Mella exaltaba lo que llamaba sus «excelsas virtudes»: su firmeza, integridad y compromiso con la moral cristiana. Desde su perspectiva, estas cualidades las hacían especialmente aptas para determinadas tareas públicas, siempre que estas reforzaran el orden tradicional. Así, respaldaba su implicación en ámbitos como la caridad cristiana, la educación religiosa, el cuidado de los enfermos o la asistencia a los pobres, al entender que estas actividades eran una prolongación natural de su papel maternal. «La mujer tiene condiciones singulares para ese apostolado» (Vázquez de Mella, 1931: 333), afirmaba, refiriéndose al colectivo femenino, e insistía en que el compromiso social de las mujeres debía inscribirse dentro de su misión como madres y cuidadoras.

En las décadas posteriores, este «apostolado social» de caridad cristiana siguió siendo defendido con firmeza por el propio discurso político carlista. El avance de las medidas secularizadoras se tradujo en que las mujeres católicas fueran legitimadas por el carlismo para participar en la esfera pública, siempre en defensa de su religión y sin contradecir los ideales tradicionales de género. Cándido Nocedal, destacado político y publicista neocatólico que se unió a las filas carlistas tras la Revolución de 1868, expresó con orgullo en sede parlamentaria su satisfacción por la participación de mujeres en apoyo de las candidaturas carlistas. Cuando el diputado ministerial Romero Robledo acusó a un sector del clero de «valerse de la mujer para influir en los colegios electorales a través del confesionario», Nocedal respondió con ironía: «Estamos muy contentos y satisfechos de que hayan ejercido, y que el Sr. Romero Robledo haya tenido la bondad de confesarlo hoy, [...] las mujeres españolas su influencia en favor de nuestras candidaturas» (Mínguez Blasco, 2020: 432).

Tres décadas más tarde, en 1903, se reprodujo una situación similar en lo que se conoció como «el acta de Bilbao». Este término fue utilizado en el Congreso de los Diputados para referirse a la elección como diputado de José María Urquijo e Ybarra. Según el diputado Gumersindo Azcárate, el proceso electoral estuvo plagado de irregularidades, entre las que destacó la participación de mujeres católicas en la compra de votos. Un hecho que evidenciaba nuevamente su implicación en la política:

> Así no es extraño que se diera en Bilbao el caso, que acabo de oír de labios de un Sr. Diputado, de que un marido diera 50 pesetas para los gastos de un candidato, y la mujer diera 5.000 para la elección del Sr. Urquijo [...]. Además, hay un dato fehaciente que lo confirma: el periódico de esa comunión dijo que se habían recaudado no sé si 26.000 duros de las señoras *(DSC,* sesión de 12 de junio de 1903, núm. 21: 305).

Esta acusación del diputado republicano llevó a la intervención de Enrique Gil Robles (padre de José María Gil Robles), portavoz de la minoría carlista, quien, al igual que Cándido Nocedal en 1871, expresó con orgullo el papel desempeñado por las mujeres católicas en la defensa de los ideales carlistas. Gil Robles afirmó en su intervención parlamentaria que la implicación de las mujeres en el ámbito electoral no solo era legítima, sino también una muestra del compromiso de las familias católicas con la causa tradicionalista. Enfatizó que estas acciones, lejos de ser irregularidades, reflejaban el deber moral de las mujeres de proteger los valores cristianos y el orden social, incluso en espacios como los procesos electorales, históricamente reservados a los hombres.

> Había yo dicho que las señoras de Bilbao tienen plenísimo derecho de intervenir en la elección por dos razones: porque las señoras de Bilbao son españolas y ciudadanas, y yo creo, que toda ciudadanía y toda nacionalidad lleva inherente el derecho a intervenir en estas cuestiones. Por consiguiente, yo quería aprovechar esta ocasión para enviar desde aquí mi aplauso y mi parabién a las católicas, a las españolas, a las nobilísimas damas de Bilbao *(DSC,* sesión de 12 de junio de 1903, núm. 21: 308).

Con estas palabras, Gil Robles no solo reivindicaba la influencia de las mujeres católicas como un baluarte del carlismo, sino que también reafirmaba el papel subordinado pero activo que se les otorgaba dentro de los parámetros tradicionales: un activismo político condicionado por la defensa de la fe y el orden establecido, pero siempre dentro de los límites del ideal de género tradicional.

En los años posteriores a la Primera Guerra Mundial, el antifeminismo político en España experimentó, en consonancia con lo que se estaba viviendo en otras partes del mundo, especialmente en Europa y América, una movilización intensa, impulsada por las profundas transformaciones sociales y políticas derivadas del conflicto. La Gran Guerra no solo alteró las estructuras económicas y políticas de Europa, sino que también modificó los roles tradicionales de género, especialmente en la relación entre hombres y mujeres. El impacto de estos cambios, sumado a la crisis política y económica que atravesaba España, estimuló un renacer del antifeminismo, apoyado en nuevos nombres y en nuevas tendencias, relacionados con los círculos políticos, científicos y literarios. El rechazo a las reivindicaciones feministas, que buscaban ampliar los derechos políticos y laborales de las mujeres, se intensificó en un contexto de creciente incertidumbre social y política. En este periodo, las fuerzas antifeministas se articularon de manera más estructurada para frenar la expansión de los derechos de las mujeres mediante la defensa de un modelo de sociedad patriarcal que percibía la creciente presencia femenina en el espacio público como una amenaza al *statu quo*.

El choque de los tiempos: la «Liga Antifeminista» del 98 frente a la mujer moderna

La Primera Guerra Mundial supuso un punto de inflexión en la lucha feminista. Durante el conflicto, las mujeres de los países beligerantes asumieron responsabilidades que fueron mucho más allá del tradicional papel de enfermeras en el frente. Como ha demostrado la abundante bibliografía sobre el papel de las mujeres en la guerra, muchas desempeñaron oficios que hasta entonces se consideraban exclusivos de los hombres. El trabajo en fábricas y talleres —especialmente en la producción de municiones y maquinaria militar— fue esencial para el esfuerzo bélico y contribuyó a que las mujeres obtuvieran un mayor reconocimiento y respeto dentro de sus respectivos países. Este protagonismo fue clave en la redefinición de la posición de las mujeres en la sociedad y actuó como un catalizador para sus demandas de derechos políticos (Grayzel, 2002). En países como el Reino Unido y Estados Unidos, su contribución durante la guerra fortaleció el movimiento sufragista, lo que aceleró la concesión del derecho al voto en los años posteriores.

La Gran Guerra, por tanto, constituyó un momento decisivo en la historia del feminismo. Fue un catalizador para la conquista de derechos fundamentales para las mujeres, ya que demostró de manera irrefutable su capacidad de participación activa en todos los aspectos de la vida social y política. Este periodo histórico dio inicio a una era de creciente reconocimiento de los derechos de las mujeres, impulsando un movimiento feminista que desafiaba las estructuras patriarcales y establecía las bases para una transformación en la percepción del papel de la mujer en la sociedad. Las mujeres dejaron de ser vistas como figuras pasivas y comenzaron a ser reconocidas como agentes de cambio, capaces de transformar su entorno.

Aunque España no participó directamente en la Primera Guerra Mundial, en las primeras décadas del siglo XX experimentó profundas transformaciones similares a las de los países enfrentados. La expansión urbana, la industrialización, el crecimiento de la clase trabajadora y el auge de movimientos sociales, sindicales y políticos marcaron esta época de cambios. En este contexto, el feminismo comenzó a adquirir visibilidad, como señaló el diputado liberal Alejandro Rosselló y Pastor: «El feminismo está planteado y del cual no puede desentenderse ningún Gobierno medianamente previsor» (*DSC*, sesión de 21 de mayo de 1918, núm. 41: 1106). Mujeres destacadas como María Espinosa de los Monteros, Carmen de Burgos, Virginia González Polo, María de Maeztu, Victoria Kent, Concha Méndez y Clara Campoamor impulsaron esta lucha a través de organizaciones como la Asociación Nacional de Mujeres Españolas (1918), la Unión de las Mujeres de España (1918), la Cruzada de Mujeres Españolas (1921), la Liga Femenina Española por la Paz (1924), el Lyceum Club (1926) o las Damas Rojas del Partido Radical y el Grupo Femenino Socialista. Sus esfuerzos, coincidentes en más de una ocasión con la actividad que estaban desplegando las asociaciones de mujeres católicas (Blasco Herranz, 2003: 427-428), se centraron en el desarrollo de un programa político y social que incluía reivindicaciones como la igualdad de derechos dentro del ámbito familiar, el acceso al mercado laboral y la mejora de las condiciones laborales, así como en garantizar a las mujeres el acceso a la salud y a una educación progresista y laica, en todos sus niveles, inspirada en los principios de la Institución Libre de Enseñanza. La defensa del sufragio femenino se incorporó más adelante a su programa de denuncia.

Pese a la actividad desplegada por la élite de mujeres más comprometidas, en España la lucha feminista avanzó de manera más pausada en comparación con otros países occidentales. A pesar de la lentitud del proceso, el antifeminismo siguió reforzándose con el tiempo. La figura de la mujer feminista, al igual que la modernidad misma, despertaba sentimientos encontrados entre muchos hombres. Por un lado, simbolizaba el avance y el brillo de los nuevos tiempos; por otro, chocaba con siglos de prejuicios sobre lo femenino que no podían desvanecerse de la noche a la mañana. Para muchos sectores conservadores, y progresistas también, las mujeres que defendían ideales emancipadores no eran solo un desafío a la jerarquía de género establecida. Se las veía como una especie de *femme fatale* o «fémina insurgente» (Castillo Martín, 2003a) que reclamaba una igualdad incomprensible y desconcertante para la mentalidad de la época.

No es casual que en la prensa de aquellos años comenzara a resonar la exclamación: «¡Estamos en tiempos de feminismo!» *(El Combate. Semanario Político Republicano,* 11 de marzo de 1900: 3). Más que una simple advertencia sobre el avance del movimiento, esta expresión se convirtió en un grito de guerra contra lo que muchos percibían como el fin de una era (Cott, 2000: 107-126). La creciente presencia de mujeres en espacios tradicionalmente masculinos y la consolidación de una nueva imagen de la mujer moderna —audaz, independiente y alejada del ideal del «ángel del hogar»— generaban, como ilustraba el artículo mencionado, inquietud. Sin embargo, detrás de este desasosiego también latía una reivindicación de la virilidad de tiempos pasados. La prensa de la época sugería que en el ayer existía más «vida y alma», vinculando esta percepción a una era en la que la «raza era más viril». En contraposición, los discursos más reaccionarios asociaban el auge del feminismo con la «miseria material» y la «prostitución moral», presentándolo como el origen de la decadencia social y el deterioro de los valores tradicionales.

En España, aunque la «mujer moderna» aún no se había consolidado por completo, la simple idea de su surgimiento resultaba lo suficientemente provocadora como para inquietar a quienes defendían el modelo patriarcal y las diferencias de género (Castillo Martín, 2003a). La posibilidad de una emancipación femenina que desafiara, como estaba sucediendo en otras partes del mundo, las estructuras sociales existentes generaba un gran temor. El diputado y presidente de la Sala de lo Civil del Tribunal Supremo, Diego María Crehuet y del Amo, fue un exponente de aquel miedo al contagio, y llegó a acusar al feminismo y a las feministas de conducir «en sus principios cardinales a la anarquía» (Crehuet, 1920: 46). Una muestra de que, a medida que el escenario social y político se volvía más complejo con la inclusión de mujeres y hombres en las democracias emergentes, el antifeminismo iba ganando fuerza en España. En respuesta a las crecientes demandas feministas, comenzaron a surgir, además de acciones individuales, movimientos políticos y culturales que intentaron frenar su avance, reafirmando la idea de que el papel de las mujeres españolas debía seguir ligado al hogar y la familia.

Políticos, junto con moralistas, científicos, filósofos e intelectuales, consolidaron en los años previos y posteriores a la Gran Guerra lo que podría considerarse una auténtica «liga antifeminista» para enfrentar la llamada «cuestión feminista». Los nuevos tiempos demandaban respuestas renovadas. Ante el avance de las voces femeninas que denunciaban su marginación y reclamaban su presencia activa en la sociedad, el discurso político recurrió a figuras influyentes de la Edad de Plata para proyectar una imagen de nación anclada en valores como la tradición, la pureza y la continuidad del pasado. Con ello se buscaba articular paradójicamente una respuesta más moderna —y a la vez más contundente— frente a quienes cuestionaban los roles tradicionales asignados a las mujeres. Un buen ejemplo de esta paradoja fue José Martínez Ruiz, *Azorín*. Aunque mostró cierta sensibilidad hacia las desigualdades que sufrían las mujeres, e incluso llegó a defender la igualdad política y civil (Riopérez Milá, 1993: 600), en sus discursos terminó reforzando los mismos moldes que en principio había cuestionado (Johnson, 1998). Así, su nacionalismo literario convirtió a las mujeres en símbolos de la patria, pero sin concederles un papel activo en su transformación. Esta visión quedó plasmada en 1924, durante su discurso de ingreso en la Real Academia Española, donde dibujó el retrato de la «verdadera mujer española» desde una perspectiva idealizada y convencional.

Azorín describió a esta mujer como un pilar del hogar, ligada a las tareas domésticas y al cuidado de la familia. Según su visión, la mujer española debía ser una figura sencilla y austera, entregada a labores como coser, amamantar a sus hijos, preparar conservas y cuidar de los enfermos. La vestimenta también respondía a esta imagen tradicional: colores oscuros a partir de los treinta años y una elegancia discreta. Además, en su personalidad se combinaban la bondad y la cortesía con una energía indómita que, sin embargo, no parecía traducirse en un papel activo fuera del ámbito doméstico. Este retrato «azoriniano», aunque exaltado como una virtud, reflejaba una visión reduccionista de la mujer, pues la limitaba a su rol de madre y esposa dentro de un modelo de sociedad patriarcal. La idealización de estas cualidades no solo perpetuaba la división de género en el ámbito público y privado, sino que también servía como argumento contra los avances de los movimientos feministas que comenzaban a cuestionar estas normas.

Esta visión tradicionalista de la mujer, defendida por Azorín, no fue un caso aislado dentro del pensamiento intelectual de la época. Miguel de Unamuno también mostró recelos ante las reivindicaciones feministas, aunque con matices propios. Mientras que Azorín exaltaba la figura de la mujer ligada al hogar y la domesticidad, Unamuno criticaba el feminismo por considerarlo un movimiento desorientado y mal planteado. Desde su perspectiva, las demandas de igualdad estaban generando una confusión de roles en la que, según él, las mujeres se «hombreaban» y los hombres se «mujereaban» (Unamuno, 1969: 167). Para justificar su postura, recurría a un argumento biologicista: la función de la mujer era, ante todo, gestar, parir y lactar, lo que determinaba su naturaleza y sus capacidades. Unamuno sostenía también que, aunque las mujeres pudieran tener menor inteligencia, poseían un mayor sentido común debido a su supuesta «predominancia de la vida vegetativa y del sistema linfático» (Pacheco Oropeza, 2004: 220-221).

Estas ideas evidencian que, incluso entre los grandes pensadores de la época, aquellos con profundas inquietudes filosóficas y sociales, el feminismo seguía siendo considerado un asunto secundario, subordinado a problemáticas más amplias. En lugar de reconocer las demandas de igualdad como legítimas, muchos las reducían a cuestiones biológicas o morales, lo que contribuía a reforzar las estructuras de género tradicionales. Las concepciones sobre la feminidad defendidas por autores como Azorín y Unamuno no solo estaban arraigadas en el tradicionalismo, sino que también formaban parte de una visión más amplia sobre la identidad cultural y nacional. En este marco, la mujer era percibida, siguiendo el esquema de autores previamente citados, como un pilar esencial de la moralidad, la familia y, en muchos casos, la propia esencia de la nación. Esta visión también se correspondió con ciertos valores femeninos que se desarrollaron en Cataluña y en el País Vasco.

En estas regiones, el discurso sobre la feminidad trascendía el ámbito doméstico para adquirir una dimensión política y cultural. La mujer no solo era mostrada como responsable de la estabilidad familiar, sino que también se convertía en un símbolo de continuidad nacional, reforzando la idea de que su papel en la sociedad estaba predeterminado y debía alinearse con los valores tradicionales. En este sentido, la figura de la «mujer fuerte» era concebida por algunos intelectuales como aquella que, además de desempeñar su rol doméstico, encarnaba los valores espirituales y morales de la sociedad. Eugeni D'Ors, por ejemplo, condensó este ideal en su personaje literario de «La Ben Plantada», un modelo de feminidad vinculado al regionalismo catalán. Se trataba de una mujer que, si bien participaba en la vida pública, lo hacía sin cuestionar el orden establecido, reforzando la tradición y los valores religiosos. Fuerte tanto física como moralmente, su virtud residía en ser madre, símbolo del hogar y transmisora de la identidad catalana a las siguientes generaciones (Arce Pinedo, 2008: 74). Del mismo modo, en el contexto vasco, Sabino Arana elevó la figura de la *emakume* como representación de la madre patriota y piadosa (Arce Pinedo, 2008: 76). En su visión, la mujer tenía un papel esencial en la preservación de la tradición vasca, desde el hogar y a través de la maternidad, lo que la convertía en la principal garante de la transmisión cultural y religiosa.

Las representaciones tradicionales de la feminidad también encontraron un firme respaldo en el discurso médico-científico. A medida que el debate sobre el papel de la mujer en la sociedad se intensificaba, muchos profesionales de la medicina, la pedagogía y otras disciplinas recurrieron a teorías biologicistas para justificar la exclusión de las mujeres de ciertos espacios profesionales y educativos. Uno de los exponentes más influyentes de esta visión fue el doctor Fernando Calatraveño, quien sostenía que las mujeres, debido a su naturaleza orgánica, carecían de las condiciones necesarias para ejercer profesiones tradicionalmente masculinas. Aunque defendía la instrucción femenina, limitaba su alcance a disciplinas que reforzaran su papel dentro del hogar y la sociedad, como los idiomas, la música y ciertas ciencias y artes (Jagoe, 1989: 207; Ballarín Domingo, 2001: 79). En su opinión, cualquier intento de ampliar la educación de las mujeres hacia carreras como la medicina, el derecho o la ingeniería era un despropósito, pues la «naturaleza» femenina —según él, marcada por una sensibilidad exacerbada, escasa reflexión y una imaginación desbordante— las hacía inadecuadas para dichas funciones. En una línea similar, el filósofo y pedagogo Urbano González Serrano defendía el determinismo biológico como argumento para rechazar cualquier aspiración igualitaria en la educación. Para él, la identidad femenina era inmutable y estaba ligada de manera esencial al amor y la sensibilidad, características que definían su rol en la sociedad (Jagoe, 1989: 215). Desde esta perspectiva, la educación no podía ni debía alterar la supuesta esencia natural de los sexos.

Estos planteamientos, que combinaban ciencia, moralidad y tradición, fortalecieron el discurso antifeminista de la época al aportar argumentos que, respaldados por la autoridad médica y filosófica, justificaban la exclusión de las mujeres de la vida pública y profesional. Las teorías médicas y pedagógicas que sostenían su supuesta inferioridad no solo restringieron y abortaron debates sobre su acceso a la educación y el trabajo, sino que también sirvieron para alimentar discursos aún más agresivos contra el feminismo y la emancipación femenina. Y es que, a medida que las demandas de igualdad adquirían visibilidad a través de asociaciones, publicaciones y actos públicos, las reacciones en su contra se intensificaron, con sectores conservadores que intentaban frenar cualquier posibilidad de transformación del orden patriarcal mediante estrategias que combinaban descalificación intelectual, presión social y limitaciones legales. Un ejemplo claro fue el del doctor Ramón Buide Laverde, convertido en una de las figuras clave dentro del pensamiento católico reaccionario, al promover una visión profundamente conservadora sobre las mujeres en la sociedad. Para él, las mujeres que desafiaban las normas establecidas no solo merecían el rechazo, sino también el castigo. En sus discursos, construyó la imagen de una mujer peligrosa y transgresora, a la que atribuía rasgos de seducción perversa, insaciabilidad y egoísmo, haciéndola responsable tanto de su propia deshonra como de la corrupción de los hombres (Buide Laverde, 1925: 9). Desde esta perspectiva, las mujeres eran vistas como el eslabón más débil de la sociedad debido a su supuesta fragilidad emocional y fisiológica. Mientras que a los hombres se los consideraba racionales y con capacidad para controlar sus instintos, las mujeres eran retratadas como víctimas de su propia naturaleza inestable e irracional. Si un hombre atentaba contra su honra, la responsabilidad recaía en ella por no haber sabido protegerse adecuadamente. La única forma de contrarrestar esta vulnerabilidad, según Buide Laverde, era mediante una educación estrictamente religiosa, tanto en la escuela como en el hogar, con el fin de regenerar moralmente a la sociedad y preservar el orden tradicional. Su rechazo a la modernidad se basaba en la idea de que esta fomentaba una degeneración femenina que solo podía revertirse con un retorno a los valores cristianos. Desde su punto de vista, la liberación de la mujer conducía al caos moral, pues debilitaba instituciones fundamentales como el matrimonio y promovía prácticas que consideraba peligrosas, como el divorcio, el amor libre y el aborto. Para frenar esta amenaza, abogó por una recristianización de la sociedad a la que describió como una «auténtica Cruzada de reconquista», consolidando la imagen de la «mujer-mujer» como símbolo de la tradición y la moralidad (Buide Laverde, 1925: 6).

Este modelo de mujer gestado por la «liga antifeminista» mantenía una notable continuidad con las representaciones del siglo XIX. A pesar de las transformaciones sociales y políticas, la imagen femenina seguía asociada a nociones de inferioridad, fragilidad y dependencia respecto al hombre. Aunque en las dos primeras décadas del siglo XX el discurso antifeminista incorporó nuevos argumentos y protagonistas, no logró desprenderse por completo de las «esencias» y definiciones ontológicas heredadas del liberalismo y el tradicionalismo del siglo XIX. Sin embargo, durante el periodo de entreguerras, la teoría de la diferenciación sexual revitalizó la visión jerárquica entre hombres y mujeres, esta vez con el respaldo de nuevas formulaciones científicas. En este terreno sí se abrieron fronteras sin temor al contagio: desde disciplinas como la medicina, la biología, la psicología o la sociología se reforzaron ideas sobre las supuestas naturalezas distintas —y complementarias— de hombres y mujeres. Estas nociones sirvieron para justificar la exclusión femenina de determinados ámbitos y consolidar su función dentro del hogar. De este modo, los viejos prejuicios se adaptaron al lenguaje de la modernidad, aprovechando el peso normativo del discurso científico para reafirmar la desigualdad de género.

Nuevas voces, nuevas teorías, misma masculinidad antifeminista: la Generación de 1914

Durante la segunda década del siglo xx, la defensa de los roles de género tradicionales no solo emergió como respuesta a la incertidumbre social y política provocada por las profundas transformaciones de la época, sino que también se consolidó como un pilar esencial para salvaguardar el modelo de familia patriarcal, considerado clave para la preservación de la identidad nacional. Las nuevas teorías sociales organicistas y corporativistas ganaron influencia entre numerosos intelectuales (García Canales, 1993: 207), que veían en ellas un marco teórico para justificar la jerarquización de la sociedad y del género. Figuras como Francisco de Asís Pacheco advirtieron sobre los supuestos peligros de la emancipación femenina. Su postura coincidía con la de otros pensadores ultraconservadores, como Manuel García Morente y Víctor Pradera, quienes, influenciados por el organicismo y la doctrina católica, defendieron la subordinación de la mujer bajo un esquema naturalista. Para ellos, la estabilidad nacional dependía de la diferenciación estricta de roles entre hombres y mujeres, y cualquier intento de alterarla representaba un riesgo para la armonía y el equilibrio de la sociedad.

A medida que estas propuestas ganaban terreno en la década de los años veinte, también emergían nuevas corrientes científicas desde la psicología, el psicoanálisis y la sociología. Estas disciplinas no solo desbancaron los antiguos argumentos de figuras como Franz Joseph Gall, Herbert Spencer, T. Bischof y P. J. Moebius, quienes sostenían la inferioridad de la mujer frente al hombre, sino que proporcionaron una visión más compleja y matizada sobre la diferenciación de los sexos. En España, estas nuevas ideas científicas no solo encontraron eco en los círculos intelectuales, sino que se entrelazaron con el creciente interés por la cuestión femenina, ampliando el debate sobre el lugar de la mujer en la sociedad. Lejos de rechazar estos enfoques, el país los integró dentro del panorama intelectual de la Generación de 1914.

La llegada a España de nuevas explicaciones científicas sobre la diferencia entre los géneros causó gran revuelo, especialmente entre la élite intelectual. Entre las teorías más populares estaban las que surgieron de la obra de R. Kossmann, influenciado por la teoría evolucionista, y las propuestas de pensadores como Georg Simmel, el filósofo y sociólogo alemán, y los biólogos escoceses Patrick Geddes y John Arthur Thompson. Estos autores se dedicaron a investigar las diferencias entre hombres y mujeres desde una perspectiva científica (Geddes y Thompson, 1889) y sus ideas fueron rápidamente conocidas en España, principalmente gracias a médicos como Gregorio Marañón y Roberto Novoa Santos, así como filósofos como José Ortega y Gasset y Edmundo González Blanco. A través de sus trabajos, estos intelectuales trajeron al país la noción de que los hombres y las mujeres no solo eran diferentes biológicamente, sino también psicológicamente. Ortega y Gasset, por ejemplo, se mostró particularmente interesado en las ideas de Simmel y propició la publicación de sus ensayos en la *Revista de Occidente* a través de diversos artículos («Filosofía de la moda», I [1], julio de 1923: 42-66; «Lo masculino y lo femenino: para una psicología de los sexos», II [5], noviembre de 1923: 218-236; II [6], diciembre de 1923: 336-363; «Cultura femenina», VIII [21], marzo de 1925: 273-301; VIII [23], mayo de 1925: 170-199). En su visión, las diferencias entre los sexos eran profundas, no solo físicas, sino también morales. Según Ortega, las mujeres estaban condenadas a vivir bajo una moral diferente a la de los hombres debido a su naturaleza distinta, y las consideraba esencialmente carentes de individualidad. En palabras suyas, las mujeres no alcanzaban la misma importancia que los hombres, cuya valía se medía por sus acciones. La mujer, según él, valía por «lo que es» más que por «lo que hace». Para Ortega, frente a las acciones «heroicas» de los hombres, como la lucha en batallas o las grandes hazañas científicas o literarias, las tareas de las mujeres, como cuidar a los hijos o atender el hogar, no tenían el mismo valor por cuanto esos esfuerzos femeninos se «borraban» con el tiempo y no dejaban huella significativa en la historia (Osborne, 1987: 106).

La influencia de Ortega y Gasset fue tan profunda que sus puntos de vista sobre la mujer quedaron plasmados también en las ideas de otros intelectuales contemporáneos (Castillo Martín, 2003b: 41), como en el ya mencionado Eugeni D'Ors y en José María Pemán. Ambos, al igual que Ortega, defendieron la idea de una diferenciación esencial entre los sexos basada en la naturaleza y las funciones que correspondían a cada uno. D'Ors, en su obra *La ciencia de la cultura,* articuló su visión sobre la civilización mediante los conceptos de «eones» masculino y femenino, al primero de los cuales le asignó el esfuerzo y la creatividad, y al segundo, el amor y el humanitarismo. Esta distinción seguía reforzando la idea de que los roles de los hombres y las mujeres eran distintos y complementarios, pero, al mismo tiempo, jerárquicos. Por su parte, José María Pemán, en su libro *De doce cualidades de la mujer,* abogó por una visión profundamente conservadora en la que la mujer quedaba relegada a su papel tradicional como esposa y madre, lejos del ámbito público. En su opinión, las mujeres carecían de la capacidad para desenvolverse en la esfera pública debido a sus «irracionales» cualidades, como la intuición y la maternidad (Álvarez Chillida, 1996: 198), una idea que desarrolló en profundidad en los años treinta. En esta misma línea, Manuel García Morente, filósofo jiennense, reafirmó las ideas de Ortega y Gasset sobre las diferencias no solo físicas, sino también psíquicas, entre hombres y mujeres. En su artículo «El espíritu filosófico y la feminidad», argumentó que la vida psíquica de la mujer era más homogénea y receptiva, en contraste con la heterogeneidad y la mayor actividad psíquica del hombre *(Revista de Occidente,* 23 de marzo, 1929: 289-306). Según García Morente, estas diferencias psíquicas incapacitaban a las mujeres para desempeñar roles en la vida pública, lo que consolidaba así la idea de su limitación natural para ejercer profesiones fuera del ámbito doméstico (García Morente, 1996: 107).

Este nuevo entramado ideológico, cimentado por la teoría de la diferenciación sexual, no solo consolidó la contraposición de las cualidades masculinas y femeninas, sino que sirvió de base para justificar una profunda represión de la mujer. Las mujeres que osaban salirse de los roles impuestos y desafiar su naturaleza «femenina» se enfrentaban a condenas sociales y castigos. Ortega y Gasset, por ejemplo, mostró una evidente aversión por la idea de la mujer talentosa; de hecho, consideraba que una «mujer valiosa» debía preocupar a la sociedad, pues, según él, «el hombre inteligente siente un poco de repugnancia por la mujer talentuda» (Osborne, 1987: 106). Esta descalificación de la mujer con habilidades intelectuales también fue compartida por otros pensadores de la época, como Edmundo González Blanco, que citaba al novelista Jorge Ohnet. Este último sostenía que incluso los ateos rechazaban a la mujer intelectual y librepensadora, a la que veían casi como un «monstruo» cuya feminidad parecía haberse desvanecido (González Blanco, 1930: 298-299).

La difusión del discurso científico de las ideas sobre la diferencia sexual y el género y, fundamentalmente, las teorías de la diferenciación y la complementariedad no solo se manifestaron en el ámbito filosófico y literario. Como ocurriera unos años antes, encontraron igualmente un sólido respaldo en la ciencia, especialmente en la biología y la medicina. Estas disciplinas se utilizaron para reforzar la creencia de que cualquier alteración de los roles de género tradicionales amenazaba el orden social (Aresti, 2001 y 2012). Con el prestigio del discurso científico, considerado una fuente legítima de autoridad ideológica, se proclamó inicialmente la inferioridad de la mujer, aunque posteriormente se redefinió su posición a través de la exaltación de la maternidad como una función complementaria y esencial para la estabilidad de la nación. Amparados por la ciencia y el poder político, médicos, higienistas y especialistas desempeñaron un papel crucial en la producción de discursos que fortalecieron el modelo patriarcal. En la recta final de la Restauración, estos discursos no solo rigidizaron la relación entre sexo y género, sino que también justificaron la exclusión de las mujeres del ámbito público (Peset, 1988: 163-177; Fox Keller, 1991: 41), asociando las diferencias entre hombres y mujeres con principios supuestamente inmutables y naturales. Las teorías higienistas, psiquiátricas y eugénicas contribuyeron a la construcción de estereotipos de género que sirvieron como barrera contra la emancipación femenina y contra lo que se percibía como una amenaza para la natalidad, defendida como un deber social y patriótico (Álvarez Peláez, 1988: 179-204; Diéguez Gómez, 1999: 637-652).

La ciencia médica del siglo XX, aunque en ocasiones abierta a la figura de la mujer moderna con aspiraciones profesionales, reaccionó reafirmando el modelo patriarcal y la idea de que la maternidad debía ser el eje central de la identidad femenina (Nash, 2000: 687-708; Palacio Lis, 2003: 11-12). Intelectuales de amplia proyección internacional como Gregorio Marañón defendieron la idea de que la biología determinaba el destino femenino, y asociaron la maternidad con una responsabilidad social indispensable para el bienestar de la nación (Vázquez García y Moreno Mengíbar, 1997: 438). Desde su perspectiva, la biología determinaba el destino femenino, y aquellas mujeres que aspiraban a roles tradicionalmente masculinos eran vistas como «anormales» (Marañón, 1934: 127).

Durante los años 1920 y 1930, el discurso nacionalista y conservador vinculado a la eugenesia reforzó estas nociones, posicionando a la mujer emancipada como símbolo de decadencia moral y culpable de las crisis sociales (Caine y Sluga, 2000: 146-152). A la mujer moderna se la acusaba de abandonar sus roles tradicionales, lo que, según estas narrativas, contribuía al declive, a las crisis sociales y a los infortunios del país, representados, entre otras cosas, por la disminución de la natalidad, el aumento de la criminalidad e, incluso, el desastre de la política colonial de África. En contraste, la exaltación de la mujer-madre del pasado, siguiendo a Donoso Cortés y Vázquez de Mella, como pilar de virtud y cimiento de las grandes epopeyas históricas (Buide Laverde, 1925: 20) se convirtió en una estrategia para justificar la reclusión de las mujeres en el ámbito doméstico, restaurar valores tradicionales y promover un modelo patriarcal que se presentó como solución a los problemas nacionales.

Durante la dictadura de Miguel Primo de Rivera, las ideas sobre la diferenciación sexual fueron promovidas mediante estrategias políticas, educativas y propagandísticas orientadas a reforzar el ideal de domesticidad y a consolidar el rol de la mujer como madre, concebida como pilar esencial del proyecto de regeneración nacional. Aunque, como veremos, se permitió cierta participación femenina en el ámbito político del régimen, esta fue cuidadosamente limitada a espacios considerados compatibles con su «naturaleza femenina» y siempre subordinada a la preservación del orden social tradicional.

Para sostener este modelo, el régimen se sirvió de las tesis de destacados intelectuales de la época, incluso de aquellos que se mostraron críticos con la dictadura. Fue el caso de Gregorio Marañón, cuyas reflexiones sobre la maternidad —concebida como una función natural y constante y, al mismo tiempo, como una responsabilidad social y patriótica— se utilizaron para reforzar una visión conservadora de la feminidad (Marañón, 1920: 20-21). Aun cuando Marañón no compartió plenamente el ideario autoritario de Primo de Rivera, sus planteamientos proporcionaron al régimen una legitimación científica y moral que sirvió para matizar y restringir la participación femenina en determinados espacios públicos y consolidar su papel como eje del ámbito doméstico.

Capítulo 2

El antifeminismo en los años veinte: la dictadura de Primo de Rivera

A partir de 1918, tras el fin de la Gran Guerra y el impacto de la Revolución Bolchevique de 1917, Europa entró en una etapa de profunda inestabilidad. La violencia política se intensificó, los movimientos radicales ganaron terreno y el modelo liberal parlamentario comenzó a mostrar signos de agotamiento. Sin embargo, este escenario convulso coexistió con una importante «ola de democratización» que transformó el panorama político de numerosos países europeos, permitiendo emprender reformas que ampliaron los derechos políticos y sociales de cientos de miles de ciudadanos, pero también de ciudadanas (Markoff, 1998: 21-22). Y es que los años veinte y treinta también fueron testigos de importantes avances feministas. El empuje democrático favoreció una creciente incorporación de las mujeres a la vida pública: comenzaron a participar activamente en partidos políticos, sindicatos y movimientos sociales, ocupando espacios de decisión y visibilizando sus demandas. Países como Alemania —donde el sufragio femenino fue reconocido en 1918 con la instauración de la República de Weimar—, Austria, Polonia y Checoslovaquia extendieron el derecho al voto a las mujeres en ese mismo año, mientras que en el Reino Unido la equiparación del sufragio se logró en 1928. Estos avances significaron no solo una conquista jurídica, sino también una transformación simbólica del orden político y social, al cuestionar abiertamente los roles tradicionales de género.

No obstante, estas conquistas generaron reacciones defensivas por parte de sectores conservadores y de nuevos movimientos autoritarios en auge. En muchos casos, la respuesta fue la puesta en marcha de formas explícitas o encubiertas de violencia política de género —física, simbólica, sexual o discursiva— dirigidas a frenar la expansión de los derechos de las mujeres y restituir el orden patriarcal. Así, la participación femenina en la esfera pública pasó a ser vista como una amenaza al *statu quo* y se convirtió en blanco de estrategias destinadas a silenciarla, desacreditarla o incluso eliminarla del espacio político.

España no permaneció ajena a las convulsiones sociales y políticas propiciadas por la Primera Guerra Mundial. Como en otros países europeos, España experimentó una acelerada descomposición del sistema político liberal (Romero Salvadó y Smith, 2010). Entre 1918 y 1921, el llamado «trienio bolchevique» marcó un periodo de intensa conflictividad obrera y campesina, especialmente en Cataluña y en Andalucía, donde el auge de huelgas revolucionarias y la creciente movilización de sindicatos como la CNT hicieron temer a las élites una insurrección similar a la rusa. Sin embargo, esta inestabilidad no solo se manifestó en términos de lucha de clases, sino también en el auge de los nacionalismos periféricos, que adquirieron un nuevo impulso en regiones como Cataluña y el País Vasco. La crisis del Estado liberal y la incapacidad de la monarquía alfonsina para gestionar las demandas de autonomía fortalecieron los movimientos nacionalistas, que comenzaron a reclamar mayores cotas de autogobierno. La burguesía catalana, a través de organizaciones como la Mancomunitat de Catalunya, buscó ampliar su autonomía dentro del marco constitucional, mientras que en el País Vasco el nacionalismo liderado por el Partido Nacionalista Vasco (PNV) reforzó su discurso tradicionalista, diferenciándose tanto del centralismo español como de la influencia del socialismo revolucionario. En este escenario, el Estado y los sectores patronales recurrieron a una dura represión para contener tanto la agitación obrera como las aspiraciones nacionalistas. La violencia parapolicial, el cierre de medios de comunicación afines al catalanismo y el refuerzo de la militarización del conflicto social y de la política colonial en África se convirtieron en herramientas clave para tratar de frenar lo que el *establishment* español percibía como una amenaza doble: el avance del comunismo y el debilitamiento de la unidad nacional.

Este clima de agitación social y política impulsó el auge de una nueva derecha nacionalista que defendía la imposición de valores tradicionalistas, corporativistas y antiliberales en la estructura del Estado. Dentro de este marco, las mujeres adquirieron un significado estratégico en el discurso político al presentarlas como un dique de contención esencial frente el desmoronamiento de la nación española y contra las ideologías separatistas, progresistas, marxistas y anarquistas. Mucho antes de la proclamación de la Segunda República en 1931 —como analizamos en el capítulo anterior—, las élites conservadoras españolas ya habían comenzado a perfilar un discurso feminista y un modelo de feminidad fuertemente ligados al nacionalismo autoritario que recorría Europa. En este imaginario compartido, las mujeres quedaban subordinadas al deber patriótico y a una virilidad reforzada, asumiendo el papel de garantes de la moral, la tradición y el orden familiar. Lejos de constituir una excepción, esta visión encontraba eco en otras experiencias autoritarias del continente. En la Italia fascista, por ejemplo, se exaltó la figura de la madre como eje de la nación, al tiempo que se impulsaban políticas de natalidad destinadas a devolver a las mujeres al hogar y a restringir su participación en la esfera pública. Un planteamiento similar se desarrolló en la Hungría de Miklós Horthy, donde la feminidad fue definida en función de la maternidad y el servicio doméstico y las mujeres fueron excluidas sistemáticamente de la vida política y reorientadas hacia funciones subordinadas dentro del hogar.

En ese mismo clima ideológico, la España de los años veinte avanzó hacia la consolidación de una concepción de lo femenino como pieza clave de un proyecto político nacionalista. Durante la dictadura de Miguel Primo de Rivera, se impulsaron discursos e iniciativas que exaltaban a la mujer como madre católica y guardiana de la identidad nacional, que restringían su acceso a determinados espacios profesionales y confinaban su participación pública-política a aquellos ámbitos considerados compatibles con su supuesta «naturaleza femenina». Al mismo tiempo, se fue configurando una nueva masculinidad nacional, una nueva virilidad asociada al deber patriótico, la disciplina militar, la moralidad cristiana y el liderazgo en la esfera pública. La articulación de ambos ideales —la mujer-redentora social y el hombre-disciplinado— respondía a la voluntad del régimen de cimentar un orden social jerárquico en el que cada sexo quedaba encuadrado en funciones rígidamente definidas y legitimadas por la religión y el nacionalismo.

La nueva virilidad patriótica

Durante esta etapa histórica la polémica feminista fue abonada por aquellos en los que sin duda pesaba más el deseo de que nada cambiara respecto al papel de las mujeres en la sociedad, aunque adaptándola a los nuevos tiempos. Los discursos y las identidades que sobre las mujeres construyeron y conformaron los intelectuales y los políticos españoles en los años veinte, como respuesta a la universalización de las concepciones igualitarias y a la inclusión de hombres y mujeres en las nacientes democracias del entorno, contenían, como hemos visto, numerosas connotaciones culturales y simbólicas y numerosos estereotipos y prejuicios heredados del siglo XIX. Ahora bien, aunque los discursos de género decimonónicos que consideraban probadas y establecidas la inferioridad y la diferencia constitutiva de la mujer respecto al hombre estaban amplia y plenamente arraigados en la sociedad española, dichos discursos e identidades se aderezaron, actualizaron y enriquecieron. Ya hemos señalado en el capítulo precedente que, desde nuevos parámetros interpretativos e ideológicos, muchos intelectuales y políticos recuperaron y *resignificaron* el modelo patriarcal tradicional ante el impacto que les causaba una sociedad atravesada por los profundos cambios políticos y culturales que se sucedieron tras la Gran Guerra y que suponían una ruptura drástica con las pautas de la *belle époque*. En contra del feminismo igualitario, la irrupción de nuevos discursos de la diferencia en la Europa de los años veinte llevó a algunos de aquellos intelectuales y políticos a dar por buenas las clásicas conceptualizaciones de la «misoginia romántica» sobre la desigualdad de los sexos y a ligar el destino de las mujeres a su función biológica (Valcárcel, 2004: 29-52). En la España de entreguerras se gestaron y se alumbraron, de esta forma, nuevas identidades masculinas y femeninas y nuevos discursos paternalistas sutilmente represivos contra las mujeres que aunaban la maternidad y la obediencia entendiéndolas como virtudes y actitudes inteligentes.

Con la dictadura de Primo de Rivera, el discurso antifeminista experimentó un auge significativo, impulsado no solo por los políticos y la Iglesia católica, sino también por influyentes intelectuales de la época. Esta corriente antifeminista encontraba eco en las pretensiones del dictador de mantener, aunque con ciertos matices, los roles de género tradicionales. A pesar de las desavenencias entre los intelectuales y el régimen —que pronto desilusionó a aquellos que esperaban una regeneración política inspirada en las aspiraciones de las generaciones del 98 y del 14—, hubo una notable coincidencia en la manera de concebir el papel de hombres y mujeres en la sociedad (Bécarud y López Campillo, 1978: 9).

El nacionalismo español y la identidad masculina se entrelazaron profundamente en el discurso político y social del régimen. La dictadura instauró una visión autoritaria y centralista de España que exaltaba cualidades asociadas a la «virilidad» como la fuerza, la disciplina y el coraje (Aresti y Martykánová, 2017: 14). Estos atributos no solo definían al ciudadano ideal, sino que también se proyectaban sobre el propio Estado, presentado como una entidad firme y decidida. La utilización recurrente de los términos «viril» y «virilidad» respondía a la necesidad del régimen de mostrar, como expresa la noticia periodística siguiente, una imagen de fortaleza y control, en contraposición a la supuesta debilidad de los gobiernos parlamentarios anteriores.

> ¡Los males que han sobrevivido a las naciones gracias al parlamentarismo serán siempre y fuesen con frecuencia, han abierto los ojos a la gente y se ha visto la base de arena en que se apoyaba! Ha bastado esta visión para que un episodio de virilidad ciudadana diera al traste con el régimen parlamentario que el liberalismo impuso como una conquista democrática *(El Norte: diario católico-monárquico,* 19 de diciembre de 1923: 1).

El régimen primorriverista construyó una visión particular de la masculinidad y virilidad para enfrentar lo que consideraba una crisis de género que afectaba a la nación (Aresti, 2022: 61-88). Se percibía una crisis de masculinidad nacional caracterizada por una supuesta falta de energía viril que sumía a España en la indiferencia y el desorden social. Esta percepción estaba vinculada a la idea de que los hombres habían perdido vigor y racionalidad práctica debido a empresas militares estériles y fracasos históricos como la guerra de Marruecos, mientras que las mujeres habrían conservado fortaleza y coraje en el ámbito doméstico y moral. En respuesta a esta crisis, el régimen trató de restaurar un modelo de masculinidad idealizado que consideraba en decadencia. Este modelo se basaba en la «legendaria virilidad hispánica», identificada con la figura del caballero español, presentado como un hombre religioso, enérgico, valiente y defensor del orden y la tradición. La restauración de esta masculinidad se vinculó al espíritu militar y a la necesidad de luchar contra lo que se veía como vicios nacionales que debilitaban la hombría, como el donjuanismo y el «flamenquismo decadente», considerados expresiones de una masculinidad desvirtuada y hedonista. La figura de Don Juan fue reinterpretada durante la dictadura de Primo de Rivera como un símbolo del desorden moral, la superficialidad y la falta de civilización, lo que reflejaba una preocupación por la feminización de la masculinidad nacional y la pérdida de autoridad patriarcal (Aresti, 2001: 115-154). Este modelo de masculinidad decadente justificó la promoción de un ideal de hombre fuerte y decidido, encargado de liderar tanto en el ámbito público como en el privado, reforzando los roles tradicionales de género. Sin embargo, esta visión no estuvo exenta de tensiones y contradicciones.

El doctor Gregorio Marañón ofreció en multitud de trabajos científicos y conferencias una crítica significativa a esta concepción de la virilidad, diferenciando entre virilidad física y virilidad moral y utilizando precisamente el mito de Don Juan como ejemplo. En la conferencia impartida en diciembre de 1923, recogida por el periódico *El Pueblo Cántabro,* Marañón sostuvo que la virilidad física encarnaba atributos como la conquista, la autoridad y la capacidad de seducción, configurando así el modelo de un hombre audaz y dominante, acorde con los valores tradicionales de la época. Sin embargo, advirtió de que la virilidad moral representada por Don Juan era una manifestación incompleta o distorsionada de la masculinidad, definida por una seducción superficial y vacía, carente de compromiso emocional o principios éticos. Esta crítica cuestionaba el ideal masculino hedonista promovido por la dictadura, al señalar que una masculinidad auténtica debía integrar racionalidad, autocontrol y responsabilidad moral. Las reflexiones de Marañón desafiaban así las ideas tradicionales sobre el hombre y se hacían eco de las tensiones sociales y políticas de la España de su tiempo. En un contexto en el que la dictadura proyectaba un modelo autoritario y conservador alineado con los valores morales católicos y familiares, estas reflexiones sobre la virilidad y el control emocional adquirieron especial relevancia. La dictadura utilizó estos discursos «científicos» para legitimar su visión de un Estado fuerte y disciplinado, al tiempo que consolidaba la estructura patriarcal y reforzaba los roles de género tradicionales.

Frente al modelo de masculinidad decadente, el régimen promovió una alternativa basada en la tradición hidalga y los valores de un pasado glorioso, exaltando una masculinidad disciplinada y austera. Esta construcción de la masculinidad no fue solo un ideal cultural, sino también una herramienta política utilizada por Primo de Rivera para legitimar su golpe de Estado, el cual definió como un «movimiento de hombres» destinado a salvar a la patria del caos y la corrupción. La regeneración nacional se presentó como un proyecto de restauración de un orden sexual tradicional y jerárquico, que se consideraba amenazado por el feminismo, la modernidad y los cambios sociales y políticos de la época. Para lograr esta regeneración, la dictadura puso en marcha un proceso de virilización de la vida pública española incentivando una «colaboración activa del ciudadano» con el fin de superar la pasividad y la indiferencia políticas, consideradas signos de una masculinidad debilitada. Este proyecto implicó, como decimos, la construcción de una ciudadanía basada en la masculinidad activa y patriótica, donde el verdadero hombre era aquel que participaba en la esfera pública con energía y compromiso nacionalista. Además, la dictadura también desarrolló una masculinidad disciplinada por la religión católica y apoyada en instituciones como la Liga contra la Inmoralidad Pública, constituida en 1927, concebida como una herramienta esencial para moderar las pasiones y preservar el orden moral en un contexto de creciente secularización y cuestionamiento de los roles tradicionales de género. Esta exaltación de una hombría católica respondía a la necesidad de reafirmar el poder masculino y los privilegios patriarcales en una sociedad en transformación, reforzando la figura del hombre como cabeza de familia y autoridad moral tanto en el hogar como en la comunidad. No en vano, en el acto inaugural de la Liga en la provincia de Cáceres, el duque de Vistahermosa apeló en su discurso a una cruzada moral de proporciones épicas al declarar que «deben vigilarse severamente las costumbres y que la cruzada que debe emprenderse por la liga contra la inmoralidad debe ser de igual intensidad y patriotismo que la cruzada que se sostuvo durante ocho siglos al grito de "Santiago y cierra España"» (*Nuevo Día. Diario de la provincia de Cáceres,* 9 de noviembre de 1927: 1). Tal discurso evidenciaba cómo se asociaban la vigilancia moral, el nacionalismo y la virilidad militante como ejes fundamentales del proyecto autoritario.

La emancipación femenina «controlada»

En este proceso de politización de los géneros, la dictadura de Primo de Rivera diseñó un proyecto de nacionalización autoritaria en el que las mujeres desempeñaron un papel fundamental. Dentro de un ambicioso plan estatal orientado a nacionalizar y regenerar a las masas, el marqués de Estella intentó integrar a las mujeres en la comunidad nacional otorgando a su función doméstica y maternal una dimensión patriótica sin precedentes. Esta visión trascendía el ámbito puramente individual y privado al dar un sentido colectivo al rol femenino (Blasco Herranz, 2017: 112). A diferencia de la Segunda República, cuyo enfoque se centró en «cambiar» el modelo de mujer, el propósito de la dictadura no era transformar, sino «renovar» el prototipo clásico de mujer española. En este sentido, tanto el Directorio militar como numerosos intelectuales —ya mencionados anteriormente y que más tarde serían considerados precursores del nacionalcatolicismo— coincidieron en una concepción común de la feminidad. Esta coincidencia ideológica hizo que el régimen de Miguel Primo de Rivera mantuviera una actitud ambigua hacia las mujeres. Por un lado, siguió defendiendo una identidad femenina basada en valores tradicionales y exaltando a la mujer como madre, esposa y guardiana del hogar. Por otro lado, adoptó algunas medidas que, aunque limitadas, facilitaron ciertos avances en la participación en el espacio público de las mujeres (Díaz Fernández, 2005: 175-190).

En cuanto al primero de estos aspectos, el régimen adoptó un enfoque nacionalista y católico del que derivó un modelo de género complementario y jerárquico. Este modelo definía de manera clara los roles de hombres y mujeres y asignaba a estas últimas una posición subordinada pero esencial en la construcción de la identidad nacional, especialmente a través de la maternidad y el cuidado moral de la sociedad. Así, se reforzó la imagen de la mujer como pilar de la familia y la moral pública, lo cual condicionó profundamente su participación en la vida política. Esta tensión entre el avance social de las mujeres y su desautorización pública se refleja con claridad en expresiones populares y humorísticas de la época, como el poema publicado en la portada del periódico *El Cantábrico* el 17 de febrero de 1925, bajo el epígrafe «Perfiles cómicos». El texto puede leerse como una alegoría social y política en la que Doña Trancaza simboliza una coyuntura voluble que irrumpe en la vida privada y desestabiliza el orden cotidiano, actuando como metáfora de las fuerzas públicas o mediáticas que invaden lo íntimo. Desde una perspectiva de género, la elección de una figura femenina como agente del desorden admite una doble lectura: por un lado, como expresión de un humor con matices misóginos; por otro, como recurso retórico para dar voz a la inquietud masculina ante los cambios sociales y morales que impulsaban las mujeres.

Perfiles cómicos

Doña Trancaza traidora,
me saca usté de mi centro…
¿Con qué derecho, señora,
se me ha metido usté dentro?

Porque, obediente a su plan,
dentro de mí se metió,
¡me voy del buró al diván
y del diván al buró!

Está usté descoyuntando
a todos los huesos míos
¡y me está usté fastidiando
con tantos escalofríos!

Y lo que más me conmueve
de la vida en el albur
¡es que aquí unas veces llueve
y otras veces sopla el Sur!

No hay quien este tiempo aguante
sin tener el alma inquieta.
¡Es este tiempo reinante
una especie de veleta!

Ante este tiempo me irrito
y sus gracias me sofocan,
porque es este un tiempecito
¡que baila al son que le tocan!

Mientras otros le maldicen,
yo, que no hago cosas tales,
¡le he dicho ya lo que dicen
las novias en los portales!

De sobra esto se sabrá
porque no es ningún secreto.
Le he dicho tres veces ya
a este tiempo: «¡Estate quieto!».

Me saca de mis casillas
este pájaro sin cola.
¡Son demasiadas cosquillas
para una persona sola!

Notará quien no es un momo
que, tras de llover dos horas,
¡se oye desde lejos cómo
pitan las locomotoras!

Nos molesta el Sur violento.
Luego el cielo se desagua.
¡Tras del agua viene el viento!
¡Tras del viento viene el agua!

Tanto cambio intemperante
nos trastorna sin piedad.

Amigo tiempo reinante,
¡no tienes formalidad!

Por arte de Belcebú,
el tiempo que nos desguaza
¡nos lo has traído tú, tú,
señora doña Trancaza?

Porque le da la real gana,
ese tiempo es un infierno.
¡Torrentes por la mañana!
¡Por la tarde, sol de invierno!

Y en un día, cosa nueva,
desde la aurora al farol,
¡diluvia, graniza, nieva,
hace viento y hace sol!

Ora seco, ora lluvioso,
di, doña Trancaza, di:
¿este tiempo veleidoso
se ha vuelto loco por ti?

Nos viniste a maltratar
faltándonos al respeto.
¿Qué adelantas con lograr
que nos duela el esqueleto?

Oh! doña Trancaza impía,
eres demasiado mala.
Huyo de esta tierra, arpía,
¡o tírate a la bahía
o métete a concejala!

Esta combinación de humor popular e ironía crítica, empleada para representar la experiencia del desorden —ya fuera meteorológico, anímico o político— y cuestionar las fronteras entre lo privado y lo público, sintonizaba con la visión de los sectores tradicionalistas y conservadores católicos, que percibían en la modernización y en la creciente visibilidad femenina en el espacio público una amenaza al orden social establecido. Al mismo tiempo, esta mirada coincidía con la de los llamados «misóginos informados» (Mangini González, 2001), por cuanto ambos discursos reconocían la importancia de las mujeres en la sociedad pero restringían su papel a funciones consideradas naturales o complementarias respecto a los hombres. De esta manera, los intelectuales y los sectores políticos conservadores, sin olvidar a la Iglesia, terminaron por convertir en «enemigas de la nación» a las mujeres modernas y al modelo de mujer emancipada que desafiaba las normas de género tradicionales. No cabe duda del énfasis que los discursos y las publicaciones de unos y otros ponían en el control de la educación femenina, a la que se le asignaba un cometido esencial: el matrimonio, la procreación y el cuidado moral de la familia. Así, las ligas nacionales contra la inmoralidad pública proclamaban el concepto cristiano de familia y reivindicaban su protección a través de la prohibición del aborto y de los métodos anticonceptivos, la represión de la prostitución y el subsidio económico a las familias numerosas. Un buen ejemplo de esta ofensiva moral lo representó la Primera Asamblea Nacional contra la Inmoralidad Pública, organizada por la Liga de Madrid en coordinación con las de Barcelona y Valencia, celebrada del 9 al 11 de noviembre de 1927, en la que se reivindicaron con firmeza estos principios. En dicha asamblea se abominó la figura de la mujer moderna —aquella que fumaba, se maquillaba o vestía con ropas consideradas provocativas— porque, según se expuso, de ella no podía surgir ni la esposa ni la madre ejemplar, aquella «impregnada de espíritu cristiano y de sacrificio» (Victoria Moreno, 1989: 1819).

No obstante, esta visión tradicional no impidió aquella otra promovida por la dictadura, que, sin cuestionar en ningún momento el liderazgo masculino en la política y la economía, concebía a las mujeres como cuidadoras por naturaleza y moralmente superiores en los ámbitos social y doméstico, facilitándoles un destacado protagonismo en el terreno público. Para desarrollar esta idea de feminidad pública, la dictadura contó con el apoyo de la Acción Católica de la Mujer (ACM), una organización creada en 1919 por el cardenal Victoriano Guisasola para dar respuesta al llamamiento de Benedicto XV, quien en su carta apostólica *Maximun Illud* de ese mismo año animaba a las mujeres a la expansión de la fe.

Integrada fundamentalmente por mujeres de clase media, la ACM desempeñó un papel crucial en la socialización femenina dentro de los valores católicos y nacionalistas promovidos por el régimen de Primo de Rivera, así como en la difusión de una «maternidad social» que extendía el rol tradicional de la madre al ámbito público, presentando a las mujeres, según lo señalado, como agentes morales en la sociedad (Blasco Herranz, 2022: 263-288). Tal planteamiento justificaba su participación en sectores como la sanidad, la higiene pública y la educación, pero siempre desde un marco que no contradecía las jerarquías de género. Las mujeres, así, y atendiendo a los fines de la dictadura, participaban en la vida pública no como ciudadanas con derechos plenos, sino como una «madre social» cuidadora de la moral nacional. Además, este enfoque de la feminidad primorriverista incluía una condena explícita al feminismo liberal y socialista, a los que acusaba de amenazar la base que garantizaba la estabilidad social del país: la familia. Para alejar esta amenaza, en lugar de plantear la igualdad política, el régimen de Primo de Rivera fomentó la «emancipación femenina» pero restringiéndola al ámbito social y moral, donde la influencia de la Iglesia católica era absoluta.

En consonancia con esta concepción de la feminidad, los gobiernos de Miguel Primo de Rivera adoptaron una serie de medidas que, si bien fomentaban la presencia pública femenina, lo hicieron dentro de un marco ideológico que reforzaba la diferenciación de género y limitaba las oportunidades de las mujeres en el ámbito profesional y político. El ámbito educativo experimentó importantes transformaciones impulsadas por un proyecto que buscaba reducir el analfabetismo y consolidar una identidad nacional homogénea. Estas reformas estuvieron marcadas por la «nacionalización de la escuela», la fuerte presencia de la Iglesia católica y una diferenciación clara en la educación de niños y niñas, dentro de un modelo moderado y estrechamente controlado por el Estado. La educación de las niñas permaneció centrada en la formación moral y doméstica, alineada con los valores tradicionales que el régimen de Primo de Rivera consideraba esenciales para garantizar la estabilidad social. Esta orientación educativa, profundamente influida por una visión paternalista, consolidó un modelo limitador para las mujeres, pues la política educativa del régimen perpetuó su identidad como futuras esposas, madres y cuidadoras, enfatizando su rol dentro de la esfera privada como pilar de la familia y de la moral social. De este modo, en los años veinte, se diseñaron programas formativos específicamente orientados hacia áreas consideradas «apropiadas» para las mujeres. Tal fue el caso de la enseñanza, la enfermería y el trabajo social. Estas disciplinas estaban estrechamente asociadas con el supuesto instinto maternal y la vocación de servicio que se atribuían a las mujeres, reforzando estereotipos de género y restringiendo su participación en otros campos profesionales.

En el ámbito laboral, la dictadura de Primo de Rivera estructuró también la legislación relativa a las mujeres bajo un marcado tono paternalista con la justificación de proteger su bienestar físico y moral. Sin embargo, más allá de la aparente preocupación por su seguridad, estas medidas consolidaban su subordinación al varón y al Estado (Ramírez Cremades, 2018: 25). El real decreto-ley de 23 de agosto de 1926, que estableció el Código de Trabajo, es una clara muestra de ese espíritu protector y limitador con el que el Estado reguló la participación de la mujer en el mundo laboral. Si bien la norma fue presentada como un avance en la regulación del trabajo femenino, en realidad esta disposición reforzaba la dependencia de la mujer y la mantenía dentro de un sistema en el que su acceso al empleo quedaba supeditado a la voluntad masculina y al control social. De hecho, amparado en la premisa de garantizar su bienestar y preservar su rol natural en la sociedad, el Código de Trabajo estableció un conjunto de disposiciones destinadas a orientar y supervisar su acceso al empleo, siempre dentro de los límites adecuados a su condición femenina.

Así, desde sus primeros artículos, el Código reconoció la dependencia legal de la mujer casada respecto de su marido al exigir su autorización para la celebración de contratos laborales (artículos 4.d, 64 y 65). Incluso en el ámbito del aprendizaje, la mujer no podía acceder a formación sin el permiso expreso del esposo, lo que refleja la convicción de que el marido debía ser el guardián y protector de su esposa en todas las decisiones que afectaran a su vida laboral. Sin embargo, en caso de separación legal, esta tutela se consideraba disuelta, lo que otorgaba a la mujer una mayor libertad, aunque siempre en un marco de control y supervisión institucional. Del mismo modo, el manejo de la remuneración también se enmarcó en esta visión paternalista (artículo 14). Aunque el salario podía abonarse directamente a la mujer casada, el marido tenía el derecho de impugnar esta decisión ante un juez, quien determinaría si la esposa podía administrar su dinero de manera independiente o si debía seguir bajo la tutela conyugal. Esta disposición reflejaba la desconfianza hacia la capacidad de la mujer para gestionar sus propios recursos y reafirmaba la idea de que el hogar debía mantenerse bajo la dirección y autoridad del esposo.

El Código de Trabajo también estableció normas de protección dirigidas a la mujer en el ámbito laboral. La prohibición del trabajo en industrias peligrosas y la obligación de reforzar las medidas de seguridad para trabajadoras femeninas (artículos 246.9 y 246.10) evidenciaron el interés del Estado por preservar la integridad física de la mujer, a la que consideraba más vulnerable que el hombre y, por lo tanto, necesitada de una especial vigilancia. Asimismo, la separación estricta entre hombres y mujeres en los alojamientos laborales (artículo 88.2) y la obligación de que la casa del patrono estuviera regida por una mujer (artículo 90) reforzaban la concepción de que la mujer debía permanecer supeditada a una figura de protección constante, ya fuera la del esposo, el empleador o una persona de referencia de su mismo sexo.

En esta misma línea, el real decreto-ley de 15 de agosto de 1927 enfatizó la visión proteccionista cuando, al regular el descanso nocturno de la mujer obrera, estableció un mínimo de doce horas entre jornadas e impidió su trabajo en horario nocturno. Si bien el pretexto oficial era salvaguardar la salud de las trabajadoras, la norma encajaba en un modelo ideológico que limitaba la presencia femenina en el ámbito productivo y la reconducía hacia su supuesto papel natural en el hogar. No obstante, la legislación contemplaba excepciones para ciertos sectores estratégicos, como la industria agrícola, los hospitales y el transporte, en los que el trabajo nocturno femenino podía autorizarse en circunstancias especiales. De este modo, el paternalismo del régimen no solo imponía restricciones a las mujeres, sino que también flexibilizaba estas mismas normas en función de las necesidades económicas y productivas del país.

En cuanto a la participación política de las mujeres, fue también cuidadosamente diseñada para no desafiar las jerarquías tradicionales de género. No obstante, el régimen primorriverista permitió una participación política «controlada» a través de la ACM, cuyas integrantes ocuparon cargos en instituciones locales y nacionales, pero siempre con un enfoque maternalista y moralizador. Esto fue especialmente notable en la participación en comités paritarios en el ámbito laboral, donde defendieron derechos laborales femeninos desde una perspectiva católica, enfocada a la mejora de las condiciones de trabajo, a la creación de espacios laborales adecuados para cumplir con sus responsabilidades de cuidado y maternidad y, en muchos casos, a la demanda de la igualdad salarial o la emancipación política (Camino, 2023).

Esta estrategia reforzó la idea de que las mujeres podían participar en la vida pública siempre y cuando lo hicieran en defensa de los valores tradicionales y bajo la tutela de la Iglesia y el Estado. Esta participación se produjo en diferentes niveles. Uno de los más significativos fue el ámbito local. La dictadura de Primo de Rivera introdujo el 8 de marzo de 1924 el Estatuto Municipal, una reforma que, aunque limitada, representó un primer paso en el reconocimiento del derecho al voto femenino en España. Sin embargo, esta medida no significó una verdadera concesión de la ciudadanía política a las mujeres, sino más bien un intento de modernización controlada dentro de un marco profundamente paternalista. El Estatuto permitía votar a mujeres mayores de 23 años, pero solo si eran cabezas de familia, es decir, viudas o solteras emancipadas (*Gazeta de Madrid,* 9 de marzo de 1924, núm. 69: 1219). Las mujeres casadas, en cambio, quedaban excluidas, al considerarse que su representación política recaía en sus maridos. A pesar de este aparente avance, en la práctica la medida tuvo un impacto nulo, ya que durante la dictadura primorriverista no se celebraron elecciones municipales. Los ayuntamientos fueron intervenidos y controlados por el régimen, con alcaldes y concejales designados por los gobernadores civiles. En este sentido, el sufragio femenino quedó reducido a una promesa simbólica dentro de una estructura política autoritaria que siguió marginando a las mujeres de la vida pública. Aunque no llegaron a celebrarse las elecciones municipales previstas para el año siguiente, la renovación de ayuntamientos comenzada en abril de 1924 permitió el acceso de las mujeres a las instituciones, y de hecho fueron varias las que obtuvieron el cargo de concejalas e, incluso, de alcaldesas.

TABLA 2
Primeras alcaldesas en España
durante la dictadura de Primo de Rivera

NOMBRE	MUNICIPIO	PROVINCIA
Matilde Pérez Molla	Cuatretondeta	Alicante
Concepción Pérez Iglesias	Portas	Pontevedra
Cruz Palomera Lambería	Bárcena	Santander
Benita Mendialo	Bolaños de Campos	Valladolid
Dolores Codina i Arnau	Talladell	Lérida
Petra Montoro Romero	Sorihuela de Guadalimar	Jaén
Amparo Mata Pérez	Sotobañado	Palencia

Fuente: Vázquez Ramil, 2014: 9.

Diversos estudios históricos (Gómez-Ferrer Morant, 2015: 55-77; Gómez-Ferrer Morant y Del Moral Vargas, 2015: 41-71) coinciden en señalar que el voto femenino, aunque muy restringido, se concedió durante la dictadura de Primo de Rivera por varias razones estratégicas. En primer lugar, el régimen quería proyectar una imagen de modernización política en sintonía con las tendencias internacionales. En segundo lugar, existía un claro enfoque paternalista. Primo de Rivera y su gobierno creían que las mujeres votarían mayoritariamente por opciones conservadoras y católicas, lo que convertía su voto en un posible respaldo al régimen. Este argumento fue reforzado por la prensa católica, que no dudó en respaldar la decisión. Un ejemplo de ello es *El Debate,* que, en su editorial del 10 de abril de 1924, dentro de la sección «Lo del Día», celebraba la incorporación de la mujer al nuevo censo electoral como un avance acorde con los principios religiosos y patrióticos promovidos por la dictadura. Y, en tercer lugar, durante la dictadura de Primo de Rivera, diversas asociaciones femeninas de clase media y burguesa ejercieron presión para alcanzar el reconocimiento de los derechos de las mujeres. Entre esas asociaciones destacaron la Asociación Nacional de Mujeres Españolas y el Consejo Nacional de Mujeres, este último fundado a finales de la década de 1910 y presidido por la marquesa de Ter. Estas organizaciones presionaron al régimen para que eliminara las barreras legales que discriminaban la participación de las mujeres (Gómez-Ferrer Morant, 2015: 58), defendiendo la necesidad de que España se integrara en la corriente de la civilización moderna, como ya lo habían hecho otros países europeos al conceder el voto femenino.

Estos mismos argumentos pueden ser igualmente válidos para explicar la participación de las mujeres en la política nacional. La creación de la Asamblea Nacional Consultiva, establecida por el real decreto-ley del 12 de septiembre de 1927, permitió la entrada de quince mujeres (trece pertenecientes al grupo de Representantes de Actividades de la Vida Nacional y dos como Representantes del Estado) en el Palacio del Congreso de los Diputados. El 10 de octubre de ese año, la Asamblea Nacional celebró su primera sesión procediendo al nombramiento de los asambleístas. En aquella sesión inaugural, el presidente de la Asamblea dedicó, ante la presencia del rey Alfonso XIII, unas breves pero significativas palabras de acogida a las mujeres asambleístas: «[...] señaladamente vosotras, señoras, vuestra exclusión, sobre ser injusta, hacía la obra legislativa incompleta y fragmentaria».

Tabla 3
Mujeres en la Asamblea Nacional Consultiva durante la dictadura de Primo de Rivera

Categoría	Nombre
Representantes del Estado	Condesa viuda de Aguilar de Inestrillas
	Duquesa viuda de Parcent
Representantes de Actividades de la Vida Nacional	Micaela Díaz Rabaneda
	Natividad Domínguez de Roger
	Teresa Luzzati de López de Rúa
	María de Echarri Martínez
	María López Monleón
	Carmen Cuesta del Muro
	María de Maeztu y Whitney
	Dolores Cebrián y Fernández de Villegas
	Josefina Oloriz y Araluz
	María López de Sagredo
	Blanca de los Ríos
	Esperanza García de Torre de Luca de Tena
	Marquesa viuda de la Rambla

Fuente: Diario de las Sesiones de la Asamblea Nacional, 10 de octubre de 1927, núm. 1.

La presencia femenina en la política nacional permitió que algunas mujeres alcanzaran cierta influencia y trascendieran el papel de simples instrumentos al servicio de la dictadura o de la Iglesia. Aun con fuertes limitaciones, consiguieron abrirse paso en la vida pública aprovechando el marco ideológico y religioso vigente para desplegar una forma de agencia propia en ámbitos como la educación, la beneficencia o el bienestar social. Inspiradas en figuras como Concepción Gimeno de Flaquer, pionera del feminismo católico, y en el discurso renovador del padre Graciano Martínez en *El libro de la mujer española. Hacia un feminismo casi dogmático* (Llona, 1998: 275 y 291), estas mujeres lograron articular un activismo político-social que se tradujo en medidas tan significativas como la creación del Seguro de Maternidad en 1930 o la reivindicación del derecho al voto de las mujeres casadas. Todo ello lo llevaron a cabo sin dejar de promover valores católicos y nacionalistas y sabiendo aprovechar los resquicios de participación que les ofrecían las instituciones del régimen. Algunas de estas mujeres fueron las siguientes:

— María de Echarri: periodista, líder del sindicalismo católico femenino y concejala en Madrid. Fue miembro de la Asamblea Nacional Consultiva, donde defendió una participación política femenina basada en el deber moral y la maternidad social. Echarri promovió la educación católica y los derechos laborales de las mujeres, pero siempre desde una perspectiva que no amenazaba las estructuras de poder patriarcales. Su activismo en la prensa contribuyó a consolidar la imagen de la «mujer española» tradicional, moral y cuidadora.

— María López de Sagredo: concejala en Barcelona y miembro de la Asamblea Nacional, se destacó por su trabajo en obras caritativas y su influencia en la educación moral católica. Fue la única mujer en el Ayuntamiento de Barcelona durante la dictadura y utilizó su posición para promover valores religiosos y familiares. López de Sagredo es el ejemplo de que algunas mujeres de la élite católica encontraron en la dictadura una vía para ejercer influencia política en ámbitos sociales, sin desafiar la autoridad masculina.

— Natividad Domínguez: directora escolar y activista en proyectos educativos y patrióticos en Valencia. Como miembro de la Asamblea Nacional, promovió la educación moral y religiosa desde un enfoque maternalista. Su participación en la política nacional se centró en reforzar la identidad nacional a través de la educación femenina, preparando a las mujeres para ser madres y esposas patrióticas.
— Teresa Luzzatti: tras enviudar, fue muy activa en la Acción Católica de la Mujer, lo que le permitió participar en la política sin cuestionar su feminidad tradicional. Ocupó un escaño en la Asamblea Nacional, desde donde impulsó reformas sociales y educativas que reforzaban los valores católicos. Luzzatti representa el modelo de la «viuda política», una figura aceptada en el ámbito público por su vínculo con la maternidad y la moralidad cristiana.

Aunque estas mujeres desempeñaron una destacada y ardua labor intelectual y activista, transformando las identidades de género desde el ámbito del catolicismo social, su influencia estuvo ligada a la consolidación de los ideales nacionalcatólicos inspirados por la dictadura de Primo de Rivera. La dictadura permitió que participaran en todos los asuntos sociales y del Estado para que centraran sus esfuerzos en la moralización de la sociedad y en la educación de las nuevas generaciones, pero sin que esto significara cuestionar ni derribar, por parte del régimen, las jerarquías de género y las diferencias entre hombres y mujeres. En esto consistió para el primorriverismo, identificándose con las palabras pronunciadas por Pío XI en 1928, el «verdadero feminismo». Un feminismo católico y español, muy distinto al anglosajón y que se caracterizaba por «la ternura y piedad, emoción de madre, Caridad cristiana, íntimos afectos de corazones encendidos por la llama divina del amor» (García-Sanz Marcotegui, 2009: 74-75).

Una España de estirpe campesina: tradicionalismo, agrarismo y género

En un momento de intensas transformaciones económicas y crecientes tensiones políticas y sociales —sobre todo en el ámbito rural, como dejó reflejado Juan Díaz del Moral en su conocida obra *Historia de las agitaciones campesinas andaluzas* (1929)—, la dictadura de Primo de Rivera construyó un discurso regeneracionista y nacionalista («nacionalruralista») en el que los valores tradicionales del campo ocuparon un lugar privilegiado. Se trataba de un fenómeno que, íntimamente unido a la idea del *Heimat* y la exaltación de la centralidad ocupada por las variedades culturales del localismo en la definición de la identidad nacional, centró su mirada en los paisajes, las tradiciones populares, el rico y variado folclore regional, los ritos ancestrales, las lenguas y los dialectos. Todos ellos fueron concebidos como los principales elementos que componían las características de unas comunidades en trance de desaparecer y que se consideraron reflejos de un *Volksgeist* inalterable (Applegate, 1990; Núñez Seixas y Umbach, 2008: 295-316; Ugarte Tellería, 1998). Un fenómeno que vendría asociado a la progresiva nacionalización de los valores naturales llevada a cabo por los emergentes Estados nacionales europeos y por los diferentes movimientos regionalistas (Motadel, 2008: 137-153; Lekan, 2004).

La idealización del mundo agrario, presentado como un espacio de orden, estabilidad y virtud moral frente a la supuesta corrupción de la ciudad, se convirtió en una de las señas de identidad del régimen primorriverista. Durante su vigencia, la figura de la mujer rural adquirió una relevancia simbólica notable. Al igual que en otros países europeos (Jones, 2009), la campesina española fue elevada a emblema de resistencia frente a los efectos desestabilizadores de la modernidad urbana y la amenaza de las ideologías revolucionarias (Fusi, 1991: 327-342), especialmente el socialismo y el anarquismo, que comenzaban a calar entre el campesinado. La dictadura, inspirándose en una amalgama de valores espirituales de raíz agraria esbozados por las derechas nacionalistas, autoritarias y fascistas, presentó a las mujeres del campo como las encargadas de preservar los pilares esenciales de la nación —familia, religión y patria— frente a los riesgos que representaban la industrialización, la urbanización y el avance del bolchevismo. A lo largo de los años veinte, esta construcción simbólica las situó como guardianas del orden moral y religioso y como auténticas encarnaciones de la identidad nacional (Ortega López y Cobo Romero, 2017: 57-90).

Como es fácilmente deducible, este discurso «nacionalruralista» estaba fuertemente cargado de connotaciones de género. A las mujeres se les asignaba una función primordialmente simbólica y práctica: custodias de la tradición, transmisoras del espíritu patriótico y garantes de la moral cristiana en el seno de la familia. Su cuerpo y su comportamiento se convirtieron en territorios políticos: debían mantenerse alejadas del «ruido» de la vida pública y limitarse al hogar, la maternidad y el servicio a la comunidad. La feminidad rural idealizada era obediente, devota, sacrificada y fértil, en contraste con la mujer urbana moderna, percibida como egoísta, frívola y desarraigada. Así, se promovió una identidad femenina marcada por la sumisión al padre, al esposo y a la patria, perpetuando una jerarquía de género que justificaba su subordinación social y política (Bezanilla Rebollo, 2021: 139-158).

En esta lógica discursiva, las campesinas pasaron de ocupar un lugar marginal en la historia oficial a convertirse en figuras clave dentro del imaginario político del régimen. De la misma manera que los agricultores, convertidos en símbolo de la verdadera esencia nacional, ellas fueron presentadas como transmisoras de la «vitalidad racial» y principales sostenedoras del futuro económico del país. El discurso «nacionalruralista», cargado de tintes propagandísticos y con una clara voluntad movilizadora, apelaba al «esfuerzo colectivo» —una expresión trufada de resonancias fascistas y ultranacionalistas propias de la época— para alcanzar la regeneración y prosperidad de la patria. Así, se asignó a las mujeres del campo un papel primordial en el proyecto político del nuevo régimen dictatorial: permanecer en el entorno rural, cuidar del hogar y asegurar la continuidad de los valores tradicionales. Una función que respondía tanto a intereses económicos y políticos como a convicciones religiosas y culturales y que pretendía fijar su lugar en una sociedad que las necesitaba, pero solo dentro de ciertos límites.

Para materializar los ideales proyectados por el «nacionalruralismo», la dictadura consideró fundamental extender la educación entre la población campesina y puso especial énfasis en la formación de las mujeres. La instrucción femenina en el medio rural no se concebía como una vía hacia la emancipación, sino como una herramienta para reforzar su papel tradicional dentro del modelo agrario patriarcal. Se aspiraba a formar *labradoras instruidas,* mujeres capacitadas para gestionar de manera eficiente las tareas del hogar y colaborar activamente en la economía familiar agraria. No se trataba, por tanto, de impulsar su autonomía, sino de perfeccionar su labor de apoyo al varón campesino y de garante del buen funcionamiento de la unidad familiar. A través de esta acción educativa, se pretendía consolidar una feminidad rural ideal: laboriosa, obediente, sacrificada y siempre subordinada a las necesidades de la tierra, la familia y la nación. Esta concepción instrumental de la enseñanza femenina se inscribía plenamente en la lógica paternalista del régimen, que consideraba a las mujeres indispensables para la regeneración moral del campo, pero solo si asumían los límites que el proyecto político les imponía. Una concepción que no era exclusiva del régimen primorriverista. Desde años antes, algunos políticos agraristas ya habían defendido la necesidad de orientar la formación de las jóvenes campesinas hacia la vida rural. En la prensa de comienzos de siglo ya podía leerse:

> En el movimiento que empieza a iniciarse en España debe no olvidarse que la mujer ocupa un lugar de preeminencia innegable, y que fomentar y desarrollar la educación de la mujer agrícola, juntamente con la enseñanza general agraria, deben ser los primeros cuidados de quienes están encargados de encauzar y dirigir el espíritu agrícola del país *(Diario de Córdoba de Comercio, Industria, Administración, Noticias y Avisos,* 5 de abril de 1909, núm. 18028: 2).

Por su parte, el senador Luis Redonet y López Dóriga criticó con dureza la educación «señoril» que muchas hijas de labradores recibían en conventos y colegios, basada en piano, dibujo, idiomas o literatura, y la consideraba «perfectamente inútil». Su consigna era clara: «¡Menos piano y más campo!» (Rosell, 1906: 164). A su juicio, la enseñanza agraria debía ser obligatoria en todos los colegios femeninos para fomentar en las jóvenes el amor por el entorno rural, capacitarlas para dirigir una granja y, sobre todo, evitar su huida a la ciudad (Redonet y López Dóriga, 1916: 34). De forma similar, el diputado gallego José Sánchez Anido señaló en 1922 que una de las principales causas del éxodo rural y del atraso del campesinado era «la ignorancia de la mujer campesina» (Sánchez Anido, 1922: 141-142). En su libro *Educación campesina*, defendía con firmeza la necesidad de formar profesionalmente a las mujeres del campo como vía para asegurar el progreso agrícola del país. Consideraba esencial implementar la enseñanza agrícola femenina en todos los niveles educativos —primario, medio y superior— y llegar incluso a implantar cátedras ambulantes, todo ello bajo una fuerte carga de deber patriótico: «Quien establezca en España, no en el papel, sino dándole vida real, la enseñanza agrícola para la mujer, merecerá la gratitud del país» (Sánchez Anido, 1922: 173).

Los legisladores restauracionistas, persuadidos por los éxitos de las experiencias europeas, comenzaron a adoptar medidas en las que, por primera vez y de forma específica, se atendía a la formación teórico-práctica de las jóvenes. En este sentido, en 1907 se promulgó el Real Decreto de 25 de octubre sobre la Organización Central de los Servicios de Agricultura y Ganadería *(Gaceta de Madrid,* 31 de octubre de 1907, núm. 304). Diez años más tarde, en agosto de 1917, se aprobó un nuevo real decreto. Esta última disposición contemplaba la enseñanza de la mujer a través de las cátedras ambulantes. Pretendía, a través de ellas, perfeccionar sus conocimientos agrícolas a fin de que «por la práctica —en condiciones productivas y modernas— de las industrias sericícola, avícola, apícola y otras semejantes, contribuyera al aumento de los rendimientos del patrimonio familiar, empleando sus actividades en funciones adecuadas a su sexo y en alto grado fomentadoras del bienestar de la familia» (*Gaceta de Madrid,* 10 de agosto de 1907, núm. 222: 390-400).

No fue, sin embargo, hasta la dictadura del general Primo de Rivera cuando la enseñanza agrícola de las mujeres campesinas recibió un importante impulso. En esos años se trató de imitar los proyectos emprendidos por países como Bélgica. La intención no era otra que revitalizar el papel de la mujer en la agricultura como un factor decisivo del proceso de modernización y aumento de la producción del sector agrícola. Su temprana educación, en la escuela primaria, contribuiría a ese proceso y frenaría su salida del campo y de la aldea (Nogués Sardá, 1925: 1-3). Para ello, y revestidas de un discurso patriótico y exaltador de la vida y de las virtudes del campo, se adoptaron medidas como las que indicamos a continuación. Se potenció la figura del maestro y la maestra especialista en una serie de contenidos que podemos considerar englobados dentro de la formación profesional rural. Para el nuevo régimen, el magisterio rural tenía la «noble misión de forjar el alma de la campiña. De formar las juventudes de los pueblos y las aldeas. Formación familiar, agrícola, moral y social» (Nogués Sardá, 1925: 1-3). El Gobierno emprendió también la reforma de la escuela rural primaria. En los planes de estudios de los niveles inferiores del sistema educativo, introdujo la enseñanza de nociones de agricultura para los niños, y de economía doméstica agraria para las niñas. La escuela debía iniciar la formación profesional del labrador y su compañera tempranamente, procurando que el alumnado saliese de la escuela despegado de la rutina,

> con el espíritu abierto a toda innovación, instruidos en las verdades primordiales de la Ciencia Agronómica moderna, con espíritu y hábitos de observación razonado, y preparados para entender y aprovechar los consejos y las experiencias de los agrónomos y los vulgarizadores científicos. Y si con esto lograra el maestro que el niño rural sintiera las satisfacciones y alegrías que proporciona la vida del campo; si consiguiera que se encariñara con la tierra, la bendita tierra que lo vio nacer habría realizado la obra más hermosa y patriótica que la sociedad puede pedirle.

En el quinquenio 1925-1930, y especialmente durante 1927, la administración central impulsó fundamentalmente los aprendizajes agrícolas más especializados para ambos sexos, introduciendo las enseñanzas de viticultura en 20 escuelas nacionales de la provincia de Toledo; las de apicultura, en 37 instituciones educativas de 24 provincias españolas; las de avicultura, en 31 colegios rurales de Castilla, León, Cataluña y Madrid, y las de sericicultura, en 400 centros primarios, muy repartidos por toda la geografía española, aunque con predominio de la zona levantina (Castellón, Alicante y Murcia) y el sureste de España (Granada). Asimismo, aprobó un real decreto, el 26 de junio de 1924, referente a las escuelas agrícolas ambulantes para la enseñanza teórico-práctica de los y las jóvenes que habitaban la geografía rural española *(La Tierra. Órgano de la Federación de Sindicatos Católico-Agrarios de Córdoba,* 30 de abril de 1926, núm. 107).

En líneas generales, las propuestas educativas dirigidas a la población rural durante la dictadura de Primo de Rivera reflejaron una concepción profundamente conservadora del papel femenino. Lejos de promover una enseñanza coeducativa o emancipadora, estas iniciativas reforzaban el modelo tradicional de mujer como esposa, madre y cuidadora, vinculada exclusivamente al ámbito doméstico. El hogar y la familia eran concebidos como el centro natural de la actividad femenina, y la mujer era vista, ante todo, como reproductora biológica y social. La maternidad se entendía no solo como una función privada, sino como un deber político al servicio de la regeneración nacional desde una perspectiva tanto demográfica como moral.

Las iniciativas expuestas impregnaron las políticas educativas destinadas a las mujeres del campo. Su finalidad principal era consolidar el asentamiento de la familia campesina y frenar el tan temido éxodo rural. En este contexto, las labores promovidas entre las amas de casa rurales se presentaban como una prolongación del trabajo doméstico tradicional, pero ahora al servicio de la economía familiar. Se fomentaba la colaboración activa de las mujeres en la explotación agrícola, sin poner en cuestión el modelo patriarcal de la unidad familiar ni la coexistencia con estructuras latifundistas. La mujer rural fue interpelada como núcleo de la familia campesina —considerada base de la sociedad— y, al mismo tiempo, como transmisora de valores tradicionales y colaboradora imprescindible en el mantenimiento y prosperidad del campo.

> Es muy triste mirar al campo en España y ver a la mujer y sobre todo a la joven campesina sin instrucción doméstica y social. Una de las grandes preocupaciones de los tiempos modernos, es educar a la mujer del campo, a la madre de los hijos del terruño, de quien depende sobremanera la conservación de la familia tradicional con todo el cortejo de altas virtudes, sanas y nobles costumbres *(La Tierra: Órgano de la Federación de Sindicatos Católico-Agrarios de Córdoba,* 15 de diciembre de 1926, año VI, núm. 122: 15).

Este ideal femenino fue ampliamente difundido en la prensa local, que alentaba los valores tradicionales mediante mensajes morales y religiosos. Así lo ejemplifica un artículo publicado en el *Diario de Valencia* en 1923 bajo el título «¡SED SANTAS! Educación de la mujer campesina» (1 de septiembre de 1923, núm. 4259: 3). En él, se apelaba a la mujer del campo como modelo de «virtud, humildad y obediencia», con el mandato explícito de ser «santa y sumisa». La educación que se reclamaba para ella no debía limitarse a la lectura o la escritura, sino centrarse en valores como la pureza, la fe, la honradez y la entrega silenciosa a los deberes familiares. La verdadera santidad, según el texto, se hallaba en rezar, trabajar y amar a la familia, sin aspirar a lujos ni independencia, y aceptando el sufrimiento con humildad. La mujer ideal era aquella que educaba a sus hijos en la fe y el amor al trabajo, actuando como guardiana de la moral del hogar.

Unos meses después, otro artículo publicado en *La Palanca* de Guadalajara bajo el título «TEMAS SOCIALES. Instrucción de la mujer campesina» (28 de noviembre de 1923, núm. 685: 1) insistía en la necesidad de ocuparse de la formación moral de las mujeres rurales. Subrayaba que la madre debía ser la primera educadora de sus hijos, encargada de inculcarles el sentido del deber y los principios cristianos incluso antes que el maestro o el sacerdote. A pesar de reconocer las duras condiciones de vida que muchas jóvenes campesinas afrontaban, señalando que el trabajo excesivo podía apagar su inteligencia y reducirlas de «ángeles a esclavas», el artículo no proponía una transformación real de su situación, sino que volvía a poner el acento en la docilidad, el sacrificio y la educación espiritual como virtudes esenciales.

El discurso «nacionalruralista» se reforzó, en la segunda mitad de los años veinte, con la puesta en marcha de un feminismo agrario acorde con los ideales del régimen primorriverista, impulsado por iniciativas como la Liga Católica de Mujeres Campesinas. Esta organización, compuesta en su mayoría por mujeres católicas de clase media urbana, principalmente de Castilla y León (Rosique Navarro, 2017: 363-387), advertía sobre los peligros de la vida en la ciudad. Su propósito era transmitir y fomentar entre las mujeres campesinas la idea de que la vida rústica y sencilla, caracterizada por la paz y la salud, era preferible a la existencia precaria y degradante a la que podrían enfrentarse en el entorno urbano *(El Día de Palencia: defensor de los intereses de Castilla,* 28 de octubre de 1930, núm. 12.820: 1). Además, la Liga tenía como misión mejorar la situación de las mujeres del campo proporcionándoles herramientas y formación que les permitieran desempeñar su papel como compañeras del labrador y contribuir activamente al bienestar del hogar, sin perder de vista los valores cristianos y tradicionales que fundamentaban su labor *(Boletín de Acción Social, órgano de la Federación Católico-Agraria Salmantina y de las instituciones promovidas por la Junta Diocesana de Acción Católica-Social,* mayo de 1928, núm. extraordinario: 27).

Durante los años siguientes a su fundación, las páginas de los periódicos provinciales castellanos, andaluces y vascos se hicieron eco con frecuencia del éxito creciente de esta asociación, que en 1926 contaba ya con 695 agrupaciones y cerca de 73.000 socias *(Heraldo Alavés: diario independiente de la tarde,* 6 de julio de 1927, núm. 11396: 8). La Liga centraba su labor en tres áreas fundamentales:

1. Labor social y educativa: se orientaba a formar mujeres campesinas orgullosas de su papel en el hogar y la vida rural, fomentando una conciencia de dignidad basada en valores cristianos y capacidades morales.
2. Expansión y colaboración: creció en articulación con otros movimientos como los sindicatos agrícolas-católicos y las federaciones, aportando una sólida base religiosa y ética al mundo agrario.
3. Defensa de la juventud rural: aspiraba a proteger a las jóvenes campesinas de las «malas influencias» de las ideologías modernas, especialmente el socialismo, y a inculcar en ellas principios espirituales, patrióticos y familiares.

La dimisión del general Miguel Primo de Rivera en enero de 1930 al frente del gobierno impidió que iniciativas como las mencionadas tuvieran un desarrollo duradero. Sin embargo, lejos de caer en el olvido, fueron retomadas durante los años treinta por las culturas políticas conservadoras y antirrepublicanas y, muy especialmente, por el franquismo a partir de 1939. Fue precisamente el régimen franquista el que, a través de la Sección Femenina y su filial en el mundo rural, la Hermandad de la Ciudad y el Campo, convirtió el proyecto ideológico nacionalruralista de los años veinte en una realidad concreta y prolongada: el rescate de los valores tradicionales del ámbito agrario y la exaltación de la mujer campesina como emblema de la identidad nacional se consolidaron como poderosas herramientas de movilización social y política.

Capítulo 3

El antifeminismo en los años treinta: la lucha contra la República

Durante la Segunda República española, diversas fuerzas políticas de ideología conservadora, católica, tradicionalista, monárquica y falangista articularon un discurso homogéneo sobre la feminidad y el feminismo. Pese a sus diferencias en cuestiones políticas y estratégicas, coincidieron en la promoción de un modelo de mujer y de feminidad arraigado en la maternidad, el hogar y la religión, en contraste con la figura de la «mujer moderna», independiente y emancipada, con la que se identificaba la República (Cenarro Lagunas, 2017: 91-120). Para estos sectores antirrepublicanos y antiliberales, las mujeres españolas, reconocidas como ciudadanas de pleno derecho en 1931, debían asumir un papel activo en la sociedad, pero siempre —y siguiendo las propuestas ya formuladas en las décadas previas por el conservadurismo católico y tradicionalista— orientado a la defensa de un proyecto de Estado que armonizara los valores católicos, el patriotismo y la diferenciación de roles de género. Así quedó reflejado en la prensa de la época y en los múltiples discursos pronunciados por diversos líderes de esas formaciones políticas, quienes subrayaban la necesidad de mantener a las mujeres dentro de los márgenes de la moral y las funciones consideradas propias de su sexo.

Tabla 4

Formaciones políticas de derecha y extrema derecha durante la Segunda República

<table>
<tr><th>Grupo político</th><th>Postura sobre las mujeres</th><th>Medidas y enfoques</th></tr>
<tr><td>Confederación Española de Derechas Autónomas (CEDA)</td><td>Aceptaba el sufragio femenino y la presencia de las mujeres en la esfera pública, pero dentro de un marco tradicional.</td><td>Promovió un modelo educativo diferenciado donde la enseñanza femenina se centraba en la moral, la religión y las tareas domésticas.</td></tr>
<tr><td>Renovación Española</td><td rowspan="4">Compartían la misma postura conservadora y antifeminista.
Rechazaban cualquier avance en los derechos de las mujeres que modificara los roles de género.</td><td rowspan="4">Se oponían a cualquier cambio que promoviera la igualdad de género.
Consideraban el feminismo laico y progresista una amenaza al orden social y la moral católica.</td></tr>
<tr><td>Comunión Tradicionalista Carlista</td></tr>
<tr><td>Partido Agrario Español</td></tr>
<tr><td>Partido Nacionalista Español</td></tr>
<tr><td>Falange Española y de las JONS</td><td>No definía la feminidad en términos de subordinación, sino de identificación con el «modo de ser» falangista.</td><td>Enfatizaba la disciplina, el servicio y la entrega a la patria. Inspiradas en José Antonio Primo de Rivera, las falangistas adoptaron la abnegación como virtud central y compartieron consignas con sus compañeros varones.</td></tr>
</table>

Fuente: Elaboración propia.

Asimismo, y bajo la influencia del fascismo europeo en pleno auge, estas formaciones ahondaron —siguiendo muy de cerca a la Italia de Mussolini— en la construcción de un nacionalismo radical e integral, sustentado en una visión idealizada del pasado. En ese imaginario, la patria debía ser defendida de todos aquellos enemigos —internos o externos— que amenazaban su unidad y su esencia (Montero, 1977; Gil Pecharromán, 1994). El antisocialismo, el anticomunismo y, de forma destacada también, el antifeminismo se convirtieron en pilares fundamentales de este discurso reaccionario. La ofensiva contra la igualdad de género se intensificó en los años treinta, en un momento de creciente polarización política, reforzándose en la retórica antirrepublicana como una forma de resistencia frente a los cambios que ponían en cuestión la jerarquía de género tradicional y el modelo de mujer subordinada al hogar, a la religión y a la autoridad masculina. Y es que la Segunda República, promotora de la educación laica, el sufragio femenino y una creciente participación de las mujeres en la esfera pública, fue rápidamente señalada como el principal enemigo del «orden de siempre».

En el discurso de las fuerzas conservadoras y reaccionarias, el régimen republicano representaba el clímax de la degradación moral y la crisis política, dos males que, a su juicio, socavaban los fundamentos espirituales de la nación y precipitaban su decadencia. En esta narrativa, modernidad y feminismo aparecían como amenazas conjuntas: fuerzas desestabilizadoras que pretendían desarticular los roles tradicionales de género y destruir, en consecuencia, el modelo de familia cristiana sustentadora de la «España eterna». Ante lo que se consideraba una situación intolerable, las feministas y las mujeres vinculadas a la izquierda y a la República fueron retratadas como figuras profundamente subversivas, identificadas con la llamada «anti-España» y acusadas de estar contaminadas por ideologías extranjeras —progresistas, socialistas o comunistas— que, según el discurso reaccionario, atentaban directamente contra la esencia de la patria (Ortega López, 2022a: 301-326). La «nueva mujer republicana», independiente y politizada, fue percibida, por tanto, como un peligro para la nación.

Como respuesta ante aquella degradación, las fuerzas reaccionarias movilizaron a las «auténticas mujeres españolas» no para luchar por su emancipación, sino para convertirlas en defensoras de una España que precisaba ser regenerada apelando a los valores católicos, el orden social jerárquico y la exaltación de la patria. La misión de aquellas patriotas no era tanto cuestionar su papel subordinado como reforzarlo, encarnando un modelo femenino al servicio de la nación, de la familia y de la moral cristiana, lo que permitió que se amplificara hasta el extremo la imagen de aquellas verdaderas españolas como guardianas del hogar, la moral y la fe. Al mismo tiempo, la narrativa reaccionaria ensalzó el sacrificio y la abnegación como virtudes femeninas fundamentales, presentándolas en oposición a la supuesta frivolidad, egoísmo y desorden moral del feminismo igualitario.

Así pues, más allá de su temprana oposición al régimen republicano, el pragmatismo de conservadores, monárquicos, católicos, carlistas y falangistas los llevó a adaptarse al nuevo escenario político y a movilizar a las mujeres, recurriendo para ello a las activistas —en su mayoría católicas— mejor formadas y con mayor capacidad de influencia. No obstante, aunque en términos generales se mostraron favorables al sufragio femenino, su apoyo obedecía principalmente a cálculos electorales. En el fondo, rechazaron firmemente los principios democráticos y mantuvieron una concepción tradicional del lugar de la mujer, restringiéndolo al hogar y a la familia. El diputado carlista Joaquín Beunza lo expresó claramente el 29 de noviembre de 1931. Aunque se declaró firme partidario de conceder a la mujer todos los derechos en una conferencia en el Salón Fémina de Madrid, dejó percibir otras prioridades:

> Aunque todo el mundo está convencido de la necesidad de ir a la concesión del voto a la mujer por haber llegado a un tiempo de plena capacidad jurídica, no hay que confundir esa capacidad de función, pues está limitada por las características del sexo.
>
> Quienes dicen que la mujer no está capacitada para la política, son gente de izquierda que desea esto por estar convencida de que la mayoría de las mujeres no votarán el ideal de izquierda y no les conviene que esté preparada.
>
> Podríamos argüir que ellos tampoco estaban preparados para ocupar los puestos en que se han colocado.
>
> No afirmamos que sea el principal de la mujer las actividades políticas, pues su fin primordial es el de ser madres cristianas y cuidar de su hogar.
>
> La familia y la maternidad son sus fines primordiales, pero pueden hacer mucho bien actuando en política.
>
> Lo que sucede es que la mujer se inclina a la derecha y por eso no quieren que vote. No me lo explico cómo los demócratas no lo desean (García-Sanz Marcotegui, 2009: 114).

Mujeres, República y contrarrevolución: la batalla por el poder y la tradición

La proclamación de la Segunda República en abril de 1931 marcó un antes y un después en la lucha por los derechos de las mujeres en España. Con la República se produjo un avance legislativo sin precedentes en materia de derechos de las mujeres e igualdad jurídica, que sentó las bases de la ciudadanía femenina moderna. La Constitución de 1931 supuso el punto de partida de este proceso al consagrar por primera vez el principio de igualdad entre los sexos y reconocer derechos civiles, políticos y laborales sin distinción de género. En ella se estableció la igualdad ante la ley, el sufragio universal para hombres y mujeres mayores de veintitrés años, la igualdad en el acceso a cargos públicos y la libertad para elegir profesión. Asimismo, la Constitución transformó la concepción tradicional de la familia al reconocer la igualdad conyugal y la posibilidad de disolver el matrimonio por mutuo acuerdo o decisión unilateral.

A estas disposiciones se sumaron leyes que consolidaron la igualdad civil y familiar, como la Ley del Divorcio de 1932, que permitió a las mujeres disolver el matrimonio en igualdad de condiciones, y la Ley del Matrimonio Civil, que laicizó esta institución y garantizó la plena equiparación jurídica entre cónyuges. Por su parte, la Ley sobre Filiación de 1932 eliminó la distinción jurídica entre hijos nacidos dentro y fuera del matrimonio, avanzando hacia una mayor justicia social.

En el ámbito educativo, la República impulsó la coeducación, la enseñanza laica y obligatoria y la incorporación de las mujeres como alumnas y como profesoras en todos los niveles del sistema educativo, reforzando su papel en la formación ciudadana. Finalmente, el ámbito laboral también experimentó avances significativos con la proclamación del principio de igualdad y la eliminación de ciertas prácticas discriminatorias hacia las mujeres trabajadoras, como las cláusulas que penalizaban el matrimonio de las obreras.

Tabla 5

Principales medidas legislativas aprobadas por la Segunda República a favor de las mujeres y de la igualdad (publicaciones de la Gaceta de Madrid)

Ley/Norma	Fecha publicación Gaceta	Contenido
Constitución de 9 de diciembre de 1931	10 de diciembre de 1931	Primera en plantear el principio de igualdad entre los sexos. Artículo 2. Todos los españoles son iguales ante la ley. Artículo 23. 4º. Las extranjeras casadas con españoles podían conservar su propia nacionalidad. Artículo 25. No podrán ser fundamentos de privilegio jurídico: la naturaleza, la filiación, el sexo, la clase social, la riqueza, las ideas políticas ni las creencias religiosas. Artículo 33. Toda persona es libre de elegir profesión. Artículo 36. Los ciudadanos de uno y otro sexo, mayores de veintitrés años, tendrán los mismos derechos electorales conforme determinen las leyes. Artículo 40. Todos los españoles, sin distinción de sexo, son admisibles a los empleos y cargos públicos según su mérito y capacidad, salvo las incompatibilidades que las leyes señalen. Artículo 43. La familia está bajo la salvaguardia especial del Estado. El matrimonio se funda en la igualdad de derechos para ambos sexos, y podrá disolverse por mutuo disenso o a petición de cualquiera de los cónyuges, con alegación en este caso de justa causa.

Ley/Norma	Fecha publicación Gaceta	Contenido
Ley del Divorcio de 25 de febrero de 1932	2 de marzo de 1932	Regulación del divorcio por mutuo acuerdo o decisión unilateral, permitiendo a las mujeres disolver matrimonios en igualdad de condiciones.
Ley del Matrimonio Civil de 28 de junio de 1932	3 de julio de 1932	Laicización del matrimonio y establecimiento de la igualdad jurídica entre cónyuges.
Igualdad en la Educación	1931	Artículo 48. Constitución de 1931. Educación primaria gratuita, obligatoria y laica para todos los españoles. Decreto de 28 de agosto de 1931: se estableció la coeducación en todos los centros oficiales de segunda enseñanza. Decreto de 30 de septiembre de 1931: estableció la coeducación (enseñanza mixta) en las Escuelas Normales. Artículo 2. Las Escuelas Normales son Centros docentes a quienes se confía la formación profesional del Magisterio primario. Se organizarán en régimen de coeducación y con profesorado masculino y femenino.
Igualdad Laboral y protección maternidad	1931	Artículo 46. Constitución de 1931. El trabajo, en sus diversas formas, es una obligación social, y gozará de la protección de las leyes. La República asegurará a todo trabajador las condiciones necesarias de una existencia digna. Su legislación social regulará [...] el trabajo de las mujeres y de los jóvenes y especialmente la protección a la maternidad; la jornada de trabajo y el salario mínimo y familiar; [...] y todo cuanto afecte a la defensa de los trabajadores.

Ley/Norma	Fecha publicación Gaceta	Contenido
		Decreto de 9 de diciembre de 1931. Nulidad de las cláusulas que impiden el matrimonio de las obreras. 1. A partir de la promulgación de este Decreto, se declaran nulas y sin ningún valor las cláusulas que en bases, contratos o reglamentos de trabajo establezcan la prohibición de contraer matrimonio a obreras, dependientes o empleadas de cualquier clase que sean, o que por tal circunstancia se considere terminado el contrato de trabajo. 2. Los despidos efectuados en virtud de tales cláusulas tendrían el carácter de injustificados. Decreto Ley de Seguro obligatorio de Maternidad de 26 de mayo de 1931. Protección a las madres obreras para garantizarles el debido reposo antes y después del parto.
Ley de Contrato de Trabajo de 21 de noviembre de 1931	22 de noviembre de 1931	Equiparación de salarios entre hombres y mujeres en determinados sectores. Fomento de la igualdad de oportunidades en el acceso a empleos públicos y privados.
Ley sobre filiación de 25 de mayo de 1932	3 de junio de 1932	Igualdad de derechos para hijos nacidos dentro y fuera del matrimonio. Artículo 1. No serán criminalmente perseguibles ni el hecho de inscribir como legítimos en el Registro civil los hijos habidos fuera del matrimonio ni las declaraciones que a tal efecto se formulen en documento público o privado.

Fuente: Elaboración propia.

Sin embargo, el avance más trascendental de todos los alcanzados fue, sin duda, la conquista del derecho al voto por parte de las mujeres, que consagró su plena ciudadanía política y simbolizó el reconocimiento efectivo de la igualdad entre los sexos.

Tras intensos debates en las Cortes, donde Clara Campoamor defendió con firmeza el sufragio femenino, finalmente, el 1 de octubre de 1931, el artículo 36 de la Constitución consagró el sufragio universal, lo que permitió a las mujeres ejercer el derecho al voto en igualdad de condiciones que los hombres. Con ello, España se convirtió en uno de los países pioneros en la igualdad política, duplicando su censo electoral y dando un paso decisivo hacia la democracia plena (Aguado, 2021: 39-58).

La aprobación del sufragio femenino transformó por completo el panorama político. De repente, las mujeres dejaron de ser meras espectadoras para convertirse en un sector clave del electorado, lo que obligó a los partidos a replantear sus estrategias. Este nuevo escenario llevó a las formaciones políticas, hasta entonces orientadas a un electorado exclusivamente masculino, a adaptar sus discursos y movilizar a las mujeres en la arena política. La competencia por atraer su apoyo fue intensa, tanto desde la izquierda como desde la derecha, cada una con sus propios intereses e ideales. Los sectores políticos católicos, conservadores, antirrepublicanos y antiparlamentarios se esforzaron por captar el voto femenino. Estos sectores no solo veían a las mujeres como una base de apoyo electoral, sino también como una fuerza clave para frenar lo que consideraban una amenaza para los valores históricos tradicionales, como la familia y la religión (Yusta, 2006: 114). Apelando a la figura de las «verdaderas mujeres españolas» —aquellas patrióticas, profundamente católicas y defensoras de la fe—, las movilizaron para defender esos principios.

En el contexto de las elecciones de 1933, la movilización política de las mujeres adquirió una importancia estratégica para las fuerzas conservadoras (Gutiérrez Lloret, 2018: 251-285). Diversos partidos ya contaban para esas fechas con secciones femeninas organizadas. Fue el caso de Acción Popular, que impulsó su propio brazo femenino, o de Comunión Tradicionalista, cuyas seguidoras eran conocidas como «Margaritas». A ellas se sumaba Renovación Española, que también promovió la participación femenina dentro de su estructura. Junto con estas iniciativas partidistas, surgieron agrupaciones independientes con un marcado carácter confesional, como la Acción Ciudadana de la Mujer, vinculada a Acción Católica. En regiones como Navarra proliferaron asociaciones femeninas de signo tradicionalista, católico independiente y nacionalista vasco, que no solo llegaron a dominar el panorama político durante todo el periodo sino que también desempeñaron un papel decisivo en la configuración del escenario de la posguerra (García-Sanz Marcotegui, 2009: 107-153; Piérola Narvarte, 2018). Y en varias provincias y ciudades se establecieron igualmente organizaciones con el propósito de orientar y canalizar el voto de las mujeres. En Salamanca, por ejemplo, en octubre de 1931 se fundó la Asociación Femenina de Educación Ciudadana, ligada a Acción Popular. En Madrid, un mes después, se creó la Asociación Femenina de Acción Nacional, en la que destacaron figuras como la propagandista Juana Salas y Pilar Velasco, secretaria de la agrupación femenina de Acción Popular y, posteriormente, vicesecretaria del Consejo Nacional de la CEDA. En Valencia, la Derecha Regional Valenciana constituyó la Acción Cívica de la Mujer como su sección femenina. En Barcelona, Acción Católica organizó la Cívica Femenina, sin filiación política directa pero con la intención de influir en el voto femenino católico. Tras la fundación de Falange Española en octubre de 1933, el partido inició la consolidación de su propia estructura femenina con la creación de la Sección Femenina, que se convertiría en el principal referente del activismo femenino en el ámbito del fascismo español.

Desde sus orígenes, todas estas asociaciones femeninas desplegaron una intensa y estratégica actividad organizativa y propagandística con la que buscaban incidir en el espacio público, apelando a la movilización emocional y política de sus integrantes en torno a lo que percibían como una auténtica cruzada moral y nacional. En su combate contra las reformas laicas y el avance del feminismo republicano —una lucha no exenta de paradojas si se considera que la visibilidad pública de estas mujeres contradecía sus propios principios sobre el hogar y el espacio privado como ámbitos naturales del sexo femenino—, estas activistas organizaron actos, conferencias y campañas. En estos encuentros, presididos o acompañados por figuras políticas de renombre, la denuncia del «feminismo moderno» republicano ocupaba siempre un lugar central.

El diario *El Debate,* referencia indiscutible del pensamiento católico conservador durante la Segunda República, recogía con frecuencia el creciente protagonismo de estas asociaciones en la vida pública y sus páginas daban noticia casi a diario de esta intensa y frenética actividad. Un ejemplo de lo que decimos fue la conferencia del 4 de enero de 1932, organizada por la Sección Femenina de Acción Nacional en el Teatro Principal de Málaga, en la que participó José María Gil Robles. Ante un auditorio compuesto mayoritariamente por mujeres, Gil Robles apeló a su compromiso político y espiritual, llamándolas a unirse y levantar la voz contra lo que calificó como un «feminismo extravagante y extranjero». Propuso, en cambio, un modelo de feminismo católico, basado en la obediencia, el sacrificio y la defensa de la familia como núcleo sagrado de la nación. Sus palabras, cargadas de simbolismo religioso y nacionalista, reforzaban la idea —compartida por figuras como José María Pemán— de que estas mujeres estaban llamadas a llevar a cabo una cruzada.

> Aires de cruzada, que no de menuda empresa política, tiene vuestra tarea actual. Y no hay cruzada posible sin una consigna, sin un santo y seña, sin una organización. A todo eso queremos atender en nuestras páginas. Con el favor de Dios y vuestra ayuda, mujeres españolas, iremos lejos. No hay camino largo para la medida de nuestro entusiasmo y nuestra fe («Envío a las mujeres de España», *Ellas. Semanario de las mujeres españolas,* 29 de mayo de 1932, núm. 1: 2).

Precisamente José María Gil Robles y José María Pemán, plenamente conscientes del potencial movilizador del feminismo católico, mantuvieron una estrecha colaboración con diversas asociaciones femeninas como vehículo para difundir su ideario político y moral. La implicación de ambos en estas iniciativas formaba parte de una estrategia más amplia orientada a movilizar a las mujeres en defensa activa de la unidad de España —amenazada, a su juicio, por los nacionalismos periféricos— y de la familia cristiana, que consideraban en peligro ante las reformas impulsadas por la República. Con el propósito de consolidar un voto femenino católico, Gil Robles y Pemán desempeñaron un papel clave durante los años treinta no solo como oradores carismáticos, sino también como referentes ideológicos de la cruzada antifeminista. A través de sus intervenciones públicas y sus escritos, construyeron un discurso alarmista sobre la deriva republicana, al tiempo que, siguiendo lo apuntado en el capítulo anterior, asentaron un modelo de mujer vinculado a los principios filosóficos organicistas de la sociedad sustentados en la diferente creación divina de ambos sexos y en los valores tradicionales sintetizados en el lema «Religión, Patria, Familia, Propiedad, Orden y Trabajo».

José María Gil Robles: estratega del voto femenino católico y arquitecto de la cruzada antifeminista

Desde muy temprano, José María Gil Robles mostró un vivo interés por el feminismo, aunque siempre desde una perspectiva crítica, marcada por una visión esencialista y funcional de la mujer. Esta actitud no puede desligarse del ambiente tradicionalista y ultracatólico en el que se formó, personificado en la figura de su padre, Enrique Gil Robles, influyente jurista y defensor del integrismo. Ese legado ideológico contribuyó a reforzar en José María una postura contraria a las transformaciones modernas del mundo contemporáneo, incluido el avance de los derechos de las mujeres, que interpretaba como una amenaza al orden natural y cristiano de la sociedad.

Tanto antes como después de 1931, sus declaraciones revelaron una oposición frontal al discurso igualitario, y su visión de la mujer estuvo siempre anclada en el ideal tradicionalista y católico dominante en los sectores conservadores de la época. Para Gil Robles, tal y como dejó expuesto en multitud de artículos periodísticos y en un elevado número de discursos y mítines propagandísticos, la misión esencial de la mujer era salvaguardar los valores del hogar, educar cristianamente a los hijos y velar por la moralidad social. Su rechazo al feminismo laico, por tanto, no respondía solo a una estrategia política, sino a una concepción de la sociedad profundamente jerárquica y religiosa. Sin embargo, su pensamiento no estuvo exento de contradicciones. Aunque insistía en que las mujeres «no debían olvidarse nunca del sindicato de sus hijos», acabó reconociendo su creciente presencia en el espacio público y la importancia estratégica de que se movilizaran y participaran en las elecciones, convirtiéndose así en una base electoral clave para los proyectos católicos (Rodríguez López-Brea, 2020: 267-295).

Con la proclamación de la Segunda República, y ya consolidado como líder indiscutible de la derecha católica, José María Gil Robles desplegó sus ideas antifeministas, como decimos, en numerosos mítines por toda España, desde Salamanca hasta Sevilla, pasando por Barcelona y Palma de Mallorca. En cada intervención abordaba cuestiones clave como la religión, la separación entre Iglesia y Estado, las dinámicas de poder dentro del gobierno y, de forma destacada, su rechazo contundente al feminismo que había aupado el régimen republicano. En este último punto, su discurso reflejaba una interpretación profundamente conservadora, que tachaba las reivindicaciones feministas de «delirios igualitarios». Esta postura se sustentaba en su concepción esencialista de las diferencias entre hombres y mujeres, entendidas como naturales e irreductibles. Esta convicción se tradujo en acciones concretas: en 1931 intervino en la comisión parlamentaria encargada de redactar la Constitución republicana para defender la inclusión del salario familiar como derecho constitucional. Esta postura favorable al salario familiar, que José María Gil Robles defendió con firmeza, mostraba el carácter claramente paternalista y sexista que inspiraba su pensamiento. Lejos de concebir esta medida como una herramienta de justicia social o de redistribución equitativa, Gil Robles la promovía como un mecanismo para evitar que las mujeres obreras se vieran forzadas a trabajar fuera del hogar. El objetivo último no era otro que garantizar su permanencia en el espacio doméstico y asegurar su dedicación exclusiva a las tareas del cuidado y educación de los hijos, en plena sintonía con una concepción tradicional y jerárquica de los roles de género (*La Victoria: semanario de Béjar*, 8 de marzo de 1932: 3).

Esta sintonía la encontramos en uno de sus discursos más representativos pronunciado en Mallorca en diciembre de 1931 (*Correo de Mallorca: periódico católico*, 9 de diciembre de 1931: 5). En aquella ocasión, definió el feminismo católico como una doctrina basada en principios cristianos, argumentando que la enseñanza de Cristo otorgaba a la mujer un papel esencial en la redención. Sin embargo, criticó duramente las corrientes modernas del feminismo, a las que acusó de promover una igualdad artificial que, según él, despojaba a la mujer de su verdadera esencia. En el mismo discurso, Gil Robles manifestó su rechazo a la idea de que las mujeres ejercieran cargos de autoridad alegando que su «sensibilidad y dulzura natural» les impedían poseer la fortaleza y rectitud necesarias para desenvolverse en un ámbito tan desafiante como la política. No obstante, reconoció que, dado que el sufragio femenino ya había sido aprobado, era fundamental que las mujeres de derechas se organizaran y formaran núcleos que garantizaran su participación efectiva en la vida política para contrarrestar la influencia de las ideologías progresistas. Como ejemplo, citó el éxito de la Asociación Femenina de Derechas en Salamanca, agrupación que llegó a contar con más de 3.000 afiliadas.

Al año siguiente, Gil Robles reforzó su discurso en dos conferencias multitudinarias tituladas «Gran Acto en Honor a la Mujer Española», celebradas en el Teatro Calderón de Madrid, a las que asistieron «5.000 señoras» (*La Última Hora: periódico de información, literario y artístico*, 12 de enero de 1932: 6), y en el Teatro

Principal de Ávila, en el que, según la prensa, hubo «un hervidero de damas asistentes» *(El Diario de Ávila: periódico independiente,* 15 de enero de 1932: 1). En ambos eventos, insistió en que las mujeres debían ejercer su derecho al voto como un deber moral, pero siempre bajo la guía de los valores cristianos. Advirtió sobre los peligros de las falsas promesas ideológicas y reafirmó la importancia de la conexión entre la patria y la religión, «subrayando que la mujer española debía estar dispuesta a cualquier sacrificio para preservar su fe y su identidad».

Sus ataques al feminismo y a los avances sociales y jurídicos impulsados por la República le granjearon una fuerte oposición y más de un contratiempo. En Salamanca, por ejemplo, una de sus conferencias fue suspendida por orden del gobernador civil tras una protesta organizada por mujeres que rechazaban abiertamente su ideario conservador *(La Última Hora: periódico de información, literario y artístico,* 24 de noviembre de 1931: 7). La manifestación, que reunió a centenares de mujeres en el Círculo Católico Obrero, derivó en una marcha hasta la residencia del presidente de la asociación organizadora como acto simbólico de repudio a la figura de Gil Robles. Para evitar incidentes, el diputado tuvo que abandonar el recinto por una salida alternativa, según recogía la prensa de la época. Además, una comisión de mujeres presentó una queja formal ante el gobernador civil y envió un telegrama al Ministerio de Gobernación, firmado por más de 2.000 salmantinas, en el que expresaban su rechazo a las declaraciones del político cedista. Este episodio evidenció la creciente polarización entre el movimiento feminista y los sectores conservadores representados por Gil Robles. Mientras sus partidarios lo ensalzaban como defensor de los valores tradicionales, sus detractoras lo identificaban como un obstáculo directo para la consolidación del proyecto reformista republicano.

Pese al rechazo que despertaban sus discursos entre sectores feministas y progresistas, José María Gil Robles no renunció a su empeño de incorporar a las mujeres a su proyecto político. En sus intervenciones públicas dejaba entrever de forma reiterada una aspiración clara: organizar y movilizar al electorado femenino como parte esencial de su estrategia. Su colaboración con las asociaciones femeninas católicas continuó hasta el inicio de la Guerra Civil, como lo demuestran las noticias periodísticas de la época. Prestó especial atención al ámbito rural, donde veía un caladero de votos potencial gracias a su defensa de la propiedad privada frente a la legislación projornalera de la República y ante el creciente arraigo del sindicalismo socialista entre los jornaleros del mediodía español. Su mirada se dirigió, en particular, a las mujeres de los pequeños y medianos propietarios agrícolas.

Siguiendo el precedente establecido durante la dictadura de Primo de Rivera, en 1935 la CEDA, bajo la dirección de José María Gil Robles, reactivó el proyecto de movilización femenina en el campo mediante la creación de la Liga Católica de Mujeres Campesinas. Esta iniciativa, impulsada a través de la Asociación Femenina de Acción Popular, retomaba la lógica organizativa de los años veinte al situar al mundo rural como eje prioritario del programa político católico-social. Para la CEDA, el ámbito campesino no solo representaba un territorio electoral clave, sino también el bastión ideal para contrarrestar los efectos modernizadores de la República y promover un modelo de sociedad anclado en la tradición.

El discurso de la Liga, plenamente alineado con el ideario de Gil Robles, apostaba por la regeneración moral y espiritual del campo a través de la figura femenina. No se trataba únicamente de mejorar la formación de las mujeres rurales, sino de consolidar un modelo de hogar sustentado en la familia cristiana tradicional. En el seno de la Liga Católica de Mujeres Campesinas, las mujeres aparecían como garantes de la transmisión de los valores católicos y defensoras de la institución familiar como núcleo de la vida campesina. Voces como las de Matilde Rubio, Mercedes Puente o Asunción Eguilior insistieron, en consonancia con el mensaje de la CEDA, en la necesidad de rechazar toda concepción materialista de la existencia y recuperar el «espíritu religioso profundo del pueblo español».

La prensa del partido otorgó entonces creciente visibilidad a estas asociaciones femeninas rurales, a las que presentó como instrumentos para dignificar la vida de la mujer rural y arraigarla al territorio, frenando así la emigración femenina a las ciudades. Para lograrlo, se estructuró una doble vía formativa: por un lado, instrucción moral y social conforme a los principios católicos —a través de círculos de estudio, bibliotecas, conferencias doctrinales y ejercicios espirituales—; por otro, una educación práctica orientada a labores consideradas propias de su sexo, como corte y confección, puericultura, higiene, economía doméstica o embellecimiento del hogar. A partir de este planteamiento, se organizaron comités locales que pronto se extendieron por diversas provincias, entre ellas Madrid, Toledo y Ciudad Real (C.E.D.A., 15 de febrero de 1935: 17, 19-20; 15 de marzo de 1935: 14; 15 de abril de 1935: 16).

Además, las ligas fomentaban la capacitación profesional femenina mediante el aprendizaje de pequeñas industrias agrícolas —avicultura, apicultura, cunicultura e industrias lácteas— con el objetivo de fortalecer la economía familiar y promover la autosuficiencia en el entorno rural. Para ello se organizaron cursos breves en pueblos, visitas a granjas modelo y cooperativas de comercialización. Este entramado educativo y productivo se completaba con actividades lúdico-religiosas —música, cantos populares, peregrinaciones— destinadas a afianzar los vínculos comunitarios y reforzar los valores tradicionales. Estas iniciativas prefiguraron las funciones que posteriormente desempeñarían instituciones como la Hermandad de la Ciudad y el Campo o los Coros y Danzas de la Sección Femenina bajo el franquismo, en su empeño por disciplinar y nacionalizar a la mujer campesina desde parámetros tradicionales y patrióticos.

José María Pemán: ideólogo del orden tradicional y portavoz literario del antifeminismo católico

El 29 de mayo de 1932 nació *Ellas. Semanario de las mujeres españolas,* una revista que, lejos de ser una simple publicación femenina de la época, se convirtió en un instrumento de propaganda política al servicio de la derecha antirrepublicana.

Dirigida por el influyente escritor e intelectual gaditano José María Pemán, *Ellas* desempeñó un papel clave en la lucha ideológica contra la Segunda República, máxime cuando, tras el golpe fallido de Sanjurjo en agosto de 1932, el gobierno republicano suspendió numerosos diarios católicos y monárquicos como *ABC, El Debate* y *Aspiraciones*. En este vacío informativo, *Ellas* asumió el rol de altavoz de las fuerzas antiliberales, antirrepublicanas y reaccionarias, en plena sintonía con el pensamiento de su director, José María Pemán, de firmes convicciones monárquicas y profundamente contrario a los principios del liberalismo político (Álvarez Chillida, 1996: 22). Miembros de la CEDA, Renovación Española, Comunión Tradicionalista y Falange Española encontraron en la revista de Pemán un espacio desde el cual depurar y unificar el discurso del «nacionalcatolicismo», sentando las bases ideológicas del futuro franquismo (Ortega López, 2011: 173-206).

En efecto, en un contexto, nacional e internacional, de creciente polarización social y política, la publicación sirvió de refugio para intelectuales y líderes políticos del arco antirrepublicano y ultraconservador. En sus páginas colaboraron figuras como Armando Palacio Valdés, Félix de Llanos y Torriglia, Gabriel Maura y Gamazo (duque de Maura), Fernando Suárez de Tangil (conde de Vallellano), Víctor Pradera, Luis Lucía, Pedro Martín Artiñano y Félix Arrarás (magistral de Burgos). A ellos se sumaron nombres clave de la extrema derecha como Juan de Contreras y López de Ayala (marqués de Lozoya), Pedro Sainz Rodríguez, Honorio Maura, Miguel Herrero García, Miguel Lasso de la Vega y López de Tejada (marqués de Saltillo), Fernando Bertrán, Joaquín Arrarás y Ramiro G. de Dulanto. Todos ellos, a través de sus artículos, elaboraron interpretaciones sobre la República y su supuesta amenaza «revolucionaria» reforzando conceptos como la lucha contra la «anti-España», el peligro del comunismo y la defensa de una «España católica y tradicional». Estos relatos contribuyeron a consolidar una identidad colectiva en las derechas, cohesionando sus discursos autoritarios y ultraconservadores.

Sin embargo, uno de los aspectos más innovadores de *Ellas* fue la forma en que redefinió el papel de las mujeres dentro del marco político de la derecha. Si bien esta corriente había rechazado históricamente el feminismo y la participación política femenina, la concesión del sufragio universal en 1931 la obligó a cambiar su estrategia. Las mujeres ya no podían ser excluidas de la política, pues se habían convertido en la mitad del electorado. Esto impulsó a los sectores conservadores a construir un nuevo modelo de feminidad que justificara su activismo político sin romper con la tradición. En este discurso, la mujer ideal seguía siendo «devota, obediente y defensora del hogar», pero también era presentada como una «combatiente valiente, heroica y decidida» frente a la amenaza republicana (Pemán, «Las mujeres y las costumbres», *Ellas,* 1932, núm. 2: 1).

Para consolidar esta identidad, Pemán, a través de la revista, conformó una contraposición entre dos tipos de mujeres. Por un lado, la «mujer católica y patriótica», símbolo de la España eterna, y, por otro, la «mujer moderna», identificada con la República, el comunismo y la degeneración moral. Esta dicotomía sirvió para movilizar políticamente a las mujeres en defensa de los valores ultraconservadores. Al respecto se puede decir que Pemán supo aprovechar la estructura y la influencia del movimiento católico femenino previo para reclutar a las mujeres en defensa de la religión y la patria. No en vano en su equipo de redacción participaron destacadas figuras femeninas conservadoras. Entre ellas figuraban la historiadora sor Cristina de Arteaga y Falguera, hija del duque del Infantado, y dirigentes de agrupaciones femeninas como Blanca de los Ríos, María López Sagredo, Teresa Luzzatti y Pilar Careaga, de Acción Católica de la Mujer, o María de Madariaga, de la Juventud Católica Femenina. En el tradicionalismo carlista destacó la participación de María Rosa Urraca Pastor, mientras que de Acción Nacional colaboraron Francisca Bohigas y la mencionada Pilar Velasco.

Estas mujeres no solo aportaron su experiencia en la movilización femenina, sino que fueron clave en la construcción de un modelo de feminidad basado en los ideales de «Religión, Patria, Orden y Familia» (Blasco Herranz, 2003; Arce Pinedo, 2008). Su participación en la publicación evidenció el cambio de estrategia de la derecha española, que pasó de rechazar la intervención política de las mujeres a considerarlas piezas clave en la reorganización del movimiento conservador. Como señalaba José María Pemán, «un nuevo apostolado, en medio del mundo, sucede a la acción más íntima y restringida que antes les competía en el seno del hogar» (Pilar Velasco, «¿Cree usted eficaz para la propaganda política la oratoria femenina?», *Ellas,* 1932, núm. 1: 7). Ya no bastaba con que la mujer se limitara al ámbito doméstico; la nación requería su presencia activa en la política. Ya no era hora de pensar si la salida de la mujer del hogar «bastardearía su feminidad» (Blanca Lis, «Mujeres de Hoy. Doña Juana Salas de Jiménez», *Ellas,* 1932, núm. 6: 2). El tiempo de la discusión ya había pasado. Bueno o malo, conveniente o inconveniente, error o acierto, la realidad era que, como le gustaba decir a Pemán, con un tono literario y condescendiente, revelador de su visión sexista y paternalista de la política: «el voto había conquistado a la mujer» («Voto e ideas», *Ellas,* 1932, núm. 1: 6) y eso bastaba. «¡Bienvenidas seáis, pues, a la política!», proclamaba Pemán, subrayando que, en tiempos de crisis, España necesitaba su dedicación y compromiso: «en este momento de enfermedad de España, hace falta a su cabecera la mujer» («Envío a las mujeres de España», *Ellas,* 1932, núm. 1: 1).

Bajo su dirección, la revista se convirtió en una plataforma de adoctrinamiento femenino orientada a contrarrestar los avances del feminismo republicano y a consolidar un modelo de mujer subordinado al orden católico y nacionalista. Las opiniones de Pemán fueron secundadas por quienes hasta hacía pocos meses se oponían firmemente a la participación de las mujeres. Su *Semanario* ofreció tribuna y legitimidad a muchos representantes del conservadurismo español. Ya hemos aludido a la figura de José María Gil Robles y a su interés por movilizar al electorado femenino en defensa del orden tradicional: «me parece absolutamente indispensable», afirmó en una entrevista para el primer número de *Ellas*. Esta postura la compartía también el propagandista católico Dimas de Madariaga, quien subrayó la capacidad de persuasión femenina como un recurso político invaluable: «para una mujer, otra mujer». En la misma línea, el conde de Vallellano (Fernando Suárez de Tangil y

Angulo), antiguo alcalde de Madrid bajo la dictadura de Primo de Rivera, sostenía que la propaganda femenina no solo era útil, sino necesaria: «desde el momento que la mujer tiene derecho activo y pasivo de sufragio, su intervención en la política no sería completa si no practicase uno de los medios de persuasión y convencimiento, como es el de la oratoria proselitista» (Pilar Velasco, «¿Cree usted eficaz para la propaganda política la oratoria femenina?», *Ellas,* 1932, núm. 1: 7). Por su parte, el marqués de Lozoya (Juan de Contreras y López de Ayala) fue aún más lejos al reconocer la necesidad de organizar «grupos femeninos» dentro de los partidos políticos con el fin de canalizar la influencia de las mujeres y ponerla al servicio de la consolidación del proyecto conservador («La mujer y la política», *Ellas,* 1932, núm. 2: 9).

Pese a ello, este impulso hacia la participación pública y política de las mujeres venía matizado por constantes mensajes de prudencia y advertencia ante lo que estos políticos calificaban como «límites de naturaleza femenina». La derecha trataba de compatibilizar el creciente protagonismo de las mujeres en la vida pública con la defensa de los roles tradicionales asignados al género femenino. Así lo expresaba José María Pemán:

> [...] en este momento de enfermedad de España, hace falta a su cabecera la mujer. Hace falta como ayer hacía falta en el campo de batalla: como enfermera, como curadora. No ha de venir a la política la mujer saliéndose de su misión, sino, al contrario, extendiéndola y prolongándola. Ha de venir a la política en una plena eficacia de su feminidad. Ha de venir como ayer a los hospitales de sangre, a entablillar los miembros rotos y dislocados de tantas cosas fundamentales («Envío a las mujeres de España», *Ellas,* 1932, núm. 1: 1).

Y por su parte el marqués de Lozoya señalaba:

> La actuación femenina debe ser diferente de la de los hombres; sus procedimientos deben ser diversos. A los hombres correspondería, por ejemplo, la organización de grandes campañas

> de propaganda, que requieren una independencia y un esfuerzo físico que no siempre son posibles en las mujeres, el combate en las avanzadas, los puestos más peligrosos, las actuaciones más expuestas a desgaste. En un partido político ellos serán, a lo menos por ahora, la dirección y el nervio. Pero a las mujeres corresponderá, desde el primer momento, un papel acaso menos brillante, pero no menos útil («La mujer y la política», *Ellas,* 1932, núm. 2: 9, y «La mujer y la política [II]», *Ellas,* 1932, núm. 12: 10).

La visión del marqués de Lozoya sobre la participación femenina en la política se ajustaba con precisión a los estereotipos de género imperantes, que reducían las aptitudes y el papel de las mujeres a los márgenes de una presunta esencia femenina, definida por la emotividad, la docilidad y la predisposición al cuidado. En sus escritos, estos estereotipos se articulaban mediante un doble registro: por un lado, se señalaban sus carencias —estrechez de miras, impresionabilidad, escasa preparación intelectual— («La mujer y la política [IV]», *Ellas,* 1932, núm. 13: 4); por otro, se exaltaban virtudes tradicionalmente feminizadas como el orden, el sentido práctico, la pureza de ideales, la abnegación y el fervor religioso («La mujer y la política», *Ellas,* 1932, núm. 11: 1-2). Según esta lógica, el marqués de Lozoya ubicó las funciones políticas asignadas a las mujeres deliberadamente en la retaguardia ante «la falta de disciplina, coordinación y preparación política» que veía en ellas. Era precisa, como exponía, una necesaria labor formativa («La mujer y la política», *Ellas,* 1932, núm. 2: 9). Para compensar esas limitaciones atribuidas al sexo femenino, con las que José María Pemán estaba totalmente de acuerdo, porque, como afirmaba, «las grandes empresas humanas no se han hecho con vosotras, sino por vosotras» («Ante un movimiento nacional», *Ellas,* 12 de marzo de 1942, núm. 42), impulsó desde las páginas de *Ellas* una estrategia orientada a moldear y movilizar a ese electorado femenino dentro de los marcos ideológicos del catolicismo conservador pero revestidos también del discurso fascista italiano que abrazó plenamente (Álvarez Chillida, 1996: 200). En este sentido, afirmaba:

> [...] no toda la actividad política femenina ha de reconcentrarse en *lo electoral,* o sea en la preparación y organización para las posibles futuras elecciones. Es preciso dar a la mujer española unas claras y someras lecciones sobre lo más fundamental de nuestro gran ideario político tradicional y español, e instruirla sobre las modas y formas con que ella puede contribuir a la difusión, propaganda y triunfo de ese ideario. Hay que ganar, primero, unas elecciones. Convenido. Pero hay que saber, también, qué España es la que quisiéramos hacer el día en que, ganadas esas elecciones, pudiéramos ser artífices del futuro.
>
> Este periódico se propone servir para uno y otro de estos dos menesteres, igualmente importantes. Personas capacitadas —y experimentadas por estar diariamente ocupadas en esta tarea— darán un «Cursillo para la organización de las agrupaciones femeninas», donde se explicará detalladamente cómo se organizan estas y sus diferentes servicios, ficheros, revisiones de censo, etc. Y al mismo tiempo, firmas ilustres de nuestra política —y otras no ilustres como la mía— explicarán clara y sencillamente los principios del ideario tradicional y católico. El *pensamiento* y la *acción* en buen equilibrio: esta queremos que sea nuestra norma. Cada semana, un poco de conocimiento y exaltación de nuestro ideal político y un poco de orientación en la labor práctica de su consecución. ¡Así, empleando una frase femenina de profundísimo sentimiento, vuestra tarea será cosa de *coser... y cantar!* (José María Pemán, «Voto e ideas», *Ellas,* 1932, núm. 1: 6).

Este equilibrio entre pensamiento y acción se materializó en la creación en la revista de la sección «Informaciones de Actualidad», dirigida por Pilar Velasco. Durante meses, la secretaria de la agrupación femenina de Acción Popular publicó una serie de artículos con directrices concretas en formación política a las agrupaciones femeninas. Entre sus recomendaciones destacaban el sondeo y selección de afiliadas, la redacción de estatutos y reglamentos internos, la elección de juntas de gobierno, la creación de secretarías técnicas, la elaboración de censos electorales, la transmisión de propaganda hablada y escrita, la educación ciudadana y la acción social. Así, la revista *Ellas* no solo intentaba movilizar a las mujeres, sino también dotarlas de herramientas organizativas más eficaces y beneficiosas al ideario religioso y patriótico de la derecha antirrepublicana y conservadora (Pilar Velasco, «Cómo se organiza una agrupación política femenina», *Ellas,* 1932, núm. 7: 4; 1932, núm. 8: 4; 1932, núm. 9: 6, y 1932, núm. 11: 5).

Todo este proceso se desarrolló bajo una estricta supervisión masculina, que acotaba cuidadosamente los márgenes de acción y autonomía de las mujeres, aun cuando se exhortaba a su participación en la vida pública o en organizaciones femeninas. Esta lógica de control respondía a una concepción paternalista y esencialista del papel femenino, compartida tanto por Pemán como por los partidos políticos con los que colaboró estrechamente. Aunque se impulsara la movilización política de las mujeres, el horizonte que se les reservaba permanecía anclado en una visión religiosa y tradicionalista de su función social: ser esposas abnegadas y madres dedicadas, siempre al servicio del varón y del hogar. Esa idea se mantuvo intacta incluso en 1947, cuando Pemán publicó *Doce cualidades de la mujer,* una obra que insistía en una supuesta dicotomía natural entre los sexos. En ella, la mujer era descrita como emocional, intuitiva y carente de capacidad racional, por lo que debía quedar al margen de la creación intelectual, la acción política o el pensamiento crítico. Su destino, afirmaba, no era la ciencia, el arte ni el gobierno, sino el acompañamiento afectivo, la maternidad y la vida doméstica. Partiendo de este paradigma, toda forma de participación femenina debía supeditarse al orden patriarcal y limitarse a reproducir los valores tradicionales bajo la vigilancia y tutela de la autoridad masculina.

Mujeres como pilares de la cruzada nacionalcatólica

A través del pensamiento de José María Gil Robles y José María Pemán, se reforzó el papel de reconstrucción dramatizada de la vivencia social y política en los años treinta. Una tendencia que en aquel momento empezaba a caracterizar diversas narraciones «noticiadas» sobre los acontecimientos ocurridos tras la instauración del Estado republicano. Discursos y artículos periodísticos exageraban el impacto de las medidas legislativas impulsadas por el gobierno republicano-socialista y desacreditaban de forma extrema a los nuevos representantes políticos, lo que se tradujo en una visión distorsionada y desproporcionada de la realidad. Estos enfoques derivaron en una constante sobredimensión de los hechos, especialmente tras la huelga de Asturias en octubre de 1934, de modo que la información servía para mantener una permanente dramatización de la vida cotidiana y una deformación grotesca de la situación del país.

En este proceso de manipulación de la realidad llevado a cabo por los sectores conservadores, emergió una nueva idealización dual del movimiento antirrepublicano destinada a legitimar un modelo político autoritario y una organización social jerárquica, defendidos por católicos, monárquicos, falangistas y tradicionalistas. Todo ello tenía un claro objetivo: movilizar a la mujer y consolidar su adhesión a la causa conservadora presentando el activismo político como una defensa de la religión, la familia y el orden social tradicional. Para lograrlo, era preciso construir un nuevo arquetipo de mujer que combinara la devoción católica con un compromiso activo en la lucha política, asumiendo su papel no solo como madre y esposa ejemplar, sino también como defensora de los valores tradicionales en la esfera pública.

Este modelo femenino, moldeado por los discursos y la propaganda de la derecha católica, se alineaba con una estrategia más amplia de transformación social y política. En este contexto, el discurso nacionalcatólico de los años treinta otorgó a la mujer un papel central: debía participar activamente en la lucha contra la República y en la edificación de la «nueva España». Con este mensaje, los hombres y las mujeres pertenecientes a las corrientes antiparlamentarias y antirrepublicanas redefinieron el modelo femenino previamente forjado por el liberalismo y el tradicionalismo católico, otorgándole una dimensión política inédita. Así, la mujer dejaba de ser solo un símbolo de virtud privada para convertirse en un agente movilizador clave dentro del proyecto reaccionario, adaptando su identidad a las exigencias del combate ideológico de la época.

Ya no se trataba únicamente de la figura confinada al hogar o dispuesta a realizar un apostolado social, sino de una combatiente capaz de enfrentar la amenaza republicana. En un ambiente definido como «revolución», se le exigía valentía, determinación y espíritu de lucha, rasgos hasta entonces asociados a los hombres. La prensa conservadora generó así una imagen de la «verdadera» mujer española: fuerte, sacrificada y combativa, lista para defender la fe y la patria frente a los valores considerados ajenos y peligrosos. Una mujer que liderase una cruzada nacional contra quienes amenazaban la patria y la Iglesia católica, asumiendo, como exponía Teresa Luzzatti, un rol regenerador en la salvación de una España enferma («El deber de las mujeres en la hora presente exige unión y decisión», *Ellas*, 1932, núm. 5: 1).

Este modelo femenino fue dotado de una fuerte carga simbólica: las mujeres que luchaban contra el régimen republicano eran presentadas como redentoras de una patria cautiva y protagonistas de una misión histórica con tintes épicos. Se las elevó a la categoría de heroínas de una batalla definitiva para vencer a los «enemigos de España» y cimentar los valores que habrían de guiar su regeneración.

> Vosotras podéis hurtar, otra vez, las afirmaciones líricas de la Fe, la Patria y el Hogar a los exámenes demasiado ambiciosos y a las interrogaciones corrosivas. Vosotras podéis otra vez devolverle al pueblo, vivas y ardientes, como ascuas, sus santas y viejas confianzas de ayer… (José María Pemán, «Envío a las mujeres de España», *Ellas,* 1932, núm. 1: 2).

Con discursos como este, José María Pemán y sus colaboradores buscaban encauzar la energía femenina hacia una adhesión fervorosa y ritualizada a los ideales de la derecha. La construcción de estas figuras míticas —tanto de la República como de la mujer— se inscribió en un entramado ideológico donde la propaganda de las culturas políticas tradicionalistas, fascistas y reaccionarias encontró su máximo desarrollo. A través de una amalgama de ideas-fuerza, sustentadas en tradiciones culturales y discursos políticos previos, estas representaciones alcanzaron su plena madurez en los años treinta.

Durante la Segunda República, en medio de un creciente enfrentamiento político, tales ideas se consolidaron como los pilares del relato legitimador de la derecha. Así, el discurso antidemocrático y antiliberal que se había gestado desde el golpe de Estado de Miguel Primo de Rivera encontró su cauce definitivo en el marco de un enfrentamiento total: el de la «España auténtica» contra la «anti-España», en una lucha que, para las derechas, debía ser suprema y definitiva. A partir de 1931, se consolidó y tomó mayor fuerza un discurso antiizquierdista, ultranacionalista y de carácter palingenésico, dirigido específicamente a las mujeres. Este relato buscaba captar su apoyo e incentivar su participación en la defensa de los valores tradicionales y la regeneración nacional. Teresa Luzzatti, incansable activista católica y antigua presidenta de los Comités Paritarios Femeninos bajo la dictadura de Primo de Rivera, comenzó caldeando los ánimos al exponer en fechas tempranas cuál era la situación que presentaba el país al año y medio de ser proclamada la Segunda República:

> [...] hace dos años, y menos tiempo aún nos solían decir que íbamos hacia el imperio de la libertad, el respeto a los derechos de todos, y... ante lo que vemos ¿qué he de decir? Estamos viviendo una época, en la que son atropellados los más sagrados derechos de un mundo tan arbitrario y absurdo que si esto es política, la considero odiosa e indeseable («Mujeres de Hoy. Doña Teresa Luzzatti, viuda de López-Rúa», *Ellas*, 1932, núm. 2: 2).

El discurso antirrevolucionario que se fue construyendo en el transcurso del bienio reformista (1931-1933) se instaló, de esta forma, en la permanente descalificación de las ideologías obreristas, republicanas e incluso liberales que habían conocido un rápido proceso de solidificación durante la corta andadura del régimen republicano. Aun cuando se manifestase, como vamos a ver, con una particular inquina en contra de las doctrinas izquierdistas del marxismo (comunista o socialista) y el anarquismo. Dicho discurso propinaba a todas ellas desmesurados y abyectos calificativos que las asemejaban con poderosas e imaginarias fuerzas que maquinaban de manera ruin y conspirativa contra el esencialismo hispanista más hondamente asentado sobre las tradiciones del catolicismo, el patriotismo, la jerarquía o la defensa de la raza. A todas ellas se las identificaba como portadoras de confusas propuestas organizativas, respaldadas por heteróclitos y «espurios» colectivos sociales que agrupaban a todos aquellos individuos menos instruidos o más desarraigados y, por ello mismo, sustancialmente propensos a la acción mezquina, cicatera y egoísta o a la defensa insolidaria de sus intereses en perjuicio de la unidad patria, el prestigio nacional o el bien común.

De acuerdo con tales consignas, las izquierdas y el republicanismo democrático serían la encarnación de la anti-España. Y, por consiguiente, las organizaciones políticas y sindicales representativas de los sectores populares, los jornaleros, los asalariados y buena parte de las clases medias del nacionalismo periférico se convertirían en los vehículos por los que circulaban todos aquellos «agentes nocivos» más profundamente enemistados, contrarios o amenazadores de la tradición católica y el sentimiento patriótico más hondamente vinculado a la esencia hispana. Pero, asimismo, para muchos testimonios ofrecidos por la revista *Ellas,* las izquierdas no eran consecuentes con su ideología ni con la legislación que estaban aprobando. En ocasiones se acusaba a los socialistas, utilizando un tono irónico, burlesco y descalificador, de ser víctimas de su propio «pisto ideológico». Se les achacaba no saber lo que pensaban ni lo que querían: si apelar a la antigua grandeza de España, si enterrar a sus «muertos» por el rito católico, si permitir que las mujeres, aun habiéndoles concedido el derecho al voto, participaran en las elecciones en Cataluña a propósito de la aprobación del Estatuto (José María Nadal, «El voto femenino y la hora de las izquierdas», *Ellas,*

1932, núm. 25: 1). En otras ocasiones el periódico presentaba a esos mismos hombres de las izquierdas españolas, precisamente por su falta de rigor ideológico, como simples lacayos que obedecían los dictados egoístas, expansionistas o colonizadores de las potencias extranjeras. Y muy especialmente los deseos de implantación de un régimen comunista en España supuestamente concebidos por la Unión Soviética. Tampoco faltaron las denuncias en las que se presentaba conjuntamente a republicanos y socialistas a las órdenes de la masonería internacional (Arnaldo de Fruña, «La masonería y los socialistas a favor de los Estatutos», *Ellas*, 1932, núm. 21: 10-11). Para las culturas políticas contrarrevolucionarias, masones y comunistas querían borrar las históricas raíces cristianas fundacionales de la nación hispana y condenar a todos los españoles a una situación de esclavitud y pobreza muy similar a la que estaba sufriendo el pueblo ruso sojuzgado por el comunismo (Fermín de Lecároz, «El paraíso bolchevique. Cómo agoniza martirizado el pueblo ruso», *Ellas,* 1932, núm. 18: 11; «Esclavos del Estado. Bajo el látigo rojo», *Ellas,* 1932, núm. 27: 10). Por ello mismo el movimiento antirrepublicano debía ser imaginado como un excelso acto de soberana valentía con el que los defensores de los valores de la «España eterna» lograrían el abatimiento de cuantos deseaban la implantación sobre el territorio nacional de un régimen político subordinado al imperialismo soviético y a las sectas masónicas. Como señalaba en tono vehemente un inflamado editorial de la revista *Ellas:*

> Los momentos que atravesamos son de lucha. Hay que dar la cara si no queremos perderlo todo; hay que arriesgar algo si queremos salvar la mayor parte. Aceptar todo lo que pueda venir es de cobardes. Cualquier intento extremista debe enfrentarse con la parte sana del país, que debe estar laborando constantemente por el aniquilamiento de aquellas doctrinas de perniciosos resultados (Emidgio Molina, «Batalla al comunismo», *Ellas,* 1932, núm. 28: 11).

Cabe afirmar que otra de las acusaciones más importantes y probatorias expresiones del supuesto carácter degenerado y degradado atribuible a las izquierdas, y que quedó representado con gran detalle en este semanario, fue el «furibundo anticlericalismo» que se desató nada más implantarse el nuevo régimen republicano. De tal manera que para el discurso y los lenguajes políticos que se fueron vertebrando entre la derecha reaccionaria, las izquierdas en su conjunto fueron las exclusivas responsables de las más variadas escenificaciones de iconoclastia, sacrofobia y odio hacia lo sagrado que se difundieron, como reguero de pólvora, desde el 14 de abril de 1931. Resulta interesante destacar que la inmensa mayoría de los reportajes periodísticos difundidos en *Ellas* acerca de los actos de violencia anticlerical muestran a las organizaciones de la izquierda marxista como los inductores casi únicos de tales sucesos (Blanca de Lis, «La fobia contra los crucifijos y los emblemas religiosos», *Ellas,* 1932, núm. 1: 4; J. Moreno Casado, «Han caído algunas cruces granadinas», *Ellas,* 1932, núm. 22: 8). Asimismo, conviene poner de manifiesto que los relatos que hablaban de la retirada de los crucifijos de las escuelas y de los hospitales, del toque de campanas o de la aprobación de decretos-ley contrarios a la tradición y costumbres católicas fueron presentados de forma dramática y trágica. Ponemos el ejemplo siguiente por ser sumamente ilustrativo de lo que decimos:

> Con lágrimas en los ojos he quitado de la pared de mi humilde escuela el Crucifijo; pero antes de hacerlo y postrada de rodillas pedí al Señor para todos los que le persiguen. Quisiera que en mi oración, para que fuera más eficaz, pudieran acompañarme los inocentes niños que tengo a mi cuidado; pero toda práctica religiosa en la escuela estaba prohibida ya. Por no herir sentimientos, cosa recomendada por la superioridad, el Crucifijo y dosel han desaparecido de la sala de clase en ausencia de los niños; pero Dios sigue y seguirá en ella porque esto no puede impedirlo ningún gobernante. Al día siguiente, he visto a las niñas hablar unas con otras, y mirar conmovidas para el lugar donde, al elevar sus ojos, habían encontrado siempre a su amado Padre. A pesar de mi cautela, se han dado cuenta de lo hecho; me miran con pena, como si hubieran adivinado en mi sem-

> blante la inmensa amargura que el cumplimiento de la orden dada me había producido. Al llegar las doce, y dada por mí la hora de salida, una niña de seis años, queriendo recordarme lo que ella consideró olvido, me dijo: Señora maestra, no hemos rezado. No supe qué contestarle; decirle que me lo impedían y que así obedecía una ley dada por los hombres, me pareció profanar y estimar en muy poco mi nombre de cristiana; pero antes de que acertase a darle una explicación adecuada, otra niña me sacó de apuro diciéndole: ¿A quién? ¿No ves que de la pared ha desaparecido el Crucifijo? Bajaron y aún no repuesta de la penosa impresión que esto me produjo, oí en el portal que una de las mayores, en voz baja, como si temiera ser reprendida, decía: El Ángel del Señor anunció a María..., y que todas, con el mayor recogimiento, iban contestando. Emocionada escuché, al terminar, que otra niña propuso rezar un Padrenuestro para que volviesen a colocar el Crucifijo en su sitio. Así lo hicieron, con grandísimo fervor, como penetradas de la tragedia en que vivimos y que solo Dios puede remediar («Página de una maestra», *Ellas,* 1932, núm. 10: 15).

A través de este tipo de relatos se buscaba proyectar una imagen deshumanizada y brutal del laicismo y sus seguidores presentándolos como seres sin alma, portadores de un «odio de hiena», que, sin piedad alguna, se lanzaban como bestias a destruir la vida matrimonial y la familia cristiana. La legislación laica impulsada por republicanos y socialistas era retratada como una amenaza devastadora para la estructura familiar, imponiéndose bajo el pretexto de las «nuevas libertades descristianizadoras» la esclavitud de la juventud y la «zozobra y la desolación». Se afirmaba, además, que dicha legislación había transformado el hogar paterno en un espacio dominado por «lágrimas», «independencia absoluta», «tristeza y amargura», y que había llevado a la «perversión» de la mujer (F. Manjarrés, «Lo que era y debe ser la familia cristiana», *Ellas,* 1932, núm. 25: 12-13, y 1932, núm. 15: 15).

Quizá lo más significativo, no obstante, en la construcción cultural del discurso españolista, tradicionalista, católico y patriótico de las derechas agrupadas en torno a la revista de Pemán fue la torva descripción de dos de los sucesos que marcaron el régimen republicano antes del inicio de la Guerra Civil. Nos referimos, de un lado, al intento de golpe de Estado de agosto de 1932, y, de otro, a la huelga revolucionaria de octubre de 1934. Ambos acontecimientos fueron presentados como claros ejemplos del tenaz enfrentamiento que se estaba librando en España entre las fuerzas del bien y del mal. *Ellas* justificó la «Sanjurjada» como un acto protagonizado por aquellos españoles que desde la proclamación de la República habían contemplado impávidos la revisión de las nociones más básicas y de las más elementales instituciones: la religión, la patria, la familia (José María Pemán, «Unas reflexiones sobre el momento actual», *Ellas,* 1932, núm. 32: 1). Todos cuantos intervinieron en apoyo a la sublevación liderada por José Sanjurjo —castigados con la deportación a Villa Cisneros o encarcelados en la prisión Modelo de Madrid— fueron elevados a la categoría de mártires y apóstoles de la «Fe y de la Patria» *(Ellas*, 1932, núm. 14: 15; Pedro M. de Artiñano, «El rosario de la "masía" y el rosario de la prisión», 1932, núm. 32: 1-2 y 15; José María Pemán, «La salida del *España* número 5», 1932, núm. 18: 1-2 y 5) y víctimas de las iras de una República parcial, contraria a la legalidad que proponía y «amiga» de los revolucionarios socialistas y comunistas (Fermín de Lecároz, «La libertad de prensa, las deportaciones y las milicias», *Ellas,* 1932, núm. 32: 2).

En cambio, la violencia que se desencadenó en el otoño de 1934 en España no era sino una terrible y sanguinaria muestra de las verdaderas intenciones de la revolución marxista y de sus principales dirigentes («La revolución que organizó Largo Caballero», *Ellas,* 1934, núm. 126: 19). Para las derechas españolas, el aludido «furibundo anticlericalismo de los seudorredentores del proletariado» alcanzó unos niveles de barbarie intolerables durante los sucesos derivados de la revolución de octubre de 1934. La revista pronto mostró una premeditada exageración en el recuento de las víctimas de la violencia política desencadenada contra los derechistas y los servidores de la Iglesia católica en Asturias y en otras zonas del país (María Ofelia de Ochoa, «¡Revolución! De un diario de mujer», *Ellas,* 1934, núm. 120: 2; Clara Frías, «Madrid en las horas de "paqueo". Agonía de una revolución aplastada», 1934, núm. 121: 3, y «La noche roja en Barcelona», 1934, núm. 124: 4). En efecto, tras la pacificación del conflicto, no cesaron de hacer su aparición en la revista las fabulaciones macabras acerca de los asesinatos cometidos por los extremistas de izquierda en tierras asturianas («Cómo se llevaron a cabo los asesinatos de religiosos en Turón», *Ellas,* 1934, núm. 124: 4; Carmen C. de Angulo, «Un mártir más. El P. Eufrasio del Niño Jesús», 1934, núm. 124: 8; María Teresa G. Cernuda, «Impresiones de una semana de terror rojo», 1934, núm. 124: 13; «Cómo murió el párroco de Santa María la Real», 1934, núm. 125: 4; «El martirio de un padre Paul», 1934, núm. 125: 3; «El Padre Emilio Martínez y el hermano Arconada, jesuitas, mártires de Cristo Rey», 1934, núm. 126: 6; «Las infamias de los enemigos de España», 1934, núm. 129: 19).

La crueldad de los «Tribunales Rojos», llegaba a señalar este periódico, había «provocado la locura de más de doscientas personas a consecuencia de los sucesos y de los horrores que habían presenciado o sufrido» (1934, núm. 122: 7). En innumerables ocasiones, las referidas narraciones acerca de la violencia revolucionaria de «los marxistas», contenidas en breves reportajes periodísticos y rememoraciones personales de carácter eminentemente propagandístico, se regocijaban en la recreación de los más nimios y escabrosos detalles. El número 122 de la publicación *Ellas* del año 1934 ofrecía una visión detallada y alarmante de la revolución en Asturias utilizando un tono sensacionalista para describir los acontecimientos. Entre los artículos incluidos se encontraban: «Acordaos de Asturias» (pág. 1), «Balance de una revolución socialista» (pág. 2), «200 millones de pérdidas en Oviedo» (pág. 3), «Incendios, saqueos, explosiones» (pág. 4), «Hambre, oscuridad y crímenes» (pág. 5), «La Universidad de Oviedo destruida» (pág. 6), «La crueldad de los Tribunales rojos» (pág. 7), «En Barruelo proclamaron el amor libre» (pág. 8), «La revolución en una aldea de la montaña» (pág. 9), «El hermano de don Marcelino Oreja nos cuenta el martirio que sufrió el diputado tradicionalista durante la dictadura roja de Mondragón» (pág. 10), «María Teresa G. Cernuda nos describe las angustias y los horrores de la semana roja» (pág. 11) y «La revolución era sostenida a fuerza de infames mentiras, patrañas e infundios. Se recomendaba matar sin compasión a los traidores» (pág. 20).

En la mayor parte de esos artículos, y en otros posteriores, se aludía al carácter depravado y sanguinario, a la atrocidad sin límites y a la más profunda repugnancia mostrados por la vileza de los actos represivos practicados por los izquierdistas contra las personalidades derechistas y católicas más destacadas de cada localidad, o los integrantes de la patronal y las clases acomodadas de cada municipio (María Aurora, «España antes que nadie», *Ellas,* 1934, núm. 121: 13). En casi todas estas fabulaciones se aplicaba a las secuencias descriptivas un molde interpretativo cuajado de estereotipos y construcciones mentales de carácter cultural. Se contribuía así a la edificación de un discurso antiizquierdista rotundamente despreciativo de los componentes de las milicias de izquierda, lograda mediante la estrecha identificación de estos últimos y sus integrantes con una odiosa especie de seres depravados, portadores de la mayor de las degradaciones morales y humanas jamás concebida. Exponemos un fragmento del siguiente relato centrado en la enseñanza que se impartía en una escuela laica asturiana tomada por los anarquistas antes de la revolución de octubre:

> La entrada y salida de clase se hace cantando. Pero no es el himno ingenioso y fervoroso de las escuelas católicas. No. Aquí es el «Himno revolucionario anarquista»: Arroja la bomba, Que escupe metralla; Coloca petardos; Empuña la «star» (bis), etc., etc. Siguen las clases de lectura y escritura. Autores preferidos: Malato, Anselmo Lorenzo, Urales, Shopenhauer. Después, la clase de laicismo… El maestro coge un Santo Cristo: «¿Veis estos? Según los burgueses, hace milagros. Nosotros no damos a eso más importancia que la que tiene: se trata de un pedazo de madera, que puede servir como un martillo. Se pueden clavar clavos o dar en la mesa…, así (Da unos golpes encima de la mesa). Ahora bien; esto dicen que hace milagros. ¿Milagros?

¿Qué quiere decir esto? ¿Quiere decir que, pidiéndole algo, en forma de oración, da lo que la vida o la Naturaleza no puede darnos? Vamos a verlo. Liberto, pídele pan a este Cristo, a ver si te lo da. Pídeselo... El niño: Cristo, dame pan (Una pausa). El maestro: ¿Lo ves? No te da nada. Ni te dará nada. Ahora bien. No hay que tener prejuicios con esta clase de aparatos. Se hace creer a los tontos que estas cosas son sagradas y que, si se insultasen o se ofendiesen, caerían sobre nosotros los mayores males del mundo. Esto es una tontería más. Vamos a ver, tú Igualdad, ven. Fíjate bien (dirigiéndose al Cristo): Si eres tan poderoso como dicen, si castigas inmediatamente a los que te ofenden, veas de hundir el techo de esta casa cuando esa niña se mee en tu figura. Anda, Igualdad, orina sobre este madero...». Pasemos a la clase de Aritmética. Se trata, naturalmente, de una aritmética anarquista. Véase el enunciado de algunos problemas que el maestro (?) plantea a sus alumnos: «Para hacer la revolución se necesitan 20.000 pistolas. Cada pistola vale 45 pesetas. ¿Cuántas pesetas se necesitan para comprar 20.000 pistolas? En el calabozo tenemos encerrados 50 asquerosos burgueses, que han de ser fusilados. Hemos fusilado 15. ¿Cuántos quedan por fusilar? Pedro ha fabricado 20 bombas. Le ha entregado tres a Juan. ¿Cuántas bombas le quedan a Pedro por repartir? Si tenemos ya detenidos seis guardias civiles, 10 políticos, cinco fabricantes y ocho guardias urbanos, ¿cuántos enemigos nuestros tenemos presos?» («Cómo se siembra la revolución en las escuelas racionalistas», *Ellas,* 1934, núm. 122: 13).

Finalmente conviene indicar que en la publicación dirigida por José María Pemán resultaron muy reveladores los reportajes periodísticos en los que se reconstruía exageradamente la confrontación de los atributos de cobardía, degradación moral y falta de humanidad sistemáticamente imputados a las izquierdas o «los marxistas» («Odios de hiena», *Ellas,* 1932, núm. 30: 16; «¿Dónde está Dencás?», 1934, núm. 122: 19; «Los redentores del proletariado», 1934, núm. 124: 19; «A la hora de las responsabilidades», 1934, núm. 124: 19), en un extremo, y la hondura de principios, la valentía o la intachable y excelsa conducta de los líderes derechistas y demás defensores de la patria y de la fe (Joaquín Arrarás, «Los guardias civiles que lloraron...», *Ellas,* 1934, núm. 121: 10; «Con el general Sanjurjo en los días de la revolución», 1934, núm. 125: 3), en el extremo opuesto.

Antirrepublicanas y antifeministas: las otras mujeres del 14 de abril

Varias líderes femeninas del movimiento antirrepublicano, colaboradoras o entrevistadas en la revista *Ellas,* coincidieron con sus compañeros en considerar la participación política de las mujeres un hecho extraordinario y necesario. Ninguna abogaba por dedicarse profesionalmente a la política ni por abandonar las responsabilidades que, según los preceptos de la época, les correspondían por su género. Sin embargo, la visión dramática que los sectores derechistas y tradicionalistas tenían de la Segunda República las llevó a asumir con determinación y fervor patrio su presencia en un ámbito considerado ajeno a su condición femenina. Como expresó Pilar Velasco, evocando a Benedicto XV, «las circunstancias de los nuevos tiempos habían ensanchado la misión de la mujer» («¿Cree usted eficaz para la propaganda política la oratoria femenina?», *Ellas,* 1932, núm. 1: 7). Con ello, reconocía que había llegado el momento de «despertar a la ciudadanía femenina», tal como había defendido también Leopoldo Gutiérrez Balbás («Ciudadanía femenina en la hora presente», *Ellas,* 1932, núm. 11: 2), y atraerla al terreno político, aunque fuese un «baile sin ganas», como afirmaba José María Pemán («Voto e ideas», *Ellas,* 1932. núm. 1: 6). Pilar Velasco instaba a las mujeres a movilizarse contra la amenaza marxista y asegurar la victoria de Roma sobre Moscú (Prada, 2008), garantizando así la defensa de los valores tradicionales. «Todo por Dios y por la paz y el bien de España», proclamaba María de las Nieves Sáenz de Heredia y Osio (María de los Dolores F. Cañizares, «Mujeres de Hoy. María de las Nieves Sáenz de Heredia y Osio», *Ellas,* 1932. núm. 15: 5).

Para figuras como Pilar Careaga, Teresa Luzzatti, Juana Salas, la vizcondesa de San Enrique, la marquesa de Mac-Mahón y Rosa Urraca Pastor, la nación española había entrado en un proceso de decadencia irreversible, impulsado por un enemigo que buscaba debilitar los lazos que aseguraban su cohesión y esencia. Este deterioro, según ellas, era consecuencia de la irrupción de ideologías amenazadoras como el marxismo, el ateísmo, el anticlericalismo, el nacionalismo regionalista e incluso el comunismo soviético. Para enfrentar esta crisis, defendían la erradicación de dichos elementos infiltrados, considerados agentes de contaminación de la pureza nacional.

Las líderes de las principales organizaciones antirrepublicanas manifestaban, en sus discursos propagandísticos, una visión de España como una nación enferma y asediada por enemigos internos y externos. Esta narrativa reforzaba la alianza entre el movimiento católico femenino y la derecha antiliberal desde 1931, lo que explicaba el papel protagónico de las dirigentes de asociaciones católicas femeninas como Acción Católica de la Mujer y la Unión de Damas Españolas del Sagrado Corazón de Jesús. Desde estas instituciones se alentó con fervor la participación de mujeres en la causa regeneradora tras convencerlas de que su acción estaba legitimada por la grandeza de la tarea encomendada: restaurar la fortaleza espiritual y política de la patria y erradicar a sus enemigos. Como afirmó Pemán: «Con polvo y viento ha sido vencida la vieja España; por mano de mujer ha sido atado el gigante. ¿Por qué no desatarle también por mano de mujer?» (José María Pemán, «La profecía de Fray Basilio», *Ellas,* 1932, núm. 21: 1).

La lucha de las mujeres católicas y patriotas se interpretaba como la respuesta última para preservar los valores esenciales de la nación. El movimiento antirrepublicano se presentaba, así, como un esfuerzo histórico colectivo en el que las mujeres desempeñaban un papel fundamental en la restauración del catolicismo y el tradicionalismo. La victoria era concebida como un proceso regenerador, impregnado de un componente místico y milenarista característico del fascismo de entreguerras. Dentro de esta visión, la derecha antirrepublicana y antiliberal exaltó en las páginas de *Ellas* un modelo idealizado de la mujer española, representado por figuras providenciales, insignes y sacrificadas a Dios. Se ensalzaba a «grandes y gloriosas mujeres», «auténticas heroínas» y «mujeres santas», pertenecientes a una «raza» consagrada a los ideales sublimes de la patria y la religión. Entre ellas destacaban santa Teresa de Jesús, Isabel la Católica, Juana I de Castilla, la princesa doña Juana (hija de Carlos V), Rosalía de Castro, la emperatriz Eugenia de Montijo, Cecilia Bölh de Faber, la emperatriz Isabel (esposa de Carlos V) y María «la Católica» de Inglaterra (segunda esposa de Felipe II). No obstante, el reconocimiento no se limitaba a estas figuras emblemáticas, sino que también se extendía a otras mujeres menos conocidas pero igualmente dotadas de una voluntad férrea y comprometida con la defensa de la Iglesia y la nación. Ejemplo de ello fueron la duquesa de Villahermosa, María Coronel, la madre Angelita, Carmen de Sojo, la marquesa de Campoverde, Dorotea de Chopitea, Luisa de Borja, María Enríquez de Guzmán, la beata madre Micaela del Santísimo Sacramento, la condesa de Luna, Sancha Carrillo Fernández de Córdoba, sor Juana Isabel de la Cruz, Catalina Clara Ramírez de Guzmán, María Pacheco, María Jesús Coronel («la venerable de Ágreda»), Carolina Coronado, María Mendoza y Antonia García.

Todas ellas fueron elogiadas por sus múltiples virtudes y su inquebrantable compromiso con los más humildes. Su feminismo cristiano y materno, su profunda espiritualidad, su sabiduría cultivada, su humildad en la grandeza, su templanza en el poder, su modestia y austeridad, así como su determinación frente a la adversidad y a los enemigos de la religión católica, fueron rasgos enaltecidos de manera mística y atemporal. Tal como señaló Clara Frías en su biografía de Cecilia Bölh de Faber, estas excelsas cualidades constituían las señas de identidad de la «verdadera dama española» (*Ellas,* 1932, núm. 22: 2). Así, los tradicionalistas y ultraconservadores establecieron un vínculo de continuidad entre las «auténticas mujeres españolas» del pasado y las del presente.

En esta línea, *Ellas* incorporó una sección titulada «Mujeres de hoy», donde se resaltaba la transmisión hereditaria de estas virtudes enteramente hispanas. En este espacio se ensalzaban figuras contemporáneas como Pilar Careaga, Pilar Velasco, Teresa Luzzatti, Blanca de los Ríos, Rosa Urraca Pastor, la vizcondesa de San Enrique, Juana Salas, Mercedes Quintanilla, la marquesa de Valdeiglesias, María de la Paz Valero, Ángela García Loygorri, Leonor de Figueroa, la marquesa de Mac-Mahón, María de las Nieves Sáenz de Heredia y Osio, Lola D. Palatín, Rosa Ruiz y Martín de Vidales, la marquesa de Laula, Julia Mélida, Inés González Torreblanca, Julia Parody, María del Pilar Rodríguez, María de Piniés y Roca de Togores y la marquesa de Quintanar. Todas ellas, representantes de las principales asociaciones católicas femeninas de la época, fueron elevadas a la categoría de «heroínas nacionales», con atributos tan ilustres y distinguidos como sus predecesoras medievales, renacentistas y modernas.

Estas «mujeres de hoy» se distinguían, al igual que sus memorables antecesoras, por su inteligencia preclara, su adhesión a las más nobles virtudes cristianas, su papel como hijas, esposas y madres abnegadas y su rol de guardianas de las sanas costumbres y tradiciones españolas. Además, estaban dedicadas a innumerables obras benéficas y sociales dirigidas a los sectores más desfavorecidos y, con vehemencia y heroísmo, defendían la nación española y su concepción teocrática, tal como hizo Agustina de Aragón en las «revoluciones santas» (Teresa Luzzatti, «El deber de las mujeres en la hora presente exige unión y decisión», *Ellas,* 1932, núm. 5: 1) por la independencia nacional.

> Mientras las mujeres españolas siguieron la senda esplendorosa que aquellas señoras iluminaron con sus virtudes, podía la Patria, en plena decadencia, sentir un hábito inmortal que la sostuvo para honra y prez del nombre español (El marqués del Saltillo, «Doña María Enríquez de Guzmán», *Ellas,* 1932, núm. 13: 4).

Esas virtudes eran al mismo tiempo sus principales armas para la batalla. Como hijas de Isabel la Católica, pondrían en pie a una «nación caída en un letargo mental de que sale nada más para organizar revueltas y guerras civiles» (*Ellas,* 1932, núm. 27: 11). Y como la reina castellana, combatirían tenaz e incansablemente, al lado de los hombres, como «avanzada o guardia de honor de un pasado glorioso» a los enemigos de España (Luisa María de Aramburu, «Mujeres de Hoy. La vizcondesa de San Enrique», *Ellas,* 1932, núm. 5: 2). Es decir, a una República y a unos antiespañoles que, con pujos de seudociencia y con las añagazas del lema de «libertad, igualdad y fraternidad», habían envenenado el entendimiento del pueblo y, con una corona de histrión en su frente y una tea de destrucción en sus manos, lo habían lanzado a destruir los hogares y la familia cristiana, a arruinar el porvenir de sus hijos y a acabar con la prosperidad y la grandeza de la patria. Pero aquellas virtudes también serían empuñadas por las herederas de Isabel para luchar contra otro enemigo no menos letal. Aquel vasto conjunto de componentes esencialistas, trascendentales, milenaristas o puramente místicos que vertebraban ese discurso movilizador e identificativo, empleado desde *Ellas* por las derechas de cara a la justificación de la participación política de las mujeres, también sería utilizado para acabar, de un lado, con la frivolidad, el sensualismo, la corrupción y las costumbres paganas impuestas por la modernidad, y, de otro, con el mensaje mesiánico del feminismo igualitario y de izquierdas que había dado lugar a la mujer vulgar o «antimujer».

Estas cualidades eran vistas como sus principales armas en la batalla ideológica. Se presentaban como guardianas del pasado glorioso de España, enfrentándose a la modernidad, el feminismo igualitario y la República, considerados amenazas para la familia cristiana y el porvenir de la patria. La modernidad se describía como un fenómeno corruptor, que debilitaba la moral católica y el nacionalismo español. Aunque sus efectos afectaban a ambos sexos, la propaganda se centraba en su impacto sobre las mujeres, transformando a la «antimujer» en un enemigo interno. Esta figura representaba la desviación de los roles de género, la degeneración moral y la revolución social. Se la comparaba con la Eva bíblica, seducida por la serpiente de la modernidad y el feminismo izquierdista.

La revista difundió relatos y editoriales que ejemplificaban el «justo castigo» de aquellas que sucumbían a la tentación de la modernidad y la República. Como una nueva Eva expulsada del edén, la llamada «antimujer» estaba condenada al sufrimiento, la vergüenza y la muerte. Desde la perspectiva del movimiento antirrepublicano, las nuevas costumbres y modas impuestas por la modernidad, junto con el supuesto mensaje emancipador del feminismo laico y las ideologías de izquierda, arrastraban a muchas mujeres hacia una degradación moral y una ruina personal, iniciadas —según esta visión— con la instauración del régimen democrático de la Segunda República.

En esta línea, se acusaba a la República de haber introducido en hogares y escuelas valores corruptos y comportamientos antipatrióticos, teñidos de avaricia, materialismo y caos moral. Para la derecha reaccionaria, aquel mensaje mesiánico no solo amenazaba el orden social, sino que condenaba a las mujeres a una grotesca imitación de los hombres, alejándolas del modelo femenino tradicional.

Desde esta óptica, el feminismo izquierdista encarnaba los peores defectos, y era señalado como el responsable del deterioro de la nación hispana. Las mujeres que abrazaban su causa eran descritas como ruines, materialistas, ateas, depravadas, incultas y egoístas. La diputada socialista Margarita Nelken fue objeto de burlas constantes y descalificaciones, y de hecho fue apodada despectivamente «la ulano Nelken» por desafiar los ideales femeninos tradicionales.

> A Margarita Nelken la ofenden las mujeres patriotas, sobre todo si estas mujeres son españolas o francesas. «Ante un conflicto bélico, la sola postura decorosa es la del desertor.» Esta es la moral de la diputada socialista alemana, excelente para aplicada en España o en Francia. «No concibo el tipo de heroína. Es más: me repugna.» Nos parece adecuado a su temperamento y a sus ideas. La miel no se ha hecho para todos los labios. «Agustina de Aragón es un viraco (en español, Margarita, se dice virago) más que una mujer auténtica… Me parece una energúmena.» Apreciación germánica pura… «El espectáculo que ofrecía la mujer francesa en los primeros meses de la contienda europea

> animando con un ardimiento feroz a los hijos de Francia para que marchasen a las trincheras, me parece la negación más rotunda de la feminidad y un acto en absoluto abominable...» Y esta mujer es diputada en el Parlamento español («Declaraciones de la ulano», *Ellas. Semanario de las mujeres españolas,* 1932, núm. 30: 14).

Semanas antes de los comicios de febrero de 1936, el discurso antiliberal y antirrepublicano que establecía una oposición tajante entre la «auténtica mujer española» y la «antimujer roja» reforzaba, por boca de María Rosa Urraca Pastor, la idea de que solo la erradicación de los enemigos de España permitiría su regeneración («La necesidad del sacrificio», *Ellas,* 1932, núm. 23: 7). Esta tradicionalista, representada por la prensa como «la mujer fuerte de la Biblia» *(La Gaceta de Tenerife: diario católico,* 6 de febrero de 1936: 1) o la «genuina mujer española» *(El Castellano: diario independiente,* 29 de enero de 1936: 3), justificaba la lucha política de las mujeres antirrepublicanas por considerarla una empresa sagrada cuya misión era poner fin al «extremismo rojo» y restaurar la grandeza de la patria en los principios del orden, la tradición y la religión. Solo así, señalaba, se garantizaría su futuro.

La agresividad de los discursos de Urraca Pastor no constituyó un caso aislado. En la misma línea, la revista *Aspiraciones,* órgano de difusión de Acción Femenina Popular —una organización femenina vinculada a la derecha más radical—, promovía un lenguaje abiertamente violento y excluyente. En sus páginas se llamaba a «barrer» España de la «canalla que arruina la Nación», a «linchar» a quienes atentaran contra la Guardia Civil (en clara alusión a los sucesos de Castilblanco de diciembre de 1931), y se alentaba el boicot contra comerciantes «rojos» o «judíos». En 1934, sus redactoras describían al judío como «el pulpo humano que va orientando sus tentáculos hasta apoderarse de todo», mostrando sin ambages su admiración por Hitler y lamentando la ausencia de una figura política similar en España (Yusta, 2006: 112).

Capítulo 4

Limitaciones y contradicciones en torno al feminismo: la izquierda y el republicanismo de los años treinta

A comienzos del siglo xx, la izquierda y el republicanismo desempeñaron en España un papel clave como parte activa de la oposición política, social y cultural al régimen monárquico y conservador de Alfonso XIII. Estas corrientes, articuladas como fuerzas sociales a través de partidos políticos cada vez más consolidados, encontraron su base de apoyo en sectores urbanos como las clases medias —formadas principalmente por intelectuales y profesionales liberales— y en amplios grupos de obreros y jornaleros, actuando, así, como cauce político y cultural de las tensiones acumuladas en una sociedad marcada por profundas desigualdades estructurales heredadas del siglo xix. Desde su discurso modernizador, reformista, contestatario y revolucionario, denunciaron el atraso educativo, la desigualdad social, el caciquismo, la falta de libertades y el dominio de las oligarquías agrarias e industriales.

Con el paso de los años, esas denuncias se tensionaron con los efectos de la Primera Guerra Mundial, acontecimiento que marcó un punto de inflexión al redefinir el orden político y económico global. El conflicto no solo aceleró la crisis del sistema liberal en Europa, sino que acentuó las contradicciones sociales en países como España, que, a pesar de su neutralidad, experimentó un aumento de las desigualdades debido a la inflación, el encarecimiento de productos básicos y el enriquecimiento de determinados sectores empresariales. La neutralidad española permitió un crecimiento económico acelerado gracias a la demanda internacional de productos agrícolas, minerales e industriales. Pero este desarrollo no fue homogéneo ni trajo consigo mejoras para la mayoría de la población. En las ciudades, el auge industrial reorganizó las relaciones laborales según una lógica capitalista y alumbró una nueva clase obrera urbana, formada por hombres y mujeres empleados en fábricas textiles, metalúrgicas, minas y servicios, que desarrollaba su trabajo en unas condiciones no siempre favorables. En paralelo, el campo también vivió una transformación económica y social profunda. La progresiva mercantilización de la agricultura acentuó la complejidad social del campo y la creciente proletarización del campesinado. Muchos pequeños propietarios encontraban severas dificultades de adaptación al nuevo escenario económico mientras que los grandes adoptaban técnicas modernas y lógicas de producción orientadas al mercado. Para mantener su rentabilidad y asegurar el control sobre la mano de obra, estos recurrieron sistemáticamente a los bajos jornales como estrategia de contención salarial, lo que acentuó la precariedad de los trabajadores del campo y generó nuevas formas de dependencia y exclusión.

De forma progresiva, la oposición al sistema de la Restauración comenzó a visibilizar y articular políticamente las crecientes contradicciones sociales, económicas y culturales que se acumulaban en el seno de la sociedad española. Desde las ciudades industriales hasta las zonas rurales, amplios sectores sociales encontraron en la izquierda, formada por partidos como el PSOE o el PCE y sindicatos como la UGT y la CNT, un referente para canalizar sus demandas de justicia, derechos laborales, acceso a la tierra, participación política y democratización social. En este proceso, también confluyeron las aspiraciones modernizadoras del republicanismo progresista, que buscaba una transformación institucional y cultural profunda del país. La crítica a los déficits democráticos, educativos y sociales del régimen alfonsino se convirtió en un punto de confluencia entre los sectores obreros y jornaleros organizados, los intelectuales reformistas y los movimientos laicos, desde el que comenzaron a articular un discurso alternativo que aspiraba a transformar el mapa político y social de España. En este nuevo horizonte, las reivindicaciones feministas y la lucha por la igualdad se incorporaron al proyecto de cambio, aunque no sin suscitar intensos debates y resistencias, tanto dentro como fuera de los sectores progresistas.

A lo largo del primer tercio del siglo xx, la incorporación masiva de mujeres al trabajo asalariado se intensificó, especialmente en sectores de baja remuneración como la industria y el servicio doméstico urbano. Este fenómeno no solo respondió a las necesidades económicas de muchas familias, sino que también alteró profundamente las tradicionales estructuras sociales y familiares. Por un lado, la creciente participación femenina en el mercado laboral contribuyó al auge de la familia nuclear, desplazando progresivamente el modelo de familia extensa, en la que varias generaciones convivían bajo un mismo techo y la mujer desempeñaba un rol central en la esfera doméstica. Con la inserción laboral femenina, muchas mujeres comenzaron a cuestionar los roles de género impuestos, desafiando la idea de que su lugar estaba exclusivamente en el hogar. Por otro lado, esta transformación generó tensiones y contradicciones. Aunque las mujeres se incorporaban al trabajo productivo, seguían asumiendo la mayor parte de las responsabilidades domésticas y de cuidado, lo que perpetuaba una doble jornada laboral. Además, la segregación laboral y la diferencia salarial reforzaban su posición subordinada en el ámbito económico, lo que limitaba su autonomía financiera y las mantenía en condiciones de vulnerabilidad.

En este contexto de transformación económica y cambio social y cultural, el feminismo emergió como una voz crítica dentro de los movimientos progresistas representados por el republicanismo y la izquierda. Sin embargo, aunque estos partidos políticos proclamaban ideales de igualdad y justicia, a menudo relegaron las reivindicaciones femeninas a un papel secundario, subordinándolas al progreso nacional o a la lucha de clases respectivamente. Así, la entrada masiva de mujeres en la esfera pública no se tradujo necesariamente en una mayor sensibilidad hacia sus demandas específicas sino todo lo contrario, lo que dio lugar a contradicciones y limitaciones dentro de su propio discurso que generaron debates internos y un creciente desencanto entre los sectores feministas que habían depositado grandes expectativas en estas formaciones. A pesar de la retórica igualitaria e incluso transformadora en algunos casos, la persistencia de la división entre las esferas pública y privada, junto con la asignación tradicional de roles de género, terminó por diluir sus aspiraciones, evidenciando las tensiones entre el ideal de emancipación y la realidad social imperante (Nash, 1999a).

Con el tiempo, se hizo evidente que, en su conjunto, ni la izquierda ni el republicanismo progresista profundizaron lo suficiente en el análisis de los mecanismos estructurales que perpetuaban la desigualdad de género. Esta falta de reflexión impidió la formulación de políticas feministas coherentes con sus propios principios, de modo que dejaron sin resolver muchas de las demandas de igualdad de las mujeres apuntalando lo que decían querer, precisamente, desmontar.

El socialismo: prejuicios y paternalismo ante la emancipación femenina

En un mitin celebrado en Bilbao en enero de 1913, Pablo Iglesias dirigió unas palabras a las mujeres trabajadoras denunciando la doble carga que soportaban tanto en el ámbito laboral como en el doméstico:

> Vosotras, las mujeres, sufrís más que los hombres la explotación, y por esto debéis luchar con más ahínco por vuestro mejoramiento. La mujer, y esto hay que decirlo, aunque duela a muchos hombres, no solo es la explotada en el taller, sino la esclava en el hogar *(El Socialista,* 31 de enero de 1913, núm. 1399: 2).

TABLA 6

Postura de la izquierda española respecto a la emancipación femenina. Primer tercio del siglo XX

PARTIDO POLÍTICO	ENFOQUE SOBRE LA EMANCIPACIÓN FEMENINA	PRINCIPALES LIMITACIONES	EJEMPLOS
Partidos republicanos (Izquierda Republicana, Partido Republicano Radical)	Defendían la igualdad jurídica (derechos civiles y educativos) sin promover un feminismo autónomo. Apoyaban la educación femenina como parte de su programa de modernización social.	Temor al voto femenino por posible influencia de la Iglesia. Paternalismo moderado: se consideraba que las mujeres debían ser protegidas y educadas, pero no necesariamente participar activamente en política.	Manuel Azaña (Izquierda Republicana) apoyó la educación femenina pero se mostró ambiguo respecto al sufragio. Victoria Kent (Izquierda Republicana) se opuso al sufragio femenino por considerar que las mujeres no estaban preparadas políticamente. Clara Campoamor (Partido Radical) defendió el voto femenino, pero hubo de hacer frente a fuerte oposición interna.
PSOE (Partido Socialista Obrero Español)	Igualdad subordinada a la lucha de clases: la emancipación femenina se veía como una consecuencia del triunfo del socialismo. Apoyaban la igualdad laboral y educativa, pero enfocada en la mujer trabajadora, no en demandas de género autónomas.	Subordinación de la lucha de género a la lucha de clases. Desconfianza hacia el feminismo autónomo, considerado una distracción burguesa. Temor al voto femenino por influencia de la Iglesia.	Largo Caballero: enfatizó la unidad de la clase obrera sobre las demandas de género. Margarita Nelken: aunque defendió la igualdad laboral y educativa, se opuso al sufragio femenino argumentando que las mujeres votarían influenciadas por la Iglesia.

Partido político	Enfoque sobre la emancipación femenina	Principales limitaciones	Ejemplos
PCE (Partido Comunista de España)	Igualdad laboral y educativa enfocada en la mujer trabajadora, siguiendo la línea soviética. Promovía la participación laboral femenina, pero no un feminismo autónomo.	Roles tradicionales en el hogar: aunque promovía el trabajo femenino, mantenía expectativas tradicionales en el ámbito doméstico. Feminismo subordinado a la revolución comunista.	Dolores Ibárruri (La Pasionaria): enfatizó la lucha de clases sobre las reivindicaciones de género. Margarita Nelken: al unirse al PCE, reforzó su enfoque de clase y defendió la emancipación femenina como parte de la revolución socialista. Criticó el feminismo burgués por ignorar la opresión de clase y priorizó la igualdad laboral y educativa para las mujeres trabajadoras.
Anarquismo	Igualdad radical basada en la libertad individual y el antiestatismo. Crítica al matrimonio y la familia tradicional como formas de opresión patriarcal. Defendían la emancipación femenina a través de la autoorganización y la educación.	Contradicciones en roles domésticos y maternidad: algunos anarquistas mantenían expectativas tradicionales en el hogar. Falta de cohesión organizativa: aunque promovían la igualdad, no siempre se implementaba en sus estructuras internas.	Mujeres Libres (1936): organización anarquista autónoma que promovía la educación y emancipación femeninas. Lucía Sánchez Saornil (fundadora de Mujeres Libres): rechazó la subordinación de género, defendiendo un feminismo autónomo. Federica Montseny: ministra anarquista, defendió el amor libre y la igualdad de género, pero encontró resistencia interna en la CNT-FAI.

Fuente: Elaboración propia.

Estas palabras, aunque pioneras en su tiempo, reflejaban también los límites ideológicos del socialismo español de comienzos del siglo XX. Si bien Iglesias reconocía la opresión específica que sufrían las mujeres, su pensamiento —al igual que el del Partido Socialista Obrero Español (PSOE)— permanecía fuertemente anclado en el marco teórico del marxismo, que concebía la lucha de clases como el eje central de toda transformación social. Bajo los postulados marxistas, la emancipación femenina quedaba supeditada a la superación del sistema capitalista, lo que relegaba las desigualdades de género a un plano secundario dentro del proyecto político socialista.

Numerosos estudios han puesto de relieve las tensiones internas dentro de la cultura política socialista respecto al papel de la mujer en el proyecto emancipador (Capel Martínez, 2008 y 2007; Bizcarrondo, 1990; Moral Vargas, 2009, 2010 y 2011). A pesar de que el concepto de «feminismo socialista» había sido ya esbozado por intelectuales y líderes del movimiento obrero, seguía siendo una noción en proceso de definición, con importantes resistencias dentro del partido (Nash, 2013: 157-170). En el seno del PSOE convivían diversas posturas. Hasta tres se podían identificar en esas primeras décadas de siglo. Por un lado, sectores que rechazaban abiertamente el feminismo por considerarlo contrario a los supuestos «roles naturales» de la mujer, que debía centrarse en el cuidado del hogar y de la familia. Por otro, voces que, sin identificarse necesariamente con el feminismo, sí reclamaban una mayor inclusión de las mujeres en el movimiento socialista y un cambio en la percepción social de su papel. Y, junto con estas corrientes mayoritarias, emergió un sector minoritario pero fundamental, integrado por mujeres como Aurora Martí y María Cambrils, que abogaba por una articulación coherente entre feminismo y socialismo. Cambrils, en su influyente obra *Feminismo Socialista* (1925), defendía que ambas ideologías compartían un objetivo común: la liberación integral de la mujer. Desde esta convicción, afirmaba que «el socialismo para la mujer es ideal de redención», subrayando así su potencial transformador (Aguado, 2003).

Independientemente de esta división de opiniones, puede decirse que, en términos generales, el pensamiento del partido socialista español, durante buena parte del siglo xx, estuvo marcado por las ideas de Karl Marx, Friedrich Engels y otros socialistas europeos, quienes concebían la opresión de género como una consecuencia directa del sistema económico capitalista. Así, el *Manifiesto Comunista* (1848), escrito por Karl Marx y Friedrich Engels, tuvo una gran influencia en la visión del PSOE sobre la emancipación femenina. En este texto, Marx y Engels argumentaban que la burguesía había reducido las relaciones familiares a meras relaciones económicas, convirtiendo a las mujeres en instrumentos de producción y reproducción al servicio del capital. Según su análisis, la opresión de las mujeres no era un problema independiente, sino una consecuencia del sistema capitalista y de la propiedad privada. Bajo esta premisa, el PSOE adoptó la idea de que la liberación femenina vendría automáticamente con la revolución socialista, sin necesidad de un movimiento feminista autónomo.

Años más tarde, las tesis de Engels —especialmente las desarrolladas en *El origen de la familia, la propiedad privada y el Estado* (1884)— influyeron de forma decisiva en la postura ideológica del PSOE respecto a la cuestión femenina. Engels sostenía que la primera forma de opresión de clase había surgido con la subordinación de la mujer en el seno de la familia patriarcal, y que esta solo desaparecería con la abolición de la propiedad privada y la instauración del socialismo. Esta interpretación estructural de la desigualdad de género impregnó el pensamiento socialista español y se reflejó con claridad en la denuncia que, ya en 1911, realizaba Isidoro Acevedo sobre la escasa atención que el partido prestaba a las mujeres. El dirigente asturiano lamentaba que, en el ámbito doméstico, la mujer actuase como «instrumento del clericalismo para contrarrestar nuestra acción» y para «apagar en los hombres el fuego encendido por nuestros ideales» *(El Socialista,* 1 de mayo de 1911).

A pesar de estas advertencias, el problema persistía. En 1918, las quejas volvieron a aflorar, esta vez centradas en la reproducción de los roles de género dentro del propio movimiento socialista

(Martínez Rus y Sánchez Pérez, 2024: 56). Victoria Herrero denunciaba que los trabajadores varones solían mantener a sus compañeras alejadas de la militancia, relegándolas a las tareas del hogar y al cuidado de los hijos *(El Socialista,* 23 de septiembre, 14 de octubre y 4 de noviembre de 1918). Ese mismo año, el X Congreso Nacional del PSOE evidenció estas contradicciones: el partido evitó abordar de manera específica las formas de discriminación que afectaban a las mujeres más allá del ámbito económico, eludiendo así un análisis profundo del orden patriarcal. Además, la escasa presencia femenina entre los delegados —tan solo tres mujeres tomaron la palabra— dejaba al descubierto el lugar marginal que seguían ocupando dentro de la organización. Esta débil representación contrastaba, sin embargo, con el dinamismo creciente de las militantes socialistas, que comenzaban a mostrar una clara conciencia política y una activa participación en la vida pública. Tal como se expuso en el propio Congreso de 1918, las mujeres del partido se distinguían por su entrega incansable: impulsaron campañas de solidaridad con las mujeres belgas afectadas por la guerra, organizaron protestas contra la carestía de la vida, los fraudes alimentarios y la represión política y comenzaron a formar agrupaciones femeninas con el objetivo de organizar a las trabajadoras y articular sus demandas con una voz propia.

Una de las intervinientes en aquel congreso fue Claudina García. En su artículo «¡Solo tres mujeres!», publicado en el número 3410 de *El Socialista,* expuso una firme denuncia por el escaso protagonismo otorgado por el partido socialista a las mujeres. La militante socialista atribuía la falta de protagonismo femenino tanto al paternalismo de muchos de sus compañeros como a la escasa formación política de las propias mujeres, resultado, en gran medida, de lo que ella calificaba como «la desidia del partido a la hora de impulsarla». Su testimonio evidenciaba con claridad la brecha existente entre los ideales igualitarios proclamados por el socialismo y la realidad de una cultura política que seguía condicionada por los roles y estereotipos de género.

Este episodio no fue un hecho aislado. En los años siguientes, el PSOE volvió a mostrar sus límites a la hora de integrar plenamente las demandas feministas en su programa político. Un caso especialmente revelador fue el rechazo, en 1921, a la petición formulada por la Cruzada de Mujeres Españolas, que instaba al congreso a revisar el contrato sexual en términos realmente igualitarios (Moral Vargas, 2009: 379-397). La negativa socialista se sustentó en varios factores. Por un lado, persistía en el partido la primacía doctrinal de la lucha de clases sobre cualquier otra forma de desigualdad bajo la convicción de que la emancipación de las mujeres sería una consecuencia derivada —y no un objetivo en sí mismo— de la transformación revolucionaria del sistema capitalista. Por otro, aunque muchas de las reivindicaciones planteadas por la Cruzada coincidían con las del movimiento obrero —como la igualdad salarial, la denuncia de la explotación laboral femenina o el acceso de las trabajadoras a la educación y a condiciones de vida dignas—, el PSOE rechazó la iniciativa debido a la profunda desconfianza hacia el feminismo liberal y burgués, al que consideraba un movimiento transversal, interclasista y potencialmente desmovilizador por su tendencia a unir a mujeres de distintas clases y sensibilidades políticas al margen del proyecto socialista.

Pero qué duda cabe que uno de los debates más polémicos a los que tuvo que hacer frente el PSOE fue el concerniente al sufragio femenino tras la proclamación de la Segunda República. Aunque el derecho al voto para las mujeres fue finalmente aprobado el 1 de octubre de 1931, el partido se vio profundamente dividido entre su compromiso con los principios de igualdad y el temor a las posibles consecuencias electorales de esta medida. Las sesiones parlamentarias del 30 de septiembre y del 1 de octubre de 1931 pusieron de manifiesto estas tensiones internas. En el Congreso se confrontaron dos posturas claramente diferenciadas: una favorable al reconocimiento del derecho al voto femenino y otra más cautelosa o incluso abiertamente contraria. Entre los defensores del sufragio se destacó el diputado socialista Manuel Cordero, quien, junto con figuras de otras formaciones como Clara Campoamor, sostuvo que no podía concebirse una República verdaderamente democrática sin garantizar la participación política de las mujeres. En su intervención,

Cordero apeló al compromiso socialista con la justicia social y argumentó que las mujeres trabajadoras y de clase media, afectadas directamente por las carencias del sistema, debían tener voz para defender sus propios intereses y los de sus familias. En este sentido, no solo respaldó el derecho al voto, sino también la necesidad de que las mujeres tuvieran representación institucional *(DSCC,* 30 de septiembre de 1931, núm. 47: 1340-1341). La propia Clara Campoamor, en su libro *Mi pecado mortal. El voto femenino y yo* (1936), reconoció la fundamental actuación de este diputado para el reconocimiento definitivo del voto a las mujeres en España:

> Con fervor de cruzado por la buena causa, vimos lanzarse a los pasillos al diputado socialista Sr. Cordero, para increpar y acarrear al hemiciclo a no pocos de sus correligionarios abandonistas, a los que recordaba sus deberes y disciplina, logrando hacer votar a muchos. A su actitud se debieron no pocos votos, y a su repetición el día 1 la indiscutible aportación de aquellos cuatro votos de mayoría que salvaron el sufragio femenino en la Constitución [...] (Martínez Rus y Sánchez Pérez, 2024: 5).

Sin embargo, esta postura fue contrarrestada dentro del mismo partido por quienes sostenían que las mujeres, por su escasa formación política y su cercanía a la Iglesia católica, podrían inclinar el voto hacia opciones conservadoras. La socialista Margarita Nelken, aunque no participó en las votaciones del 30 de septiembre y del 1 de octubre al no tomar posesión como diputada por el PSOE hasta el 19 de noviembre de 1931 (Martínez Rus y Sánchez Pérez, 2024: 17), fue una de las voces más destacadas en esta línea al advertir de que otorgar el sufragio en ese contexto supondría un riesgo para el proyecto republicano: «Poner un voto en manos de la mujer es hoy, en España, realizar uno de los mayores anhelos del elemento reaccionario» (Nash, 1981: 155). Andrés Ovejero, que fue quien ejerció de portavoz socialista en el debate parlamentario el 1 de octubre, expresó en el Congreso su propia opinión personal, bastante coincidente, como se verá posteriormente, con la de los republicanos; opinión consistente en dar primero el voto «a las mujeres que hayan emancipado su conciencia del concesionario, que es el enemigo del espíritu democrático», y más tarde admitir «la plenitud del sufragio femenino cuando una educación republicana hubiese acabado de modelar la conciencia de la feminidad española» (Martínez Rus y Sánchez Pérez, 2024: 13). En términos aún más duros, Indalecio Prieto llegó a calificar la aprobación del sufragio femenino como una «puñalada trapera a la República» (Aguado, 2005: 105-134), lo que ponía de manifiesto los temores de un sector del socialismo ante un posible retroceso electoral provocado por el voto femenino.

Las contradicciones en torno al feminismo y el género también atravesaron la trayectoria de la Unión General de Trabajadores (UGT), el sindicato históricamente vinculado al PSOE. Desde sus inicios, la organización fomentó la afiliación de mujeres trabajadoras y defendió reivindicaciones como la igualdad salarial y la protección laboral. Sin embargo, lo hizo siempre desde una perspectiva centrada en la lucha de clases, sin integrar de forma específica las desigualdades de género en su agenda sindical. Este enfoque seguía la línea marcada por Pablo Iglesias en distintos artículos publicados en *El Socialista* desde comienzos del siglo XX, así como en intervenciones públicas como el mencionado mitin de Bilbao en 1913. Aunque reconocía la doble explotación sufrida por las mujeres —como asalariadas y como cuidadoras en el ámbito doméstico—, su discurso subordinaba las demandas feministas a la consecución del socialismo, sin desarrollar una estrategia propia para combatir la opresión de género.

En consecuencia, muchas de las reivindicaciones planteadas por las trabajadoras fueron minimizadas o directamente ignoradas, como han demostrado diversas investigaciones sobre la historia del sindicato. En el caso de la provincia de Valladolid, por ejemplo, el estudio de Enrique Berzal de la Rosa (2022) revela que la UGT sostenía un discurso formal de igualdad entre hombres y mujeres, pero toleraba en la práctica importantes desigualdades. En 1933, el sindicato aprobó unas bases para el trabajo rural que establecían que las mujeres recibirían un 25% menos de salario que los hombres por realizar las mismas tareas. Además, el sindicato aceptó que se mantuviera la preferencia por la contratación masculina. Por otro lado, durante la década de 1930, la UGT amplió su militancia femenina al integrar asociaciones como las Obreras de la Aguja y las Obreras y Obreros Sastres Destajistas. Sin embargo, pese a la creciente presencia de mujeres en actividades altamente feminizadas, el sindicato no garantizó su representación en los órganos de decisión, lo que no hacía más que reproducir un modelo de participación desigual que invisibilizaba el liderazgo femenino dentro del movimiento obrero.

Y lo mismo puede afirmarse de la experiencia de las mujeres trabajadoras en el área vitivinícola del sureste español, concretamente en la comarca del Altiplano en Murcia, la comarca de Almansa en Albacete y el Alto Vinalopó en Alicante. Su trayectoria estuvo también marcada por las contradicciones del sindicato ugetista respecto a la participación femenina, especialmente en lo que respecta al acceso al mercado laboral y a la presencia en las estructuras sindicales. Aunque las mujeres formaron agrupaciones propias, como la Agrupación Socialista Femenina «El Despertar Femenino» en Yecla (fundada en 1916), estas organizaciones permanecieron subordinadas a los representantes masculinos. Sus demandas no solo debían canalizarse a través de las agrupaciones dominadas por los hombres, sino que además solían ser modificadas o reducidas antes de ser llevadas a la mesa de negociación. Por otro lado, y al igual que sucediera en Valladolid, en los periodos de escasez de empleo, las directivas sindicales establecían de forma explícita la preferencia por la contratación de varones, reforzando así la idea de que el trabajo femenino era complementario y prescindible. Esta lógica, que priorizaba el empleo del «jefe de familia», consolidaba los estereotipos de género y la persistencia de la desigualdad. De ahí que, aunque el sindicato defendiera formalmente la mejora de los salarios femeninos, en la práctica permitía un trato discriminatorio que tuvo un reflejo directo en el salario: en algunas tareas agrícolas, las mujeres percibían únicamente entre el 44% y el 52% del salario que recibían los hombres por el mismo trabajo (Martínez Soto,

2003: 90). Finalmente, hay que señalar también que, a pesar de la implicación de estas mujeres de estas comarcas en huelgas y movilizaciones, tampoco fueron reconocidas como interlocutoras válidas en las negociaciones con las patronales. Su participación era imprescindible para sostener la acción colectiva, pero tal circunstancia no se tradujo en acceso a los espacios de poder sindical. De nuevo, y como ocurriera en Valladolid, la UGT no promovió su liderazgo ni les otorgó voz en la toma de decisiones, reproduciendo así una estructura jerárquica que invisibilizaba su protagonismo y perpetuaba su exclusión.

Con estas actuaciones los ugetistas quedaron atrapados en sus propias contradicciones, que condicionaron su posicionamiento respecto a la legislación laboral relacionada con las mujeres. Aunque la UGT respaldó las normativas que mejoraban las condiciones laborales femeninas, lo hizo con un enfoque marcadamente patriarcal, sin cuestionar los fundamentos que sostenían la desigualdad de género. En efecto, si bien el sindicato valoró positivamente las leyes orientadas a la protección de mujeres y niños en el ámbito laboral, lo hizo desde una lógica paternalista e influida por el discurso del higienismo social, que concebía la intervención estatal como un medio para preservar la salud, la moral y el orden familiar (Gómez Martínez, 2023: 221-246). Desde esta perspectiva, las mujeres eran vistas como un colectivo vulnerable al que debía resguardarse —no como trabajadoras con derechos plenos—, lo que reforzaba la división sexual del trabajo y mantenía intactas las estructuras de poder masculinas.

Un ejemplo ilustrativo fue la conocida Ley de Sillas de 1912 (también llamada «Ley de la Silla»), aprobada el 27 de febrero por el gobierno de José Canalejas. Esta ley obligaba a los empleadores a proporcionar asientos a las trabajadoras de comercios y fábricas para evitar la fatiga laboral. La norma surgió como respuesta a las duras condiciones en que trabajaban muchas mujeres, forzadas a permanecer de pie durante largas jornadas que afectaban a su salud y bienestar. Sin duda, fue un avance significativo en la protección laboral, pero su éxito no debe ocultar un aspecto más problemático: la ley se apoyaba en una visión esencialista de las mujeres como físicamente frágiles, lo que a su vez contribuía a limitar su acceso a ciertos empleos y a reforzar estereotipos de género que las alejaban de la igualdad real.

De manera similar puede analizarse la Ley de Protección a la Maternidad, aprobada el 21 de agosto de 1923. Esta norma garantizaba un periodo de descanso por maternidad —seis semanas antes y seis después del parto—, con el derecho a conservar el puesto de trabajo, además de establecer la prohibición de que las mujeres embarazadas realizasen labores peligrosas o insalubres. También contemplaba la obligación, por parte de los empleadores, de habilitar salas de lactancia en los centros de trabajo. Aunque se trató, sin duda, de un paso adelante en la protección de los derechos laborales femeninos, esta legislación adolecía también de una falta de perspectiva de género: reforzaba la visión tradicional de las mujeres como madres y cuidadoras sin cuestionar las bases de la desigualdad ocupacional ni promover una redistribución equitativa de las responsabilidades domésticas. La ley asumía que el cuidado de los hijos era una responsabilidad exclusivamente femenina, y en ningún momento planteaba la necesidad de involucrar a los varones en el ámbito de los cuidados ni de fomentar una corresponsabilidad efectiva en el hogar.

Ejemplos como los anteriores evidenciaron que, en los años previos a la Guerra Civil, el PSOE y la UGT tendieron a reducir la identidad de las mujeres a su pertenencia de clase y a ignorar las desigualdades de género que también soportaban. Este enfoque apenas varió durante la década de 1930, como se observa en parte de la legislación laboral republicana a la que se aludirá más adelante. El peso de las convicciones marxistas, unido al peso también de los roles de género, contribuyó a relegarlas a un papel subordinado dentro del partido y del sindicato y a dificultar su acceso a espacios de decisión y liderazgo. La idea que dominó a ambas formaciones fue que la emancipación femenina sería una consecuencia natural de la liberación de la clase obrera, sin reconocer la opresión de género como una problemática autónoma.

El PCE y las «directrices» de la Komintern

Desde la redacción de los estatutos generales aprobados en el I Congreso Nacional del Partido Comunista de España, celebrado en marzo de 1922 en Madrid, el PCE asumió una postura firme respecto al espectro feminista que quedaría reflejada en su célebre «tesis femenina» con hondas implicaciones en el tiempo:

> En el camino de dolor que recorre el proletariado, corresponden a la mujer las mayores angustias, los refinamientos de la crueldad capitalista. Justo es que pueda cordialmente compartir las tareas de emancipación que nos está encomendada. No se trata, pues, de hacer vocación de feminismo. Aparte las reivindicaciones morales que especialmente demanda la mujer, víctima de la inadecuación y de las perversiones éticas de la sociedad burguesa, la mujer está, igualmente que el hombre, atada al salario, esclavizada en el taller, en el trabajo domiciliario, en las faenas agrícolas. En ningún aspecto sería justo imputarle inferioridad social, ni separarla de la lucha de clases. Su indefensión, empero, exige de toda colectividad de hombres libres y generosos una extrema atención, una efusiva prueba de solidaridad y de noble cariño. Nuestro Partido, que va a actuar en un país fanatizado y lleno de prejuicios sociales y religiosos, antes que tener fuerzas numéricas, aun para tenerlas entre la mujer española, necesita crear inquietudes nuevas en el alma femenina *(Estatutos y Tesis,* 1922: 36).

A pesar del reconocimiento explícito de la necesidad de incorporar a las mujeres al movimiento comunista, los principios fundacionales del PCE estuvieron permeados por un arraigado sesgo androcéntrico expresado en su rechazo frontal a «hacer vocación de feminismo» desde sus orígenes. Además, desde su fundación, el PCE adoptó las directrices del comunismo internacional en materia de emancipación femenina, influenciado tanto por la visión marxista de la lucha de clases como por las políticas de género impulsadas en la Unión Soviética. Esta perspectiva se basaba también en la teoría marxista-leninista, que interpretaba la opresión de las mujeres como una consecuencia directa de la propiedad privada y el capitalismo. Desde este posicionamiento, los comunistas, con posturas cercanas a las de los socialistas, defendían que la liberación de la mujer solo sería alcanzable mediante la abolición del sistema capitalista. Sin embargo, y como quedó expresado en múltiples debates teóricos, esta liberación debía estar siempre subordinada a la lucha de clases y a la revolución proletaria, evitando cualquier distracción. Y fue por eso por lo que la emancipación femenina no se entendió como una causa autónoma, sino como una consecuencia inevitable de la desaparición del capitalismo, lo que relegaba las reivindicaciones específicas de las mujeres dentro del movimiento revolucionario.

Siguiendo las consignas de la Internacional Comunista (Komintern), el comunismo español, exento de grandes manifestaciones teórico-discursivas en torno a la condición femenina, hizo suyas aquellas orientaciones que subrayaban la importancia fundamental de la participación de las mujeres tanto en la revolución como en la construcción de la sociedad socialista. Esta postura estaba en sintonía con el pensamiento de Lenin, quien, en su discurso ante el I Congreso de Obreras de toda Rusia de 19 de noviembre de 1918, afirmó: «La experiencia de todos los movimientos de liberación ha demostrado que el éxito de la revolución depende del grado en que participen en ella las mujeres». Con esta idea, Lenin destacaba que la implicación activa de las mujeres en la lucha revolucionaria no era solo una cuestión de justicia social, sino un elemento clave para el triunfo del socialismo. Él mismo lo dejó indicado al comienzo de aquel discurso: «no puede haber revolución socialista si la inmensa mayoría de las mujeres trabajadoras no participan en gran medida en ella». No obstante, tras su muerte en 1924, se produjo un giro ideológico en la Unión Soviética. Con la consolidación del estalinismo, los partidos comunistas adoptaron una posición mucho más conservadora en materia de género y establecieron una clara distancia entre su línea oficial y las reivindicaciones de las activistas feministas más avanzadas de la época. Los debates y políticas igualitarias impulsados durante los años revolucionarios se diluyeron, al igual que las propuestas feministas dentro del movimiento comunista. En su lugar, se consolidó un enfoque netamente economicista.

A finales de los años veinte, la Komintern adoptó una directriz clave sobre la cuestión femenina que subrayaba que la emancipación de la mujer solo sería posible a través de su participación en la producción socialista. De esta forma, la liberación femenina se veía subordinada al avance del socialismo, y cualquier movimiento feminista autónomo fue descartado al considerarlo, al igual que los socialistas, una «distracción burguesa» de la lucha de clases. Siguiendo esta línea, la Komintern fomentó la integración de las mujeres en la producción socialista, no solo como un medio de emancipación, sino también como una estrategia económica para fortalecer la estructura productiva del Estado socialista. Las mujeres fueron incorporadas a sectores como la industria, la construcción y los servicios públicos, pero este cambio no transformó la estructura patriarcal que persistía dentro y fuera del ámbito laboral. En lugar de erradicar los roles tradicionales de género, se consolidó un modelo de doble jornada en el que las mujeres debían combinar su empleo fuera del hogar con las responsabilidades domésticas y el cuidado de los hijos. De hecho, la Unión Soviética de Stalin promovió la figura de la «mujer trabajadora-madre», idealizándola como el modelo de la mujer socialista: activa en la producción y, al mismo tiempo, encargada del bienestar de su hogar y su familia (Ortega López y Moreno Seco, 2023: 88-93).

Lo acontecido en la dictadura estalinista significó, pues, una severa rectificación de todo lo avanzado con anterioridad. La segunda mitad de los años treinta, y todo el tiempo que transcurrió hasta la muerte de Stalin en 1953, poco se pareció a lo vivido desde 1917. Los elementos definitorios de la «nueva mujer soviética» que la habían convertido en vanguardia en el terreno laboral —ya fuera incluyéndola en trabajos pesados y mecanizados, ya fuera ofreciéndole nuevas oportunidades para el empleo en el sector agrícola— y en términos de moralidad, política familiar y activismo político, así como de expresión artística y cultural, se impregnaron de una cultura y unos valores más tradicionales y conservadores. La «revolución de Stalin» de industrialización y colectivización alteró profundamente el orden socioeconómico del país y, con él, el rumbo de la emancipación de las mujeres en la Unión Soviética. El Estado soviético, desde 1936, procedió a la puesta en marcha de una legislación pronatalista y de protección de la familia que reconfiguró y reforzó los roles de género. El estalinismo puso un mayor énfasis en la propaganda oficial que fortalecía los vínculos emocionales entre madre e hijo, e incluso introdujo un nuevo culto a la maternidad, adornado de elementos simbólicos de corte enteramente tradicional, con carteles que glorificaban la crianza de los hijos como si se tratase de un acto de servicio a la grandeza de la patria. Se potenciaron las familias numerosas con incentivos económicos y se penalizó con impuestos a las familias con menor descendencia. En 1944 el régimen de Stalin creó el título de Madre Heroína y la Orden de la Gloria Maternal, que implicaban una compensación económica sustancial. Por el contrario, a las madres con menos de tres hijos se les impondría un impuesto sobre la renta. Con motivo de los premios concedidos a las «madres heroínas» se confeccionó un cartel muy conocido *(The Mother-Heroine: USSR,* 1944) que ilustraba el nuevo mensaje gubernamental que se quería transmitir.

Las directrices de la Komintern se alinearon con el nuevo enfoque estalinista y ejercieron una profunda influencia en los partidos comunistas de todo el mundo, incluido el PCE (Moreno Seco, 2015: 133-146). Los comunistas españoles rechazaron cualquier tratamiento específico de la cuestión de la mujer, sosteniendo la consigna oficial: que su opresión desaparecería con el triunfo de la revolución socialista. En este sentido, y siguiendo el modelo estalinista, el PCE no desarrolló un análisis sistemático sobre la opresión específica de las mujeres ni sobre la existencia de una estructura patriarcal que las subordinara (Cabrero Blanco, 2007: 427-440). Tampoco reconoció la opresión de género como una problemática independiente. En consonancia con la postura oficial de la Unión Soviética, el partido consideraba que la emancipación femenina solo se alcanzaría con la instauración del comunismo, y rechazaba cualquier lucha que pudiera debilitar la unidad del frente obrero. En este planteamiento, Dolores Ibárruri, La Pasionaria, se distanció de las tesis de Clara Zetkin, principal referente femenino de la Internacional Comunista, quien venía mostrando desde hacía años una mayor sensibilidad hacia la opresión de las mujeres y la necesidad de abordar de manera específica las condiciones de desigualdad que enfrentaban (Frencia y Gaido, 2016). Ibárruri defendía una lucha conjunta con los hombres dentro del partido, sin promover demandas específicas para las mujeres. En coherencia con esta visión centrada en la lucha de clases, el PCE impulsó la incorporación de las mujeres al trabajo asalariado argumentando que su participación en la producción no solo fortalecía la economía socialista, sino que también contribuía a la construcción de una sociedad más igualitaria. No obstante, esta integración no respondía a una reivindicación de derechos desde una perspectiva de género, sino que se concebía como una estrategia para consolidar la fuerza de la clase obrera. Siguiendo el modelo soviético, el partido abogó por la igualdad salarial, defendiendo que las mujeres debían percibir la misma remuneración que los hombres por un trabajo equivalente. Esta postura, sin embargo, no buscaba tampoco cuestionar la estructura patriarcal, sino que se inscribía en la lógica de la lucha contra la explotación capitalista, priorizando la cohesión del movimiento obrero y evitando cualquier división que pudiera debilitarlo.

En la misma línea, el PCE también se mostró partidario de garantizar la protección de la maternidad, para lo cual impulsó medidas como permisos de maternidad remunerados y la prohibición de empleos peligrosos para mujeres embarazadas, con el fin de preservar la salud de las trabajadoras y sus hijos. Pero evitó adoptar las propuestas más radicales sobre la liberación sexual o la abolición de la familia tradicional, defendidas por figuras como Alejandra Kollontai en la Unión Soviética (Somolinos Molina, 2023:

848). En su lugar, fomentó el modelo de la «mujer proletaria-madre», que combinaba la militancia y el trabajo asalariado con los roles tradicionales de cuidado en el hogar. Este ideal quedó reflejado de nuevo en figuras como La Pasionaria, quien encarnó la imagen de la mujer revolucionaria comprometida con la lucha de la clase obrera, pero también con su papel materno y familiar (Llona, 2016: 263-287).

Atendiendo a ese compromiso, La Pasionaria defendió con firmeza en sus discursos la participación imprescindible de las mujeres en la lucha de clases, reconociéndolas como sujetos revolucionarios de pleno derecho. Era plenamente consciente de las reticencias del PCE hacia la organización femenina, cuyos intentos desde la fundación del partido habían resultado hasta entonces infructuosos (Yusta, 2022: 287). En este sentido, afirmó que el PCE tenía por delante una «labor necesaria» que abarcaba dos dimensiones *(Mundo Proletario,* Madrid, 14 de octubre de 1931: 4). Por un lado, la necesidad de superar las dificultades que surgían tanto de las propias mujeres, debido a «su falta de cultura y su actitud servil», como de los hombres, quienes eran «reacios a trabajar de manera práctica con las mujeres, argumentando que era imposible conquistarlas, ya que consideraban a estas como un elemento conservador imposible de conquistar». Por otro lado, y como segunda labor, «adelantar a los partidos políticos burgueses, y especialmente a las fuerzas de derecha». Partidos que, como ella misma advertía, contaban con años de ventaja en todo lo referido a la movilización de las mujeres.

Para llevar a cabo esta doble tarea de manera efectiva, la dirigente comunista consideraba imprescindible centrarse en dos líneas de acción. En primer lugar, impulsar una propaganda continua y permanente, accesible en todo momento a las mujeres proletarias y campesinas. Solo así —afirmaba— lograrían «sembrar en sus cerebros ideas rebeldes… transformando su timidez en ardor revolucionario» *(Mundo Proletario,* Madrid, 14 de octubre de 1931: 4). En segundo lugar, proponía la creación de comisiones femeninas, aunque dejando claro que debían estar estrictamente controladas por el partido:

> Es de necesidad imprescindible que todas nuestras organizaciones —como los comités regionales, provinciales, de célula y de radio— se constituyan las comisiones femeninas, estrechamente ligadas entre sí, que organicen, controladas y dirigidas por el resto del Partido, todo el trabajo entre las mujeres obreras y campesinas («A igual trabajo, igual salario...», informe sobre el trabajo entre las mujeres ante el Comité Central del PCE, *Mundo Obrero,* Madrid, 16 de abril de 1933).

Las comisiones femeninas a las que aludía en su artículo, concebidas como el principal cauce para incorporar a las mujeres al movimiento revolucionario, cumplían una doble función: por un lado, buscaban movilizarlas políticamente en torno a los objetivos del socialismo; por otro, aspiraban a ofrecerles una formación ideológica desde una perspectiva de clase, entendida como condición previa para su plena concienciación y participación en la lucha obrera. A través de estas estructuras, el PCE aspiraba a transformar la visión tradicional de la mujer, superando el papel subordinado que le asignaba la sociedad patriarcal y otorgándole un rol activo en la lucha revolucionaria. No obstante, el férreo control ejercido por el partido sobre estas comisiones implicaba que la participación femenina quedaba estrictamente supeditada a los intereses estratégicos del comunismo. En la práctica, esto significaba que las reivindicaciones específicas de las mujeres eran relegadas frente a las prioridades generales de la lucha de clases.

Así se plasmó en el IV Congreso del PCE, celebrado en marzo de 1932 en Sevilla, donde se reafirmaron las directrices que subordinaban cualquier demanda feminista a los objetivos de la revolución proletaria. En las «tesis de organización», el partido estableció claramente su intención de controlar la participación femenina dentro de sus estructuras, rechazando cualquier intento de acción independiente. Si bien se defendía la incorporación de las mujeres a la lucha obrera y campesina, se dejaba explícito que esta debía producirse bajo la tutela del partido, mediante comisiones y conferencias dirigidas por este. Se descartaba de esta forma la creación de «células femeninas autónomas», lo que evidenciaba que la inclusión de las mujeres respondía exclusivamente a los fines del partido, sin reconocerles capacidad de organización propia como trabajadoras (IV Congreso del PC de España, 1932: 30-31). Esta visión fue resumida de forma contundente en un editorial de *Mundo Obrero* en 1934 a propósito de la revolución de octubre: «La mujer obrera no debe luchar como mujer, sino como trabajadora junto a sus compañeros de clase».

El recelo del PCE hacia el feminismo burgués estaba detrás de ese rechazo. Los comunistas sostenían que este tipo de feminismo alejaba a las mujeres trabajadoras de su verdadero enemigo: el capitalismo. Desde esta perspectiva, acusaban a las feministas de desviar la atención de la lucha de clases y de promover intereses ajenos a los de la mujer obrera. Por ello, el PCE se presentaba como el único defensor legítimo de la emancipación femenina, asegurando que solo el comunismo podía garantizar la auténtica liberación de las mujeres.

Este posicionamiento se reforzó en el escenario de las elecciones del Frente Popular de 1936, en un contexto marcado por la creciente amenaza del fascismo. Ante la polarización política y el temor a un avance de las fuerzas reaccionarias, el PCE intensificó su discurso de unidad de clase apelando a la movilización de todos los sectores populares en defensa de la República. En este marco, la cuestión femenina quedó aún más subordinada a la lógica del combate antifascista. El partido instó a la participación de las mujeres en la campaña electoral y en las movilizaciones políticas, pero siempre como parte de un frente común con los hombres y bajo la dirección del partido.

> ¡Mujeres! ¡Trabajadoras! Ocupad vuestro puesto de lucha al lado del Partido Comunista, al lado de los que luchan por la tierra para quienes la trabajan, para el pan para todos los trabajadores, para la paz y el bienestar para el pueblo laborioso. La lucha está entablada entre el mundo caduco y decrépito de los terratenientes, de los caciques, de la Iglesia, de los profesionales del sable, que quiere sostenerse cargando sobre las espaldas de los trabajadores manuales e intelectuales todo el peso de

> su incapacidad y de su decadencia. Y el mundo nuevo que, desde la Unión Soviética, desde el norte y este de Europa, irradia sus rojos resplandores la triunfante construcción socialista, enseñando a los pueblos atormentados por el hambre, la miseria y el terror, el camino a seguir para conseguir el pan, la tierra, la paz y la libertad («¡Mujeres! ¡Madres! De España, de Cataluña, de Euzkadi y de Galicia», *Mundo Obrero,* Madrid, 8 de febrero de 1936: 6).

Lejos de impulsar una agenda de reivindicaciones propias, el PCE insistió en que la liberación de las mujeres debía aplazarse hasta la derrota del fascismo y la consolidación del socialismo. La figura de la mujer comunista se convirtió de este modo en un símbolo de compromiso y sacrificio, integrada plenamente en la lucha antifascista pero sin cuestionar los roles tradicionales de género. La propaganda del partido ensalzaba a la mujer combativa, abnegada y leal al proyecto revolucionario, al tiempo que deslegitimaba cualquier forma de feminismo autónomo al considerarlo, como ya se ha dicho, una distracción burguesa incompatible con las urgencias de la lucha política.

Las limitaciones del discurso comunista en torno al feminismo también se reflejaron en el funcionamiento de la Asociación de Mujeres Antifascistas (AMA). Fundada en 1933, esta organización se consolidó como un espacio fundamental para la participación política y social de las mujeres comunistas, tanto durante la Segunda República como a lo largo de la Guerra Civil. La AMA fue un referente en la defensa de las libertades democráticas y en la promoción de los derechos de las mujeres, impulsando su incorporación al trabajo industrial y agrícola, así como organizando campañas de formación específicamente dirigidas al público femenino. Durante la contienda, la AMA desempeñó un papel decisivo en la movilización de las mujeres en la retaguardia, convirtiéndose en un pilar esencial de la resistencia antifascista. No obstante, toda su actividad quedó enmarcada dentro de los límites ideológicos establecidos por el PCE, que subordinaba sistemáticamente las reivindicaciones de género a las prioridades de clase. Esta subordinación se hizo especialmente evidente tras la derrota republicana en la guerra, cuando la lucha por los derechos de las mujeres fue relegada a un segundo plano dentro del PCE, eclipsada por la estrategia de oposición a la dictadura franquista (Moreno Seco, 2015: 139).

Al término de la contienda civil, contrarios a fomentar un movimiento feminista autónomo que escapara a las directrices del PCE en un momento de máxima disciplina y control organizativo, el espectro comunista español abrazó un ideario en el que el antifeminismo continuó estando muy presente durante toda la dilatada posguerra franquista. A lo largo de las décadas de los años cuarenta y cincuenta, las directrices del partido ahondaron así en la construcción de una cultura política de la militancia donde los roles de género tradicionales conservaron un peso significativo. A través de repetidas expresiones reflejadas en *Mundo Obrero* en calidad de órgano oficial del partido, la emancipación de las mujeres continuó siendo abordada como una problemática secundaria frente a las tareas más inmediatas que exigía entonces la lucha en clandestinidad *(Mundo Obrero,* marzo de 1950: 4).

El republicanismo: la igualdad al servicio de la estabilidad política y el progreso

A lo largo del primer tercio del siglo xx, el republicanismo español desarrolló un programa progresista que buscaba fomentar la participación política a través de partidos, asociaciones, la prensa y la educación. Su objetivo era fortalecer una identidad democrática, impulsar la modernización del país y promover una sociedad más justa e igualitaria. Este proyecto fue el resultado de un proceso de transformación y adaptación de ideas, valores y símbolos heredados del pasado, influenciado tanto por la historia política y social de España como por las experiencias republicanas en otros países (Orobon *et al.,* 2024). Conceptos como igualdad, libertad y fraternidad, aunque compartidos con el liberalismo y el socialismo, fueron reinterpretados por la cultura republicana, adquiriendo un significado propio. Junto con principios como la moralidad y el progreso, estos valores no solo fortalecieron la opción republicana, sino que también se convirtieron en cimientos fundamentales para la construcción de un Estado basado en la ciudadanía y el bienestar común de hombres y mujeres.

Mucho antes de la proclamación de la Segunda República, los partidos republicanos ya habían defendido reformas sociales, laborales y políticas encaminadas a modernizar el país y ampliar los derechos de la ciudadanía. Como han advertido historiadores como Manuel Suárez Cortina o José Álvarez Junco, esta tradición reformista se remonta a las últimas décadas del siglo XIX y se consolidó durante la Restauración, articulando un programa que incluía laicismo, educación universal, mejoras laborales y una ampliación de las libertades públicas. Aunque en muchos casos las propuestas relativas a las mujeres se formularon con un enfoque paternalista, sentaron precedentes importantes para los debates y conquistas que llegarían en la década de 1930.

Esas propuestas encontraron la oportunidad de materializarse a partir de abril de 1931, cuando el Gobierno Provisional y, posteriormente, el Gobierno Republicano-Socialista pusieron en marcha un ambicioso proyecto reformista sin precedentes. En el ámbito educativo, se impulsó la escolarización obligatoria y gratuita, así como la construcción de miles de escuelas públicas. Se fomentó una educación mixta, laica y científica, con el objetivo de reducir el analfabetismo y formar una ciudadanía crítica y participativa. Además, se promovió la formación docente y la mejora de las condiciones laborales de los maestros. En cuanto a las reformas laborales, los republicanos junto con los socialistas defendieron la jornada laboral de ocho horas, el derecho a la negociación colectiva, el salario mínimo y la protección social para los trabajadores. También se impulsaron políticas para mejorar las condiciones laborales en sectores especialmente precarizados, como el agrícola y el industrial. Desde el punto de vista político y civil, el republicanismo promovió la creación de un Estado laico, estableciendo la definitiva separación de la Iglesia y el Estado. De igual modo, se limitaron los privilegios eclesiásticos y se impulsaron leyes que pretendían secularizar la vida social y garantizar la libertad de conciencia. También se emprendió una reforma judicial para democratizar la administración de justicia y fortalecer el Estado de derecho (Gómez Oliver, Ortega López y Del Arco Blanco, 2021).

La Constitución de 1931 concretó este ambicioso proyecto reformista al fomentar una ciudadanía activa y comprometida, plenamente capacitada para participar en la vida política y contribuir al progreso nacional. Como parte de este proyecto, se reconoció por vez primera a las mujeres como ciudadanas con iguales derechos y deberes, integrándolas como un pilar esencial para asegurar la estabilidad del nuevo régimen democrático. Este reconocimiento supuso un hito histórico en España al consagrar la igualdad jurídica y política de las mujeres en un contexto marcado por una arraigada tradición patriarcal y conservadora. La Constitución reflejó así el espíritu transformador de la Segunda República, sentando las bases para una sociedad más inclusiva y equitativa.

Por un lado, y según lo ya expuesto en el capítulo anterior, la Constitución de 1931 reconoció derechos políticos fundamentales, como el sufragio femenino, convirtiendo a las mujeres en ciudadanas de pleno derecho, con la capacidad de participar en la vida política en igualdad de condiciones que los hombres. Por otro lado, el propio texto constitucional sentó las bases para impulsar reformas orientadas a garantizar el acceso sin restricciones de las mujeres a todos los niveles educativos, así como su incorporación al mercado laboral en condiciones de igualdad. Estas medidas reflejaban un enfoque de género hasta entonces inédito en la historia del país. Al propiciar estos cambios, la República no solo transformó el marco legal, sino que también contribuyó a una evolución progresiva en las mentalidades, favoreciendo un replanteamiento profundo del papel de las mujeres en la sociedad.

Tabla 7

Medidas adoptadas por la Segunda República a favor de las mujeres

Ámbito	Implicaciones para las mujeres en la Constitución de 1931
Igualdad jurídica y derechos civiles	Reconocimiento de la igualdad ante la ley sin distinción de sexo. Capacidad jurídica plena: pudieron administrar sus bienes y participar en asuntos legales sin tutela masculina. Se eliminó la subordinación legal al marido o al padre, modificando el Código Civil de 1889.
Derechos políticos y sufragio femenino	Se reconoció el derecho al voto en igualdad de condiciones con los hombres (artículo 36). Primera vez que las mujeres pudieron votar en elecciones generales (1933). Clara Campoamor defendió el sufragio femenino frente a la oposición de sectores republicanos y socialistas.
Derechos sociales y familiares	Igualdad en el matrimonio: se eliminó la «obediencia debida» al marido. Ley de Divorcio (1932): permitió a las mujeres solicitar el divorcio en igualdad de condiciones. Protección a las madres trabajadoras: descanso por maternidad y prohibición de despidos por embarazo. Patria potestad compartida: se reconoció la igualdad de derechos de madres y padres sobre la patria potestad de los hijos, eliminando la autoridad exclusiva del padre.
Acceso a la educación y el trabajo	Acceso igualitario a la educación en todos los niveles y promoción de la instrucción laica y gratuita. Fomento de la participación pública mediante la formación educativa. Reconocimiento del derecho al trabajo en condiciones de igualdad, incluyendo la igualdad salarial. Ley de Protección a la Maternidad de 1931, que garantizaba el descanso por embarazo y lactancia.

Ámbito	Implicaciones para las mujeres en la Constitución de 1931
Participación política y representación	Las mujeres pudieron presentarse a cargos públicos por primera vez. Elección de las primeras diputadas: Clara Campoamor, Victoria Kent, Margarita Nelken, Dolores Ibárruri, Julia Álvarez, María Lejárraga, Verenanda García-Blanco Manzano, Matilde de la Torre y Francisca Bohigas. Participaron en debates clave sobre los derechos de las mujeres.

Fuente: Elaboración propia.

Sin embargo, la Segunda República, a pesar de sus avances, mantuvo ciertos mecanismos legales y culturales que limitaron la plena ciudadanía de las mujeres. Aunque ha sido calificada en ocasiones como «la República de las mujeres», conviene recordar que muchos de los líderes que contribuyeron a su instauración y defendieron su consolidación —incluidos destacados republicanos— se mostraron mucho más preocupados por las diferencias existentes entre las clases sociales y sus implicaciones que por las divisiones entre los sexos (Radcliff, 1994: 386); o bien, y simplemente, mostraron una firme resistencia ante los cambios legislativos y culturales que empezaban a transformar el papel de las mujeres en la sociedad (Espinosa Gutiérrez, 2020: 315). Como han señalado diversas investigaciones, muchos reformadores orientaron sus esfuerzos principalmente hacia los hombres —y, en especial, hacia los de las clases populares— antes que hacia las mujeres, condicionados por premisas de género profundamente arraigadas. La activista feminista y librepensadora Belén de Sárraga, vinculada a los círculos anarquistas y republicanos, experimentó personalmente esta exclusión cuando Melquíades Álvarez, fundador del Partido Republicano Liberal Demócrata, una formación de centro-derecha, se negó a compartir tribuna con ella en un mitin alegando que «las mujeres no debían tomar parte en estas actividades» (Radcliff, 1994: 386).

Este gesto no fue un hecho aislado, sino que se inscribía en una actitud más amplia. Melquíades Álvarez también manifestó públicamente su desconfianza hacia el uso que las mujeres pudieran hacer del voto, pues temía que su influencia política favoreciera a fuerzas conservadoras y confesionales.

Esa desconfianza también se constató en otros políticos. Fue así como comenzaron a escucharse en la tribuna argumentos del siguiente tenor: que la mayoría de las mujeres carecía de la preparación necesaria para participar en la vida política democrática debido a su escasa formación y a la fuerte influencia que sobre ellas ejercía la Iglesia católica y, por extensión, los sectores monárquicos y antirrepublicanos. Desde esta perspectiva, y bajo un marcado paternalismo, se propuso entonces, por parte de algunos diputados, establecer un periodo de transición que permitiera «adaptar» a las mujeres a las responsabilidades del voto, concediéndoles el derecho de manera gradual (Ramos Palomo, 1988: 563-574). Un ejemplo significativo lo encontramos en el comportamiento de diputados como el republicano independiente Luis de Tapia, el radical socialista Joaquín Pérez Madrigal y el republicano radical Rafael Guerra del Río, quienes se mostraron especialmente beligerantes durante los debates parlamentarios sobre el sufragio femenino, en particular durante la intervención de Clara Campoamor. Tal como recogen las actas de las Cortes, interrumpieron en repetidas ocasiones a la diputada madrileña mientras hacía uso de la palabra, alertando sobre el supuesto riesgo que entrañaba el voto de las mujeres, a quienes consideraban «manipuladas por la doctrina clerical y proclives a apoyar a la derecha». Otros, aunque no vociferaban, esgrimieron incluso argumentos todavía anclados en las teorías de la inferioridad intelectual femenina. El republicano federal Manuel Hilario Ayuso Iglesias llegó a proponer que los varones pudiesen votar a los 23 años, y las mujeres, a los 45, alegando criterios supuestamente científicos. Y mientras, otros, como el republicano independiente Manuel Rico Avello, señalaban lo contraproducente que podría ser el hecho de que las mujeres votasen en masa a opciones electorales derechistas (Espinosa Gutiérrez, 2020: 317-319).

Más allá de los debates en el Congreso de los Diputados, la prensa republicana también dejó constancia de sus recelos ante las posibles consecuencias del sufragio femenino. El periódico navarro *Democracia,* en varios artículos publicados en 1932, como el titulado «La República y la mujer», admitió abiertamente que, mientras la cuestión religiosa no estuviera resuelta, «el entusiasmo feminista de las derechas nos escama». El temor radicaba en que los sectores conservadores pudieran capitalizar la influencia que todavía ejercían sobre un amplio número de mujeres para debilitar a la República. En la misma línea, otro artículo, publicado bajo el título «Inquietud política por la preponderancia de los votos femeninos», advirtió de la preocupación de los partidos políticos ante un dato numérico clave: las mujeres superaban a los hombres en el censo electoral, lo que, a ojos de muchos, podía traducirse en una peligrosa capacidad de «mandar» en las urnas. Del mismo modo, en 1933, «El Eco del Distrito» recurrió a un tono burlesco para poner en entredicho la capacidad de juicio político de las mujeres. En sus páginas se insinuaba que el criterio femenino a la hora de votar podría verse condicionado —para bien o para mal— por el aspecto físico de destacados líderes como Azaña, Albornoz, Prieto, Largo Caballero, De los Ríos, Lerroux o Maura, reduciendo así la participación femenina en las urnas a una cuestión de atracción o rechazo personal antes que a una valoración racional de programas e ideas:

> [...] antes y ahora, con voto y sin voto, son siempre las que mandan... Y como son tan sensibles y tan nerviosas, es muy aventurado hacer profecías. No hay, pues, que desanimar ni hacerse ilusiones.
>
> A lo mejor les hace gracia la caída de ojos de Albornoz o la sonrisita de Marcelino Domingo, y los votan, mientras que repudian a don Alejandro y a don Miguel porque llevan la corbata mal hecha o pasada de moda. ¡Cosas de la veleidad femenina!
>
> Además, las mujeres, sin voto, nos obligaban a los hombres a votar lo que ellas querían. Ahora, con voto, nos obligarán a votar lo que ellas voten. ¡Todo es uno y lo mismo! (García-Sanz Marcotegui, 2009: 172).

Al margen del sufragio, las resistencias republicanas al feminismo se extendieron a otros ámbitos. Aunque los partidos republicanos defendían, en términos generales, los derechos políticos, sociales y educativos, su apoyo al feminismo se vio limitado por concepciones tradicionales de género que apenas fueron cuestionadas. Si bien impulsaron, como hemos indicado, reformas en educación, en derechos laborales y en participación política femenina, lo hicieron con el objetivo de garantizar el progreso nacional y la estabilidad institucional más que para subvertir las jerarquías patriarcales o cuestionar la autoridad masculina. Así, aunque la República fue pionera en reconocer la igualdad jurídica y política de las mujeres, esta no se tradujo necesariamente en una transformación efectiva de las estructuras sociales y culturales que sostenían la desigualdad de género. La igualdad ante la ley no vino acompañada de una estrategia integral para combatir la discriminación estructural que sufrían las mujeres en los ámbitos laboral, familiar o social. Las mujeres podían votar y ser elegidas, pero sus voces continuaron siendo minoritarias en las esferas de poder y su liderazgo se vio restringido por actitudes patriarcales dentro de los propios partidos. En el plano laboral, si bien se aprobaron leyes de protección a la maternidad y se defendió la igualdad salarial, estas medidas no cuestionaron la división sexual del trabajo ni los roles tradicionales en el hogar (Espuny i Tomás y Paz Torres, 2019: 653-674). La protección laboral se justificó principalmente en términos de salud y bienestar familiar, perpetuando la imagen de la mujer como madre y cuidadora principal, sin promover la corresponsabilidad en el ámbito doméstico.

La Ley de Contrato de Trabajo de 1931 evidenció las contradicciones de una sociedad en proceso de cambio que, aun reconociendo derechos, mantenía la estructura patriarcal en la práctica. El artículo 51 de dicha ley reconocía la validez del pago del salario a la mujer casada solo si el marido no expresaba su oposición, perpetuando así una forma de tutela masculina sobre el trabajo femenino. No obstante, introducía una novedad significativa: en caso de separación legal o de hecho, el marido ya no podía intervenir en la percepción del salario de la mujer, lo que representaba un avance hacia su autonomía económica, aunque aún lejos de una igualdad efectiva.

Estas ambigüedades se reproducían en otras disposiciones. El Reglamento de Colocación Obrera de 1932 establecía que en la Oficina Central debía haber una mujer encargada de asesorar sobre las ocupaciones «peculiares de su sexo» (art. 41), expresión que revelaba el consenso institucional acerca de la existencia de oficios considerados exclusivamente femeninos. Así, aunque la clasificación general de industrias, oficios y comercios elaborada por el INP utilizaba denominaciones genéricas, en determinados casos se feminizaron algunos oficios —sastras, modistas, bordadoras, cigarreras, entre otros—, perpetuando la idea de una división laboral por sexos.

Por su parte, el decreto de 1 de julio de 1931 no establecía diferencias entre hombres y mujeres respecto a la jornada máxima de trabajo de ocho horas (art. 2), lo que supuso un paso relevante hacia la equiparación formal. Sin embargo, el servicio doméstico quedó excluido de esta regulación, dejando fuera a un amplio colectivo femenino que seguía sometido a largas jornadas sin amparo legal. Además, la norma introducía una nueva desigualdad: en materia de horas extraordinarias, el personal femenino solo podía realizar dos horas diarias adicionales, mientras que los hombres podían llegar hasta seis (art. 6).

Estas limitaciones y contradicciones quedaron especialmente patentes en partidos de gran relevancia como Acción Republicana, Izquierda Republicana o el Partido Radical Socialista. Estas formaciones, aunque defendían la igualdad entre hombres y mujeres, en la práctica supeditaron dicha igualdad a las necesidades del Estado y al progreso nacional, sin cuestionar de manera profunda las relaciones de poder de género ni desafiar los roles tradicionales en el hogar. Esta subordinación explica por qué, por ejemplo, a pesar de su visible progresismo, no promovieron políticas específicas para combatir la discriminación de género ni apoyaron de manera incondicional a los movimientos feministas independientes. Su postura reflejaba las tensiones propias del republicanismo español del primer tercio del siglo xx, marcado por un intento de modernización que no llegó a romper con las concepciones tradicionales de género ni a desafiar por completo las estructuras patriarcales.

En este contexto, las limitaciones del republicanismo español respecto a la emancipación femenina quedaron reflejadas en la figura del mismísimo Manuel Azaña. A lo largo de su trayectoria, tanto como presidente del Gobierno como en su mandato como presidente de la República, defendió una concepción del Estado basada en la democracia, la modernización y la cultura como pilares esenciales para el desarrollo de la sociedad: «La patria es moderna, supone la igualdad de los ciudadanos ante la ley; es democrática» (Juliá, 2008: 99). El pensamiento de Azaña se fundamentaba, pues, en la idea de un Estado democrático como herramienta de transformación social, en la renovación de la tradición liberal española y en la construcción de un republicanismo centrado en la igualdad y el progreso. Para él, el Estado debía garantizar el acceso a la educación, ofreciendo un «Estado de cultura» en el que la formación de la ciudadanía fuera una prioridad nacional. Su defensa de la democracia como único sistema legítimo lo llevó a rechazar tanto el autoritarismo como cualquier postura revolucionaria que atentara contra el orden constitucional (Tajadura Tejada, 2020: 209-246). Desde esta convicción, Azaña defendió con firmeza la igualdad jurídica y educativa para las mujeres, alineando su postura con su visión de la ciudadanía y el papel fundamental del Estado en la modernización de España. Su apoyo al sufragio femenino fue claro y rotundo, como lo dejó ver en un editorial publicado el 22 de marzo de 1924, cuando el Estatuto Municipal otorgó, como dijimos, el derecho al voto a las mujeres españolas. En la revista *España*, con el contundente título de «Doña Fulana de tal ¡vota!», Azaña celebró esta medida. Además, su respaldo al voto femenino sin restricciones se consolidó en su diario, donde calificó de «atrocidad» negarles el derecho al sufragio bajo el supuesto de que pudieran inclinarse por opciones políticas conservadoras (Avilés Farré, 1982: 256). No obstante, es relevante destacar que, a pesar de esta postura inicial, su actitud viró en 1931, cuando su partido, Acción Republicana, rechazó el sufragio femenino en aras de salvar a la República (Vázquez Ramil, 2014: 8). Esta contradicción —calificada por algunos como machista (Espinosa Gutiérrez, 2020: 321)— puede entenderse a partir de su pensamiento. Como se señaló en el programa producido por el Instituto Cervantes, «Acción y reacción ante el voto femenino. ¿Qué piensa Azaña?» (2021), aunque el político español reconocía la importancia de la integración de la mujer en la esfera pública y en el desarrollo de la nación, no vinculaba esta integración a los planteamientos del feminismo de la época ni cuestionaba los roles tradicionales de género en el ámbito doméstico. Para Azaña, la igualdad de las mujeres debía entenderse dentro del orden social y moral que consideraba esencial para asegurar la estabilidad política del país. Así, aunque sus planteamientos supusieron un avance en comparación con las posturas más conservadoras, no cuestionaron de forma sustancial las estructuras patriarcales profundamente arraigadas en la sociedad.

Esta actitud quedó especialmente patente, como ya se ha señalado, en Acción Republicana (AR). Fundado en 1930 con un programa orientado a impulsar reformas sociales de calado, el partido no incluyó en dicho programa ninguna mención expresa a la igualdad de derechos entre hombres y mujeres (Avilés Farré, 1982: 154). Esta omisión se repitió posteriormente en Izquierda Republicana (IR), formación impulsada por Manuel Azaña en 1934, así como en otros partidos republicanos de izquierda. Un ejemplo especialmente revelador fue el del Partido Radical Socialista (PRS), surgido en 1929 como escisión progresista del Partido Radical. Aunque comprometido con las reformas sociales, el debate interno sobre el sufragio femenino generó una fuerte controversia. La diputada Victoria Kent defendió que las mujeres aún no estaban preparadas políticamente y que su voto podía verse condicionado por la influencia de la Iglesia. Según argumentó, «solo si todas compartieran el entusiasmo republicano de las estudiantes universitarias, apoyaría el sufragio femenino» (Avilés Farré, 1982: 255). En la misma línea, el diputado Ángel Galarza rechazó su inclusión en la

Constitución y propuso en su lugar una regulación flexible a través de leyes ordinarias. Más crítica fue la postura de José Díaz Fernández, diputado por Oviedo, quien se mostró abiertamente contrario al voto femenino en aquel momento. A su juicio, el patriarcado había relegado a las mujeres a una situación de inferioridad cultural y social, y el fanatismo religioso predominante les impedía identificarse con los valores de la ciencia, el progreso y la verdad. Además, observando lo que ocurría en Europa, sostenía que el feminismo no había conseguido humanizar la política, como prometían los movimientos sufragistas, y que esta seguía funcionando como instrumento al servicio de las fuerzas imperialistas. Tras las elecciones de 1933 —en las que las mujeres votaron por primera vez en España—, Díaz Fernández endureció aún más su postura, asegurando que el sufragio femenino había favorecido a la derecha. En sus propias palabras, «media Europa de la que viste faldas apoya la obra de la reacción» (Díaz Freire, 1989: 281). Con esta afirmación, aludía al éxito electoral del nazismo en Alemania y atribuía parte de ese resultado al voto femenino, denunciando con severidad la devoción que muchas mujeres alemanas profesaban a Hitler, hasta el punto —según señalaba— de llegar a desmayarse al verlo aparecer en público (García-Sanz Marcotegui, 2009: 172-173).

Estas tensiones del republicanismo progresista español se acentuaron durante la Guerra Civil, cuando la movilización femenina fue crucial para el esfuerzo republicano. Durante la contienda, el republicanismo se enfrentó a sus propias contradicciones. Las prioridades bélicas y la necesidad de mantener la cohesión política llevaron a postergar las demandas específicas de igualdad de género. La narrativa patriótica apelaba a la imagen de la mujer como madre abnegada y cuidadora de la retaguardia, limitando su emancipación a un ámbito funcional, al esfuerzo de guerra. Mujeres de diversos sectores sociales participaron en fábricas, hospitales y en el frente, demostrando su capacidad de liderazgo y compromiso con la causa republicana. Sin embargo, el discurso oficial continuó relegándolas a roles auxiliares y maternales, reforzando así los estereotipos de género.

Al final del conflicto, la derrota republicana y el triunfo del franquismo no solo pusieron fin al proyecto reformista, sino que también suprimieron los derechos conquistados por las mujeres durante la Segunda República. Sin embargo, el legado del republicanismo no desapareció por completo. A pesar de sus contradicciones, sentó las bases para un pensamiento crítico sobre la igualdad de género y abrió espacios para la participación política de las mujeres en España. La experiencia republicana influyó en las generaciones posteriores y en la lucha feminista que resurgiría en la Transición democrática.

El anarquismo: la libertad absoluta pero con «nuestras reglas»

Desde sus orígenes, a mediados del siglo xix, el anarquismo articuló un programa profundamente radical que abogaba por la abolición de todas las formas de autoridad. Para los anarquistas, estructuras como el Estado, la Iglesia, el capitalismo e incluso el patriarcado eran fuentes entrelazadas de opresión que perpetuaban la desigualdad y limitaban la libertad humana. Esta concepción convirtió al anarquismo en una corriente singular dentro del espectro de la izquierda, ya que —siguiendo el pensamiento de Mijaíl Bakunin— asumía de forma inherente la igualdad entre hombres y mujeres, así como la emancipación tanto social como individual (Vicente, 2014: 90-98; Palomera Valenzuela, 2015).

Desde este posicionamiento teórico, y siguiendo a Anselmo Lorenzo Asperilla, la liberación de las mujeres estaba inseparablemente vinculada al proyecto de transformación radical de la sociedad. La opresión de género se entendía, como ya advirtiera décadas antes el librepensador Teobaldo Nieva Aguiar en diversas colaboraciones en la prensa ácrata, como una manifestación más —aunque no autónoma— del entramado jerárquico que debía ser desmantelado junto con el Estado, la propiedad privada y el orden capitalista («A las obreras mallorquinas y de Madrid de la Internacional de

Trabajadores», *La Solidaridad*, 28 de mayo de 1870, y «¡Ecce Mulier! Dedicado a las trabajadoras de la Internacional», *La Solidaridad*, 19 y 26 de noviembre y 3 de diciembre de 1870). Sin embargo, esta visión integradora generó, como veremos, importantes tensiones entre la teoría y la práctica. Aunque en el plano discursivo se proclamaba la necesidad de erradicar todas las formas de dominación, en la praxis anarquista la lucha contra el patriarcado tendía a quedar subordinada a los objetivos generales del movimiento obrero. La igualdad de género se reconocía como deseable, pero no se asumía como una prioridad estratégica, lo que limitó su desarrollo e incluso reprodujo dinámicas patriarcales y machistas dentro de las propias organizaciones libertarias (Brey, 2012).

Veamos primero el discurso. Anarcosindicalistas destacados españoles como el andaluz Antonio Morales Guzmán, el catalán Mariano Rodríguez Vázquez (apodado «Marianet») o el vasco Galo Díez defendieron de forma decidida la libertad individual como un derecho universal aplicable a todas las personas, sin distinción de género. Rechazaron abiertamente las normas impuestas por la moral burguesa y reivindicaron el derecho a la autodeterminación en todos los aspectos de la vida, incluida la sexualidad, las relaciones afectivas y el modelo familiar. En este marco, y siguiendo lo expuesto en sus escritos por Leopoldo Bonafulla (seudónimo de Joan Baptista Esteve i Martorell) en *La familia libre* (1905) y, muy especialmente, por el propagandista y filósofo Federico Urales (seudónimo de Joan Montseny), el amor libre fue concebido como una relación basada en el respeto mutuo y la libertad personal, frente a un matrimonio tradicional visto como institución opresiva *(Tierra y Libertad,* 1904, núm. 1). Asimismo, los intelectuales anarquistas cuestionaron los roles de género tradicionales y propusieron su superación tanto en el ámbito doméstico como en el social. Para ello convirtieron la educación en un pilar fundamental. Apostaron por una formación integral, laica e igualitaria que permitiera empoderar a las mujeres y liberarlas de la subordinación cultural impuesta por la religión y la tradición. Inspirados en la pedagogía de Francisco Ferrer Guardia y su experiencia con las

Escuelas Modernas, defendieron la enseñanza científica y emancipadora, orientada al desarrollo del pensamiento crítico y la autonomía individual. La alfabetización y la formación técnica de las mujeres las concibieron como herramientas esenciales para su emancipación económica y su participación plena en la vida pública. En el plano laboral, plantearon la incorporación activa de las mujeres al trabajo productivo y al movimiento obrero en condiciones de igualdad con los hombres, animándolas a organizarse sindicalmente, a participar en huelgas y a ejercer funciones de liderazgo en las organizaciones de base. Al respecto, Galo Díez, en *La mujer en la lucha social,* fue bastante explícito: «Aquí en España como en resto del mundo, digámoslo una vez más, es preciso que la mujer surja a la vida social e intervenga en sus palpitaciones y agitaciones, agrupándose y actuando en un sentido individual y colectivo» (1922: 18). La reivindicación de la igualdad salarial y la denuncia de la explotación laboral femenina fueron igualmente ejes centrales del discurso libertario, que aspiraba a garantizar condiciones laborales dignas para todas las personas, ya fueran hombres o mujeres.

Este discurso emancipador se completaba con la crítica a la división sexual del trabajo y con la apuesta por una economía colectiva basada en la cooperación y la redistribución equitativa de las responsabilidades. Con la colectivización de los recursos no solo se pretendía superar la explotación de clase, sino también erradicar las bases materiales de la desigualdad de género. En este sentido, los anarquistas propugnaron una reorganización de la vida cotidiana en la que hombres y mujeres compartieran las tareas domésticas y el cuidado de los hijos, como parte de una nueva cultura de la corresponsabilidad. Finalmente, en el plano político, el anarquismo rechazó el parlamentarismo y el sufragio como mecanismos viciados de participación, apostando en su lugar por la acción directa, la democracia directa y la autogestión. En este modelo horizontal y descentralizado, hombres y mujeres estaban llamados a participar en pie de igualdad en la toma de decisiones colectivas. Las asambleas, los ateneos libertarios y las comunas se convirtieron en espacios donde la voz de las mujeres podía ser escuchada y valorada, lo que suponía la ruptura con siglos de exclusión patriarcal.

La construcción de este programa teórico radicalmente igualitario y revolucionario dentro del anarquismo contó con la contribución fundamental de mujeres que desafiaron las estructuras patriarcales y lucharon por la emancipación femenina desde dentro del movimiento libertario. En España, figuras como la sindicalista y propagandista Teresa Claramunt, la escritora y editora Soledad Gustavo (Teresa Mañé) o la que se convertiría a la postre, en plena Guerra Civil, en la primera ministra española, Federica Montseny, fueron claves en la construcción y difusión del pensamiento libertario, así como en la promoción de la emancipación femenina a través de la educación y la organización obrera. Junto con ellas, Lucía Sánchez Saornil, Amparo Poch y Mercedes Comaposada fundaron en 1936 Mujeres Libres, una organización anarcofeminista que luchó por la formación cultural, la autonomía económica y la participación de las mujeres en la vida política y revolucionaria, articulando un feminismo propio desde el ideario libertario.

En la praxis, toda esta defensa revolucionaria de la igualdad por parte del pensamiento anarquista no estuvo libre de contradicciones e incongruencias internas, lo que llevó a muchas mujeres, y también hombres, a cuestionar abiertamente a sus propios compañeros de lucha. La hegemonía del varón —tanto en las relaciones cotidianas de pareja o familiares como en las concernientes a la lucha revolucionaria— fue visiblemente predominante en la cultura libertaria. Y pese al carácter revolucionario del anarquismo, los valores más tradicionales en torno a la familia y las relaciones de género continuaron férreamente arraigados en la práctica común. Incluso algunos de sus principales teóricos, como Pierre-Joseph Proudhon o Ricardo Mella, sostuvieron posturas claramente biologicistas y patriarcales, al considerar la maternidad como la función natural e irrenunciable de la mujer y limitar así su participación en la vida pública y política (Lora Medina, 2018: 143 y 161). Ya a mediados del siglo XIX, Proudhon expresaba en su célebre obra *Sistema de las contradicciones económicas o filosofía de la miseria* su incomprensión ante el proyecto de emancipación femenina y su salida del confinamiento doméstico. En sus palabras: «Por mi parte, puedo decir que, cuanto más pienso en ello, menos me explico el destino de la mujer fuera de la familia y del hogar. Cortesana o ama de llaves (ama de llaves digo, y no criada), yo no veo término medio». Ante esta incoherencia entre teoría y práctica, muchas anarquistas, como decimos, denunciaron que sus compañeros no aplicaban los principios igualitarios que predicaban ni en el hogar, ni en el sindicato ni en el ámbito laboral. Las acusaciones de «falsos anarquistas» eran directas y contundentes, y se les exigía coherencia entre el discurso libertario y las prácticas cotidianas (Ledesma, 2017: 112).

Efectivamente, aunque muchos hombres libertarios rechazaban teóricamente la subordinación de la mujer al hombre, en la práctica siguieron reproduciendo ideas basadas en la diferencia sexual e impregnadas de un fuerte sentimiento paternalista de protección. Es el caso del anarcocomunista madrileño Vicente Daza y Hurtado, quien, si bien denunció públicamente la situación de esclavitud que sufrían las mujeres, concebía para ellas un papel específico en su proyecto de sociedad futura, reservado a funciones «propias de su sexo». Del mismo modo, el periodista andaluz Antonio Verdú Suárez exaltaba a la mujer como «principio de toda belleza y modelo de sublimidad», reforzando una asociación entre feminidad y estética muy arraigada en la cultura ácrata. De hecho, entre muchos militantes hombres, incluido Federico Urales, era habitual idealizar a las mujeres recurriendo a parámetros físicos, resaltando sus atributos corporales por encima de otras cualidades (Espinosa Gutiérrez, 2020: 327-328).

Estas tensiones también se evidenciaron con especial claridad en el funcionamiento de organizaciones como la Confederación Nacional del Trabajo (CNT) y la Federación Anarquista Ibérica (FAI). Aunque en teoría defendían la igualdad universal, en la práctica persistieron los viejos esquemas patriarcales heredados de la sociedad tradicional que se tradujeron en importantes reservas —e incluso rechazo abierto— a la participación de las mujeres en la vida política. Estas resistencias, profundamente arraigadas, limitaron la aplicación real de los principios anarquistas dentro del movimiento (Vega, 2010: 79-80). Así, muchos militantes varones, aun reconociendo teóricamente que la opresión de género formaba parte de un sistema más amplio de dominación —junto al Estado, la Iglesia y el capitalismo—, continuaron reproduciendo actitudes patriarcales. En lugar de reconocer a las mujeres como iguales en todos los frentes de la lucha, las relegaron a tareas consideradas secundarias, como la enfermería, la logística o la alimentación, negándoles el acceso a roles de liderazgo o la participación como combatientes. Esta exclusión se refleja claramente en la composición mayoritariamente masculina de las Juntas Sindicales Confederales de los años treinta (Monjo, 2003; Vega, 2004) y en el hecho de que, aunque algunas mujeres estuvieron afiliadas, pocas lograron acceder a espacios de decisión dentro de la estructura organizativa, como los comités o las juntas de sindicato, que continuaron siendo ámbitos dominados casi exclusivamente por hombres.

Esta ausencia fue abiertamente denunciada en el seno del movimiento anarquista por parte de sus principales representantes varones, que no guardaron silencio ante tales comportamientos. Los mencionados Galo Díez, Antonio Morales Guzmán o Mariano Rodríguez Vázquez criticaron la marginación y el generalizado maltrato padecido por las mujeres en las agrupaciones anarquistas:

> Cuando leemos en nuestra prensa la constitución de tal o cual agrupación femenina, nos extraña grandemente. Cuando vamos a un mitin o a una conferencia, nos sobresalta la presencia de una docena de compañeras. Cuando nos preguntan algo relacionado con las ideas nos encogemos de hombros. Cuando una mujer expresa su opinión en una tertulia, asamblea o en el hogar, nos decimos con misterio ¿será una loca? (Antonio Morales Guzmán, «Ocupémonos de la mujer», *Tierra y Libertad,* 12 de julio de 1935: 3, cit. en Espinosa Gutiérrez, 2020: 368).

También expresaron su incomprensión ante las contradicciones de los militantes anarquistas entre su comprometida lucha por la abolición del yugo social del régimen burgués y el despotismo que ejercían sobre sus compañeras de vida en el hogar:

> No comprendemos cómo un obrero [...] se convierte en su hogar en un tirano y en jefe de unos principios autoritarios que están en contradicción con la libertad de su pensamiento. ¿Con qué conducta y con qué personalidad moral protestan estos camaradas? ¿No es su hogar un pequeño estado violento y autoritario? ¿No es el ladrón que explota a su mujer y le arrebata sus libertades, no es el carcelero que convierte su hogar en una cárcel? (Marina Pino, «Mujeres Libres, un movimiento feminista en plena guerra civil», *Tiempo de Historia,* 1976, 18: 38, cit. en Espinosa Gutiérrez, 2020: 369).

Las mujeres anarquistas también alzaron la voz contra la retórica vacía de sus compañeros varones, si bien ellas terminaron cayendo en este mismo espejismo discursivo. Lucía Sánchez Saornil denunció abiertamente el machismo imperante en la CNT y la FAI, señalando la contradicción entre el discurso igualitario y las prácticas discriminatorias que persistían en el seno del movimiento. Según su crítica, muchos hombres hacían un uso instrumental de las mujeres dentro del movimiento mientras se mantenían en una posición de centralidad y privilegio, como «ombligos del mundo», que negaba una verdadera transformación de las relaciones de género («Resumen al margen de la cuestión femenina. Para el compañero M. R. Vázquez», *Solidaridad Obrera,* 8 de noviembre de 1935). La puesta en marcha de Mujeres Libres como organización autónoma, fundada por ella junto con otras compañeras, no fue una casualidad, sino una respuesta consciente a la exclusión y la falta de compromiso real con la igualdad de género dentro de las estructuras libertarias. Como recogió el primer número de la revista homónima, solo con un espacio independiente se mostraría la capacidad femenina y se escucharía la voz de las mujeres *(Mujeres Libres,* mayo de 1936, núm. 1).

Federica Montseny también censuró a sus compañeros anarquistas. Para ella, estos «paladines» de la emancipación femenina no hacían sino reforzar la protección masculina sobre las mujeres y reproducir el estado de subalternidad en el que históricamente se encontraban («Victoria», *La Revista Blanca,* 1 de marzo de 1925: 19). Consciente de su papel excepcional en un entorno profundamente masculinizado, Montseny atribuyó parte del problema al escaso nivel de formación crítica entre las mujeres de su tiempo, lo que reflejaba una carencia estructural del movimiento: la falta de espacios de educación específicos para mujeres (Tavera, 2005: 237); cuestión esta que podía conectarse con otra circunstancia compartida con el socialismo y el comunismo. Al igual que estas corrientes revolucionarias, el anarquismo mantuvo una actitud recelosa e incluso temerosa frente al asociacionismo femenino independiente, al entender que las organizaciones específicas de mujeres podían fragmentar la unidad de la lucha proletaria. Desde la perspectiva anarquista, las mujeres eran concebidas ante todo como trabajadoras y compañeras de clase, pero no como sujetos políticos autónomos ni portadoras de demandas propias vinculadas al género. En consecuencia, no era precisa la creación de instancias puramente femeninas. Una consideración que encarnó la propia Federica Montseny. Aunque abordó la «cuestión de los sexos» en diversos artículos en *La Revista Blanca* y en novelas como *La Victoria, El Hijo de Clara* y *La Indomable,* nunca consideró la opresión de género como una lucha independiente de la explotación de clase (Espigado Tocino, 2002: 39-72). Influenciada por el individualismo anarquista, entendía la emancipación femenina como un proceso de concienciación personal, «individualizamiento», en el que la toma de conciencia personal de cada individuo conduciría a la eliminación de las jerarquías y dicotomías de género. De este modo, aunque su discurso defendía la emancipación femenina, lo hacía sin vincularla a un feminismo organizado, perpetuando la idea de que la revolución social, por sí sola, traería consigo la igualdad entre hombres y mujeres.

El pensamiento de Montseny se alejó también del enfoque radical ofrecido por Emma Goldman sobre la libertad sexual, la maternidad y el amor. Goldman desafió tanto el patriarcado como las estructuras de poder del Estado y la moral tradicional. Consideraba que el matrimonio era una institución opresiva que sometía a la mujer a la dependencia económica y emocional del hombre, equiparándolo a una forma de prostitución legalizada. Frente a esto, abogaba por el amor libre, promoviendo relaciones basadas en la autonomía y la elección personal y rechazando la imposición de la monogamia y el control social sobre la sexualidad. Para Goldman, la autonomía económica era fundamental, ya que solo si las mujeres lograban sostenerse por sí mismas podrían evitar la dependencia de los hombres y alcanzar una verdadera emancipación. En este sentido, fue una de las primeras en defender abiertamente el control de la natalidad, para lo cual reclamó el acceso a métodos anticonceptivos y la educación sexual, argumentando que la maternidad debía ser una opción y no una imposición social o económica. Federica Montseny compartía la lucha por la autonomía de la mujer y su derecho a decidir por sí misma, pero su enfoque sobre la sexualidad se mostró más conservador. Si bien defendía la libertad y la independencia de las mujeres, Montseny valoró la maternidad como una función natural y esencial de la mujer, y consideró que la emancipación femenina debía armonizarse con este rol. Tampoco, y distanciándose de Goldman, llegó a defender abiertamente el amor libre ni a cuestionar de manera frontal las instituciones tradicionales relacionadas con el amor y el matrimonio. Del mismo modo, Federica Montseny rechazó por completo el concepto de «amor plural», es decir, las relaciones múltiples y simultáneas, así como las experiencias sexuales desvinculadas del amor. Para ella, el amor debía orientarse principalmente a la procreación, y requería de los amantes entrega, sacrificio y abnegación. En este sentido, defendía que la mujer no debía llevar una vida basada en la búsqueda obsesiva del deseo sexual, pues consideraba que esto conducía a una existencia artificiosa y enfermiza. Su postura reflejaba un marcado puritanismo en lo que respecta a la promiscuidad, una visión que no era inusual dentro del movimiento anarquista español. En España era poco común que las mujeres anarquistas mantuvieran más de una relación al mismo tiempo. Aquellas que intentaron vivir el amor libre en su sentido más amplio —ya fuera teniendo varios amantes simultáneamente o abandonando una relación cuando dejaba de satisfacerlas— se encontraron con el rechazo social, incluso dentro de sus propios círculos anarquistas. Según testimonios recopilados en diversas entrevistas, muchas de ellas fueron burladas y denigradas por sus compañeros, lo que evidencia las contradicciones dentro del anarquismo español respecto a la libertad afectiva y sexual de las mujeres (Sueiro Seoane, 2019: 66).

Y en una línea similar puede situarse el análisis de Mujeres Libres. Aunque su esfuerzo por elevar el nivel cultural de las mujeres fue incuestionable, la organización prestó escasa atención a cuestiones como la libertad sexual, la contracepción o el aborto. Mary Nash ha señalado que la legislación del aborto introducida en Cataluña no fue resultado de una movilización de mujeres ni figuraba en el programa de ninguna de las organizaciones femeninas activas en la lucha antifascista. Además, el tema continuó siendo un tabú social: la posibilidad del aborto legal fue poco utilizada por las mujeres, que, como había sido habitual, recurrieron al aborto clandestino. La principal preocupación de Mujeres Libres fue la educación de las madres en materia de cuidado infantil, promoviendo campañas de puericultura y lactancia natural (Nash, 1975b: 73-99). Con todo, y pese a estas contradicciones, Mujeres Libres permanece en la memoria colectiva como un referente de feminismo autónomo que logró articular la lucha de género con el proyecto revolucionario, dejando una huella significativa en los movimientos feministas contemporáneos de Europa y América Latina.

Capítulo 5

El antifeminismo en guerra: violencia y represión de la experiencia feminista

Desde el comienzo de la Guerra Civil española, en el territorio controlado por los militares sublevados se instauró una lógica de guerra sustentada en la limpieza política y la purificación ideológica. Este proyecto represivo, planificado y avalado por un heterogéneo bloque de fuerzas militares, eclesiásticas y civiles afines, tuvo como objetivo aniquilar toda oposición y consolidar un nuevo orden social. La violencia no se dirigió únicamente contra el enemigo político masculino; también operó como un mecanismo de afirmación del poder patriarcal y de una virilidad autoritaria, en la que el control sobre las mujeres se convirtió en un pilar del nuevo Estado (Vincent, 2006: 135-151).

El componente de género de la violencia franquista fue evidente desde el primer momento. Las mujeres republicanas, las vinculadas a organizaciones laicas o sindicales y aquellas cuya conducta se apartaba de los moldes tradicionales de feminidad fueron objeto de persecución, humillación y castigo ejemplarizante. El objetivo era eliminar de raíz cualquier rastro de feminismo, de emancipación femenina o de autonomía personal para reimponer un modelo de mujer subordinada al varón, confinada al hogar y al servicio de la patria. Esta represión de género se articuló mediante detenciones, ejecuciones, violencias sexuales, depuraciones laborales y campañas de difamación, convirtiéndose en una herramienta esencial para garantizar la sumisión social y política de la población femenina.

Las mujeres republicanas en la mira del franquismo

Desde los primeros compases del conflicto, quienes apoyaron el golpe militar estigmatizaron a las mujeres republicanas como encarnación de la subversión del orden social y de la decadencia de la nación (Scanlon, 1986: 162). En efecto, nada más comenzar la guerra, las «mujeres rojas» fueron objeto de una feroz campaña de demonización (Canal, 2006: 249-251; Scanlon, 1986: 161-194; Nash, 1999a: 9-34). La prensa afín a los sublevados, con un ímpetu imparable, las presentó rápidamente como una amenaza que debía ser erradicada a toda costa. A través de relatos manipulados, llevados hasta el extremo en comparación con las narraciones de los años precedentes, las describieron como figuras desbordadas por la violencia, fuera de control y peligrosas para la España cristiana y de orden. Cada palabra publicada en esos periódicos, inflamados por un lenguaje tan violento como reaccionario, contribuyó a condenarlas, despojándolas de su humanidad y dignidad, mientras la nueva autoridad rebelde intentaba silenciarlas de la forma más cruel. Los medios de comunicación se inundaron de crónicas en las que se les atribuían actos atroces, lo que contribuía a consolidar una imagen distorsionada que servía para justificar su persecución y represión.

> En Bilbao continúa apretándose el cerco de nuestras fuerzas, habiendo los socialistas asesinado a numerosos rehenes; y las mujeres rojas, que son unas fieras, han asaltado los barcos de la ría, sacando de uno de ellos a sesenta frailes y de otro a ochenta y cinco personas, a todos los cuales martirizaron, mataron y echaron al mar *(El Diario de Ávila: periódico independiente,* 30 de septiembre de 1936: 1).

En esta misma línea, la prensa internacional también se hizo eco de estas representaciones distorsionadas. El *Daily Express,* por ejemplo, llegó a calificar la actuación de las mujeres rojas como «abominable» y afirmó que su inconcebible afán sanguinario las hacía «mucho más crueles que la propia soldadesca» *(El Adelantado: Periódico de Intereses Morales y Materiales, Ciencias, Literatura y Artes:* 14 de diciembre de 1936: 2). Con este tipo de discursos, se buscaba justificar y garantizar el máximo castigo —incluida la muerte— contra ellas.

Durante los tres años de guerra, se documentaron fusilamientos, encarcelamientos masivos y torturas en centros de detención, donde las presas sufrían condiciones inhumanas. La «violencia sexuada» se convirtió en una herramienta de castigo y humillación, utilizada para reafirmar la dominación masculina y quebrar a las mujeres republicanas. Y tras el conflicto, el régimen franquista diseñó y aplicó mecanismos de represión específicos para castigar a las mujeres que habían participado en la causa republicana o simpatizado con ella, persiguiéndolas tanto en vida como después de su muerte (Muñoz Encinar, 2021: 73-100; 2024: 241-258). Los castigos infligidos, de una crueldad implacable, eran mucho más que simples represalias; eran un espectáculo macabro de humillación y dolor. Las víctimas eran despojadas de su dignidad a través de vejaciones públicas, como el rapado de cabeza, una mutilación que borraba su identidad, o la ingesta forzada de aceite de ricino, un «purgante humillante» que destilaba sufrimiento. Pero los horrores no se detenían ahí: las agresiones sexuales, perpetradas en un acto de control absoluto, eran utilizadas como herramienta de dominación y terror. Todo formaba parte de una estrategia calculada cuyo único fin era restaurar con mano de hierro el orden social patriarcal y tradicionalista y mantener a las mujeres en su lugar, doblegadas por el miedo y la violencia (Pérez Gómez y González Madrid, 2024; Abad Buil y Marías Cadenas, 2025: 277-318).

El propio discurso de los líderes franquistas fomentó y legitimó la violencia contra las mujeres republicanas. Un ejemplo claro de ello fueron los mensajes radiofónicos del general Queipo de Llano, quien en sus emisiones desde Radio Sevilla incitaba explícitamente a la violación como un instrumento de guerra. Sus palabras, cargadas de odio y desprecio, instaban a las tropas sublevadas a someter a las mujeres republicanas, jactándose de que servirían como «botín» para los soldados. Una de sus declaraciones más infames la pronunció en los micrófonos de Radio Sevilla el 23 de julio de 1936 con el fin de deshumanizar a las víctimas y hacer de la violación un método de castigo y humillación:

> Nuestros valientes legionarios y regulares han demostrado a los rojos cobardes lo que significa ser un hombre de verdad. Y, a la vez, a sus mujeres. Esto está totalmente justificado porque estas comunistas y anarquistas predican el amor libre. Ahora por lo menos sabrán lo que son hombres de verdad y no milicianos maricones. No se van a librar, por mucho que berreen y pataleen.

Más allá del castigo físico como máxima expresión de la «violencia sexuada», los sublevados y, posteriormente, la dictadura impusieron un férreo control ideológico y social sobre las mujeres para garantizar su sumisión total. La Sección Femenina de la Falange al mando de Pilar Primo de Rivera desempeñó un papel clave en esta «reeducación», inculcando valores de obediencia, sacrificio y abnegación. Se erradicó cualquier aspiración de independencia o autonomía y se instauró un modelo de mujer basado en la castidad, la devoción religiosa y el servicio a la familia. Las leyes del régimen franquista, como se expondrá en el próximo capítulo, al consolidarse como un pilar de su ideología autoritaria y patriarcal, no solo revirtieron los avances conseguidos por las mujeres durante la Segunda República, sino que también impusieron un sistema de control que limitó gravemente sus derechos y libertades. La restauración de un orden tradicionalista significó, entre otras cosas, la eliminación del derecho al voto para las mujeres y de todos aquellos artículos de la Constitución de 1931 que las convertían en ciudadanas de pleno derecho. De este modo, el franquismo no solo anuló los logros políticos obtenidos por las mujeres, sino que, además, las excluyó sistemáticamente de varios espacios públicos y profesionales —como el acceso a determinados oficios y puestos de responsabilidad—, condenándolas a un ámbito doméstico y subordinado. Esta subordinación del protagonismo femenino en la vida social y política se consolidó como un pilar central del antifeminismo franquista, reforzando un modelo de sociedad donde la mujer quedaba relegada, principalmente, al rol de madre y esposa bajo la tutela del Estado y también de la Iglesia.

La represión económica también fue crucial en la consolidación del antifeminismo franquista, siendo una herramienta de control destinada a someter a las mujeres al «nuevo orden» patriarcal impuesto por el régimen. Bajo este sistema, las mujeres republicanas y sus familias fueron despojadas de sus bienes, una estrategia diseñada para impedir su autonomía económica y reducir su poder de decisión en la esfera pública. Las viudas de combatientes republicanos y las madres de militantes fueron sometidas a una represión brutal, pues perdieron cualquier tipo de ayuda económica y quedaron sumidas en una situación de extrema precariedad (Abad Buil, 2024: 137-158). Por otro lado, las maestras, funcionarias y trabajadoras que habían alcanzado independencia económica durante la Segunda República fueron depuradas y despojadas de sus puestos, lo que las obligó a depender económicamente de los hombres de su entorno (Fernández Soria y Agulló Díaz, 1999: 249-270). Esta represión económica no solo buscaba castigar a las mujeres por su militancia política, sino que también pretendía reafirmar y reforzar un modelo en el que el hombre se presentaba como proveedor único de la familia y sustentaba económicamente a la esposa y a los hijos, mientras que la mujer quedaba relegada a las funciones domésticas y reproductivas («esposa y madre»).

Represión sexuada y sublimación del modelo femenino tradicional

Al iniciarse la Guerra Civil, en los territorios que permanecieron fieles a la República se produjo una intensa movilización social y política, auspiciada por una densa red de comités populares y agrupaciones colectivas de carácter revolucionario (Quirosa Cheyrouze-Muñoz, 1997; Cobo Romero, 2004; Alía Miranda, 1994). La mujer cobró una destacada importancia en el nuevo entramado organizativo que se expandió por toda la retaguardia republicana. El anarquismo, a través de la mencionada organización Mujeres Libres, albergó un espacio para la discusión del papel que debería desempeñar la mujer en la nueva etapa revolucionaria impulsada por la guerra. La referida organización feminista movilizó a varias decenas de miles de mujeres, comprometidas con postulados como la plena igualdad entre los sexos, la liberación económica, social y cultural de la mujer, su absoluta independencia con respecto al varón e incluso la consecución de un nuevo modelo de relaciones sexuales enteramente libres (Gemie, 1996: 420; Nash, 1999a: 35; Ackelsberg, 1991: 78; Vega, 2010: 112). Pero, sin duda, fueron los comunistas quienes más claramente apostaron por la movilización de las mujeres en defensa de las instituciones republicanas del Frente Popular. Con la puesta en marcha de la Agrupación de Mujeres Antifascistas los comunistas persiguieron la concienciación de la población femenina en los valores de la democracia, el progreso y el rechazo al fascismo (Nash, 1999b; González Martínez, 1991: 54-59; Yusta, 2005: 5-34; Cenarro Lagunas, 2006: 159-182). Así pues, a lo largo de la guerra la mujer fue alcanzando posiciones de mayor protagonismo en la vida pública y en la actividad política, contribuyendo de este modo al debilitamiento de los cada vez más desgastados discursos de género gestados desde la derecha autoritaria, el tradicionalismo católico y el antifeminismo (Toran Belver y Cañellas Julià, 2003: 426-440).

El alto grado de movilización femenina logrado en el transcurso de la Guerra Civil por las culturas políticas del socialismo marxista o el anarquismo hizo tambalear, por primera vez, los pilares sobre los que se sostenía el modelo patriarcal tradicional. Ante tales circunstancias, la respuesta de la derecha monárquico-tradicionalista más reaccionaria y la alta jerarquía eclesiástica y militar, coaligadas tras el golpe de Estado del 18 de julio en la defensa de un proyecto político ultranacionalista y fascistizado de honda inspiración católica y antiliberal, no se hizo esperar. La derrota de la República tras la finalización de la guerra dejó las manos libres al Nuevo Estado franquista para proseguir con el sistemático plan de limpieza política (Cruz, 2008: 159-181; Casanova, 2001; Rodrigo, 2008) que ya había puesto en marcha al iniciarse la contienda. El mencionado plan se proponía, entre otros objetivos, castigar a aquellas mujeres que se habían atrevido a transgredir los códigos de conducta impuestos por el tradicionalismo católico o que se habían adherido abiertamente a la defensa de los ideales de libertad e igualdad entre los sexos proclamados por las izquierdas marxistas o por el anarquismo. Con su política represiva dirigida contra aquellas mujeres que en el pasado republicano ocuparon el espacio público y reclamaron un mayor protagonismo social, el nuevo régimen franquista perseguía la erradicación de los avances legislativos y democratizadores que se habían ido afianzando desde los comienzos del siglo XX para favorecer la igualdad entre los sexos. El proyecto político e ideológico impuesto por los vencedores en la contienda aspiraba a la implantación de un Estado totalitario, que en numerosos aspectos trataba de imitar a las dictaduras fascistas del periodo de entreguerras. Para asegurar la edificación de un modelo de sociedad jerárquico, autoritario y respetuoso con los principios del tradicionalismo católico, el franquismo se propuso la reinstauración de la familia patriarcal, en la que la mujer debía desempeñar una función enteramente subordinada al varón y ser confinada al hogar, asumiendo como misión patriótica la tarea de «hacer grande a España» mediante la transmisión de los valores cristianos, la reproducción biológica y el cuidado de los hijos.

Con el propósito de castigar severamente las experiencias liberadoras vividas por cientos de miles de mujeres españolas en el inmediato pasado, las nuevas autoridades franquistas persiguieron sañudamente a todas aquellas que se habían destacado por su participación en la vida pública o por su acendrada defensa de los ideales democráticos, republicanos o izquierdistas respaldados por un amplio espectro de organizaciones políticas y sindicales comprometidas con el régimen de la Segunda República. En tal sentido, las nuevas autoridades franquistas desplegaron una minuciosa labor represiva con un carácter de género acentuadamente perceptible. La referida labor, traducida en la puesta en práctica de un sinfín de actos de persecución, encarcelamiento, escarnio público, marginación social e incluso exterminio físico, se dirigió contra todas aquellas mujeres que habían transgredido los códigos de conducta y los preceptos morales contenidos en los discursos de la domesticidad sostenidos por el pensamiento tradicionalista y el catolicismo. En la eficaz puesta en práctica de las mencionadas tareas represivas, el Nuevo Estado franquista contó con el concurso de un sinnúmero de colaboradores desinteresados que con sus denuncias y testimonios contribuyeron a que el peso de la legislación represiva recayera contundentemente sobre decenas de miles de mujeres para que terminaran siendo públicamente escarnecidas, señaladas, humilladas, encarceladas, arrinconadas, marginadas o sencillamente ejecutadas.

Los fundamentos doctrinales empleados por el franquismo en la persecución de todas aquellas mujeres que se habían rebelado contra los estrechos moldes de la moral católica y tradicional se emplazaban sobre dos soportes fundamentales. Por un lado, las propuestas de recristianización de la sociedad y el Estado impulsadas por la jerarquía eclesiástica. Por el otro, los modelos ruralistas y regeneradores defendidos por el fascismo (De Grand, 1976: 947-968) que recluían a la mujer en el ámbito doméstico con el fin de garantizar su función reproductora para convertirla en el soporte de la familia tradicional y de los más puros valores de la nación. El franquismo se proponía acabar con lo que consideraba las nefastas experiencias de laicización, secularismo, ateísmo y antirreligiosidad que se expandieron peligrosamente durante la Segunda República y la Guerra Civil. Para todo ello se hacía necesaria la reconducción de la mujer hacia el estricto cumplimiento de los papeles que le venía asignando el discurso del antifeminismo y la domesticidad. La mencionada reconducción sería lograda mediante su apartamiento definitivo del espacio público o la participación política a través de su reclusión en el ámbito de la familia modélica de raíz esencialmente cristiana (Abad Buil, 2009: 65-86).

Para garantizar el éxito de su proyecto, el franquismo no solo necesitaba mujeres sumisas, confinadas al ámbito íntimo —sublimado y espiritualizado— de la domesticidad y la familia católica, plenamente conscientes del severo castigo que les aguardaba si osaban transgredir las estrictas normas de género impuestas, sino que también requería contar con el respaldo activo de esas mismas mujeres. Por ello, las autoridades apelaron de manera constante a ellas a través de múltiples medios, como el siguiente anuncio, difundido en diversos periódicos durante los años de la guerra:

> ¡Mujer española! El Nacional-sindicalismo es la aspiración de la mujer española. Católica sin remilgos. Mujer útil en el hogar. Española rancia, sin extranjerismos ridículos. ¡Arriba España! *(Falange: órgano diario de F.E. de las J.O.N.S.,* 6 de febrero de 1937, núm. 27: 2).

Desde los primeros momentos, numerosas mujeres respondieron al llamamiento del régimen y prestaron un decidido apoyo al proyecto franquista. Esta colaboración activa se hizo especialmente visible en las ciudades de retaguardia, donde el control militar aún no estaba completamente consolidado pero la movilización social y política era intensa. Cádiz, por ejemplo, se convirtió en un escenario representativo de lo que decimos, donde las mujeres participaron en diversas actividades de apoyo (Narváez Alba, 2009). Su concurso no solo reforzó la presencia del franquismo en estos territorios, sino que también contribuyó a cimentar el modelo de mujer ideal que el régimen promovía: sumisa, abnegada y dedicada al hogar y la familia. Bajo la firma de María de Guzmán, una publicación señalaba que no se proclamaba «el feminismo tal y como se entiende, por ser antipático y grotesco», sino un feminismo que avanzara «sin quitar a la mujer su divina fragilidad ni alejarla del hogar». De forma similar, Sarah Insúa advertía contra la «epidemia feminista» que afectaba a otros países, donde la mujer aspiraba a dominar a los hombres y cambiar la familia, considerada una obra divina inmutable. La colaboración a la causa franquista también contó con agrupaciones femeninas. Y el ramillete asociativo fue muy diverso. Destacó, por encima de todas, la Sección Femenina de FET de las JONS, que lideró el movimiento femenino contrarrevolucionario a través de multitud de acciones de labor asistencial, como colectas, confección de prendas o asistencia a hospitales, entre otras. Además, existieron otras agrupaciones, como las Damas del ropero escolar, las Damas visitadoras del soldado o las Damas de la liga antituberculosa, que operaron como órganos estrechamente vinculados a los golpistas para movilizar recursos y voluntades en favor de la causa franquista. Organizaron eventos como la «fiesta de la flor», campañas para enviar cigarros a los soldados en el «día del pitillo», acciones de apoyo económico a la División Azul o la recogida de oro para la autodenominada «causa nacional». Destacó también la postura de la Conferencia de Mujeres Católicas, que no dudó en expresar su pleno apoyo a los valedores y mártires de la nueva España, defendiendo el hogar cristiano como «el semillero de los grandes patriotas y de los héroes» y ensalzando a la madre santa, que «siempre educó a los mejores ciudadanos» *(Pensamiento alavés,* 30 de enero de 1937, núm. 1246: 1).

Todas estas iniciativas contribuyeron a integrar a las mujeres dentro del proyecto franquista, convirtiéndolas en piezas activas y necesarias para la consolidación del nuevo orden patriarcal y nacionalcatólico.

Las hijas de Eva ante la ira del poder: represión y martirio

Ese discurso paternal, cargado de patriotismo nacionalcatólico, que modeló la mujer ideal del franquismo se completó, como advertimos al principio, con una campaña de desprestigio absoluto hacia todas las mujeres que se hubieran significado políticamente a favor de la República o que actuaran de una forma que las autoridades no consideraban adecuada a su género. Todas estas mujeres, unas y otras, eran tachadas de «ateas, rojas, masculinizadas». Los golpistas las veían como quienes habían fallado a España por no haber construido «ese hogar cristiano» señero de la España eterna y, en consecuencia, fueron consideradas «perdidas».

Antes de que finalizara la guerra, las nuevas autoridades franquistas ya habían dejado configurado, pues, un arquetipo de mujer perversa, degenerada, psicótica, desviada, pecaminosa y delincuente como contrapunto a la perfecta mujer cristiana, abnegada y obediente, encaminada a la reproducción biológica y al sostenimiento espiritual de la familia, temerosa de Dios y soporte moral y emocional de la Nueva España que se estaba construyendo sobre las cenizas dejadas por la guerra (Rodríguez López, 2005: 177-198). Para el franquismo, todas aquellas mujeres que se habían apartado del canon tradicional impuesto por la Iglesia católica y el pensamiento reaccionario serían reputadas como peligrosas disidentes, invadidas por una especie de degeneración psicológica y anímica que las convertía en seres difícilmente redimibles (Sánchez, 2009). Por consiguiente, sobre todas ellas había que aplicar una implacable justicia o una punición redentora que las devolviese a la buena conducta y las reintegrase a la nueva comunidad nacional de profunda inspiración católica erigida tras la guerra (Gómez Bravo, 2009; Ramos Mesonero, 2012).

Durante las primerísimas fases de la Guerra Civil, la «represión en caliente» llevada a cabo por los militares sublevados en aplicación de los bandos de guerra, o en cumplimiento de las labores de limpieza política de la retaguardia rebelde practicadas por los delegados militares gubernativos, las comandancias militares o las auditorías de guerra, arrojó como resultado la ejecución de miles de mujeres. Muchas de ellas habían sido acusadas de haber participado en la vida política pública junto a las organizaciones republicanas o de la izquierda obrerista. Otras muchas fueron sencillamente ajusticiadas por ser familiares directos de los izquierdistas huidos ante el avance de las columnas rebeldes. En esta primera fase de la represión, que se extendió entre los meses de julio y septiembre de 1936, tan solo en la provincia de Sevilla resultaron ejecutadas, muertas en prisión, desaparecidas o asesinadas un total de 744 mujeres. A todas ellas habría que añadir las 446 mujeres que fueron aniquiladas, desde el año 1937 en adelante, como consecuencia de los actos represivos orientados a poner fin de manera drástica a las ayudas prestadas a los numerosos huidos. En estos primeros instantes de la acción represiva dirigida contra las mujeres se sucedieron por doquier los rapados y los purgados colectivos públicamente escenificados. Cientos de mujeres fueron obligadas a limpiar las iglesias y los cuarteles de las milicias derechistas o de la Guardia Civil mientras otros cientos de ellas eran víctimas de impúdicos abusos sexuales y de brutales violaciones (García Márquez, 2012: 161-162).

De acuerdo con las particulares doctrinas penalistas aplicadas por el Nuevo Estado franquista, las mujeres inculpadas por los tribunales militares en aplicación de una variopinta gama de acusaciones eran consideradas víctimas de una especie de degeneración psicótica. Tales doctrinas sentenciaban que las «mujeres rojas» se hallaban predispuestas a manifestar las más hondas pasiones o los instintos más ruines. En medio de las circunstancias de generalizada insubordinación desencadenadas por la guerra, aquellas mismas mujeres habrían exagerado sus tendencias más delictivas, al hallarse desprovistas de los frenos proveídos por los recios valores del espiritualismo católico o al sentirse moral y emocionalmente debilitadas por la influencia que sobre todas ellas ejercerían las ideologías subversivas del marxismo, el comunismo o el anarquismo.

Las elucubraciones seudocientíficas esgrimidas por el doctor Antonio Vallejo Nágera, orientadas a psicotizar (o, si se quiere, a psiquiatrizar) la disidencia política de los vencidos, incidieron en la criminalización de todas aquellas mujeres que, de un modo u otro, se habían adherido a la defensa de los principios antinacionales o profundamente revolucionarios instilados por las ideologías del marxismo, el anarquismo o el republicanismo. Tales elucubraciones demonizaban a las mujeres identificadas con alguna de las formaciones políticas y sindicales que se alinearon en defensa de la legitimidad republicana. Todas ellas, según las pesquisas llevadas a cabo por Vallejo Nágera, habrían sido víctimas de los más irrefrenables impulsos, protagonizando así un sinfín de actos criminales y sangrientas atrocidades por estar desprovistas de la recia coraza de valores hondamente patrióticos suministrada por el sentimiento de la hispanidad y el espiritualismo españolista (Richards, 2012: 195-224; Richards, 2001: 395-421; Vinyes, Armengou y Belis, 2002; Vallejo Nágera, 1937).

Sobre la base de estos nuevos argumentos, profundamente teñidos de elementos incorporados por la nueva psiquiatría y la fundamentación biológica de la conducta, al franquismo le correspondería la titánica tarea de regenerar a todas aquellas mujeres que, habiendo sido víctimas de un profundo debilitamiento emocional y ético, se dejaron arrastrar por la barbarie inducida por el marxismo, la democracia o la pasión revolucionaria del anarquismo. De acuerdo con los fundamentos doctrinales e ideológicos que conformaron el universo judicial y punitivo del franquismo, las presas políticas eran consideradas seres depravados e inferiores, corrompidos o debilitados por la insana influencia del marxismo, el republicanismo, el comunismo o el anarquismo, y había que reeducarlas y regenerarlas a través del castigo y la redención. Todas ellas, pues, habrían delinquido porque su condición femenina, desasistida del amparo que debería haberles proporcionado un fuerte espiritualismo católico, las habría inclinado irrefrenablemente durante los años revolucionarios de la guerra a la comisión de los actos más sangrientos y al más absoluto libertinaje.

La criminalización de aquellas mujeres que habían sido inculpadas de abrazar las ideologías revolucionarias o antiespañolas de las izquierdas o el republicanismo las condujo a ser consideradas seres inapropiados para ejercer las funciones biológicas de la maternidad y la reproducción. En muchas cárceles de mujeres se reprodujeron con demasiada frecuencia escenas cargadas de odio e inhumanidad en las que se golpeaba fuertemente el vientre de las presas en estado de gestación acusadas de ser «rojas», en algunos casos hasta provocar el aborto. Se argüía que de esta manera se extirpaba de raíz el mal y se contribuía a la purificación de la nueva patria (Abad Buil, 2009: 65-86). El sistema carcelario que albergaba a las presas del franquismo fue aparentemente respetuoso con los derechos de las madres respecto a sus hijos de corta edad. No obstante, cuando estos últimos cumplían los tres años, eran separados de sus progenitoras y extraídos de las cárceles para ser reeducados en los principios ideológicos del Nuevo Estado mediante su alojamiento en los centros de acogida dependientes del llamado Patronato de San Pablo.

Sustancialmente, lo que la doctrina penitenciaria franquista perseguía con la punición y el encarcelamiento de las mujeres consideradas disidentes, desviadas o alejadas de los cánones de la moral cristiana no era otra cosa que la redención de sus pecados. Sin embargo, la arraigada convicción acerca de la condición acentuadamente pecaminosa atribuida a la mujer por el pensamiento católico pronto derivó en el otorgamiento a las presas franquistas de un trato punitivo de marcados tintes religiosos. Para ello se oficializó la denominada Obra de las Mujeres Caídas, que venía a sustituir a la institución para la redención de penas por el trabajo (el denominado Patronato de la Merced), que regulaba la duración de las condenas de cárcel aplicadas a los varones.

Así pues, para las mujeres presas permanecía intacta la interpretación correccionalista de honda inspiración católica y religiosa, que insistía en su necesario apartamiento de la sociedad para iniciar un largo proceso de regeneración moral y conductual (Gómez Bravo, 2009; Hernández Holgado, 2003). Dicho apartamiento debía estar cuidadosamente tutelado y vigilado por el personal religioso encargado de la asistencia espiritual de las encarceladas, de acuerdo con la premisa que erigía al debilitamiento del sentimiento católico propio de la feminidad en la causa principal que movía a las mujeres a la comisión del delito. En consonancia con esto último, las tesis penalistas implantadas por el régimen franquista, en buena medida inspiradas por los rancios presupuestos de la doctrina jurídica tradicional, incorporaron los principios correccionales que prescribían la necesaria redención cristiana de las inculpadas, lograda mediante su oportuna «refeminización».

Por todo ello, la vida cotidiana de las presas recluidas en las cárceles de mujeres habilitadas por el Nuevo Estado estuvo casi siempre presidida por la omnipresencia de la religión. El papel cumplido por las religiosas en los centros penitenciarios de mujeres seguía estando regulado por los convenios suscritos entre el Estado y las diferentes congregaciones católicas responsabilizadas de la tutela de las encarceladas. Sin embargo, los cambios acaecidos desde el final del régimen de la Restauración habían minado sus antiguas competencias. La Guerra Civil les devolvió una parte importante de sus antiguos privilegios. A todo esto debe añadirse que, desde los comienzos de la década de los cuarenta, las cárceles femeninas se configuraron, desde un punto de vista jurídico, como un espacio privilegiado para la redención moral de la mujer caída (es decir, en pecado). Así pues, la misión de las carceleras consistía en reeducar a las presas mediante el estricto cumplimiento de los principios religiosos y los valores morales con los que la ideología tradicionalista del Nuevo Estado definía el papel de la mujer y la condición femenina. Para todo ello se utilizaría el reiterado castigo y la humillación, concebidos como medios eficaces para alcanzar el sometimiento de las encarceladas y conseguir alterar su personalidad y su conciencia (Cuevas, 1998).

Hay que prestar atención a otro instrumento puesto al servicio del control y la represión. Desde el instante mismo de su instauración, el régimen franquista desplegó una densa red de organismos acusatorios dirigidos a perseguir a las mujeres disidentes o politizadas por las izquierdas o el republicanismo. Con mucha frecuencia, estos organismos estuvieron asistidos por la colaboración desinteresada de una multitud de delatores y colaboracionistas. Muchos de estos últimos, entre los que cabe incluir a las viudas de los más prominentes derechistas o de los ricos hacendados locales que fueron asesinados durante los actos revolucionarios cometidos al inicio de la Guerra Civil, deseaban resarcirse de los daños infligidos a sus parientes más próximos por los integrantes de los comités populares y los individuos más radicalizados de las izquierdas. Los deseos de vengar la muerte de numerosos derechistas que fueron víctimas de los actos revolucionarios practicados en la retaguardia republicana al comienzo de la guerra indujeron a muchos delatores a practicar acusaciones directas contra aquellas mujeres con las que habían mantenido tensas relaciones laborales durante el inmediato pasado o que se habían destacado por colaborar en las tareas de exterminio de los derechistas o en el saqueo de sus viviendas y enseres en los primeros meses de la Guerra Civil. En un elevado número, los referidos delatores eran mujeres y viudas que, de una u otra manera, deseaban resarcirse de los daños y perjuicios sufridos durante la contienda (Anderson, 2009 y 2012).

El análisis pormenorizado de las sentencias acusatorias dictadas contra casi todas estas mujeres revela que los argumentos inculpatorios que se utilizaban contra ellas se basaban en los estereotipos culturales e ideológicos que, desde el comienzo de la Guerra Civil, sirvieron a los rebeldes para identificar a la llamada «mujer roja». Las mujeres condenadas respondían casi siempre a los perfiles de la miliciana impúdica o desvergonzada, la cabaretera, la prostituta, la degenerada sexual, la «individua de dudosa moral», la libertina, la sanguinaria o la enemiga de la patria. Teniendo en cuenta el declarado compromiso del régimen franquista con la regeneración moral y espiritual de la nación, las mujeres transgresoras de la moral tradicional se habrían erigido en las más perversas portadoras de los males y pecados que venían aquejando a la patria desde la implantación del liberalismo. Por ello mismo, las mujeres que ingresaron en las cárceles franquistas a partir del mismo 18 de julio de 1936 fueron consideradas extremadamente peligrosas, lo que las hacía merecedoras de una severa y ejemplarizante punición.

Las «otras» Magdalenas: castigos, humillaciones públicas, encarcelamientos y violaciones

Como en parte ya ha sido sugerido, la represión ejercida por el Nuevo Estado franquista sobre las mujeres revistió algunas peculiaridades que la hicieron sensiblemente diferente de la practicada contra los varones. Con muchas de las mujeres represaliadas se utilizaron prácticas vejatorias y humillantes escenificaciones punitivas que perseguían el escarnio público de cuantas se habían atrevido a menospreciar o desobedecer los preceptos morales empleados por la religión y el tradicionalismo en la definición de los deberes que les eran asignados para con la nación y la sociedad. El franquismo acusaba a las mujeres politizadas por las izquierdas, o a cuantas habían defendido abiertamente los logros democráticos de la República, de haberse convertido en las «otras» Magdalenas, es decir, seres degenerados y pecaminosos a causa de una especie de debilitamiento de su feminidad virtuosa. Este reproche lo expresó a través de simbólicos símiles que llenaron las páginas de los periódicos. Símiles como el siguiente, en el que el franquismo personificaba en las mujeres «Magdalenas» la renuncia a su feminidad virtuosa y, por tanto, su caída en una situación de derrota y deshonra social, servían para estigmatizar y desvalorizar a aquellas que desafiaban las normas impuestas por los sublevados, a las que se calificaba de aberrantes y alejadas del ideal femenino:

> Lo más hermoso que luce un pavo real en su figura es su cola maravillosa. Lo más seductor que puede lucir una mujer es una cabellera larga. Todas esas Magdalenas que se cortan las trenzas dan la sensación de pavos con el rabo entre las piernas *(La Vanguardia. Diario filipino independiente,* 8 de agosto 1936, núm. 162: 29).

Así pues, con los rituales escénicos puestos en marcha para dar a conocer públicamente sus desviadas conductas del pasado, se perseguía la regeneración y la purificación de sus cuerpos. En otras ocasiones se procuraba la caricaturesca ridiculización de las acusadas o de las presas, practicada mediante su sometimiento a ciertos rituales de humillación y burla. Mediante el empleo de toda una variada gama de escenificaciones grotescas y ultrajantes, las nuevas autoridades franquistas pretendían ridiculizar el perverso intento de parecerse a los hombres que muchas de las mujeres represaliadas habían puesto en práctica algunos años atrás, cuando habían iniciado su compromiso con los partidos y sindicatos republicanos o de izquierda o se habían atrevido a intervenir en la arena política y el espacio público. Las famosas «rapadas» podrían ser la expresión más acabada de todo esto último. Contra las mujeres republicanas, socialistas, anarquistas o comunistas, así como contra todas aquellas que habían sido inculpadas de haber prestado un auxilio directo o indirecto al sostenimiento de la República, se aplicaron escarmientos y vejámenes extremadamente humillantes que en ningún caso fueron usados contra aquellos hombres sobre quienes recaían idénticas acusaciones. A muchas de aquellas mujeres ultrajadas por las nuevas autoridades franquistas les fue rasurada la cabeza inmediatamente antes de ser exhibidas públicamente, otras fueron obligadas a ingerir aceite de ricino para purificar sus cuerpos del pecado que llevaban dentro, y a casi todas las hicieron pasear, semidesnudas en algunas ocasiones, en procesión por los lugares más frecuentados y céntricos de sus respectivas poblaciones de residencia. En algunas ocasiones se llegaba al extremo de depilarles las cejas. Las procesiones de mujeres represaliadas, con la cabeza rapada, vestidas de manera ridícula o ataviadas con los emblemas del extinto régimen republicano, se repitieron por casi toda la retaguardia rebelde mientras duró la guerra y se extendieron por toda la geografía española tras la finalización del conflicto. En muchos casos, tales desfiles eran observados por auténticas multitudes que se ufanaban al contemplar el lamentable aspecto que presentaban las mujeres presas (Gutiérrez Molina, 2009: 79-95; González Duro, 2012), como si se tratase de una suprema lección de escarmiento dirigida al señalamiento de las culpables o a la reprobación del comportamiento «inmoral e ilícito» que aquellas habían mostrado durante el inmediato pasado.

La motivación principal de la mayoría de todos estos vejámenes consistía en desposeer de cualquier rasgo estético de feminidad a las mujeres represaliadas. Pero, por encima de todo, el rapado de las mujeres inculpadas por haber transgredido las normas de la moral católica tradicional o por haber tomado partido de manera pública y manifiesta en la defensa de los ideales democráticos o republicanos constituyó un acto esencial y primario de violencia entre semejantes. Casi siempre se produjo en el marco de la comunidad vecinal, donde todos los individuos se reconocían mutuamente, y sirvió para señalar públicamente a los excluidos o a cuantos no tenían cabida en el nuevo orden político y moral impuesto por el recién instaurado régimen franquista. Las circunstancias que habían motivado el respaldo de muchas mujeres a los principios de la igualdad entre los sexos, defendidos por el anarquismo y las izquierdas durante la Guerra Civil, fueron perversamente reinterpretadas con posterioridad por el pensamiento tradicionalista y católico. Este último atribuía la formulación de tan «delirantes reclamaciones» a un aberrante fenómeno de masculinización que habría tenido lugar entre todas aquellas mujeres consideradas desviadas, pecadoras o insumisas. En consecuencia, para extirpar los profundos vicios que todas estas disparatadas pretensiones habían traído consigo, se hacía ineludible que las mujeres politizadas o seducidas por las reclamaciones de igualdad con los hombres sufriesen un severo escarmiento, para lo cual habían de ser desposeídas de todos sus atributos esencialmente femeninos (Barranquero Texeira, 2007: 85-94). Lo sucedido durante los primeros días de la guerra en Paterna de la Ribera (Cádiz) resulta altamente significativo. Durante los seis primeros días de la contienda en los que el pueblo permaneció fiel a las autoridades republicanas, la gente ocupó literalmente la calle. La presencia de muchas mujeres en los espacios públicos con el propósito de dejar patente su respaldo a la legalidad republicana las hizo acreedoras de severos castigos. Estos últimos no se hicieron esperar cuando, a partir del 23 de julio, grupos de falangistas apoyados por columnas militares rebeldes procedentes de Arcos de la Frontera ocuparon la población y la sometieron a un terrible escarmiento. Ana Castejón Cote, vecina de aquel pueblo y esposa de un destacado dirigente anarquista, tenía 39 años cuando sucedió todo cuanto acabamos de mencionar. Tras el asesinato de su compañero, huyó a Málaga, pero cuando esta última ciudad fue ocupada por las tropas rebeldes a comienzos de 1937, tuvo que regresar a su pueblo. Allí fue objeto de incontables humillaciones. Fue llamada al cuartel de la Falange local, donde le raparon la cabeza. A continuación la pasearon por las calles hasta la iglesia, en un recorrido atestado de vecinos que la insultaban a grandes voces. En la iglesia la esperaba el párroco, que la «exorcizó» y la devolvió al encierro en la prisión local. Fue juzgada más adelante ante un consejo de guerra que la condenó a varios años de prisión.

La profunda deshumanización sufrida por las mujeres represaliadas o castigadas por el régimen franquista, incluso desde las primerísimas etapas de su institucionalización, las condujo al padecimiento de inacabables tormentos. Desde los años trágicos de la Guerra Civil, en las localidades recién ocupadas por las tropas rebeldes se hicieron frecuentes las violaciones de aquellas mujeres acusadas de haber mostrado una conducta «impropia de su condición femenina» en el inmediato pasado, de haber defendido la legalidad republicana frente a los golpistas o de haber pertenecido a los partidos y sindicatos de izquierda, colaborando abiertamente con las autoridades republicanas. Mediante la práctica de la violación ejercida sobre aquellas mujeres previamente inculpadas, se escenificaba la plena reinstauración de los valores de la virilidad y la masculinidad, al tiempo que se degradaba moralmente a la víctima, despojada de toda dignidad y sometida a las más repugnantes prácticas sexuales (Jolie, 2008a y 2008b: 89-107). En numerosos pueblos de la provincia de Sevilla, cuando se consumaba su ocupación por parte de las columnas de militares rebeldes, apoyadas por falangistas y requetés, se sucedían escenas espeluznantes de odio y violación contra numerosas mujeres acusadas de haber pertenecido a los partidos de izquierda o de haber simpatizado abiertamente con la República. Por citar tan solo un ejemplo, señalaremos que en la localidad sevillana de Los Corrales Victoria Macías Gutiérrez fue fusilada estando embarazada, y su cadáver, violado por un antiguo pretendiente (Velasco Haro, 2000).

En muchos de los procesos de encausamiento que conducían a la celebración de juicios sumarísimos, sostenidos generalmente por tribunales militares, las mujeres eran acusadas de haber participado de una u otra forma en las tareas de «auxilio a la rebelión» en la retaguardia leal o de haber desempeñado un destacado papel en las organizaciones políticas o sindicales de la izquierda frentepopulista durante el periodo republicano. Tal era el caso de Ana París, con 38 años al iniciarse el conflicto, casada y con dos hijos, quien llegó a ocupar la presidencia de la sección de mujeres de la Unión General de Trabajadores y participó activamente en La Roda (Sevilla) como sindicalista en defensa de los intereses de las clases populares. Según consta en su expediente judicial, desempeñó asimismo un papel protagonista en su localidad tras el fracaso de la insurrección militar, organizando su defensa frente al acoso practicado por los militares golpistas. Tras la ocupación del pueblo por las tropas de la columna Castejón, huyó hacia Málaga, pero fue detenida posteriormente por los falangistas en Antequera, el mes de noviembre de 1936, y conducida poco después a la prisión provincial de Sevilla. Finalmente, fue juzgada en consejo de guerra y condenada a muerte en agosto de 1937. En cumplimiento de la sentencia, Ana París fue ejecutada mediante el procedimiento de garrote vil el 5 de febrero de 1938 (García Márquez, 2012: 162-163).

Sin embargo, entre los documentos de la justicia franquista también abundaron aquellos expedientes acusatorios que incriminaban a un abultado número de mujeres del delito de haber ayudado a quienes mostraron resistencia frente a las nuevas autoridades militares o de haber permanecido impasibles ante tales comportamientos. La mayor parte de los expedientes judiciales incoados por los tribunales militares franquistas contra las denominadas «rojas» las acusaba de haberse apropiado de los bienes de los derechistas que habían sido represaliados por los comités revolucionarios en la retaguardia republicana. Otros muchos expedientes las acusaban de haber causado destrozos en el patrimonio eclesiástico, haberse apropiado de los tesoros artísticos o los objetos litúrgicos expoliados en las iglesias saqueadas (Prieto Borrego, 2007: 95-106) o haber colaborado con las autoridades republicanas en la denuncia, la identificación o la detención de numerosos derechistas y «personas de orden». Si bien su presencia no fue ciertamente masiva ni generalizada, muchas mujeres participaron en los actos colectivos de violencia anticlerical y en las oleadas de furia iconoclasta que se sucedieron en la retaguardia republicana durante los primeros meses de la guerra. Esto último les reportó la aplicación de severas penas. Aunque rara vez fueron las ejecutoras directas de tales actos, las mujeres aparecían con frecuencia como sus inductoras o como las alentadoras de los varones en la comisión de innumerables manifestaciones de anticlericalismo. En Marbella (Málaga) fue un abultado grupo de mujeres el que arrastró el mobiliario de la iglesia parroquial hasta la playa, mientras que en San Pedro de Alcántara (también en Málaga) las mujeres se encargaron de facilitar la gasolina para prender las hogueras que redujeron a cenizas los retablos, las imágenes sagradas y los objetos empleados en el culto religioso (Prieto Borrego, 2003: 751-772).

También se acusó a un gran número de mujeres de haber proferido gritos o insultos contra las nuevas autoridades franquistas, así como de haber mantenido relaciones sentimentales o sexuales con hombres que habían pertenecido a los partidos y sindicatos frentepopulistas. En otros expedientes, multitud de mujeres eran acusadas de haber contribuido a la difusión de bulos o rumores contra el nuevo orden establecido o haber colaborado con los órganos clandestinos de difusión en la propagación de noticias alarmistas o amenazantes para la seguridad del Nuevo Estado franquista.

Resultó asimismo muy frecuente inculpar a las mujeres, aplicándoseles por ello severas penas de reclusión, del solo hecho de haber sido madres, esposas, hermanas o hijas de militantes o simpatizantes de las formaciones políticas del republicanismo o las izquierdas durante la etapa democrática republicana o a lo largo de la Guerra Civil. Las esposas e hijas de los izquierdistas ejecutados o encarcelados durante la Guerra Civil fueron objeto de una sañuda persecución por parte de las nuevas autoridades franquistas. Basten los siguientes ejemplos para probarlo. Juan Carrera Luque había pertenecido al comité popular de Almogía (Málaga) durante los primeros meses de la guerra. Huyó por la carretera de Almería tras la ocupación militar de Málaga en febrero de 1937, pero decidió regresar desde Motril poco más tarde, alentado por las declaraciones oficiales de las nuevas autoridades militares franquistas que exculpaban a cuantos no hubiesen cometido delitos de sangre. A su regreso al pueblo, se escondió cuando conoció la detención de su mujer y su hijo. Pese a ello, decidió presentarse ante las nuevas autoridades franquistas y fue inmediatamente ejecutado. Su esposa, Francisca Luque Muñoz, fue víctima a partir de entonces de un interminable acoso por parte de los falangistas locales, los agentes de la Guardia Civil y las autoridades municipales al servicio del Nuevo Estado. Merece la pena dar cuenta del testimonio transmitido por su hijo:

> Estábamos en casa de una tía en Almogía, en [casa de] los Mora, y llegó el barbero con una pareja de [guardias] civiles. A mi madre la pelaron y a otra de allí. Yo lloraba. Yo no sabía qué hacer y no me quedó sino llorar. Me metieron con el mosquetón en el costado y me dejaron para un mes listo. Dijeron: «Señora venga usted». La sentaron y la pelaron. Ella con el susto y el miedo se lio a llorar. Fue el barbero. Cuando la pelaron le dieron aceite de ricino y le dijeron: ¡toma, para que te crezca el pelo! Y ella empezó a gritar: ¡Ay, pegadme un tiro! Hasta intentó suicidarse y si no lo hizo fue porque mi tía estaba pendiente de ella. Luego venían los de falange y se llevaban las cosas, que si las gallinas, o lo que fuera (Barranquero Texeira, 2007: 88).

El testimonio de Dolores, una de las muchas mujeres huidas de la ciudad de Málaga y de sus poblaciones cercanas ante el asedio de las columnas militares franquistas, resulta igualmente esclarecedor. Dos de sus hermanos trataron de huir de Málaga a través de la carretera de Almería. A la altura del Río de la Miel (Nerja, Málaga), uno de ellos fue reclutado por el ejército nacionalista mientras que el otro huyó a la denominada «zona roja» y se incorporó en Berja (Almería) al ejército de la República. A su regreso, recuerda que los falangistas se ensañaron con su madre y su hermana, quienes junto con otras muchas mujeres fueron obligadas a exhibirse desnudas en medio de la vía pública. Poco después prosiguieron las ofensas y las humillaciones de la multitud, destinadas a subrayar su condición de proscritas. La testimoniante relataba que su madre y su hermana eran obligadas a limpiar la iglesia, el cementerio, el paseo público o algunos locales abandonados. La insoportable presión sufrida obligaba a muchas mujeres represaliadas a esconderse en cuevas o en casas de campo a fin de eludir la vergonzosa situación a la que se veían conminadas por las nuevas autoridades franquistas (Barranquero Texeira, 2007: 88).

Pero quizás revistió una importancia aún mayor aquella otra represión, basada en la exclusión social, la marginación o la penalización económica, que sufrieron miles de mujeres en los difíciles años inmediatamente posteriores a la finalización de la Guerra Civil. En aplicación de la Ley de Responsabilidades Políticas dictada en febrero de 1939, y cuyos tribunales permanecieron activos hasta el año 1945, se practicó la desposesión de una ingente multitud de individuos acusados del solo hecho de haber manifestado simpatía hacia los ideales democráticos o republicanos o de haber pertenecido a alguna de las formaciones políticas y sindicales declaradas ilegales por el Nuevo Estado. Las expropiaciones y las sanciones económicas llevadas a cabo primeramente por la Comisión Central de Incautaciones (durante los primeros meses de la Guerra Civil) y con posterioridad por los Tribunales de Responsabilidades Políticas y la Comisión Liquidadora sumieron en la más absoluta pobreza a infinidad de familias pertenecientes a las clases trabajadoras o a los más humildes estratos de las denominadas clases medias. Las mujeres y esposas de muchos de los hombres encarcelados o ejecutados por el régimen fueron víctimas asimismo de las sentencias condenatorias dictadas por los Tribunales de Responsabilidades Políticas. Tales tribunales disponían de plena potestad para decretar la expropiación de los bienes que aún permaneciesen en manos de los familiares de quienes habían sido condenados por los Tribunales Especiales Militares, en aplicación de las sentencias dictadas desde al año 1937 en adelante. Ser esposa de preso durante la primera etapa del franquismo significaba, en muchas ocasiones, convertirse en objeto preferente de la actividad inquisitoria de los Tribunales de Responsabilidades Políticas. Ese fue el caso de Francisca Liesa Liesa, del pueblo de Argavieso (Huesca), a quien el 30 de enero de 1941 se le incoó un expediente por haber proferido insultos contra las fuerzas del orden público una vez que tuvo conocimiento del apresamiento de su hijo. Por tal motivo, Francisca fue acusada del delito de «excitación a la rebelión» y condenada a la pena de seis años y un día de reclusión mayor, a lo que se añadía la incautación de sus bienes y el pago de una multa de 3.700 pesetas (Abad Buil, 2005: 21-39). Esta realidad condenó a muchas mujeres de encarcelados, ejecutados o represaliados por el franquismo a llevar una vida miserable, que las conminaba en muchos casos a practicar la prostitución (Prieto Borrego, 2006: 665-687). En otros muchos casos, las compañeras o las esposas de izquierdistas ejecutados o encarcelados fueron asimismo condenadas a una situación de profunda marginación social. A fin de sobrevivir, muchas de estas mujeres se vieron constreñidas a recurrir al desempeño de tareas humillantes, a la práctica del estraperlo mediante la venta de objetos de escaso valor o pequeñas cantidades de alimentos en el mercado negro, a depender de la caridad pública o a suplicar el amparo y la protección ofrecida por los centros de Auxilio Social (Abad Buil, 2005: 21-39; Barranquero Texeira y Prieto Borrego, 2003). Ese fue el caso de la madre de Isabel Sánchez Alba, de un pueblo de la provincia de Jaén. Su esposo, Santos Sánchez, fue encarcelado durante los primeros meses de la Guerra Civil, por lo que Virginia Alba quedó en una situación de extrema necesidad y a cargo de dos hijos pequeños y su anciana madre, a los que debía cuidar. Virginia fue sometida a las vejaciones con que los vencedores acostumbraban a humillar a las mujeres identificadas con la República o las izquierdas. Se la obligó a la ingesta de aceite de ricino y quedó avergonzada al tener que hacer sus necesidades en público, dada la incontinencia que el consumo de ese producto provocaba. Pero además de todo ello, la situación de pobreza y marginación la obligó a dedicarse al estraperlo y el mercadeo de pequeñas cantidades de productos en el mercado negro. Esto último la colocaba en una situación de permanente vigilancia, de la que podía derivarse la imposición de una severa sanción económica o el encarcelamiento (Abad Buil, 2004).

Capítulo 6

La dictadura antifeminista: el franquismo

Tras la Guerra Civil, el régimen franquista desmanteló de inmediato los avances en igualdad de género impulsados durante la Segunda República, frustrando las expectativas de emancipación social y jurídica que muchas mujeres habían comenzado a vislumbrar a partir de 1931. A través de una nueva legislación civil, penal, educativa, cultural y laboral, y en estrecha alianza con la Iglesia católica, el partido único creado tras el decreto de unificación de 1937, Falange Española Tradicionalista y de las Juntas de Ofensiva Nacional Sindicalista (FET-JONS), y otros mecanismos de control y adoctrinamiento, el franquismo no solo reguló la vida política, sino que también consolidó un sistema social, cultural, económico y laboral profundamente patriarcal. Este modelo garantizaba una estructura antifeminista que restringió la autonomía y los derechos de las mujeres durante cuatro décadas, asegurando su subordinación en todos los ámbitos de la vida.

Asimismo, la reestructuración de las relaciones de género impuesta por el régimen franquista dio lugar a identidades diferenciadas y jerarquizadas para hombres y mujeres que, aunque experimentaron ciertas adaptaciones con el paso del tiempo, se mantuvieron notablemente rígidas durante los cuarenta años de dictadura. Esta configuración permite afirmar que, desde 1939, el franquismo instauró una auténtica dictadura de género en España, pues, en el caso de la identidad femenina, esta quedó definida en función de la sumisión, la maternidad y la dependencia del varón, eliminando cualquier posibilidad de autonomía personal o profesional. Mientras tanto, la identidad masculina se construyó en torno al trabajo, la autoridad y el dominio sobre la familia, consolidando un ideal de virilidad basado en la fortaleza, la disciplina y el control. De este modo, el franquismo no solo reguló las oportunidades y derechos de hombres y mujeres, sino que moldeó de manera profunda y duradera las propias concepciones de feminidad y masculinidad, perpetuando una desigualdad estructural que trascendió incluso el periodo dictatorial.

Franquismo y dictadura de género: de la represión abierta a la opresión invisible

Entre las múltiples facetas que tuvo el sistema constituido tras el final de la Guerra Civil, el franquismo demostró ser, de principio a fin, una implacable dictadura de género. Los reconocidos avances previos alcanzados por el movimiento feminista en España durante la Segunda República habían llegado a despertar auténtico pavor entre aquellos sectores comprometidos con preservar un modelo de sociedad anclado en la tradición y en el *statu quo* previo a 1931. Escritores de este tiempo, como el célebre aristócrata falangista Agustín de Foxá, en su *Madrid de corte a checa* (1937), describieron su sentir en alusiones tempranas a esas «mujerzuelas feas, jorobadas, con lazos rojos en las greñas» que pertenecían a un «mundo inferior y terrible, removido por aquellas banderas siniestras» tras el triunfo del Frente Popular en las elecciones de 1936.

Si bien ya se ha señalado anteriormente, resulta necesario subrayar que, desde el inicio de la conspiración hasta los años inmediatamente posteriores al final de la contienda, los golpistas que dieron inicio a la guerra reafirmaron una y otra vez, en esta línea, su voluntad de constituir un frente unido de reacción en materia de igualdad. La ansiada revancha, encabezada por los militares y respaldada por el conjunto de fuerzas sociales que representaban a quienes se oponían a los vientos de cambio impulsados por la República —también en lo relativo a las mujeres—, no tardó en materializarse. Desde el mismo 18 de julio del 1936 comenzó la restauración del orden que había sido amenazado por mujeres dispuestas a abrir brechas en el sistema de dominación patriarcal, capitalista y católico de su tiempo. El aguerrido movimiento feminista republicano, que había sido capaz de apuntarse extraordinarias victorias desde abril de 1931, se convirtió así en uno de los principales fuegos que deseaban sofocar los encargados de restituir un sistema en peligro. Fue en este momento cuando acabar con el fantasma feminista de manera ejemplarizante se convirtió en una prioridad manifiesta del naciente régimen franquista a lo largo de toda la contienda bélica. El uso de formas de violencia y terror inimaginables sobre estas llamadas «subversivas» sería inmortalizado, como ya hemos dejado expuesto en el capítulo anterior, en los discursos del militar franquista Queipo de Llano cuando sentenció que las mujeres «no se iban a librar por mucho que forcejeen y pataleen». Este implacable deseo expreso por «poner en su sitio» a las feministas para que nunca olvidaran cuál debía ser su lugar en la sociedad marcó un punto álgido en la historia del antifeminismo reproducido por el régimen franquista durante toda su existencia.

La configuración de esta denominada «virilización» del Estado fue un proceso que iría afianzándose durante décadas, manteniendo unas características diferenciadas y cambiantes desde el final de la Guerra Civil hasta la muerte del dictador en el año 1975. A lo largo de dos décadas, 1939-1959, de lo que ha sido denominado «el primer franquismo» o «la larga posguerra española», el antifeminismo del régimen se manifestó a través de diversas formas de violencia marcadas por un alto grado de represión directa. Partiendo de la eliminación física hasta llegar a la reversión de todos los avances obtenidos en materia de igualdad hasta el momento, la dictadura forjó una estructura de dominación brutal con un profundo sesgo de género. A través de un amplio elenco de medidas y nuevas prácticas, el franquismo caminó por este medio hacia la articulación de unas reforzadas identidades masculinas y femeninas cimentadas en los principios del nacionalcatolicismo.

Esta toma de conciencia del régimen en torno a la importancia de trabajar en dicha dirección quedó inmortalizada en el protagonismo adquirido por instrumentos ligados a FET-JONS como el Frente de Juventudes y la Sección Femenina. A partir de los años sesenta, con la llegada del «segundo franquismo», también llamado «década del desarrollismo», el antifeminismo imperante fue adquiriendo rasgos propios marcados por la pervivencia de una discriminación femenina que adoptaba formas cada vez más sofisticadas e interiorizadas de represión interna. El anhelo de la dictadura por crear «nuevas españolas» que encajaran en sus parámetros ideológicos y valores morales permeó así progresivamente desde la esfera política hasta todos los ámbitos de la vida cotidiana en su dimensión económica, religiosa e incluso sociocultural. Esta evolución del aparato antifeminista patentado por el régimen garantizó la pervivencia de un modelo opresivo cambiante, pero en esencia inmóvil, que fue perfeccionándose hasta hacerse invisible a ojos de buena parte de la sociedad española.

Género y control social en el franquismo: masculinidades y feminidades

El género se convirtió en uno de los mecanismos más coercitivos y persistentes de control social bajo la dictadura. A través de un entramado legal y cultural, el Estado franquista impuso una educación basada en patrones rígidos de feminidad y masculinidad, estrechamente ligados al desarrollo político del régimen. Esta estructura reforzó la virilización del Estado, la exaltación del patriarcado y la glorificación de la maternidad, consolidando así una sociedad profundamente jerarquizada. Ser hombre en el franquismo implicaba ser el pilar de la familia, un ciudadano leal y un soldado en potencia, dispuesto a defender con su vida los valores de la «Nueva España». En contraposición, la feminidad se definía a través de la sumisión y el deber materno. Según la ideología nacionalcatólica franquista, las mujeres eran, ante todo, esposas y madres, guardianas de los valores tradicionales que, supuestamente, habían forjado la identidad española y la «raza ibérica» (Marcilhacy, 2010).

La masculinidad concebida por el franquismo estuvo profundamente marcada por el discurso de Falange (Box, 2025), un partido que, según pensadores como Giménez Caballero o Ramón Latre, se definía a sí mismo como un movimiento esencialmente masculino. Esta concepción enlazaba con la ya sostenida durante la dictadura de Miguel Primo de Rivera. Así lo evidenciaba Latre al afirmar que la pérdida de la jerarquía mundial de España se debía a la falta de masculinidad en su actuación. En su visión, la verdadera esencia del falangismo no residía en su sindicalismo, racialismo o patriotismo, sino en su «masculinismo», concebido como una cualidad integral que abarcaba el pensamiento, el carácter, la conducta y la acción. En sus propias palabras:

> ¿Por qué España ha perdido la jerarquía mundial? Simplemente porque el pueblo español no ha empleado masculinidad en su actuación [...]. Para nosotros, la utilidad nacional de este movimiento falangista no radica en su sindicalismo ni en su racialismo ni en su patriotismo: radica en su masculinismo. El falangismo es el movimiento más original que se ha creado en España, porque se basa en la masculinidad íntegra: de cerebro, de carácter, de conducta, de actividad; y es el más necesario porque tiene por finalidad poner en función, en actividad, esa masculinidad; y es también el más profundo, porque en un próximo futuro lanzará al mundo una nueva fuerza: la masculinidad hispana (Ramón Latre, *Amanecer,* 22 de septiembre de 1938).

Tras la guerra, la dictadura institucionalizó este ideal de masculinidad en torno a tres pilares fundamentales: la autoridad política, el control de la estructura familiar y la militarización de la sociedad (Jiménez Aguilar, 2024). Estos principios quedaron reflejados en el discurso de Franco durante el Desfile de la Victoria del 19 de mayo de 1939, en el que exaltó el trabajo abnegado, la austeridad, el sacrificio y la disciplina como bases del nuevo orden nacional. El propio Franco se convirtió en la máxima encarnación de este modelo al proyectarse como un líder fuerte, paternalista y garante de la patria y de la moral católica. En consecuencia, la educación de los varones se orientó hacia este ideal, reforzado a través de instituciones como el Frente de Juventudes de la Falange. Esta organización promovía una formación en la que el hombre debía aspirar a la milicia o al sacerdocio, ya fuera para defender con su vida a la nación o para guiar espiritualmente al pueblo. Así rezaba en textos como el *Manual del Jefe de Centuria del Frente de Juventudes* (1943), donde se describía el perfil del «varón franquista ideal»:

> Ten fe en Dios; Sirve a tu Patria; Sigue al Caudillo con espíritu falangista; Honra la memoria de José Antonio; Tu mayor orgullo será el de ser español y el de ser falangista; La vida es milicia; Ten disciplina; Vencerás con el ejemplo de tu conducta; Renuncia a la vida cómoda; Ser nacionalista significa romper con todos los sistemas políticos que arruinaron tu Patria y entregarte a la Falange para la gran tarea de reconstrucción nacional; Ser de la Falange es un título. Desde ahora tienes que ser también apóstol como José Antonio; Conquista a los mejores; Formas parte en la Cruzada de españoles de la Orden de José Antonio; Serás inasequible al desaliento; Rechaza la murmuración; Renuncia al descanso ocioso… A LOS NOBLES DE CAMISA AZUL, COMO PREMIO, DADLES SERVICIO (Delegación Nacional del Frente de Juventudes, *Manual del Jefe de Centuria de las Falanges de Voluntarios,* Madrid, 1943: 5).

La estructura familiar fue concebida, a su vez, como un reflejo del orden político franquista. En consonancia con los planteamientos del conservadurismo católico, el tradicionalismo y el fascismo —coincidentes en situar a la familia en el centro de la organización social y política—, el franquismo la erigió en núcleo esencial del Estado, suprimiendo el matrimonio civil, el divorcio y la anticoncepción y fomentando la procreación mediante un sistema de premios y privilegios destinados a las familias numerosas, como queda recogido en la siguiente tabla.

Tabla 8

Premios y reconocimientos para las familias numerosas durante la dictadura franquista

Beneficio	Descripción	Ley o disposición legal
Descuentos en impuestos	Reducciones en el IRPF y otros impuestos como el de bienes inmuebles.	Ley de Protección a las Familias Numerosas (1941) y Ley de Reforma Tributaria (1957).
Descuentos en transporte público	Bonificaciones en trenes, autobuses y tranvías para familias numerosas.	Orden del Ministerio de Obras Públicas (1943).
Reducciones en tarifas de electricidad, agua y gas	Tarifas especiales para familias numerosas en servicios básicos.	Decreto de 18 de julio de 1947.
Medalla de la familia numerosa	Condecoración para madres con muchos hijos.	Ley de Protección a la Familia (1945).
Premios en metálico	Subvenciones económicas para familias con mayor número de hijos.	Decreto de 23 de diciembre de 1946.
Plazas escolares aseguradas	Prioridad en la escolarización y acceso a becas.	Ley de Educación Primaria (1945) y Ley de Educación Técnica (1953).
Matrículas reducidas o gratuitas en universidades	Descuentos en estudios superiores para hijos de familias numerosas.	Ley de Ordenación Universitaria (1943).
Viviendas sociales y facilidades en la compra	Prioridad en la adjudicación de viviendas de protección oficial y préstamos hipotecarios con condiciones favorables.	Ley de Viviendas de Protección Oficial (1946).
Exención del servicio militar	En algunos casos, el hijo mayor podía quedar exento del servicio militar obligatorio.	Ley del Servicio Militar (1945).
Facilidades laborales para padres de familias numerosas	Acceso preferente a empleos públicos y beneficios laborales.	Fuero del Trabajo (1938) y Ley de Funcionarios Civiles del Estado (1964).

Fuente: Verd Llabrés, 2022; Collantes de Terán de la Hera, 2009: 65-99; BOE-A-1971-795.

En este modelo familiar, el hombre era el jefe del hogar, el encargado de proporcionar sustento y de tomar todas las decisiones importantes, mientras que la esposa quedaba relegada al ámbito doméstico. Esta concepción se reforzó con el restablecimiento de aquellos artículos más restrictivos para las mujeres contenidos en el Código Civil de 1889, que otorgaban al esposo el derecho de administrar los bienes de su esposa y de decidir sobre su vida laboral y social.

La militarización de la sociedad franquista, en el marco de la dictadura de género y como tercer pilar de la nueva masculinidad, desempeñó un papel clave en la consolidación de un ideal viril vinculado a la guerra y la violencia. El régimen exaltó la figura del soldado como máximo exponente de la masculinidad, cimentada en la disciplina castrense y el espíritu de sacrificio como valores esenciales de la identidad masculina. La Guerra Civil y su memoria se erigieron en modelo de masculinidad heroica, donde el verdadero hombre era aquel que había combatido por la patria. Este modelo militarista legitimaba la violencia como herramienta de control social y de dominación tanto en el hogar como en el Estado.

Estos valores y roles de género se inculcaron de manera sistemática desde la infancia a través del sistema educativo controlado por la Iglesia católica y de diversas organizaciones encargadas del adoctrinamiento masculino y femenino. En el caso de los varones, y como hemos advertido, el Frente de Juventudes. Y en el caso de las mujeres, la encargada de ese adoctrinamiento fue la Sección Femenina de FET y de las JONS, convertida en eje central en la formación de la «mujer nueva» franquista (Ofer, 2005: 663-674, y 2009: 583-605). Un modelo que, lejos de significar una verdadera transformación, perpetuaba la tutela emocional y moral de las mujeres dentro de un ideal conservador de entrega, sacrificio, abnegación y obediencia (Barrera, 2019) y que, en los discursos de la máxima autoridad de la Sección Femenina, Pilar Primo de Rivera, consolidaba una visión subordinada de la mujer española. Una de sus afirmaciones más representativas en este sentido fue la siguiente:

> Las mujeres nunca descubren nada; les falta, desde luego, el talento creador, reservado por Dios para inteligencias varoniles. Nosotras no podemos hacer más que interpretar mejor o peor lo que los hombres nos dan hecho (Conferencia de la delegada nacional de Sección Femenina, «La misión de la mujer en la vida», *ABC,* 2 de febrero de 1943: 7).

La visión de la feminidad promovida por la dirigente de las mujeres falangistas carecía de novedad. Desde la Guerra Civil, numerosos artículos publicados bajo el título «Mirando al hogar. La mujer en la Nueva España» definían con claridad el papel asignado a las mujeres en el bando sublevado (Hermida Martí, 2012: 506-512). Durante la posguerra, estas ideas siguieron propagándose en los medios franquistas, presentando una imagen femenina centrada en el hogar y en la defensa de los valores tradicionales. A través de sus publicaciones y discursos, el régimen reforzaba el viejo manual antifeminista y paternalista de comienzos de siglo que, aunque reconocía a las mujeres como piezas fundamentales del proyecto político que quería imponerse, las confinaba al rol de guardianas de la moral y la estabilidad familiar, privadas de autonomía para tomar decisiones y excluidas del ámbito político y laboral. La dictadura enfatizaba que las mujeres desempeñaban un papel esencial en la construcción de la «Nueva España», pero siempre desde una posición subordinada y al margen de la esfera pública. Su identidad quedaba estrechamente ligada a los roles de esposa y madre, responsables del cuidado del hogar y la crianza, y cualquier aspiración que las apartara de esa misión doméstica era desalentada. Además, se promovía que la educación de las niñas debía orientarse no solo hacia las tareas del hogar, sino también hacia la interiorización de valores como la obediencia, la modestia y la religiosidad, pues ahí, en la abnegación, la entrega silenciosa y la renuncia a la vida pública, hallarían la felicidad. Sacrificar las propias aspiraciones en favor del bienestar familiar no solo constituía un mandato moral, sino el ideal de vida impulsado tanto por el Estado como por la Iglesia. Aunque no estaba prohibida, la participación femenina en la vida pública se concebía como limitada y auxiliar, restringida a actividades complementarias como la asistencia social o la caridad, siempre bajo la tutela y el control masculinos, tanto del partido único como de la Iglesia católica.

Mientras tanto, y por su parte, la Falange y el Frente de Juventudes se encargaban de moldear el carácter de los varones desde la infancia mediante un sistema educativo y formativo fuertemente ideologizado que exaltaba la disciplina, el patriotismo y el fervor religioso como pilares de la identidad masculina (Mauri Medrano, 2016: 321-334). A través de actividades paramilitares, cánticos, marchas, ritos de exaltación nacional y ejercicios físicos, se proyectaba un modelo de masculinidad autoritaria y viril, en sintonía con los valores del régimen. Esta formación no se limitaba a la instrucción extracurricular: estaba profundamente integrada en el currículo escolar, en los manuales de conducta y en la propaganda oficial, que constantemente presentaban al hombre como el protector de la patria, el sostén de la familia y el guardián de los principios morales del Estado. Cualquier rasgo asociado a la fragilidad, la sensibilidad o la duda era interpretado como una amenaza al orden autoritario establecido y, por tanto, como una desviación que debía ser corregida. Se esperaba que los varones fuesen fuertes, decididos y sacrificados, dispuestos a defender la nación y a asumir su papel como jefes de familia sin cuestionamientos.

De este modo, el franquismo consolidó una educación profundamente diferenciada por razón de sexo que no solo reforzaba estereotipos de género, sino que garantizaba la reproducción de un sistema jerárquico y excluyente. En él, los hombres debían encarnar la figura del patriarca, autoridad máxima en el hogar y en la sociedad, mientras que las mujeres eran relegadas a una posición subordinada, definida, como decimos, por la obediencia, la dependencia y la invisibilidad política. Esta división no solo estructuraba la vida familiar, sino también el imaginario colectivo de toda una generación, que creció bajo un régimen que moldeó los cuerpos, las emociones y los deseos conforme a los dictados de un modelo patriarcal y nacionalcatólico. No extraña, en consecuencia, que el franquismo castigara con dureza a aquellos que osaban desafiar sus normas. Cualquier desviación del modelo de feminidad o masculinidad proclamados por la dictadura era interpretada como una amenaza al orden nacionalcatólico y reprimida mediante castigos físicos, encarcelamientos y otras formas de violencia extrema. Los hombres que no se ajustaban a la virilidad hegemónica —ya fuera por orientación sexual, ideología política o simplemente por mostrarse emocionalmente vulnerables— eran objeto de estigmatización y persecución, acusados de «afeminamiento» o de traicionar los ideales del «nuevo hombre español». De igual modo, las mujeres que cuestionaban su papel subordinado, reivindicaban una mayor autonomía o se negaban a cumplir con las expectativas impuestas sobre su cuerpo y conducta eran marginadas socialmente, sometidas a vigilancia o incluso internadas en centros de reeducación, donde se las forzaba a readaptarse a los ideales del régimen.

Estas prácticas represivas no solo pretendían castigar al individuo disidente, sino servir como escarmiento colectivo y mecanismo de control social. La vigilancia de la moral y de los comportamientos no recaía únicamente en las instituciones estatales, sino también en la familia, la escuela, la Iglesia y la comunidad, configurando así una extensa red de fiscalización cotidiana que buscaba eliminar cualquier atisbo de desobediencia o disidencia. Así, el franquismo construyó una cultura del miedo en la que los cuerpos y las identidades eran vigilados, corregidos y moldeados con el objetivo de preservar un orden social jerárquico, profundamente patriarcal y heteronormativo.

Atendiendo a esto último, la dictadura franquista extendió su aparato de control más allá de la imposición de modelos normativos de masculinidad y feminidad, desplegando un sistema de represión sistemática sobre cualquier forma de disidencia sexual o de género. La homosexualidad, al igual que cualquier identidad que se apartara de los cánones heteronormativos y reproductivos defendidos por el régimen, fue considerada una amenaza directa al orden moral, social y político del Estado nacionalcatólico (Fernández Galeano, 2019 y 2021: 331-350). En consecuencia, se elaboró un marco legal específico para criminalizar estas realidades, comenzando con la reforma de la Ley de Vagos y Maleantes en 1954, que por primera vez tipificó al «homosexual» como sujeto peligroso para la convivencia y el orden público. Esta lógica persecutoria se consolidó aún más con la aprobación en 1970 de la Ley de Peligrosidad y Rehabilitación Social, una normativa que no solo perseguía a los considerados «desviados», sino que habilitaba al Estado a intervenir directamente sobre sus cuerpos y vidas mediante medidas punitivas y disciplinarias (Mora Gaspar, 2016 y 2019: 37-49).

La represión de la homosexualidad masculina fue más allá del plano jurídico. El régimen diseñó un entramado institucional destinado a castigar, aislar y «corregir» la disidencia sexual a través de mecanismos de control que incluían la creación de centros penitenciarios específicos. En ellos se llevó a cabo una clasificación de los internos según una arbitraria distinción entre «homosexuales activos» y «homosexuales pasivos»: los primeros eran enviados al penal de Huelva; los segundos, al de Badajoz. En ambos casos, los presos fueron sometidos a condiciones inhumanas, incluyendo trabajos forzados, aislamiento, humillaciones y terapias de aversión psicológica y física, orientadas a forzar una conversión a la heterosexualidad. Estas prácticas se inscribían en una lógica de patologización de la homosexualidad, entendida no solo como delito, sino como enfermedad moral susceptible de ser «curada».

La violencia institucional no se dirigió únicamente contra los hombres homosexuales. Las mujeres que desafiaban los modelos tradicionales de feminidad —aquellas que rehuían el matrimonio, rechazaban la maternidad o establecían vínculos afectivos o sexuales con otras mujeres— también fueron objeto de persecución. El régimen, con la colaboración activa de la Iglesia católica, recurrió al internamiento en conventos, reformatorios o instituciones psiquiátricas como formas de castigo y «reeducación». Estas mujeres eran invisibilizadas, estigmatizadas y sometidas a terapias correctivas. Incluso aquellas que simplemente exhibían comportamientos considerados impropios —como una actitud independiente, el uso de ropa «masculina» o la negativa a asumir las labores domésticas—

podían ser señaladas como desviadas y sometidas a sanciones sociales o institucionales.

Como herramienta represiva del comportamiento femenino hay que mencionar también el Patronato de Protección a la Mujer (García Carbonell y Palau Galdón, 2023; Fajardo, 2024). Institución creada en 1941 y dependiente del Ministerio de Justicia, fue uno de los principales instrumentos del franquismo para controlar y reprimir a las mujeres que no encajaban en el modelo moral promovido por el régimen y la Iglesia católica. Presidido inicialmente por Carmen Polo, esposa de Franco, y gestionado en gran parte por órdenes religiosas como las Hijas de la Caridad y las Adoratrices, este organismo tenía como misión la «reeducación» de mujeres consideradas desviadas de la moral cristiana, lo que incluía prostitutas, madres solteras, jóvenes acusadas de rebeldía y cualquier mujer que desafiara los valores tradicionales de sumisión, castidad y obediencia. Para ello estableció una red de instituciones, reformatorios y «hogares de redención» donde las internas eran sometidas a trabajos forzados, disciplina estricta y adoctrinamiento religioso. Entre las medidas impuestas, se incluían la obligatoriedad de asistir a misas y rezos diarios, la imposición de labores domésticas y la prohibición de cualquier contacto con el exterior sin supervisión. En estos centros, muchas mujeres sufrieron malos tratos y humillaciones y fueron privadas de sus hijos, quienes eran dados en adopción sin su consentimiento, una práctica que derivó en el escándalo de los «niños robados». En 1952, un informe oficial del Patronato justificaba estas prácticas afirmando que «la mujer que ha caído en el vicio debe ser rescatada para evitar que su mal ejemplo corrompa a la sociedad», una frase que refleja la mentalidad represiva con la que operaba la institución. Además, el control del Patronato se extendía más allá de los centros de reclusión, pues colaboraba con la policía y la Sección Femenina para identificar y perseguir a aquellas mujeres que no cumplían con los estándares de feminidad franquista (Cenarro Lagunas, 2005). A pesar de que su actividad comenzó a reducirse en la década de 1970, el Patronato de Protección a la Mujer no se disolvió oficialmente hasta 1985.

Siguiendo las directrices descritas fueron criados y educados las niñas y los niños de las varias generaciones de españoles que nacieron en la dictadura o en sus años previos. La larga vida de la dictadura franquista provocó que su modelo de feminidad y masculinidad se normalizara y naturalizara por prácticamente el conjunto de la sociedad española, aunque comenzara a agrietarse en la década previa a su término.

Maternidad y biopolítica en el franquismo: control del cuerpo femenino y discurso pronatalista

Como se ha venido exponiendo, en el discurso de género franquista destacó la exaltación de la maternidad eliminando deliberadamente cualquier otra experiencia posible para las mujeres (Martínez Cuesta, 2017: 151-172). Muy tempranamente, el mismísimo Franco se refirió a «la admirable mujer española» como madre:

> En esta hora no quiero olvidar a la admirable mujer española que supo conducir a sus hijos hacia la lucha y la muerte, hasta el punto de que no sé qué es más sublime en esta gesta, si el hijo que cae o la madre heroica y sublime que lo empujó hacia la Gloria (cit. en Pilar Primo de Rivera, *Escritos, discursos y circulares,* Madrid, Sección Femenina de FET y JONS, 1943: 99).

Esta referencia del dictador a «la madre heroica» es una clara muestra de que el franquismo enarboló una política ultranacionalista y ultracatólica orientada a exaltar, como únicos elementos identitarios de las mujeres, sus papeles domésticos y maternales. La maternidad —debieron considerar el dictador y las autoridades de la época, según los postulados conservadores, pero también científicos, elaborados antes de la guerra— estaba inscrita en el código biológico femenino; por ello, durante casi toda la dictadura fue exaltada como la función social por excelencia de la mujer (Nash, 1996: 280). Fue así como el franquismo reforzó, y en cierta manera también «retorció», el discurso de la maternidad surgido a comienzos del siglo xx. Si entonces la maternidad se convirtió en valor central de la feminidad y en argumento nuclear que articuló las demandas de derechos civiles, sociales y políticos del feminismo de tipo social (Blasco Herranz, 2003: 103-130; Franco Rubio, 2010), la dictadura, por su parte, la erigió en un deber ineludible al servicio del Estado. Y consideró negativa cualquier actividad que las mujeres pudieran realizar, en nombre de aquellos derechos, fuera del ámbito doméstico, al entender que la maternidad podría verse seriamente entorpecida. El doctor Juan Bosch, jefe de la Obra Maternal e Infantil del Instituto Nacional de Previsión, en su estudio titulado *Trabajo, maternidad y lactancia,* publicado en 1943, era rotundo al respecto. Según él, el trabajo femenino fuera del hogar «había que proscribirlo» porque determinaba, según exponía en su página tercera: «a) disminución de la nupcialidad, b) disminución de la natalidad, c) aumento del número de abortos, d) aumento de la mortalidad maternal, e) aumento de la mortinatalidad, f) aumento de la mortalidad infantil». En paralelo al discurso «científico», el régimen produjo un proceso de culpabilización de toda mujer que no pudiese o quisiese ejecutar su tarea reproductiva y de crianza, ya que eso no iba en detrimento suyo, sino que acarreaba un perjuicio al conjunto de la patria. De ahí que se afirmara incesantemente que la madre que criara a su hijo era «dos veces madre» *(Lo que toda madre debe saber,* Instituto Nacional de Previsión, Madrid, 1941: 7).

Con el apoyo de la medicina, de la Iglesia y de la Falange, el franquismo, pues, actualizó y reformuló, en un sentido movilizador, el discurso de la domesticidad, que insistía en un concepto de mujer plegada al exclusivo y sagrado destino de la maternidad. La Iglesia apoyó al régimen en la política de maternidad, consolidando la posición de las mujeres como madres (Nash, 1996: 296). Y la Sección Femenina de Falange se encargó, según lo indicado, de la reeducación de las mujeres, y sus mayores esfuerzos se orientaron durante la posguerra a la promoción del nuevo ideal de feminidad y del programa pronatalista franquista entendido en un sentido higiénico-patriótico. Las revistas femeninas, como *Teresa, Medina, Consigna,* o el documental *Nuestra Misión* (1940), único producido por el Departamento de Cinematografía de la Sección Femenina (Oroz, 2016: 86-100), dieron buena cuenta de ello. Del mismo modo, Pilar Primo de Rivera, de acuerdo con las directrices de Auxilio Social y la Sección Femenina de Falange Española y de las JONS, en sus múltiples discursos, nunca se salió del guion, y afirmó de manera reiterada que la única misión de las mujeres en las tareas de la patria era el hogar y la maternidad *(Pueblo,* 15 de agosto de 1941: 4). Esa era, insistía una y otra vez, su mejor contribución al servicio de la patria para la constitución de un hogar cristiano, alegre, limpio y acogedor:

> Lo que tenemos nosotras que hacer es preparar a todas las camaradas para que, cuando tengan una casa y cuando tengan unos hijos, sepan inculcarles en su espíritu este modo de ser de la Falange; sepan enseñarles después del Padrenuestro, lo que José Antonio nos enseñó a nosotros, y les hagan sentir esa misma fe que sintieron nuestros Caídos... Y así, sin daros cuenta, sin exhibiciones públicas que no son propias de mujeres..., sino metidas en la familia que es vuestro único puesto, habréis hecho por España mucho más que todos los discursos y todas las peroratas del viejo estilo («Vosotras, camaradas casadas, también tenéis una misión», *Medina,* 1944: 3).

En estas palabras de la líder de la Sección Femenina se hace perceptible el gran énfasis que se dio al modelo de la «mujer nueva». Un modelo que excluía de manera explícita e implícita a todas las mujeres «modernas» republicanas que habían perdido la guerra y con el que pretendía el retorno a las «esencias patrias» y a la religión católica. El ideal de mujer buscado por los sublevados en la década de los cuarenta para la «Nueva España» se correspondía, sorprendentemente, con la mujer de la «Vieja España»: una mujer católica, hogareña y patriótica (Scanlon, 1986: 320). Pues para Franco y los franquistas solo las madres que cumplían con este «canon», entendido en un sentido amplio y plural, podían honrarse en ser llamadas españolas: «la maternidad no era solamente un deber de la mujer ante la religión y la familia, sino también frente a la patria», ya que para las casadas «la maternidad constituía un deber, a la vez, biológico, moral y social» (Castejón-Bolea y Riquelme Quiñonero, 2022: 101-120). Dicho de otro modo: para el franquismo, la maternidad remitía no solo al hecho biológico de la reproducción, sino también al hecho social y patriótico de la maternidad construida culturalmente. En este sentido, el programa de la dictadura, «Al servicio de España y del niño español» (Salazar Agulló, 2009; Salazar Agulló, Martínez Marco y Bernabeu Mestre, 2007: 285-314), desde los parámetros totalitarios que lo caracterizaron, y en el marco de una ideología netamente poblacionista, tenía estos tres objetivos principales y complementarios que constituyeron la base de la maternología franquista: la política demográfica bajo la influencia del pensamiento eugenésico (Polo Blanco, 2006), el control del cuerpo de las mujeres y la reducción de la mortalidad infantil y materna.

Como han probado muchas investigaciones, el control del cuerpo y de la reproducción de las mujeres se convirtió en una herramienta esencial de la biopolítica durante la primera etapa del franquismo (Cayuela Sánchez, 2014). Biopolítica entendida en un sentido foucaultiano: compuesto tanto por un dispositivo disciplinario —orientado hacia el cuerpo individual— como por los mecanismos reguladores o dispositivos de seguridad, encargados de gestionar los procesos biológicos de conjunto. Esos dispositivos y mecanismos permitirían a la dictadura su fin último: aumentar la natalidad para dar a la «patria» más «hombres y mujeres». Un aumento que garantizaría a España en última instancia, siguiendo el discurso pronunciado en 1935 por Ramiro Ledesma Ramos, regresar a la senda de su grandeza de antaño:

> Solo puede comenzarse a pensar seriamente en la grandeza de España, y solo esta grandeza es en efecto posible, cuando su población se haya por lo menos duplicado. Cuarenta millones de españoles habitando nuestra península constituyen una ga-

rantía excelente de gran futuro económico y político, es decir, mundial [...] (Ramiro Ledesma Ramos, *Discurso a las juventudes de España,* Madrid, Ediciones la Conquista del Estado, 1935: 24).

La política del régimen fue, como ya se ha dicho, pronatalista desde el primer momento. La tasa de natalidad en 1930 fue del 29 por 1.000, y en 1938 descendió al 17 por 1.000. Comenzó a verse con gran alarmismo que, de 1935 a 1937, se hubiese producido un descenso de la natalidad de un 15 por 100 (Vallejo de Simón, 1939), supuestamente causado por la «propaganda neomalthusiana, seudocientífica y sexual, propiciada por la República» (Salazar Agulló, Martínez Marco y Bernabeu-Mestre, 2008: 29). Esta preocupación demográfica se saldó con una batería de medidas legales no conocida hasta la fecha. El franquismo penalizó el aborto (Ley del Aborto de 24 de enero de 1941) y el uso de anticonceptivos; promocionó a la familia en el Fuero de los Españoles (de 17 de julio de 1945) prohibiendo la indisolubilidad del matrimonio, y concedió premios a la natalidad por número de hijos o por familia numerosa (ley del 1 de agosto de 1941) (Carretero y Ruiz Franco, 2006: 167-186). Y para que las mujeres no fueran apartadas de «su función suprema e insustituible» que era «la de preparar sus hijos, arma y base de la Nación», la dictadura dispuso medidas destinadas a garantizar el equilibrio económico de los hogares evitando con ello que las madres hubieran de buscar en la fábrica o en el taller un salario con que cubrir la insuficiencia del conseguido por el padre. El abono de un subsidio familiar (ley de 18 de julio de 1938) y el establecimiento de un plus de cargas familiares, promulgado el 16 de octubre de 1945, que percibieron los hombres como suplemento de sus ingresos económicos fueron parte de todo un conjunto de mecanismos que hicieron de la política familiar el eje de la política social franquista (Ruiz Resa, 2015: 475).

Pero para el franquismo el problema demográfico no era solo una cuestión de números: «El Estado español, guiado por su Caudillo, quiere y procurará muchos hijos sanos y fuertes» *(Lo que toda madre debe saber,* Madrid, Instituto Nacional de Previsión, 1941: 7).

Esta máxima extraída de los consejos dados a las madres dejaba claro que de lo que se trataba era de que esos cuarenta millones de hombres y mujeres de los que hablaba Ramiro Ledesma fueran ante todo «sanos y fuertes», en el sentido físico e ideológico de la expresión. Es decir, que fueran dignos representantes de la «raza hispana» de base nacionalcatólica según la propuesta del psiquiatra falangista Antonio Vallejo Nágera (1937 y 1938).

De modo que, tras el final de la Guerra Civil española, la respuesta de la dictadura a la preocupación por el descenso de nacimientos fue, como decimos, una política demográfica pronatalista dirigida a incrementar la población. Pero además de pretender el aumento en el número de nacimientos, el régimen también buscó mejorar la calidad de la población atendiendo a preceptos higienistas, morales y culturales siempre acordes con la norma católica. La esterilización, el aborto e incluso la eutanasia de enfermos crónicos o personas con discapacidad física o mental fueron categóricamente rechazados al considerarse atentados contra la vida y el orden natural defendido por la Iglesia (Valero, 2022; Cayuela Sánchez, 2011: 269). Esta doble dimensión, cuantitativa y cualitativa, de la intervención del Estado en la política reproductiva llevó a situaciones extremadamente graves: robo de niños a familias con lealtades sospechosas para entregarlos a «mejores» padres (Vinyes, Armengou y Belis, 2002).

En consecuencia, a partir de 1939 el cuerpo de las mujeres pasó a ser «propiedad» del Estado para ser empleado como herramienta pronatalista y de mejora racial a través del cuidado de su eficacia reproductiva y de crianza y de adjudicarle un papel adoctrinador de sus hijos (Ortega López, 2024: 25-58). Para cumplir con estos fines, el Estado no escatimó esfuerzos fomentando la maternidad desde la infancia. A las niñas se las enseñó a ser madres. De forma que, revalorizando el espacio doméstico, las mujeres eran el hogar, y ser buena mujer equivalía a ser buena madre. Los mecanismos empleados por la dictadura pasaron por la puesta en marcha de una política higienista y la difusión de conocimientos médicos en puericultura. Se trataba de inculcar a la población femenina, de cualquier edad, el deber de ser madres «ilustradas» para contribuir a desarrollar el papel social que las mujeres estaban llamadas a cumplir. Porque, como advertía el Instituto Nacional de Previsión, «la cultura de la madre es la mejor garantía de la salud de su hijo» (*Lo que toda madre debe saber*, Madrid, Instituto Nacional de Previsión, 1941: 7). Una cultura que, dicho sea de paso, exigía dedicación en exclusiva e incompatible con cualquier otra actividad. La lactancia, por ejemplo, fue considerada el primer deber de las madres. Las autoridades quisieron desterrar la lactancia mixta o la lactancia artificial, a las que consideraron «influencias perniciosas de índole moral y material» (Torres Marty y Gil Ossorio, 1941: 11), y fomentaron en su lugar la lactancia natural intensificando incluso la creación de *Lactariums* de leche materna donada para los niños huérfanos, enfermos y prematuros (*Libertad: diario nacional-sindicalista,* 14 de junio de 1944, núm. 1812: 3; Orduña Prada, 1996: 338). Tanto las publicaciones del Instituto Nacional de Previsión como la prensa se llenaron a lo largo de toda la década de los cuarenta de informaciones que destacaban que «el corazón y la leche de la madre son irreemplazables» (*El Avisador Numantino. Periódico de intereses generales y noticias,* 19 de julio de 1941, núm. 5892: 3). Ponemos algunos ejemplos al respecto:

> Las excelencias de la lactancia al pecho y sus ventajas en comparación con otras modalidades de alimentación infantil, quedan demostradas por los hechos siguientes:
>
> 1. Del pecho a la boca del niño, la leche no puede contaminarse; del animal lechero a la boca del niño, sigue la leche un largo camino, expuesta a ensuciarse y, fácilmente, convertirse en nociva. Por eso,
>
> 2. La lactancia artificial produce enfermedades graves (diarreas tóxicas), que nunca se presentan en niño criado al pecho.
>
> 3. El raquitismo, frecuente con lactancia artificial, es raro con lactancia materna.
>
> 4. Los trastornos nutritivos son más graves y difíciles de curar en el niño criado con biberón; leves y de fácil tratamiento en el niño criado al pecho.

5. La leche materna es de fácil digestión; la leche de vaca es de digestión difícil.

6. Todo ello origina que POR UN NIÑO QUE MUERE CRIADO AL PECHO, MUEREN CINCO CRIADOS CON BIBERÓN (Juan Bosch Marín, *La alimentación del niño pequeño,* Madrid, Instituto Nacional de Previsión, 1949: 7).

EL PRIMER DEBER DE LA MADRE [...] para poder criarlo sano y fuerte. No olvides que tu primer deber es amamantar por ti misma a tu hijo, pues para eso Dios te da los pechos. La leche materna, obra en el niño, a modo de vacuna inmunizándole contra las primeras infecciones, no dejes de criarlo por ti misma... Cuando tu hijo sea mayor, qué dirá de ti, si no le criaste a tu pecho. Mientras no te sea absolutamente imposible, no robes a tu hijo lo que es suyo por naturaleza *(Azul: órgano de la Falange Española de las J.O.N.S.,* 2 de octubre de 1940, núm. 1144: 8).

Toda madre digna de serlo debe sentir la satisfacción y el orgullo de amamantar por sí misma a su hijo. Madre, si tienes la desgracia de no poder amamantar a tu hijo y tienes que recurrir al biberón, vive esclava de su limpieza y desinfección *(El Adelantado: Periódico de Intereses Morales y Materiales, Ciencias, Literatura y Artes,* 23 de septiembre de 1940, núm. 11418: 2).

CONSEJOS DE PUERICULTURA. La mejor alimentación del niño es la lactancia del pecho de la madre. Nunca debe olvidar una madre el deber que tiene de amamantar a su hijo, y el no cumplir bien su papel, priva al niño de un derecho que le asiste plenamente. El niño privado del pecho de la madre, pierde uno de los mayores tesoros de su existencia, y una madre que no lacta a su hijo, renuncia a una de las misiones más grandes y sublimes *(La Rioja: diario político,* 27 de septiembre de 1946, núm. 2469: 2).

El acto de amamantar se presentó no solo como una muestra higiénico-saludable o de amor incondicional de las madres hacia sus hijos. El Estado promocionó también la lactancia materna en la doble dimensión que objetivaba y mitificaba la revolución nacionalsindicalista: como alimentación de los hijos y como mecanismo de defensa contra las toxinas revolucionarias antiespañolas:

> Amamantar a sus niños, adolescentes y jóvenes con la savia purísima de la religión católica, con la dignidad de la moral cristiana y con el jugo del amor patrio encendido y activo *(El Luchador,* 13 de septiembre de 1941, núm. 480: 1).

> España es madre, con el bendito nombre que da el haber sabido amamantar con su leche a pueblos menores que hoy, en la mayoría de su edad, dan gloria al mundo por su fe y cultura *(Pensamiento alavés,* 12 de octubre de 1943, núm. 3281: 1).

> La Escuela Pía triunfante, «grande» entre las grandes, porque supo amamantar en sus pechos virginales la «leche» sabrosísima de la «piedad y las letras» a los tiernos infantes *(La Rioja: diario político,* 27 de noviembre de 1947, núm. 2831: 1).

La maternología franquista, y sus contenidos médicos, higienistas y patrióticos, se transfirieron por varias vías. Por un lado, debemos mencionar lo ya señalado: las publicaciones de los organismos oficiales y la prensa. Por otro lado, la vía legal, con la promulgación de leyes como las que hemos indicado con anterioridad, así como una legislación específica orientada a niños y madres (gestantes o lactantes), se tornó esencial. Fue el caso de la Ley de Sanidad Infantil y Maternal de 12 de julio de 1941 (completada más tarde con la Ley de Bases de Sanidad Nacional de 25 de noviembre de 1944), con la que se incrementó el número de dispensarios y centros de higiene infantil y maternal y de escuelas departamentales y provinciales de puericultura (cuyo diseño curricular y organizativo quedó establecido en el Reglamento de 1947). Por otro lado, debemos destacar también la creación de una amplia red de instancias materno-infantiles al mando de Auxilio Social, la Sección Femenina y centros benéficos, que Cayuela define como «un cuerpo bien organizado, fiel a la doctrina y a los objetivos económicos, demográficos e ideológicos del franquismo, ejemplo paradigmático del ejercicio de un biopoder de corte fascista» (Cayuela Sánchez, 2014: 181). La Obra Maternal e Infantil, la Obra de Protección Nacional Sindicalista para la Madre y el Niño y las instituciones en ella encuadradas (hogares de embarazadas, centros de alimentación infantil, jardines maternales, guarderías infantiles, hogares infantiles, hogares escolares, hogares de aprendices, colonias de recuperación y colonias infantiles), las gotas de leche, las cátedras ambulantes, las granjas escuela y los hogares rurales se orientaron a la asistencia médica y alimenticia, pero también al control social y a la reeducación moral de madres, menores y huérfanos (Cenarro Lagunas, 2006). En el entramado institucional hay que mencionar asimismo a la Escuela Nacional de Puericultura (reinaugurada en 1941), que funcionó como centro sanitario, docente y divulgativo de la maternología en España con fines igualmente reeducadores y de control sobre las mujeres (Zafra Anta, Hernández Clemente y Medino Muñoz, 2020: 70-72). Y finalmente hay que hacer referencia a la profusión de campañas de divulgación sanitarias, de puericultura en particular, que iban desde películas y textos escritos hasta conferencias radiadas que luego eran publicadas, estas últimas, por los Servicios Provinciales de Sanidad Infantil y Maternal. Ni que decir tiene, como ha explicado Carmen Colmenar (2009: 172-173), que dichas conferencias radiadas fueron un vehículo idóneo de adoctrinamiento, dirigido preferentemente a las mujeres. No solo se trataba de informar acerca de los beneficios de las vacunaciones para prevenir enfermedades infecciosas o de las principales normas de higiene y de cuidados hacia la infancia, sino, sobre todo, de interiorizar en las mujeres su papel fundamental de madres, hacerles llegar el mensaje, al que se dedicó con todas sus fuerzas el régimen, de que las señas de identidad femenina eran las que revestía la maternidad. Así se evidenciaba en numerosas fuentes de esta época, de las cuales las referidas conferencias radiadas son un buen ejemplo. De su contenido se desprende, entre otras cosas, que la niña no era importante por cuanto llegaría a ser mujer sino por cuanto llegaría a ser madre «por su futura capacidad de reproducir al otro». Tan importante y sagrada era dicha misión que se intentaba concienciar a las oyentes y lectoras de que, si corría peligro la vida de la madre en el parto, para salvar la del niño, la mujer debía aceptarlo incondicionalmente, puesto que la muerte se producía «en cumplimiento del deber, por todos conceptos sublime, de dar a la vida un nuevo ser» (Jiménez Lucena, Ruiz Somavilla y Castellanos Guerrero, 2002: 210-211). En esa misma dirección apuntaban los seriales radiofónicos, las charlas y cursillos, las novelas por entregas o los carteles de propaganda. Como hechos destacados merece la pena mencionar las «Tarjetas postales de Puericultura», editadas por el mencionado doctor Bosch Marín (Palacio Lis, 2003: 221-224), y las «Cartillas de la Madre», con el subtítulo «Lucha contra la mortalidad infantil», diseñadas por la Sección Femenina *(Baleares: órgano de Falange Española Tradicionalista y de las J.O.N.S.*, 21 de agosto de 1941, núm. 655: 4; *La Prensa: diario de la tarde de información mundial,* 22 de septiembre de 1941, núm. 101: 2). Ambos documentos vieron la luz en la década de los cuarenta y tenían un claro contenido pedagógico. Tanto las tarjetas como las cartillas contaban con breves y asequibles explicaciones acompañadas de dibujos elocuentes y expresivos para alertar a las madres de la protección de la maternidad y la infancia según los ideales y patrones ideológicos franquistas. No en vano las «Cartillas de la Madre» terminaban con frases lapidarias como estas: «A fin de que la nueva generación sea lo que anhelan la Patria y su Caudillo» *(La Última Hora: periódico de información, literario y artístico,* 9 de septiembre de 1941, núm. 14723: 3), y «Con esto y con vuestra abnegación de madres españolas, nuestra Patria debe perder pocos de sus hijos» *(Baleares: órgano de Falange Española Tradicionalista y de las J.O.N.S.,* 27 de agosto de 1941, núm. 661: 1).

Pero la maternología no solo se difundió por vías educativas no formales, sino que también quedó inscrita en la cultura escolar al estar presentes sus contenidos dentro de las escuelas primarias oficiales para niñas, así como en las escuelas normales y en centros privados de educación femenina (González Pérez, 2009: 93-106).

Dado que el modelo oficial de mujer se sustentaba en la trilogía doméstica (maternidad, matrimonio y hogar), la administración fijó los propósitos de feminizar la enseñanza y, en este sentido, estableció que las niñas no tuvieran un programa escolar similar al de las escuelas de niños. El currículo femenino estaba diseñado de acuerdo con la función social, motivo por el cual las enseñanzas del hogar ocupaban un lugar preferente. La normativa fijó un programa escolar específico y, a través de la educación formal, se introdujeron materias y contenidos que orientaban a las niñas en su vida futura y reforzaban su formación para la vida doméstica y la maternidad con el objetivo de popularizar la atención maternal e instrumentalizar el cuidado de los niños (higiene, alimentación, vestido, atenciones sanitarias, etc.). Las leyes de enseñanza primaria de 1945 y 1965 establecieron la educación diferenciada por sexos y las asignaturas de Hogar fueron obligatorias en primaria, secundaria y magisterio. Estas asignaturas contaron con libros de texto diseñados por editoriales que no descuidaron los objetivos de aprendizaje maternal. De manera que editaron diversas obras cuyos contenidos orientaban a la vida doméstica y a la maternidad. Por ejemplo, los libros del hogar (Recas de Calvet, 1946) o de economía doméstica contenían capítulos dedicados a la puericultura (Baldó, 1946: 248-268), y transmitían información referida a los cuidados de la maternidad o de los niños y niñas. De las Enseñanzas del Hogar se encargó la Sección Femenina de la Falange, que fijó la función de las mujeres en ser esposas y madres, dada su capacidad natural de abnegación y sumisión. La formación de Hogar se conectó, según señalábamos antes, con el argumento de la grandeza de la patria. La maternidad entrañaba cultura en un sentido amplio. Las clases de Geografía e Historia, dado que se prestaban a ensalzar la fortaleza de la raza, el poderío de las naciones o las hazañas de los guerreros, se integraron en el programa formativo femenino al ser consideradas un canto a la salud y su preservación (Palacio Lis, 2003: 215).

Al margen del sistema educativo, en 1940 se organizó el Servicio Social obligatorio, a través del cual se impartían estas enseñanzas a todas las jóvenes en los centros de la Sección Femenina. El adoctrinamiento ideológico se efectuó a través de disciplinas como la educación física, la formación política y las enseñanzas del hogar. Además, en los centros propios destinados a la juventud femenina, tales como las Escuelas Hogar, también se incidía en las cuestiones de orden religioso, cultural y preparación para la vida del hogar y la maternidad.

Iglesia y franquismo: alianza en la construcción del modelo femenino nacionalcatólico

La Iglesia católica se alineó con el régimen franquista (Casanova, 2001) desempeñando un papel crucial en la consolidación y perpetuación del modelo de feminidad que fundamentaba el rol de la mujer en la desigualdad respecto al hombre. Esta colaboración entre la Iglesia y la dictadura no se limitó a un simple apoyo institucional, sino que se tradujo en una activa participación en la construcción de un orden social y moral que relegaba a las mujeres a la esfera doméstica bajo la protección y autoridad de la figura masculina. La encíclica *Divini Redemptoris* (1937), del papa Pío XI, constituye un ejemplo paradigmático de la estrecha colaboración entre la Iglesia y los discursos del bando sublevado. Aunque su objetivo principal era condenar el comunismo, el texto papal también sirvió para reforzar el modelo tradicional de familia cristiana, asignando a la mujer un papel claramente definido como madre y esposa, alejada de la esfera pública y centrada en el hogar. Esta encíclica se asentaba sobre los fundamentos establecidos anteriormente en *Casti Connubii* (1930), donde ya se defendía la indisolubilidad del matrimonio, la obediencia conyugal y la maternidad como misión primordial de la mujer. Ambos documentos fueron acogidos con entusiasmo por el bando franquista, que encontró en ellos una legitimación moral y religiosa de su visión patriarcal de la sociedad. Las ideas sobre la defensa de la moral cristiana, la exaltación de la familia y la condena del comunismo que evocaban ambas encíclicas coincidían plenamente con los principios de los sublevados, especialmente en lo referente al rol subordinado de la mujer en el nuevo orden nacionalcatólico.

> Al negar a la vida humana todo carácter sagrado y espiritual, esta doctrina convierte naturalmente el matrimonio y la familia en una institución meramente civil y convencional, nacida de un determinado sistema económico; niega la existencia de un vínculo matrimonial de naturaleza jurídico-moral que esté por encima de la voluntad de los individuos y de la colectividad, y, consiguientemente, niega también su perpetua indisolubilidad. En particular, para el comunismo no existe vínculo alguno que ligue a la mujer con su familia y con su casa. Al proclamar el principio de la total emancipación de la mujer, la separa de la vida doméstica y del cuidado de los hijos para arrastrarla a la vida pública y a la producción colectiva en las mismas condiciones que el hombre, poniendo en manos de la colectividad el cuidado del hogar y de la prole (carta encíclica *Divini Redemptoris* de 1937 del sumo pontífice Pío XI sobre *El Comunismo Ateo).*

Ya en la dictadura, la Iglesia católica española consolidó su autoridad moral sobre las mujeres. Definió los valores de la feminidad, que difundió a través de diversos medios, como las homilías, las cartas pastorales y, especialmente, la educación religiosa impartida en las escuelas y en el seno de la familia, al tiempo que colaboró con las nuevas autoridades en la elaboración de una legislación que reforzaba el dominio masculino en el hogar y la exclusión de las mujeres de esferas públicas y laborales. En este sentido, la Iglesia aplaudió leyes como el Fuero del Trabajo (1938), que restringía el acceso de la mujer al mercado laboral, y aquellas que limitaban sus derechos dentro del matrimonio, donde la sumisión al esposo era vista como una obligación moral y social. Así, la colaboración entre la Iglesia y el franquismo fue decisiva en la construcción de un sistema que no solo establecía los roles sociales diferenciados por el sexo, sino que también aseguraba su permanencia dentro de un orden jerárquico inalterable.

Estos roles diferenciados fueron cuidadosamente establecidos y reforzados, como decimos, a través de homilías, cartas pastorales y la propia educación religiosa impartida en las escuelas. Tanto los documentos eclesiásticos como los contenidos educativos estaban perfectamente alineados en la difusión de un modelo de feminidad sustentado en la obediencia, el sacrificio y la sumisión al varón. En ese discurso, la mujer era exaltada como figura central del hogar, custodio de la fe y garante de la tradición. Se transmitía la idea de que la regeneración moral y espiritual de España dependía del mantenimiento de un orden social en el que la mujer asumiera su función «natural» dentro del núcleo familiar, garantizando con ello la estabilidad moral y el equilibrio de la comunidad nacional.

Esta concepción se encontraba plenamente recogida en la *Carta colectiva de los obispos españoles a los obispos de todo el mundo con motivo de la guerra en España* (1937), donde se exponía la necesidad de restaurar el orden social cristiano frente a las ideologías que, según sus firmantes, habían conducido a la disolución moral y política del país. La guerra no se presentaba únicamente como un enfrentamiento entre dos bandos, sino como una lucha entre la civilización cristiana y el ateísmo marxista, justificando así el apoyo eclesiástico a los sublevados. En este marco fijado por la *Carta colectiva,* se defendía un modelo de sociedad fundamentado en la autoridad y la jerarquía, donde cada individuo debía desempeñar el papel que le correspondía según el orden natural y divino, otorgando a la mujer un lugar subordinado en la estructura social. El documento insistía, además, en la necesidad de preservar las instituciones encargadas de la educación y la formación moral, asegurando que la enseñanza estuviera orientada conforme a los principios religiosos y patrióticos. Así, la *Carta* reforzaba la idea de que la estabilidad de la sociedad dependía de la adhesión a un sistema de valores inamovibles, la obediencia a la autoridad y la eliminación de cualquier desviación respecto al modelo tradicional, garantizando que la mujer, como madre y esposa, permaneciera en su rol asignado, consolidando así la estructura patriarcal promovida tanto por la Iglesia como por el régimen franquista.

Esta visión de la restauración del orden cristiano y del papel asignado a la mujer recibió un nuevo impulso a través de dos cartas pastorales del cardenal Isidro Gomá, arzobispo de Toledo. En la primera de ellas, *Catolicismo y Patria,* fechada en febrero de 1939,

Gomá reafirmó la concepción patriarcal de la sociedad española y consolidó el rol femenino dentro del entramado ideológico del franquismo. En plena sintonía con la doctrina católica tradicional y los postulados del régimen, el cardenal describía a la mujer como la figura clave en la preservación del orden familiar y nacional. Su misión principal se centraba en la maternidad, el cuidado del hogar y la transmisión de los valores cristianos a las futuras generaciones. Se exaltaban cualidades como la obediencia, el sacrificio y la sumisión al esposo, quien era presentado como cabeza del hogar y referente moral de la familia.

> El marido es jefe de la familia y cabeza de la mujer. Esta es el corazón de la casa y ocupa el segundo lugar en la jerarquía de la autoridad y del amor. La caridad divina debe estar presente siempre para regular los mutuos deberes de los cónyuges. El sitio preferente de la esposa es la santidad del hogar cristiano, del que debe hacer un cielo en la tierra con su abnegación y las exquisiteces de amor que Dios puso en su corazón. «Y si más allá del hogar, que se hundiría si dejase en él de ser la reina, las costumbres y las leyes abren cada vez más en nuestros días las anchas esferas de la cultura intelectual, de la acción social y de la vida cívica, tendrá por ello un título especial para utilizar estos nuevos medios de influencia para promover en todas partes el respeto de la vida doméstica, el cuidado por la formación cristiana de los hijos, la enérgica protección de la moral pública» (Card. Gasparri a M. Duthoit, 1927).

Este discurso coincidía con la estructura impuesta por la dictadura, donde la estabilidad social y la fortaleza de España dependían de la preservación de este modelo de feminidad. Se desaconsejaba cualquier intento de emancipación o participación en la esfera pública, pues se consideraba que ello desviaba a la mujer de su verdadera vocación y pondría en peligro el orden natural querido por Dios. En este sentido, la carta pastoral conectaba directamente con el ideal franquista de la mujer como figura pasiva en lo político y lo económico, pero activa en su rol de madre, esposa y educadora dentro del hogar.

Y lo mismo podemos decir de su percepción de la familia. El cardenal Isidro Gomá articulaba un discurso en el que la familia se erigía como pilar inseparable de la «Patria y del Catolicismo», enlazando de forma directa el núcleo familiar con el pensamiento político-social que inspiraría al franquismo. Su carta pastoral presentaba la fecundidad como gloria y fuerza de la nación, un deber moral y patriótico que garantizaba la solidez del país y la continuidad de sus valores.

> La gloria de la familia es su fecundidad: «Creced y multiplicaos…». Las familias numerosas son gloria de la Patria. Gloria y fuerza, porque «es un hecho de observación diaria, dice un moralista, que los pocos hijos hacen a los padres débiles, y que los padres débiles hacen siempre los hijos impertinentes y caprichosos».
>
> «Cuando más poblada está una nación, más se la juzga gloriosa», dice Santo Tomás *(De Reg. Princ.* 1, 4, c. 11). «La gloria del Rey y su dignidad está en la multitud de su pueblo», dice Bossuet. Y el salmista canta la gloria de los padres, sentados a la mesa y rodeados de copiosos hijos, «como de retoños de olivo» (Ps. 127, 3). Los periodos de gran prosperidad para los pueblos son los periodos de crecimiento y de saturación de población: así fue por la antigua Grecia y por Roma; así para los pueblos europeos de los siglos medios. Y este crecimiento depende de la familia cristianamente constituida.
>
> Todas estas indicaciones sobre la familia, tomadas de la Escritura, de las Encíclicas Pontificias o de concienzudas observaciones históricas, demuestran paladinamente una doble verdad, a saber, que la grandeza de la Patria es inseparable de la grandeza de la familia y que solo por el Catolicismo ha logrado la familia el máximo de su consistencia, de la fecundidad y de la eficacia para la debida formación de los hijos que serán los ciudadanos de mañana. Y cada vez que han surgido doctrinas atentatorias contra esta sagrada institución de la familia, ora en nombre de la religión, como lo hicieron los montanistas y albigenses; o de la economía, como Malthus y los protestantes partidarios del «Birth Control»; o de la política, como el socialismo y el comunismo; o de la ciencia, como los eugenistas, la Iglesia católica ha dibujado de nuevo, como al buril, los trazos irreformables de la familia tal

como Dios la quiere, o ha tenido anatemas terribles contra los deformadores de esta institución fundamental de todo pueblo que no quiera morir. Aquí están, entre los documentos pontificios modernos, las grandes Encíclicas *Arcanum,* de León XIII, y *Casti Connubii* y *Divini illius Magistri,* del gran Pontífice reinante [se refiere a Pío XI, fallecido en febrero de 1939].

Patria, Catolicismo y familia: no hay Patria gloriosa sin familia fuerte; y no hay robustez de la familia fuera o contra el Catolicismo. Este y el Patriotismo se dan la mano en las familias cristianas de verdad. El Catolicismo está en la familia fuerte como el autor en su obra; la Patria está también allí; porque allí tiene asegurada la vena inextinguible de su vida; para recibir de ella los hijos bien formados y ayudar a completar su formación; abriendo sus senos para que se vierta en ellos el puro amor patrio que brota de las familias bien formadas; para buscar, en estas horas de vibración nacional, cuando amenaza el peligro o se quieren acometer grandes empresas, las sublimes abnegaciones hasta el sacrificio de la vida, este tributo de caridad social, y porque los valores de familia son solidarios de los de Patria.

En agosto de 1939, el cardenal Isidro Gomá publicó una nueva carta pastoral titulada *Lecciones de la Guerra y deberes de la Paz,* en la que ofrecía una lectura ideológica del conflicto bélico como una confrontación entre la civilización cristiana y aquellas fuerzas que, en su visión, habían minado el orden moral y social de España. Gomá interpretaba la victoria franquista como la restauración del orden natural y divino, e insistía en la necesidad de consolidar un Estado confesional en el que la religión católica ejerciera un papel rector tanto en la esfera pública como en la vida privada de los ciudadanos. En esta carta, el cardenal exaltaba valores como la obediencia a la autoridad, la disciplina y la unidad nacional, presentándolos como fundamentos esenciales para la reconstrucción del país.

No digáis que la política divide; que ella fue la que partió España en dos bandos irreconciliables y que nos acarreó la guerra. Es un sofisma. La buena política no divide jamás, porque es la concurrencia de todos al bien común, aunque sea por cami-

> nos distintos. Si divide, es la división entre el bien y el mal; es la «espada» que vino Jesucristo a traer a la tierra; y esta división no importa, porque «si por miedo a ella nos abstuviéramos, las riendas del gobierno pasarían sin duda a manos de aquellos cuyas opiniones no ofrecen ciertamente grande esperanza de salvación por el Estado» (Pío XI, *Litt. Peculiari).* Si hubiese prevalecido en nuestro campo, siempre, el sentido de unión en lo fundamental del bien común, no hubiésemos descendido paulatinamente al campo de todas las discordias, que han tenido por remate la suprema discordia de una cruentísima guerra civil.

Al mismo tiempo, atribuía a la Iglesia la función de guía moral de la sociedad, encargada de garantizar la educación y formación religiosa de la población. Cualquier ideología ajena a los valores tradicionales —especialmente el liberalismo y el comunismo— era rechazada por considerarse una amenaza para la estabilidad del nuevo régimen. Aunque en el texto no se hacía una mención explícita al papel de la mujer, su contenido reafirmaba una visión profundamente jerárquica de la sociedad, en la que cada persona debía ocupar el lugar que le había sido asignado por el orden natural. La insistencia en la restauración de la familia y la moral católicas conllevaba una concepción de las mujeres como figuras centrales en la transmisión de los valores cristianos y garantes del equilibrio doméstico, subordinadas a la autoridad masculina dentro del hogar.

> Tal vez podamos acusar una mejoría en punto a costumbres públicas. Ha sido demasiado rudo el golpe de la guerra, que nos ha aturdido a todos con el peso de alguna desgracia, para que no reaccionáramos socialmente en el sentido de una mayor rectitud de vida. La escasez, consecutiva a toda guerra, impone la reducción en los gastos superfluos: y los placeres son caros. La autoridad, al llenar con celo la función social de la vigilancia en cuestión de honestidad pública, ha contribuido también a la depuración de costumbres. Prensa diaria y libros perversos, sometidos a laudable censura en este punto, han dejado por hoy de ser pasto de las pasiones desenfrenadas.
>
> Con todo, no nos hacemos grandes ilusiones en este particular. Tememos fundadamente que cuando volvamos al cauce de

la vida normal reviva con toda su fuerza el hecho terrible de la pública depravación, sobre el cual decía Pío X que no cabe en las sociedades modernas ilusión posible. La razón la daba el mismo Papa: no está bastante arraigado en el corazón de las multitudes el espíritu de fe ni el amor a las costumbres verdaderamente cristianas. Y estas no se imponen por fuera, sino que brotan, como flor de árbol sano, de una conciencia formada individual y colectivamente en la Santa ley de Dios.

Fijaos en un fenómeno, amados diocesanos: los espectáculos baratos, y entre ellos contamos el cine y la playa —que ha llegado a la categoría de tal— sufren la misma relajación de los tiempos anteriores a la guerra. La misma escasez se ha convertido en pretexto para que se generalizaran unas modas de vestir que avergonzarían a nuestros antepasados. El ridículo maquillaje de nuestras elegantes, hasta de las pueblerinas, contrasta con las ruinas imponentes de la guerra y con la gravedad de la hora en que vivimos. ¿Qué ocurrirá cuando se aleje el recuerdo de las cosas terribles que hemos vivido y se normalicen con la economía general las condiciones del vivir? ¿No es de temer que, faltando el freno de las conciencias bien formadas, perdida la estima de los bienes del espíritu, metamos otra vez en honor, en la vida privada y pública —en frase de Pío X— lo que fue la vergüenza de la antigüedad pagana?

Tenemos pruebas copiosas del celo desplegado por individuos y entidades en la denuncia de gravísimas desviaciones de la pública moral. Nos permitimos excitar el de todos: sacerdotes, autoridades, padres de familia, asociaciones piadosas, y particularmente el de los organismos de Acción Católica, para que no solo pongan freno en la medida de sus atribuciones a la pública inmoralidad, sino que trabajen en la formación de la conciencia cristiana en este punto. Harán obra de dignificación cristiana y nacional, contribuirán a la intensificación del reinado de Jesucristo entre nosotros y conservarán el tono de gravedad colectiva que corresponde al golpe rudísimo que hemos recibido y a la memoria de millares de hermanos muertos para la regeneración de nuestra querida patria.

Los mensajes del cardenal Gomá fueron reiteradamente reproducidos en sermones y otros documentos eclesiásticos, incluso periodísticos (Dionisio Vivas, 2010: 261 y 283), contribuyendo a consolidar la idea de que la estabilidad de la nación descansaba en gran medida sobre la pureza moral y la capacidad de sacrificio de las mujeres. En este marco, la Iglesia subrayó de forma insistente que una de las principales responsabilidades femeninas era la educación religiosa de los hijos, presentando a la madre como la transmisora natural de los valores cristianos y garante del orden social y familiar establecido. Paralelamente, se fomentó una imagen idealizada de la mujer como una figura casi sacralizada —una especie de «virgen santa»— cuya virtud residía en su dedicación exclusiva al hogar, al cuidado del esposo y los hijos, y en su alejamiento de las tentaciones del mundo moderno. Esta representación evidenciaba una profunda preocupación por la sexualidad femenina, entendida como un ámbito que debía ser estrictamente vigilado y controlado. La virginidad antes del matrimonio era presentada como la máxima expresión de la virtud cristiana, y cualquier transgresión de esa norma se percibía como una grave falta moral que no solo manchaba la reputación de la mujer, sino que deshonraba a su familia y amenazaba el equilibrio del orden social.

Esta obsesión por la pureza femenina se manifestó en múltiples ámbitos, desde la educación hasta la legislación, pasando por los discursos religiosos y la vigilancia institucional de la moralidad (Morcillo Gómez, 2013: 71-94, y 2015). En los sermones y festividades religiosas, la Iglesia insistía en la imagen de la Virgen María como el modelo ideal de feminidad, resaltando su pureza, su obediencia y su papel de madre abnegada. Durante la fiesta de la Virgen del Pilar, los obispos y sacerdotes reforzaban esta enseñanza, presentando a la Virgen no solo como símbolo de identidad nacional, sino como el ejemplo supremo de la mujer cristiana, destinada a la castidad y a la entrega total a su familia. La exaltación de esta figura no era casual: al contraponer a María con las mujeres que no cumplían con los valores tradicionales, la Iglesia establecía un rígido marco moral que separaba a las «mujeres decentes» de aquellas que, por su comportamiento, eran consideradas indignas y castigadas socialmente.

Este discurso moralista se tradujo en medidas concretas de control sobre las mujeres. A través del mencionado Patronato de Protección a la Mujer, la dictadura y la Iglesia colaboraron en la reclusión y «reeducación» de aquellas jóvenes que habían cometido faltas contra la moral sexual, como las madres solteras, o aquellas que eran consideradas «caídas» en la prostitución. En las escuelas religiosas y en los manuales de formación de la Sección Femenina de Falange, se instruía a las jóvenes en la necesidad de preservar su pureza y aceptar la tutela masculina, reforzando la idea de que su principal aspiración en la vida debía ser el matrimonio y la maternidad (Noblet, 2022). De hecho, y en parte ya lo hemos expuesto, junto con la maternidad, uno de los pilares fundamentales de la doctrina de la Iglesia durante el franquismo fue la defensa del matrimonio como sacramento indisoluble, un concepto que se utilizaba como base para reforzar el orden patriarcal y la sumisión femenina. En sermones, catequesis y manuales, el matrimonio no solo se veía como una unión afectiva y legal, sino como una institución sagrada e inquebrantable cuya estabilidad dependía del cumplimiento de los roles tradicionales de género. La mujer, dentro de este modelo, era presentada como la encargada de garantizar la unidad y la armonía del hogar, pero su rol estaba intrínsecamente ligado a la subordinación al esposo, quien era considerado la autoridad última en todos los aspectos de la vida conyugal y familiar. Asimismo, la Iglesia, a través de sus discursos y enseñanzas, subrayaba que el matrimonio debía ser entendido como un acto divino, cuyo propósito era la procreación y educación de los hijos, y la mujer debía cumplir su función en ese proceso de acuerdo con los valores cristianos de obediencia, sacrificio y pureza. En este sentido, la mujer no solo debía someterse a la autoridad del esposo en su vida diaria, sino también en el ámbito moral y espiritual, ya que su comportamiento debía estar siempre alineado con las enseñanzas de la Iglesia.

En la España de los años sesenta y setenta, la Iglesia católica siguió defendiendo el modelo tradicional de feminidad descrito, insistiendo en la mujer como pilar moral del hogar, responsable de la educación cristiana de los hijos y garante de la familia, considerada la base de la sociedad. Sin embargo, estos discursos comenzaron a convivir con los cambios sociales y económicos impulsados por el desarrollismo económico y por las reformas introducidas por el Concilio Vaticano II (Martín de Santa Olalla Saludes, 2019: 57-81). Aunque la Iglesia mantenía su defensa de los valores tradicionales, algunas figuras dentro del episcopado comenzaron a fomentar una apertura controlada hacia las nuevas realidades.

Uno de los principales exponentes de esta renovación fue el cardenal Vicente Enrique y Tarancón, quien, desde su labor como arzobispo de Oviedo y posteriormente de Toledo y Madrid, impulsó una reforma pastoral alineada con los principios conciliares. Si bien no cuestionaba el papel tradicional de la mujer, sí defendía su mayor participación en la vida eclesial, especialmente en el apostolado laico y en la educación religiosa, en consonancia con el decreto *Apostolicam Actuositatem,* promulgado por Pablo VI el 18 de noviembre de 1965. No obstante, esta evolución encontró una fuerte resistencia dentro de la jerarquía eclesiástica. Obispos más conservadores, como José Guerra Campos, se opusieron a la modernización de la Iglesia y continuaron defendiendo una visión rígida de la familia y del papel femenino, plenamente alineada con la moral franquista. De hecho, en su interpretación del Concilio Vaticano II, Guerra Campos puso especial énfasis en los pasajes de la *Constitución pastoral Gaudium et Spes. Sobre la Iglesia en el Mundo Actual* (1965) que reafirmaban el modelo tradicional de familia y defendían la complementariedad de los sexos. Desde esta perspectiva, insistía en que la mujer debía cumplir su «función natural» en el ámbito doméstico, centrada en la maternidad, la educación de los hijos y el cuidado del hogar. Aunque el Concilio de 1962 introdujo algunas aperturas en la doctrina católica —como el reconocimiento de la dignidad de toda persona y del valor del trabajo humano—, sectores conservadores de la Iglesia española, como el representado por Guerra Campos, optaron por una lectura restrictiva y literalista que frenó cualquier intento de avanzar hacia una visión más igualitaria del papel de la mujer.

Esta postura revelaba el fuerte inmovilismo doctrinal de parte de la jerarquía eclesiástica, que se resistía a replantear el rol femenino más allá de los límites tradicionales impuestos por siglos de enseñanza patriarcal. Lejos de aprovechar el espíritu de «renovación» que proponía el Concilio, estos sectores utilizaron su contenido como argumento para perpetuar el orden establecido, reforzando una concepción rígida de la feminidad acorde con los valores del nacionalcatolicismo que seguía inspirando la dictadura. Así, en lugar de acompañar los cambios sociales que comenzaban a emerger en la España de los años sesenta, gran parte de la Iglesia optó por mantener el *statu quo* bloqueando toda posibilidad de reinterpretar el papel de la mujer en clave de igualdad y justicia social.

Trabajo femenino y legislación franquista: entre la domesticidad impuesta y la discriminación institucionalizada

Para garantizar la separación tajante entre la esfera doméstica-reproductiva y la esfera pública-productiva —central en el discurso y la legislación del franquismo— la dictadura desmanteló los avances legales conquistados durante la Segunda República. Bajo el peso de los intereses políticos del nuevo régimen y la moral impuesta por el nacionalcatolicismo, se revocaron derechos y se anuló el protagonismo adquirido por las mujeres en la vida pública. A las mujeres casadas se las «invitó» —en realidad se las presionó— a abandonar el trabajo remunerado para dedicarse exclusivamente a su papel dentro del hogar, asumiendo los roles de madres y esposas cuidadoras. La dictadura, al igual que los regímenes fascistas de entreguerras, pero con el añadido del catolicismo integrista, se propuso imponer una férrea disciplina social basada en una estructura jerárquica que debía reproducirse desde la célula básica de la sociedad: la familia. Esta debía reflejar en su organización interna la misma lógica autoritaria del Estado (Molinero e Ysàs, 1985: 65-66; Molinero, 1998).

En este contexto, el franquismo sustituyó la reivindicación feminista de «diferentes pero iguales» por una consigna implícita de «diferentes y subordinadas». La atención prestada a las mujeres no apuntaba a reconocer su autonomía, sino a reforzar su papel exclusivo en el ámbito reproductivo, tanto en su dimensión biológica como en la social y moral. Su valor era definido por su capacidad de maternidad, su entrega al hogar y su función como transmisoras de los valores tradicionales. Consecuentemente, la legislación laboral del régimen estuvo profundamente marcada por el género. Se establecieron barreras explícitas a la incorporación de las mujeres al mercado de trabajo, al tiempo que se restringieron sus derechos laborales, consolidando así su dependencia económica y su subordinación social. Normas como el Fuero del Trabajo (1938), la Ley de Reglamentaciones de Trabajo (1942) y la Ley de Contrato de Trabajo (1944) reforzaron el modelo del varón como único proveedor y jefe del hogar. Esta normativa no solo limitó el acceso de las mujeres al empleo, sino que también institucionalizó la desigualdad, contribuyendo al aislamiento económico, profesional y simbólico de las mujeres durante las primeras décadas del régimen franquista (Espuny Tomás, 2007a y b y 2008).

El Fuero del Trabajo, uno de los primeros textos legislativos del franquismo, sentó las bases del régimen en materia laboral y reforzó el modelo de familia tradicional. En él se establecían dos principios fundamentales relacionados con el papel de la mujer en la sociedad. El primero defendía que la mujer debía ser «liberada» del trabajo industrial y fabril para dedicarse al hogar y la familia. Así lo expresaba su artículo 4: «Se atenderá especialmente a la protección del trabajo femenino y se liberará a la mujer casada del taller y de la fábrica». El segundo principio establecía que el trabajo femenino tenía un carácter «subsidiario» del del hombre, es decir, solo debía permitirse en casos estrictamente necesarios: «El trabajo de la mujer tendrá carácter subsidiario y complementario del del hombre y no podrá comprometer su misión primordial de esposa y madre». Esta idea reforzaba un tercer aspecto implícito que desarrolló la Ley de Contrato de Trabajo: el empleo femenino no debía ser una opción, sino una excepción, lo que consolidaba el papel de la mujer como dependiente del marido y del hogar. Esta disposición se encontraba en el artículo 11, apartado d), que indicaba: «Para contratar la prestación de sus servicios, la mujer casada necesitará la autorización de su marido, que deberá constar, salvo en caso de separación de hecho o de derecho de los cónyuges». Además, el artículo 12 de la misma ley señalaba que dicha autorización podía ser expresa o tácita, y que el marido podía limitarla en función de las necesidades del hogar.

Derivada de esta concepción, la dictadura proyectó una normativa laboral que amparaba las discriminaciones (y los abusos también) por razón de género. Las leyes laborales limitaron los derechos de las mujeres embarazadas y de las madres trabajadoras. Se promovió el despido de mujeres embarazadas, pues muchas empresas evitaban contratarlas para no asumir costes asociados a su maternidad ni contradecir la feminidad impuesta. Aunque existía una licencia de maternidad de seis semanas (ampliada a doce en 1938), no se garantizaba la reincorporación al puesto de trabajo. Y muchas mujeres eran obligadas a firmar su renuncia al quedar embarazadas o al casarse, práctica conocida como la «cláusula de despido por matrimonio». También hubo prohibiciones al trabajo nocturno y se dictaron restricciones de horarios (órdenes de 1942 y 1958), todo ello para «proteger» la moralidad y la seguridad de las mujeres, lo que reducía considerablemente sus oportunidades de empleo. Asimismo, se establecieron limitaciones en los horarios laborales que impedían a las mujeres trabajar en ciertos turnos, lo que afectaba especialmente a las empleadas de fábricas y comercios. Por otro lado, algunas profesiones y sectores laborales les estaban reservados exclusivamente a los hombres. En especial, los empleos vinculados a la administración pública, la judicatura o el ejército excluían completamente a las mujeres o les imponían restricciones adicionales. Por ejemplo, hasta 1961 las mujeres no podían acceder a la carrera judicial ni ejercer como fiscales o notarias.

Durante las primeras décadas de la dictadura, el estigma asociado a la «mujer obrera» y a la «mujer republicana liberada» modificó las condiciones de acceso y participación de las mujeres en el mercado laboral. No importaba tanto que las mujeres trabajaran como que fueran independientes y que abandonaran labores asistenciales familiares. De este modo, el franquismo anuló la legislación igualitaria impulsada por la República al restringir significativamente el acceso de las mujeres al mercado laboral. Implementó además una política deliberada para desincentivar el empleo femenino, especialmente en el ámbito industrial y entre las mujeres casadas, a quienes, en la práctica, se relegó al trabajo doméstico o a actividades realizadas en el hogar. Ante estas circunstancias, el empleo oficial femenino disminuyó radicalmente y las expectativas económicas para las mujeres quedaron muy reducidas (Arbaiza, 2002: 238-239; Babiano Mora, 2007: 27; Ruiz Franco, 2003: 112-113; Martínez Quintero, 2003: 393-396; Díaz Sánchez, 2003: 221-239). Así, con arreglo a numerosas reglamentaciones de trabajo, la mujer que hubiera contratado su trabajo y entrado al servicio de una empresa como soltera, al contraer matrimonio, o bien quedaba automáticamente en situación de excedencia forzosa, o bien pasaba a esta situación en virtud de una decisión de la empresa; en la mayoría de los casos se la «compensaba» con una modalidad de indemnización de despido que se conocía como «dote» —con diferentes variantes para calcularla— por razón de matrimonio (Espuny Tomás, 2007a y b). A modo de ejemplo citamos la orden de 3 de marzo de 1950 que establecía la Reglamentación de Trabajo para el Personal de la Banca privada en los términos siguientes:

> Artículo 50. Trabajo femenino.— El personal femenino ingresado en la Banca con fecha posterior a la de 3 de marzo de 1950 deberá abandonar el trabajo en el momento que contraiga matrimonio, pero tendrá derecho a reingresar si se constituyera en cabeza de familia, por incapacidad o fallecimiento del marido. La Empresa le abonará en concepto de dote, una cantidad equivalente a tantas mensualidades como años de servicio haya prestado en el Banco, considerándose como año completo la fracción superior a seis meses.
>
> Las ingresadas con anterioridad a la fecha expresada pueden optar entre seguir en sus puestos o solicitar la excedencia por razón de matrimonio, con los mismos derechos establecidos en el párrafo anterior, salvo el de la dote, que perderán las que no hagan uso de la opción en el plazo de un año a partir de la celebración de las nupcias [...].
>
> Disposición transitorio 1ª Personal femenino.— El personal femenino del grupo de Empleados ingresados antes de 1º de Ene-

ro de 1940 podrá parte en las pruebas que se convoquen para plazas de Jefes en las condiciones señaladas en el artículo 15.

Se concede un último plazo, que terminará el 31 de diciembre de 1950 para que las mujeres casadas que actualmente trabajan e ingresaron al servicio de la empresa con anterioridad al 28 de septiembre de 1946 puedan optar entre seguir en sus puestos o solicitar la excedencia con la totalidad de derechos establecidos en el artículo 59.

En un sentido similar a la anterior, la Reglamentación Nacional de la Siderometalúrgica, aprobada por orden ministerial de 27 de julio de 1946, en el artículo 72, dedicado a contemplar las excedencias, señalaba diferentes supuestos: a) mujeres que contraigan matrimonio en un futuro, b) mujeres casadas que actualmente presten servicios en las empresas siderometalúrgicas, c) mujeres solteras, actualmente colocadas, cuando contraigan matrimonio, y d) mujeres productoras en el sector en trabajos específicamente femeninos. Aclara también la renuncia a una colocación futura si ha percibido la dote por excedencia mientras subsista el matrimonio.

Las mujeres que ingresen a partir de la vigencia de esta Reglamentación, si contraen matrimonio, quedarán automáticamente en excedencia forzosa; tendrán derecho a una dote de tantas mensualidades de su sueldo o jornal base como años de servicio hayan prestado a la empresa, sin que puedan exceder de nueve mensualidades, contando a estos efectos como años completos la fracción superior a seis meses.

Estas mujeres tendrán derecho a reingresar únicamente en caso de incapacidad o fallecimiento del marido ocupando la primera vacante que ocurra o el primer puesto que se haya de cubrir dentro de su categoría, sin que para ningún efecto se le compute el tiempo de excedencia y siempre que no rebase los cincuenta años de edad.

Las mujeres casadas que actualmente prestan sus servicios en las empresas a que esta Reglamentación abarca podrán optar entre continuar trabajando en ella o pedir la excedencia con los mismos derechos establecidos en el apartado anterior. Para hacer uso de esta opción deberá declarar su decisión en el plazo de un mes a partir de la puesta en vigor de este Reglamento y la excedencia se concederá por rigurosa antigüedad en la empresa en tandas trimestrales correspondientes al 20 por 100 del número total de las que lo hubieren solicitado, no pudiendo efectuarse nuevas solicitudes en excedencia en tanto no se hubiesen concedido las anteriores.

Las mujeres solteras actualmente colocadas, cuando contraigan matrimonio, tendrán igualmente derecho a acogerse a la citada excedencia con dote, que les será obligatoriamente concedida con independencia de los porcentajes anteriormente citados.

En aquellas empresas de la industria siderometalúrgica en que el personal femenino efectúe trabajos de los tradicionalmente reservados de modo exclusivo a la mano de obra femenina y que no exijan aportación notable de esfuerzo físico, será potestativo de la empresa acogerse o no al régimen de excedencia forzosa, con satisfacción de dote para las mujeres que contraigan matrimonio, siempre que en la localidad o pueblos cercanos a donde radique la industria haya penuria de mano de obra femenina disponible, a juicio de la Organización sindical.

El personal femenino que perciba dote por excedencia se considerará renuncia al derecho de colocarse como productora en cualquier otra empresa, sea cual fuere su actividad, mientras subsista el matrimonio.

También la Reglamentación Nacional de Trabajo en las Empresas de Seguros, aprobada por orden ministerial de 28 de junio de 1947, indicaba en el artículo 61 («Dote por matrimonio») que la mujer al contraer matrimonio pasaba a la situación de excedencia forzosa y percibiría como indemnización o dote tantas mensualidades como años llevara al servicio de la empresa. Por su parte, la Reglamentación de Trabajo de la Compañía Telefónica Nacional de 20 de junio de 1947 recogía una disposición similar:

Artículo 94.—[…] c) El personal femenino que contraiga matrimonio quedará en situación de excedencia forzosa en tanto no se constituya en cabeza de familia. Cuando esto ocurra, deberá solicitar el reingreso dentro de los treinta días y tendrá derecho a ocupar la primera vacante de su categoría. Este personal recibirá, en concepto de dote una cantidad equivalente a tantas mensualidades del último sueldo que perciba como años de servicios haya prestado, con el límite máximo de doce mensualidades.

La Compañía podrá extender la posibilidad de esta excedencia a otros casos semejantes a los de matrimonio, consignándolos en el Reglamento de Régimen Interior, así como las condiciones en que haya de concederla. El tiempo de esta excedencia no se contará a ningún efecto.

Por la vía de las reglamentaciones de trabajo se avaló igualmente la discriminación salarial de las mujeres de hasta un 20% con relación al salario del varón o bien fijando específicamente el salario de las diferentes categorías profesionales por separado, masculinas y femeninas. Así, por ejemplo, en las reglamentaciones de botones, artículos de vestido y tocado, juguetería de celuloide, farmacias, hostelería, textil algodón, entre otras, aparecía recogido que el salario femenino suponía el 80% del sueldo del varón. En las reglamentaciones del sector azucarero constaba que las raspadoras, limpiadoras y demás trabajos propios del sexo femenino percibían el 70% del sueldo del peón. La Reglamentación Nacional de Trabajo para el Sector Lana de la Industria Textil de 28 de marzo de 1943 clasificaba el personal y diferenciaba sus funciones por razón de género. La diferencia de sueldo entre un oficial de *guills* y una oficiala de *guills* era de 11,50 pesetas diarias para el primero y 7,50 pesetas diarias para la segunda (es decir, el 65%). La Reglamentación Nacional de Trabajo en las Industrias de Clasificación y Manipulación de Trapos y demás Desperdicios, aprobada por orden de 31 de mayo de 1948, fijaba en el artículo 39 la retribución mínima del personal femenino:

1) Si alguna de las funciones enumeradas en este Reglamento laboral fuera desempeñada por personal femenino y este no tuviera especificada su retribución en las correspondientes

> tablas de salarios, tales trabajadores percibirán, cuando menos, el ochenta por ciento de las remuneraciones mínimas marcadas para el personal varón. Si se tratara de trabajadoras no especializadas, dicho porcentaje se calculará sobre la base del salario asignado al peón, a menos que sean pinches por razón de su edad.
>
> 2) Se exceptúa de esta regla el personal administrativo, cuya remuneración mínima será idéntica para hombres y mujeres.

También en la agricultura fue perceptible la discriminación de las mujeres. En el contexto de la colonización franquista, el hombre se erigió en el auténtico protagonista del proyecto y sobre él recayó la responsabilidad de revitalizar las tierras de España mediante su trabajo (Cabezas Vega, 2023: 65-83). Así lo expresaba la voz en *off* del documental encargado por el Instituto Nacional de Colonización, *España se prepara* (1949), al marqués de Villalcázar, donde se afirmaba que «el factor primordial de toda colonización es el hombre, para el que se construyen a ritmo creciente pueblos alegres donde su vida y la de sus familias alcance el nivel que impone el movimiento salvador de España». En la misma línea, Rafael Cavestany, ministro de Agricultura desde 1951, exaltaba la figura del campesino español en términos épicos al definirlo como «ángel custodio, centinela alerta, guerrillero audaz en la defensa a sangre y fuego de las viejas virtudes de la raza». Este énfasis en el papel del varón en la colonización también quedó reflejado en publicaciones como *El hombre y la colonización,* de Ángel Martínez Borque (1944), o *El hombre, factor básico de la colonización,* de Guillermo Escardó (1949), títulos que evidenciaban la centralidad de la figura masculina en la retórica del régimen. En este contexto, el término «hombre» no se usaba como un genérico neutro, sino que se promovía una visión del varón como pilar fundamental de la nueva política estatal. El colono ideal debía ser un hombre sano, de entre 23 y 50 años, con experiencia y aptitudes para el trabajo agrícola, una moral intachable y una conducta acorde con los valores del régimen. Además, debía estar casado y tener hijos, criterios que se establecieron como requisitos fundamentales en la circular interna del Instituto Nacional de Colonización (INC) del 17 de octubre de 1942 para la selección de los pobladores de los nuevos asentamientos rurales (Cabezas Vega, Ortega López y Santiago Díaz, 2025).

En lo que se refiere al trabajo asalariado, en las reglamentaciones del campo se fijaron sueldos para las obreras agrícolas inferiores en un 60% a los de la mano de obra masculina. La Reglamentación de Trabajo Agrícola para Barcelona y su provincia de 1 de julio de 1949, con la nueva redacción dada a sus artículos 49 a 57 por la orden de 25 de junio de 1954, establecía igualmente en el artículo 55 sobre el salario de la mujer un 80% respecto del percibido por el varón.

Tabla 9

Salarios medios nominales, máximos y mínimos percibidos por los obreros y las obreras agrícolas españoles, 1939-1948

	Salarios medios nominales máximos por jornada (en ptas. de la época)			Salarios medios nominales mínimos por jornada (en ptas. de la época)		
	Hombres	*Mujeres*	*Salario femenino respecto al masculino (%)*	*Hombres*	*Mujeres*	*Salario femenino respecto al masculino (%)*
1939	9,67	5,45	56,36	6,26	4,01	64,05
1940	10,37	5,96	57,47	6,66	4,25	63,81
1941	12,05	6,59	54,68	7,42	4,67	62,93
1942	12,58	7,09	56,36	7,94	4,89	61,58
1943	13,05	7,31	56,01	8,48	5,19	61,20
1944	13,34	7,45	55,84	8,62	5,41	62,76
1945	14,15	7,75	54,77	9,04	5,70	63,05
1946	14,94	8,39	56,15	9,53	6,01	63,06
1947	16,30	9,75	59,81	10,40	6,90	66,34
1948	16,30	9,75	59,81	10,40	6,90	66,34

Fuente: Anuario Estadístico de España (1950: 599-600).

Si la discriminación no era suficiente, conviene decir que la dictadura adoptó medidas de carácter coercitivo para penalizar a las familias en las que la esposa trabajaba —por ejemplo, la pérdida por parte del «cabeza de familia» del plus o subsidio familiar o la reducción de las aportaciones de carácter social—, lo que contribuyó a que el trabajo femenino, además de ser pésimamente remunerado, permaneciese oculto y sujeto a multitud de abusos (Vilar Rodríguez, 2004: 26).

La España del primer franquismo, por todo lo dicho, bien pudo configurarse para las mujeres como una sociedad de naturaleza cerrada, esto es, sin conciencia de alternativas, insertada en un mundo que devino único —no ya «un mundo», sino «el mundo»— y supeditado a un monopolio hegemónico de definición de la realidad a manos de una dictadura tan entregada a los postulados patriarcales como a los intereses del capital. El desincentivo franquista del trabajo femenino tan solo logró que un amplio número de mujeres desempeñaran su actividad en la economía sumergida y, por tanto, en unas condiciones mucho más precarias y deplorables que las efectuadas por los varones.

A finales de los años cincuenta, debido a la revisión de la política económica del franquismo, con el Plan de Estabilización (1959) y el Plan de Desarrollo (1961), y a la necesidad de expansión industrial, el régimen empezó a «cambiar» su actitud respecto al trabajo de la mujer. En pleno auge del desarrollismo económico, durante los años sesenta se produjeron ciertos avances que dieron paso a una ligera relajación del férreo discurso de la domesticidad. La Ley de Derechos Políticos, Profesionales y de Trabajo de la Mujer (1961), desarrollada por el decreto de 1 de febrero de 1962, reconoció el principio de igualdad en el acceso al empleo y el derecho a recibir un salario igual por trabajo de igual valor (medida que se ratificó en 1967 tras la incorporación de España al Convenio sobre Igualdad de Remuneración aprobado en 1951 por la Organización Internacional del Trabajo). También se eliminó la prohibición general de que las mujeres casadas trabajaran —lo que en la terminología del régimen se denominaba pérdida de la «situación de celibato contractual», mientras que la indemnización por despido constituía una «dote»—, pues se indicaba que el cambio de estado civil no podía alterar la relación laboral. Este principio permitió a las mujeres optar por la excedencia en caso de matrimonio. Igualmente se levantó la restricción que pesaba sobre las mujeres y que les impedía incorporarse a la carrera judicial y fiscal (1966). Por este conjunto de medidas que autorizaba a las mujeres a «celebrar toda clase de contratos de trabajo, concertar convenios colectivos y ejercer funciones laborales propias o en representación ante las empresas», garantizando, como hemos indicado, que el cambio de estado civil no derivara en una ruptura de la relación laboral, la ley de 1961 fue conocida como «ley de los derechos de la mujer».

El decreto de 20 de agosto de 1970 introdujo algunas mejoras más: eliminó la discriminación en los periodos de aprendizaje y ofreció a las trabajadoras casadas la posibilidad de conservar su empleo o rescindir el contrato a cambio de una dote compensatoria. El decreto también permitió que las mujeres embarazadas pudieran darse de baja temporalmente entre un año y cinco años sin riesgo de perder su puesto de trabajo. Sin embargo, pese a estos avances formales, las barreras estructurales continuaron intactas. Las mujeres seguían excluidas, por razones de género, de cuerpos como el ejército o la marina mercante, y aunque muchas contaban ya con formación universitaria, se enfrentaban a un techo de cristal que les impedía acceder a puestos de responsabilidad y mejor remunerados. Esta situación contribuyó a mantener —e incluso a ampliar, según algunas investigaciones— la brecha salarial entre hombres y mujeres entre 1963 y 1975 (Domínguez Martín y Sánchez Sánchez, 2007: 143-160). Del mismo modo, aunque la legislación permitió a las mujeres seguir trabajando tras contraer matrimonio, muchas continuaron optando por la dote compensatoria, presionadas por el mantenimiento del concepto patriarcal de la familia. En efecto, el decreto de 1970 tenía el «propósito de armonizar el trabajo por cuenta ajena de la mujer con el cumplimiento de sus deberes familiares, singularmente como esposa y madre», lo que implicaba límites a la libertad legal de contratación (la autorización del marido para firmar un contrato de trabajo en el caso de las mujeres casadas o la prohibición de abandonar el hogar paterno hasta los 25 años para las mujeres solteras [art. 321 del Código Civil de 1958]) que no se abolirían hasta 1975.

En consecuencia, aunque medidas como la ley de 1961 y su reforma a través del decreto de 1970 supusieron ciertos avances legales, no consiguieron transformar en profundidad la estructura patriarcal del mercado laboral ni garantizar una igualdad real para las mujeres. Tampoco se fomentó un cambio significativo en el ámbito doméstico: la subordinación femenina en el hogar persistió, reforzada por una normativa y una cultura que seguían supeditando su papel al del varón (Valiente Fernández, 1998: 45-65; Ruiz Franco, 2007).

Capítulo 7

El antifeminismo durante la Transición política: el «Pacto de Caballeros»

Tras la muerte de Francisco Franco en noviembre de 1975, España inició un complejo proceso de cambio político conocido como la Transición, cuyo objetivo principal fue el desmantelamiento progresivo del régimen dictatorial y la instauración de un sistema democrático. Este proceso, que para muchos se prolongó hasta 1982, no surgió de manera espontánea, sino que estuvo motivado por las crecientes debilidades que el franquismo había comenzado a mostrar en sus últimos años, tanto en el plano interno como en el externo. La apertura económica de los años sesenta había favorecido la modernización social y cultural, lo que, unido al avance de los movimientos sociales —obreros, estudiantiles, feministas, vecinales—, intensificó las demandas de libertad y participación política. Paralelamente, la oposición política, antes dispersa y reprimida, y tras una larga travesía en el desierto en algunos casos, logró reorganizarse en una plataforma plural que incluía desde partidos de izquierda hasta formaciones nacionalistas, de centro y derecha democrática. En este contexto, la presión de la sociedad civil y la necesidad de adaptar el país a los estándares políticos europeos convirtieron los valores democráticos —como el pluralismo, la libertad de expresión y la celebración de elecciones libres— en determinantes para orientar el cambio (Ortega López, 2019). El proceso, marcado por pactos y negociaciones entre reformistas del régimen y líderes de la oposición, culminó con la aprobación de la Constitución de 1978, que estableció las bases de un Estado social y democrático de derecho.

En este escenario de transformación política, el género se convirtió en un elemento clave para comprender la Transición española, ya que en esos años se debatieron y redefinieron los derechos políticos de las mujeres y su papel en la sociedad. Fue un periodo de irrupción de mujeres en la política, desde militantes en los partidos recién legalizados hasta activistas en movimientos sociales y figuras relevantes en el mundo cultural. El feminismo, por su parte, se consolidó como un actor político que desafió los discursos dominantes y propuso una agenda propia, tanto dentro de los partidos y las organizaciones sindicales como en el diseño de las nuevas políticas públicas.

No obstante, el relato hegemónico sobre el desarrollo de la Transición ha tendido a omitir o minimizar la dimensión de género y feminista. Esta exclusión puede atribuirse a varios factores. En primer lugar, al rechazo que el feminismo generaba en amplios sectores de la sociedad, reflejo de una cultura popular que aún no había asumido la necesidad de una transformación real en las relaciones de género y que seguía reproduciendo, de manera explícita o implícita, muchos de los valores y prejuicios heredados del nacionalcatolicismo franquista. En segundo lugar, a las tensiones internas dentro del propio movimiento feminista, especialmente en torno al debate sobre la doble militancia o la militancia exclusiva. Y, en tercer lugar, a la estrategia adoptada por los partidos políticos que lideraron el proceso de cambio. Estas formaciones apostaron por una concepción abstracta de la igualdad, evitando la implementación de medidas concretas que alteraran las estructuras patriarcales. Como consecuencia, se consolidó un «consenso masculinista» en el que el varón se posicionó como garante de la estabilidad y del nuevo orden democrático, manteniendo el control sobre las instituciones y los espacios de poder.

A ello se sumaron las limitaciones y contradicciones de los partidos políticos históricos de izquierda, que continuaron mostrando, como antaño, resistencias al discurso igualitario. En el PSOE y en el PCE siguió persistiendo, pese a que la igualdad entre hombres y mujeres formaba parte del principio de su programa y discurso político, un trasfondo patriarcal y paternalista. Esto se manifestó de diversas maneras. Por un lado, en la escasa representación de mujeres en los órganos de decisión de ambos partidos. Y, por otro, en la persistencia de discursos paternalistas y en la infravaloración de las demandas feministas en sus programas. Los testimonios de muchas protagonistas de la época, junto con la documentación institucional y las noticias de prensa, evidencian que los prejuicios y limitaciones de género —presentes en la práctica política de etapas anteriores— se desmantelaron de forma muy lenta dentro de los partidos políticos. De hecho, en las agendas políticas temas como la desigualdad estructural o la violencia de género no desaparecieron ni con la dictadura ni con la aprobación de la Constitución de 1978 (Radcliff, 2012: 195-225). El antifeminismo y los valores patriarcales continuaron vigentes en las instituciones, en la cultura política (progresista y conservadora) y en la sociedad. Como resultado, la Transición se desarrolló con un claro déficit de igualdad de género, lo que perpetuó la subrepresentación femenina en la política y la invisibilización de sus experiencias y luchas.

Este déficit tuvo consecuencias de largo alcance, pues la falta de un enfoque de género en las primeras décadas democráticas favoreció la pervivencia de modelos familiares tradicionales y retrasó el abordaje de cuestiones clave como la legalización del aborto, la igualdad efectiva en el ámbito laboral o el reconocimiento de la violencia de género como un problema estructural. La consecuencia fue una relegación sistemática de las demandas específicas de las mujeres, desde el control sobre su propio cuerpo hasta la lucha contra la discriminación laboral y la violencia machista.

Contramodelos de género y cambio social: resistencias y transformaciones en la España previa a la Transición

En noviembre de 1975, España se encontraba inmersa en un profundo proceso de transformación, marcado por la modernización de las costumbres, el auge de los movimientos estudiantiles y obreros y el creciente fortalecimiento de la oposición política. Estos cambios se desarrollaban en un contexto de intensa violencia terrorista y en un escenario donde emergían diversos «contramodelos» de género que desafiaban las estructuras autoritarias de la dictadura.

Estos contramodelos, surgidos de las contradicciones sociales y de las resistencias populares tanto en la posguerra como durante el desarrollismo, comenzaron a desbordar los rígidos ideales de feminidad y masculinidad impuestos a lo largo de las cuatro décadas de franquismo (Román Ruiz y Martínez, 2025; Cabana Iglesia, Ortega López y De Dios Fernández, 2021: 67-88). Contramodelos que reflejaban la complejidad social del país en los últimos momentos de la dictadura y ponían de manifiesto la tensión entre el discurso oficial y las nuevas realidades que afloraban. Esta dinámica fue crucial durante la Transición política, pues subrayó la importancia de unos roles de género que se iban desfigurando en un contexto de cambio y apertura y que demostraban que las transformaciones en la esfera privada influían directamente en el proceso de democratización y en la redefinición de la identidad colectiva del país.

El modelo de feminidad basado en la sumisión, la maternidad y la obediencia al varón nunca fue asumido de manera homogénea ni incuestionable por todas las mujeres. A lo largo de la dictadura, fueron surgiendo respuestas femeninas que no solo desafiaron el discurso oficial, sino que también pusieron de manifiesto sus contradicciones. Mientras el régimen exaltaba, como hemos indicado en el capítulo anterior, la imagen de la esposa y madre abnegada como pilar del hogar y de la moral nacionalcatólica, la realidad social y económica obligó a muchas mujeres a asumir roles que entraban en conflicto con ese ideal, generando fisuras dentro del sistema patriarcal franquista. Uno de los principales contramodelos fue el de la mujer trabajadora, cuya existencia desmentía la doctrina oficial que relegaba a la mujer al ámbito doméstico. A pesar de las restricciones legales que limitaban su acceso al empleo y otorgaban al marido la capacidad de vetar su participación en el mercado laboral, la necesidad económica llevó a muchas mujeres a incorporarse a distintos sectores productivos, especialmente en la industria, el comercio y el servicio doméstico (Cabana Iglesia, Ortega López y De Dios Fernández, 2021: 67-88).

A partir de los años cincuenta, y más aún en los sesenta, empezaron a vislumbrarse una serie de cambios económicos, sociales y culturales sobre los que comenzó a fabricarse un nuevo modelo de feminidad. El Plan de Estabilización representó un marco normativo que integraba una serie de medidas y disposiciones cuyo propósito era normalizar la economía española, sometida desde el final de la Guerra Civil a una política férreamente autárquica. El nuevo rumbo que marcó la estabilización y el crecimiento económico aparejado modificaron de forma significativa la estructura social española, que adquirió las características propias de un país desarrollado (Hernández Andreu, 2004). El éxodo rural originó una polarización positiva hacia los centros urbanos y una grave despoblación en los predominantemente agrícolas. El despegue de la industria y de los servicios en las ciudades atrajo a la mano de obra sobrante del campo. Por vez primera en la historia la población activa española, la dedicada a los sectores secundario y terciario superaba a la incluida en el sector primario. España dejó de ser un país agrario para ser industrial y de servicios. La sociedad española había sido, eminentemente, rural y, además, había estado muy polarizada. En los años sesenta se evolucionó hacia la generación de una amplia clase media urbana. La pérdida de más de un millón de trabajadores del campo en menos de una década, y su trasvase a la industria y a los servicios, impulsó de modo tan radical los procesos de urbanización y terciarización que España consiguió, en apenas once años, una modificación profunda de la estructura de su población activa. Esta transformación se vio reforzada por la incorporación masiva de la mujer al trabajo, que se reflejó en el hecho de que más del 80% de los nuevos empleos fueron ocupados por mujeres (Tezanos, 1984: 19-62). Esta nueva realidad abocó al franquismo —como se ha indicado en el capítulo anterior— a incorporar cambios en la legislación laboral. Avances que, sin embargo, no dejaron de perpetuar a las mujeres trabajadoras en su rol maternal, resaltando su «naturaleza cuidadora» en profesiones como la enfermería, la enseñanza o la asistencia social. La creciente presencia femenina en fábricas, oficinas y otros espacios tradicionalmente masculinos terminó, pese a todo, por evidenciar la inviabilidad del modelo de mujer exclusivamente doméstica que el régimen pretendía imponer.

El cuestionamiento del modelo tradicional de feminidad no se limitó al ámbito laboral. Los cambios económicos y sociales que vivió España en los sesenta fueron paralelos a los cambios en la mentalidad. Se introdujeron nuevos gustos, modas y costumbres procedentes de Europa occidental gracias a la llegada masiva de turistas que tenían otras formas de entender la vida. Estos cambios sociales y de mentalidad fueron minando los pilares ideológicos del franquismo porque suponían ejercicios de libertad en lo social, en lo moral, en lo cultural y en lo político. La ruptura con muchas inercias y prejuicios de la moralidad católica, y la progresiva secularización social, las protagonizaron en muy buena medida las mujeres jóvenes que se fueron incorporando a la universidad (Moreno Seco, 2005a: 137-153). Muchas de ellas evidenciaron un claro alejamiento, cuando no rechazo, de los valores de la España franquista. Fue así como, en el terreno intelectual y profesional, también surgieron figuras que desafiaron la imagen de la mujer subordinada al varón y confinada al hogar.

Un contramodelo particularmente relevante fue el de la mujer intelectual y profesional, representado por escritoras, científicas y periodistas que lograron abrirse camino en espacios tradicionalmente masculinos. Aunque muchas de ellas tuvieron que sortear la censura y las restricciones impuestas por el discurso nacionalcatólico, consiguieron ampliar los márgenes de autonomía y pensamiento crítico. Escritoras como Carmen Laforet o Ana María Matute plasmaron en sus obras la angustia existencial y las contradicciones de las mujeres durante el franquismo a través de personajes femeninos atrapados entre la obediencia y el deseo de emancipación. En *Nada* (1945), Laforet reflejaba la frustración de una joven enfrentada a las expectativas de sumisión: «Las muchachas se casaban porque sí, sin amor, sin ganas, porque era lo que tocaba hacer. Pero yo no quería ser como ellas, no quería que mi vida terminara antes de haber empezado». Por su parte, Ana María Matute, en *Los hijos muertos* (1958), describía la opresión femenina en la posguerra: «No soy más que un ser invisible en esta casa, un reflejo que se dobla bajo el peso de las paredes y el mandato de los hombres».

Con el tiempo, la moral represiva en torno a la sexualidad —especialmente la femenina— comenzó a ser cada vez más cuestionada, y muchas jóvenes iniciaron un proceso de transformación personal. A ello contribuyeron lecturas que empezaron a circular entre la juventud, especialmente entre las universitarias. Obras como *La secreta guerra de los sexos,* de María Laffitte, o la censurada sin éxito por el franquismo *El segundo sexo,* de Simone de Beauvoir, junto con *La mística de la feminidad,* de Betty Friedan, fueron fundamentales en este cambio. Estos textos, que ofrecían críticas feministas al marxismo, a Freud, al psicoanálisis y a ciertas posturas de la izquierda, comenzaron a poblar bibliotecas clandestinas y a influir en una nueva generación de mujeres en busca de su propia voz.

Asimismo, la mujer militante y antifranquista representó una forma activa de resistencia frente al modelo oficial. Aunque la represión del régimen dificultó enormemente la participación femenina en la política, muchas mujeres desempeñaron un papel clave en la lucha clandestina contra la dictadura desde organizaciones comunistas, socialistas o anarquistas (Nash, 2011: 283-316). Estas militantes desafiaban el ideal franquista de la mujer pasiva y reservada al ámbito doméstico, asumiendo roles de liderazgo en huelgas, protestas y redes de resistencia. Precisamente la clandestinidad se convirtió en el espacio ideal para la transgresión y la redefinición de la cultura política feminista durante la Transición al deshacer las fronteras entre lo privado y lo público (Moreno Seco, 2011: 307-332). La equiparación de lo personal con lo político significó asignar a la vida privada de las mujeres y al control de su cuerpo la categoría de político y encuadrarlos, así, en el marco de derechos democráticos. Bien desde la reflexión intelectual, bien desde la militancia política en organizaciones de la izquierda revolucionaria, muchas jóvenes reafirmaron su oposición a los modelos femeninos propuestos por la dictadura. Lecturas como las ya indicadas, unidas a otras publicadas en los años sesenta y setenta, sirvieron de base para, de un lado, proyectar modelos de feminidad alternativos críticos con la hegemonía y el poder social de los hombres, y, de otro, para abordar, desde la perspectiva feminista, nuevos temas relacionados con el cuerpo, la sexualidad o la asunción de la maternidad como una elección (Ortuño Martínez y Moreno Seco, 2020). Obras como las de Lidia Falcón, *Los derechos civiles de la mujer* y *Los derechos laborales de la mujer,* de 1963 y 1964 respectivamente, son buenos ejemplos. Sin embargo, y como expondremos a continuación, el intento del feminismo de llevar al mundo político —convertido en epicentro de la democracia— nuevas formulaciones sobre la ciudadanía de las mujeres, las identidades de género y la diversidad sexual (poniendo en cuestión la heterosexualidad), o temas para su discusión como la familia, el aborto, el divorcio y la discriminación legal, provocó no pocas tensiones, decepciones y silencios (Hernández Rodríguez, 1992).

Otro contramodelo que evidenció las contradicciones del segundo franquismo fue el de la mujer moderna y consumista, que emergió con la progresiva apertura económica de los años sesenta y setenta (Moreno Seco, 2013: 43-60). Mientras el régimen seguía promoviendo la austeridad y el sacrificio como valores fundamentales de la feminidad, la llegada del turismo, la publicidad y los medios de comunicación introdujeron nuevas aspiraciones ligadas a la moda, el ocio y la independencia personal. Figuras como la «chica yeyé» o la estrella de cine representaban un tipo de mujer joven y dinámica que, aunque seguía operando dentro de los límites de la feminidad aceptada, desafiaba en cierta medida el ideal tradicional de la mujer sumisa y sacrificada.

La feminidad se transformaba, y, paralelamente, también lo hacía la masculinidad. Durante la Transición, los contramodelos masculinos que empezaron a aflorar pusieron en evidencia las contradicciones de una dictadura que había intentado uniformar a todos los hombres bajo un único patrón. Sin embargo, la complejidad de la vida cotidiana y las resistencias, tanto individuales como colectivas, propiciaron el surgimiento de «nuevas masculinidades» que cuestionaban abiertamente el discurso oficial del régimen (Box y Delgado Torres, 2025). Uno de los primeros contramodelos masculinos fue el de los hombres vencidos y represaliados tras la Guerra Civil. La virilidad franquista se construyó en oposición a la imagen del «rojo», a quien se representaba como débil, traidor y carente de masculinidad. Sin embargo, la realidad era más compleja. Muchos hombres que sufrieron la represión franquista, desde excombatientes republicanos hasta militantes clandestinos, encontraron en la resistencia y en la solidaridad nuevas formas de masculinidad que escapaban al ideal autoritario. Lejos de ser figuras pasivas o emasculadas, estos hombres redefinieron su identidad en torno a la lucha política, la cultura y la memoria, desafiando el relato del régimen (Jiménez Aguilar, 2024).

Otro contramodelo de masculinidad fue el representado por los hombres que rechazaban la militarización y el autoritarismo como principios rectores de la identidad masculina. El franquismo había erigido la figura del soldado como epítome del hombre ideal: disciplinado, viril, dispuesto a combatir y a sacrificarse por la patria. Este ideal se reforzaba no solo mediante la propaganda, sino también a través del servicio militar obligatorio, convertido en un rito de paso para afianzar la obediencia y el espíritu de cuerpo. Sin embargo, muchos hombres trataron activamente de evitar la mili —mediante prórrogas, alegaciones médicas o contactos que les libraran de ella—, mostrando así un rechazo explícito o implícito al ideal bélico del régimen.

Aunque la objeción de conciencia era minoritaria y duramente perseguida, su existencia constituía una forma abierta de resistencia al militarismo, especialmente cuando se vinculaba a convicciones políticas o religiosas, como sucedió con los testigos de Jehová o con algunos militantes pacifistas vinculados a movimientos estudiantiles y cristianos de base. Más allá del ámbito castrense, ciertos sectores intelectuales y artísticos también se apartaron del modelo de masculinidad basado en la fuerza física, la disciplina y la autoridad incuestionable. Escritores, pintores, cineastas y músicos, muchos de ellos con trayectorias en la oposición cultural, proyectaron en su obra y en su vida pública modelos masculinos alternativos, asociados a la reflexión crítica, la creatividad y la sensibilidad, en abierta contradicción con la virilidad rígida y combativa del hombre franquista. Estos referentes, aunque minoritarios en los primeros años, fueron ganando visibilidad durante los últimos compases de la dictadura y la Transición, contribuyendo a erosionar la hegemonía del ideal militarista que el régimen había tratado de imponer durante cuatro décadas.

El hombre obrero y sindicalista también encarnó un desafío al ideal masculino del franquismo. El régimen había diseñado un modelo de varón proveedor, disciplinado y obediente, cuya misión principal era sostener económicamente a la familia, pero siempre subordinado a la jerarquía política y sindical vertical impuesta por el Estado. Este arquetipo excluía cualquier capacidad de organización autónoma o reivindicación colectiva, toda vez que la protesta obrera se asociaba con el desorden y la amenaza comunista. Sin embargo, en fábricas, minas y sectores industriales comenzaron a surgir, especialmente a partir de los años cincuenta y sesenta, hombres que rechazaban ese papel pasivo y se implicaban activamente en la lucha sindical y en movimientos clandestinos de resistencia obrera. Para muchos de ellos, la militancia en las comisiones obreras o en sindicatos vinculados a partidos de oposición no solo significaba reclamar mejoras laborales, sino también construir una masculinidad distinta, sustentada en la solidaridad, el compañerismo y la capacidad de enfrentarse a la autoridad. Esta identidad masculina, forjada en el trabajo colectivo y en la defensa de los derechos comunes, se situaba en clara contraposición a la imagen del hombre aislado, dócil y dependiente del Estado que el franquismo trataba de imponer.

En el ámbito cultural y social, figuras como el donjuán del turismo o el joven hedonista de los años sesenta y setenta generaron igualmente grietas en el modelo masculino del franquismo. Mientras el régimen seguía exaltando la disciplina y la austeridad como valores esenciales del hombre español, el auge del turismo y la llegada de influencias extranjeras promovieron nuevas masculinidades más orientadas al disfrute y a la transgresión de las normas sexuales y morales impuestas. Aunque estos nuevos modelos masculinos no fueron necesariamente subversivos en términos políticos, sí evidenciaron una tensión entre el discurso oficial y las realidades emergentes en la sociedad española.

Por último, dentro del propio aparato del régimen, surgieron contradicciones en torno a la figura del tecnócrata y del burócrata franquista. Si bien la ideología falangista exaltaba un modelo de masculinidad heroica, vinculada a la guerra y la acción directa, los tecnócratas del Opus Dei y otros sectores administrativos representaban una masculinidad basada en la gestión económica y en la discreción, alejada del ideal guerrero. Esta paradoja mostraba la evolución del franquismo desde un discurso basado en la violencia y la conquista hacia otro más pragmático en el que la masculinidad debía adaptarse a las necesidades del capitalismo y la modernización.

A pesar de la diversidad de contramodelos de género, tanto masculinos como femeninos, que coexistieron durante la Transición, no se produjo una ruptura radical con el legado franquista en lo que concierne a la posición social de la mujer. En lugar de ello, se observó una transformación paulatina, caracterizada por constantes resistencias y retrocesos. Así, el antifeminismo estructural desempeñó un papel clave al facilitar la preservación y reproducción de valores tradicionales, lo que dificultó una evolución profunda y acelerada de la condición femenina durante el proceso de cambio político.

La Transición incompleta: el «peso antifeminista» del pasado

El sentimiento antifeminista que emergió durante la Transición española hunde sus raíces en la herencia del régimen de Franco. El legado del dictador siguió pesando sobre la sociedad española, en la que había dejado una profunda huella en todos los ámbitos, incluida la lucha por los derechos de las mujeres. En este contexto, la Transición, vista por muchos como un proceso de esperanza y cambio, tuvo un sabor agridulce para las feministas de la época. Tras décadas de represión, numerosos colectivos de mujeres sintieron la necesidad de una transformación profunda y radical. Organizaciones como la Asociación Democrática de la Mujer (ADM), la Asociación Universitaria para el Estudio de los Problemas de la Mujer (AUPEM) o el Movimiento Democrático de Mujeres (MDM) cobraron fuerza en este periodo, dando voz a reivindicaciones largamente silenciadas. Sin embargo, esta lucha no surgió de la nada, sino que se apoyó en una resistencia femenina que, pese al miedo, la censura y la violencia, nunca llegó a desaparecer del todo.

Durante la dictadura, estas redes clandestinas de apoyo y contestación fueron debilitando poco a poco la estructura patriarcal impuesta por el franquismo. La lucha feminista encontró un aliado en el clima de efervescencia social que caracterizó la década de los sesenta, influenciada por movimientos internacionales como el de mayo del 68. Aunque el régimen intentó aislar a España del resto del mundo, el país no quedó al margen de las corrientes de cambio que sacudían otras sociedades. Así, cuando la dictadura se acercaba a su final, el feminismo fue cobrando cada vez más fuerza, irrumpiendo con mayor determinación en la esfera política, económica y cultural (Nash, 2007).

Este avance, sin embargo, no estuvo exento de desafíos. La nueva presencia del feminismo generó reacciones encontradas dentro del propio movimiento opositor al franquismo. Aunque muchos sectores coincidían en la necesidad de acabar con el régimen, no todos compartían la voluntad de incorporar la causa feminista a la lucha general por la democracia (Félez, 2018). De este modo, la batalla por los derechos de las mujeres no solo tuvo que enfrentarse a la resistencia del franquismo, sino también a las reticencias de algunos de sus propios aliados.

Desde la tribuna del Congreso hasta conversaciones cotidianas, las cuestiones relacionadas con la defensa de los valores tradicionales o la familia, así como el nuevo rol de hombres y mujeres dentro de una sociedad en transformación, despertaron, durante estos años de cambio, discusiones acaloradas de hondo calado en el tiempo. A diferencia de lo acontecido al término de otros periodos como el franquismo, la memoria colectiva construida en torno a la Transición española ha vertebrado la consolidación de una imagen incompleta, y en ocasiones idealizada, de este convulso momento histórico. En este sentido, la consecución de logros e hitos remarcables como el reconocimiento constitucional de igualdad del hombre y la mujer ante la ley (1978) o la aprobación de la primera Ley del Divorcio (1981) han contribuido a dibujar un retrato parcial del periodo.

Bajo una apariencia inmaculada de avances imparables que ponían punto final a la dramática discriminación sufrida por las mujeres durante la dictadura, la Transición escondió también numerosas realidades alternativas silenciadas durante décadas (Coronado Ruiz y Galán Fajardo, 2015: 327-343). El antifeminismo, las actitudes machistas y los valores patriarcales siguieron existiendo en las instituciones, en todos los partidos políticos y en la «renovada» sociedad española del momento (Larrondo, 2009: 627-655). Ninguno de estos pilares murió ni con el dictador ni con el nacimiento de la democracia. Los resultados de todo ello fueron varios: la subrepresentación femenina dentro de los partidos y en las posiciones de poder o influencia, la pervivencia de un discurso paternalista y proteccionista sobre las mujeres y su situación política y social y la invisibilización o la subvaloración de las voces y las experiencias de las mujeres, incluso en espacios políticos que se autoproclamaron abiertamente feministas. En este marco, lejos de perder influencia, la figura del varón se vio reforzada durante estos años hasta convertirse en garante pleno de la naciente estabilidad política del país, afianzándose con ello el control masculino sobre las instituciones y los nacientes espacios públicos democráticos. El proceso político de la Transición se desarrolló, por tanto, con un claro déficit de igualdad de género (Larumbre Gorraitz, 2004). Como consecuencia de la omisión de agudas problemáticas feministas durante un periodo tan decisivo en la historia de España, numerosas concepciones de tipo tradicionalista en torno a la familia y a la violencia doméstica perduraron hasta la más inmediata actualidad.

Por todo esto, aun representando en su conjunto una etapa de indudables progresos en materia de igualdad, el tránsito a la democracia española estuvo también plagado de claroscuros desde un punto de vista de género. Eventos como la aprobación de la proposición de Ley sobre Bases de la Familia descubren la existencia de un horizonte complejo, cargado de avances y retrocesos, en la lucha por la emancipación de las mujeres. Los controvertidos años marcados por el resurgir de la democracia constituyen, a todos los efectos, un evento de una importancia primordial en la larga historia del antifeminismo en España. Es por ello por lo que, pese a los logros obtenidos, resulta a su vez imprescindible remarcar la existencia de numerosas realidades discriminatorias ocultas (y a menudo silenciadas) en relatos centrados exclusivamente en mostrar los progresos femeninos alcanzados en la época.

El ciclo de la Transición puede ser reconocido, así, como un escenario en el que se caminó hacia una remasculinización de la sociedad española mediante mecanismos más sutiles y sofisticados que aquellos empleados en el pasado (Gómez Beltrán, 2018: 435). La defensa a menudo abstracta de la igualdad manifiesta durante estos años ensombreció, en muchas ocasiones, la asunción y reproducción de valores tradicionales impregnados de un profundo sentimiento antifeminista. A través de un velado consenso masculino, los pilares de la restaurada democracia española fueron levantados por personalidades todavía presas de un recelo compartido hacia el legado histórico del movimiento feminista en el mundo. Más allá de las disputas ideológicas y las heridas legadas del pasado, comunistas y conservadores, socialistas y regionalistas establecieron continuos «pactos de caballeros» más o menos uniformes en materia de igualdad. De esta forma, a pesar de existir diferencias (en ocasiones notables) entre los posicionamientos defendidos por las distintas fuerzas políticas del momento en torno al papel de las mujeres en la sociedad, la suspicacia y el miedo al feminismo constituyeron un horizonte trasversal común objeto de pocas excepciones. Esta realidad no solo contribuyó a silenciar un pasado compuesto por protagónicas y combativas voces femeninas de resistencia contra la dictadura, sino que también dio forma a un nuevo país carente, desde su nacimiento, de una verdadera voluntad emancipatoria en este ámbito. Por tanto, y aun constituyendo un lapso breve y convulso de tiempo, la Transición alberga algunas de las claves fundamentales para comprender la evolución de la historia del antifeminismo en España desde inicios del siglo xx hasta la actualidad.

El consenso «masculinista» versus la agenda feminista

Día 10 de marzo de 1981. Congreso de los Diputados del Gobierno de España. La habitual tensión imperante en el recién restaurado hemiciclo democrático es atenuada por un hecho insólito: la aprobación por práctica unanimidad de la proposición de Ley sobre Bases de la Familia en el Estado español planteada y ferozmente defendida por el diputado Manuel Fraga. Entre los principios recogidos en la disposición acatada por la aplastante mayoría de 297 escaños a favor, una abstención y tres votos en contra *(El País,* 11 de marzo de 1981), sobresalen cinco puntos:

1. Defensa de la familia tradicional: la familia basada en el matrimonio entre un hombre y una mujer como eje central de las políticas públicas. Promoción del matrimonio religioso como ideal frente al civil o cualquier otro modelo familiar emergente.

2. Fomento de la natalidad: incentivos económicos para las familias numerosas, incluyendo exenciones fiscales y ayudas directas. Subvenciones para madres y familias con más hijos, con énfasis en el rol reproductivo de las mujeres.
3. Reforzamiento de los valores tradicionales: introducción de programas educativos orientados a inculcar valores conservadores sobre el matrimonio, la maternidad y los roles de género.
4. Protección frente a «modelos alternativos»: exclusión explícita de otros tipos de uniones, como las parejas de hecho, y ausencia de reconocimiento de derechos a familias monoparentales o no tradicionales.
5. Control sobre el divorcio: aun sin estar todavía legalizado en España, prevención de cualquier tipo de avance en este sentido.

La primera legislatura democrática (1979-1982) encabezada por Adolfo Suárez acababa de manifestar un punto de consenso generalizado entre conservadores, centristas, socialistas y comunistas al abrigo de una iniciativa liderada por, quizás, el más célebre representante del franquismo tardío en España. El estruendo aprobatorio de un aplauso institucional compartido de izquierda a derecha consagraba así la exaltación de un férreo ideario antifeminista como punto de partida en la naciente senda democrática.

En este contexto, a pesar de la existencia de un sentir social mayoritario en torno a la necesidad de realizar ciertas transformaciones respecto a la situación de las mujeres en España, nunca hubo un consenso generalizado acerca de hasta dónde era pertinente avanzar dentro de este campo a ojos de la nueva dirección del país. Las filas de los movimientos feministas más combativos del momento manifestaron su voluntad expresa de deshacer el camino andado durante el franquismo mediante la afirmación de una nueva hoja de ruta radicalmente distinta en materia de igualdad. Esta senda pretendía aprovechar la desarticulación del aparato dictatorial para asestar golpes profundos al sistema patriarcal en su conjunto a través de medidas drásticas sin precedentes hasta la fecha. Las voces de algunas de estas mujeres no aspiraban a rescribir la historia de un pasado imborrable de violencia y represión, pero sí a aprovechar la oportunidad del cambio de sistema para ir más allá de una simple reforma superficial en cuanto a su situación particular. Espacios como las Jornadas de Liberación de la Mujer de Madrid (1975), las Jornades Catalanes de la Dona de Barcelona (1976), las I Jornades de la Dona del País Valencià de Valencia (1977) o las II Jornadas Estatales de la Mujer de Granada (1979) se convirtieron en tribunas desde donde fueron lanzados inicialmente algunos de estos revolucionarios planteamientos. Estos tres encuentros, en Barcelona, Madrid y Granada, fueron claves para la multiplicación de los grupos y asociaciones de mujeres en los que se debatía la experiencia personal vivida y se desarrollaba una conciencia feminista que conectaba con la corriente radical llegada de Estados Unidos y Francia. Su fin era hacer valer el famoso lema de «lo personal es político» formulado por Kate Millett en *La política sexual* (1970). Actos, campañas y asociaciones que no solo cuestionaban el carácter discriminatorio de leyes, instituciones y gobiernos, sino que también trasladaban las conductas cotidianas personales —las relaciones íntimas en el hogar entre hombres y mujeres— al rango de la política.

La agenda feminista impulsada desde algunos de estos espacios reivindicativos expresó entonces un sentir manifiesto contra la aceptación de una generalizada versión abstracta de la igualdad que no reconociera medidas de impostergables avances específicos. Demandas concretas como la reclamación del derecho a la educación, derechos laborales (permiso de maternidad, fin de la brecha salarial), sanidad para mujeres embarazadas, legalización del uso de anticonceptivos, eliminación de la subordinación de la mujer al marido en el matrimonio, legalización del divorcio, matrimonio civil, potestad conjunta de los progenitores, sufragio universal y, en conjunto, todas las libertades políticas que se esperaba conseguir de un Estado democrático emergieron así con gran ímpetu combativo durante este periodo. El conjunto de estas ambiciosas reclamaciones, más allá de cuestiones aisladas, trató de sentar un precedente hacia la redefinición total de una cultura política feminista durante la Transición donde fueran deshechas esas odiosas fronteras históricas entre lo privado y lo público. Esta notable equiparación de lo personal con lo político adquiriría pronto una significación central, sobre todo a la hora de asignar a la vida privada de las mujeres y al control de su cuerpo una categoría política en el marco de la lucha por avanzar hacia nuevos derechos democráticos tras la dictadura.

Esta repentina «explosión» feminista decidida a forjar nuevas formulaciones sobre la ciudadanía de las mujeres, la familia, el aborto, el divorcio, la discriminación legal o las identidades de género y la diversidad sexual (poniendo en cuestión la heterosexualidad) no despertó, sin embargo, el entusiasmo de amplios sectores de la sociedad española, reticentes al devenir de un proceso percibido «demasiado radical» en su tiempo. En este escenario, desde las propias trincheras del movimiento feminista envuelto en la Transición nunca existió un consenso generalizado en torno a la hoja de ruta que había que seguir a este respecto. Numerosas mujeres pertenecientes a los principales partidos políticos votaron así, durante estos años, contra la creación de instituciones femeninas específicas (Quaggio, 2017: 230) al ver en ellas factores potenciales de disgregación y división en el seno de sus organizaciones. Sin llegar a oponerse ni rechazar las propuestas y demandas del feminismo de manera abierta, pero tampoco considerándolas nunca esenciales o prioritarias, multitud de voces femeninas contribuyeron a otorgar un papel subordinado al propio movimiento. Un rasgo característico del espectro feminista fue la confrontación que surgió entre las partidarias de la doble militancia: las que creían en la lucha feminista dentro de los partidos políticos, compaginando los dos ámbitos para conseguir sus objetivos, y las adeptas a una única y exclusiva militancia feminista, que rechazaban el mundo político por asentarse en principios patriarcales y por ello propugnaban una línea política independiente (Escario, Alberdi y López-Acotto, 1996: 228-233). Esta agria discusión sobre la necesidad (o no) de gozar de una plena autonomía como movimiento, unida a la disyuntiva sobre la única o doble militancia, causaría algunas de las primeras rupturas y discusiones que terminaron por impedir acuerdos de participación y negociación en las instituciones democráticas creadas tras el fin de la dictadura.

Más allá de las filas feministas, en cambio, la llamada «cuestión femenina» del naciente sistema parlamentario se convirtió también en objeto de disputas entre multitud de hombres imbuidos de un profundo feminismo. En el interior de este ámbito, compuesto no únicamente por defensores del régimen, sino también por infinidad de incansables militantes antifranquistas, la idea de romper de manera total con preceptos y concepciones tradicionales respecto al rol de las mujeres en la sociedad no levantó pasiones en ningún momento. De esta forma, dejando a un lado la acción desempeñada por el aparato de control estatal desplegado por la dictadura, el antifeminismo evidenció entonces estar tan arraigado entre los más fervientes franquistas como en miles de opositores al viejo orden. Los inicios de la Transición remarcaron así la pervivencia de un heterogéneo espectro antifeminista que siempre fue mucho más complejo que la simple dicotomía de estar o no a favor de Franco y su legado. Este convulso universo de contradicciones constituyó el marco dentro del cual tuvo que desempeñarse el movimiento de emancipación femenino desde mediados de la década de los setenta en adelante, hasta llegar a la más inmediata actualidad.

A pesar de las incontables pugnas internas y barreras de escepticismo, resulta importante remarcar, como punto de partida, que notorios avances en materia de género fueron conquistados durante la Transición. Desde aspectos generalmente aceptados sin demasiada contestación hasta realidades mucho más polémicas, la senda hacia la emancipación femenina conoció en estos años diversos hitos significativos. En este sentido, 1978 fue un año clave en la evolución legal contra la discriminación femenina. Primero se despenalizaron el adulterio y el amancebamiento para, ya en octubre, legalizarse el uso, difusión y venta de anticonceptivos. Por otro lado, la Constitución, a través del artículo 14, consagró la igualdad de hombres y mujeres ante la ley. Anteriormente, en 1976, había sido aprobada la Ley de Reforma Laboral, por la cual se introducían algunas mejoras para la autonomía femenina en la contratación y en los permisos relativos a la conciliación de maternidad y trabajo. La legalización del divorcio y del aborto provocó, sin embargo, un intenso debate. Las feministas no consiguieron, como pretendían, que se contemplara el divorcio en la Constitución, pero, tal y como quedó redactado finalmente el artículo, se abría la puerta a que esto pudiera hacerse en un lapso breve de tiempo (en 1981). A mediados de los ochenta se abordaron asuntos mucho más problemáticos. Aunque las feministas quedaron muy lejos de sus expectativas, en 1983 se aprobó la primera ley de despenalización del aborto, que no entró en vigor hasta 1985 debido al recurso de inconstitucionalidad interpuesto por Coalición Popular. La ley solo contempló la posibilidad de abortar en tres supuestos (en caso de peligro o prescripción médica para la madre, si el embarazo ha sido fruto de una violación o si el feto presenta alguna enfermedad).

La aprobación de algunas de estas medidas, resultado de la acción de incansables generaciones de feministas abnegadas, sirvió para construir la imagen de un renovado país democrático en el que el oscuro legado discriminatorio franquista había sido barrido por completo en poco tiempo. Esta percepción alterada de la Transición, sin embargo, ha contribuido a ocultar el arraigado espectro antifeminista que envolvió a todo el proceso de restitución democrática a muy diferentes niveles complementarios entre sí.

Frente a celebrados procesos a favor de la igualdad como algunos de los mencionados con anterioridad, numerosas batallas fueron también libradas y «perdidas» por el campo feminista en estos años ante la resistencia del yugo patriarcal. Derechos femeninos tan básicos como la despenalización del aborto, la sexualidad libremente concebida o la visibilización de la violencia de género en sus múltiples facetas tardarían décadas en ser reconocidos por completo en España. Esta realidad, a la que podrían sumarse otras causas paralelas, como la de la feroz discriminación sufrida por el colectivo LGTB a lo largo de esta época, puso de manifiesto un hecho palpable: el sentimiento antifeminista de recelo y miedo, cuando no el odio o reacción directa hacia la lucha emancipatoria femenina, empañó por entero el decisivo periodo histórico de la Transición. A este respecto, la defensa compartida de principios como la familia patriarcal y una moral tradicional por algunos de los principales dirigentes de este tiempo sacó a la luz las limitaciones de un proceso polifacético. La progresiva conquista de derechos femeninos arrebatados por la dictadura demostró, por tanto, ser el resultado de un intenso proceso de lucha y no una concesión graciosa otorgada por parte de nuevos dirigentes imbuidos de valores feministas.

De izquierda a derecha: las resistencias al feminismo de los partidos políticos

Para comprender en su totalidad el alcance del sentimiento antifeminista dominante en esta época, es necesario destacar que este trascendió las fronteras ideológicas, pues afectó tanto a los sectores más conservadores como a aquellos considerados progresistas. A estos últimos partidos se refirió Manuel Vázquez Montalbán en los artículos que escribió para *Mundo Obrero* y otras publicaciones del Partido Comunista entre 1976 y 1979. En ellos se pueden leer párrafos como los siguientes, en los que expresaba la dificultad que encontraba el feminismo entre los partidos de izquierdas:

> Ha existido una cierta falta de conciencia, en parte derivada de las urgencias históricas que se debían afrontar, pero también profundamente influenciada por ideologías machistas y patriarcales que trataban a la mujer y al joven como subproductos del patriarcado. Quien esté libre de pecado al respecto, que tire la primera piedra. Seguro que no se mueve ni un guijarro (Vázquez Montalbán, 2020).

Esta compleja realidad, sujeta a múltiples matices y diferenciaciones, permitió materializar acuerdos y alcanzar consensos inexplicables desde un punto de vista político entre partidos y doctrinas irremediablemente enfrentados a lo largo de su historia. La trasversalidad de este fenómeno se hizo patente, así, en primer lugar, dentro de las filas pertenecientes al espectro más conservador y derechista de la Transición. A pesar de que a menudo ha sido presentado como un espacio unificado y homogéneo, el amplio campo de las derechas españolas existentes en este tiempo estuvo compuesto por visiones y posicionamientos diversos y cambiantes entre sí. Desde las facciones más extremistas del llamado «búnker» inmovilista hasta los célebres «reformadores» del régimen, como el propio Manuel Fraga, las filas de movimiento conservador estuvieron siempre ligadas a un omnipresente ideario antifeminista.

Declarados enemigos históricos de la emancipación femenina desde sus orígenes, los grupos de derechas españolas más continuistas con el régimen franquista mantuvieron en todo momento una postura de rechazo abierto ante las demandas feministas expresadas durante el periodo de la Transición. En este marco, agrupaciones políticas como Fuerza Nueva jamás ocultaron su ferviente espíritu antifeminista orientado a mantener a las mujeres españolas en una situación de subordinación equiparable a la consolidada por la dictadura durante décadas. Opuestos a la introducción de todo tipo de derechos femeninos, figuras como Blas Piñar enunciaron célebres discursos aludiendo a la imagen de un ama de casa a la que —decían— «cuando fuera a hacer la compra procuraran echar, si les llegaba el salario del esposo o los hijos, carne y pescado, pero nunca democracia» (1977). Afirmaciones de esta naturaleza fueron acompañadas por constantes manifestaciones contrarias a la consecución de históricos horizontes para la lucha feminista como el derecho al divorcio o al aborto, descrito en 1982 por el mismo dirigente derechista con los siguientes términos: «señores propagandistas de la Constitución, ya se puede, con la ley en la mano, matar en el seno materno».

La obstinada resistencia del ala dura del franquismo a permitir la introducción de cualquier tipo de reforma que atentara contra el aparato construido por el dictador hubo de compartir espacio, dentro de la órbita conservadora, con otras facciones políticas con mayor predisposición a implementar ciertas reformas en el sistema que afectaran también a las mujeres. Tal fue el caso de coaliciones electorales derechistas como Coalición Democrática (CD) o la célebre Alianza Popular, ambas encabezadas por el antaño ministro franquista Manuel Fraga. A diferencia de los inamovibles defensores del Movimiento, algunos de los principales representantes de estos sectores abogaron, al menos en la teoría, por la introducción de avances en este ámbito, como la «promoción social de la mujer partiendo de su plena igualdad jurídica, la búsqueda de igualdad de oportunidades para las mujeres en el acceso a la educación y la cultura o la lucha contra las discriminaciones en el ámbito laboral, civil y penal hacia las mujeres» (todo ello recogido en programas electorales como el de Alianza Popular en 1977).

Esta relativa inclinación hacia una mejora en la situación de las mujeres dentro de una naciente España democrática marcó un punto de ruptura frente a inmovilistas como Blas Piñar, sin dejar, en cambio, de refrendar un firme ideario antifeminista. Contrarios a la aprobación de sucesivos derechos fundamentales femeninos como el aborto a lo largo de su historia, coaliciones políticas devenidas después en partidos, como Alianza Popular, defendieron a lo largo de la Transición una visión marcadamente tradicionalista y conservadora acerca del papel de las mujeres en la sociedad. Expresiones como las pronunciadas por Manuel Fraga en sus discursos aludiendo a que había «tres maneras de arruinarse: la primera, y más divertida, con mujeres» *(El País,* 23 de diciembre de 1982) simbolizan el calado de un sentimiento duradero hasta el propio siglo XXI, cuando el mismo dirigente gallego siguió defendiendo que «la función principal de la mujer es la de ser madre» *(El País,* 6 de junio de 2005).

La pervivencia de este marcado sesgo paternalista, machista y patriarcal imperante en el conjunto de las derechas españolas durante la Transición no se limitó, sin embargo, a las trincheras de los círculos más conservadores. Más allá de la órbita cercana al franquismo en sus facetas inmovilista o reformadora, el diverso y cambiante espectro político del «centro», tan protagonista en esta etapa, formó también parte de esta realidad. Coaliciones electorales como la célebre Unión de Centro Democrático (UCD) de Adolfo Suárez manifestaron a lo largo de su corta vida posturas alternativas respecto a la situación de las mujeres en España que distaron mucho de conectar con una doctrina de pensamiento y acción feministas. En este sentido, a pesar de respaldar la aprobación de numerosos derechos femeninos básicos e incluir marcadas excepciones en sus filas, como la diputada Teresa Revilla, única mujer que participó en la Comisión Constitucional, la acción de los centristas en materia de igualdad exhibió notables limitaciones. Dejando a un lado su manifiesta postura contraria a la despenalización del aborto, la UCD desempeñó un rol clave en la aprobación de una carta constitucional redactada a partir de una manifiesta orientación androcéntrica. Así, mediante el afianzamiento de la familia patriarcal en el centro como única institución nuclear válida dentro del naciente sistema social, dirigentes políticos centristas barrieron con numerosas demandas femeninas defendidas por activistas durante la Transición. Este rechazo continuado a la hora de blindar constitucionalmente importantes derechos femeninos discutidos en la época reflejó la pervivencia de un marco antifeminista patente a cada nuevo paso del entonces emergente ciclo político. Las críticas de los sectores feministas a los reiterados incumplimientos de este partido en el gobierno no se hicieron esperar.

Lidia Falcón, dirigente del Partido Feminista, lo interpretó como «un eslabón más en la cadena que la derecha presenta para demostrar que si la mujer trabaja fuera de casa y se sitúa al mismo nivel que el hombre, sobreviene inmediatamente el caos familiar, los matrimonios rotos, los hijos abocados a la delincuencia y tonterías por el estilo» *(El País,* 2 de febrero de 1980). En esa misma línea crítica, Carlota Bustelo, diputada socialista, denunció el incumplimiento por parte de UCD de sus compromisos en materia de planificación familiar.

Tabla 10
Críticas de Carlota Bustelo a UCD:
«La planificación familiar: UCD no cumple»,
El País, *26 de diciembre de 1980*

Crítica	Explicación
Falta de información en televisión sobre anticonceptivos	El programa *Más vale prevenir que curar* no explicó el funcionamiento de los aparatos reproductores ni los anticonceptivos existentes.
Incumplimiento de la campaña de información prometida	La UCD se comprometió a una campaña educativa sobre anticonceptivos, pero no se llevó a cabo de manera efectiva.
Pocos centros de planificación familiar	De los 74 centros prometidos, solo había 18 en funcionamiento en septiembre de 1980, y algunos cerraron por falta de fondos.
Devolución de fondos sin uso	Se devolvió una partida presupuestaria destinada a los centros de planificación por falta de uso.
Falta de apoyo a iniciativas locales y feministas	Sin la colaboración de entidades locales y grupos feministas, la planificación familiar no puede tener éxito.

Fuente: Elaboración propia.

En este horizonte, al margen del reconocible espectro de fuerzas reticentes al despertar de un anhelo feminista dentro del marco de centro-derecha, el final del franquismo tampoco abrió las puertas al movimiento emancipatorio en el seno de las filas izquierdistas. A diferencia de lo acontecido en los casos anteriores, la historia del feminismo había discurrido a lo largo del tiempo de forma próxima o más o menos cercana a los grupos progresistas del país. Desde sus orígenes, esta corriente feminista estuvo ligada a escala nacional (e internacional) a sectores de izquierda (socialismo, comunismo, anarquismo…) dispuestos a transformar, en menor o mayor grado, la vieja sociedad capitalista-patriarcal. En el caso particular español, el feminismo había estado revestido además de una fuerte impronta republicana fortalecida mediante los avances obtenidos durante esta breve experiencia democrática. La feroz represión compartida por feministas y grupos de izquierda bajo el franquismo terminó de forjar, en último lugar, un vínculo de apariencia firme que demostraría, sin embargo, tener también importantes fisuras durante la Transición. A pesar de haber estado ligados de diversas formas a lo largo de la historia, las contradicciones existentes entre el movimiento feminista y el heterogéneo campo de las izquierdas españolas salieron a relucir con especial fuerza en diversos ámbitos de la vida política de mediados de los setenta. Aun habiendo propuesto distintas medidas, como la creación de comisiones o secretarías de la cuestión femenina dirigidas a impulsar la participación de las mujeres para eliminar la discriminación dentro de los partidos y en la sociedad en general, numerosas limitaciones lastraron este arduo proceso. En esta línea resulta preciso remarcar, como punto de partida, el hecho constatado de que ninguno de los principales partidos y agrupaciones de izquierda gozara nunca de una militancia femenina que alcanzara un volumen equiparable (ni de lejos) al de los hombres. A este respecto, no existió tampoco nunca, salvo contadas excepciones como la de Dolores Ibárruri, un acceso de mujeres a los puestos de poder en términos de igualdad con respecto a los varones.

En el seno del círculo socialdemócrata, monopolizado por el renovado PSOE, el debate en torno a la situación de las mujeres discurrió por sendas cambiantes en el tiempo. Desde principios de los años setenta el entonces secretario general en el exilio Rodolfo Llopis todavía se refería al papel de la mujer dentro del partido en los términos de vínculo y soporte para los militantes masculinos en virtud de su condición de madre, esposa o hija (Quaggio, 2017: 222). En el PCE también surgieron estas tensiones internas. De esta forma, y aun habiendo sido reconocido como un actor político clave en los avances femeninos experimentados durante las últimas décadas, el PSOE evidenció no haber mantenido siempre en su ideario un sentir feminista patente en el marco de la Transición. En este campo, la decisión de no incluir a ninguna mujer, no solo en su primer gobierno (1982) sino tampoco en su segundo (1986), fue muestra palpable del largo camino que todavía quedaría por recorrer en materia de igualdad también para los socialistas del momento. Esta situación llevó a Carlota Bustelo a lanzar severas críticas tanto a su propio partido como al conjunto de la izquierda política. En las elecciones legislativas de 1979 renunció al puesto que le había sido asignado en las listas del PSOE, decepcionada por «la lucha interna, casi feroz, por ocupar un lugar más alto o más bajo», lo que, según afirmó, le recordó «la escasa eficacia que, dentro del partido y del Parlamento, habían tenido sus esfuerzos en favor de la mujer». Su dimisión estuvo acompañada de una protesta pública, después de que el PSOE difundiera una nota en la que justificaba su decisión por «motivos personales» *(El País,* 4 de abril de 1983). Ya en enero de ese mismo año, había declarado que, «a excepción de Gómez Llorente y Felipe González, que al menos no cambian de conversación cuando les hablamos, el resto de los dirigentes ignora los problemas de la mujer; les resbalan nuestros problemas. Algunos, como Alfonso Guerra, se creen que lo saben todo y que el tema de la mujer lo tienen superado» *(El País,* 4 de abril de 1983). Bustelo denunciaba así el machismo estructural presente en el partido, que dificultaba la incorporación de políticas feministas: «Desgraciadamente, en el tema de la mujer la base [del Partido] es más reaccionaria que los dirigentes. La *discriminación positiva* tiene menos rechazo en la dirección que en la base, porque a los dirigentes les da incluso un poco de vergüenza estar tan atrasados en este tema» *(El País,* 4 de abril de 1983). Opinión que subrayó en diversos artículos periodísticos, donde ahondaba en la consideración de que las militantes feministas del PSOE se enfrentaban a menudo a la indiferencia o incluso a la oposición abierta de sus compañeros varones, para quienes el feminismo era una causa secundaria frente a la lucha de clases o los cálculos electorales.

Tabla 11
Críticas de Carlota Bustelo al PSOE y a la izquierda

Crítica	Explicación	Referencia: *El País*
Falta de compromiso real del PSOE con el feminismo	Los partidos de izquierda, incluido el PSOE, no han asumido el feminismo como una parte central de su programa político, sino que solo han recogido sus demandas cuando ya estaban asumidas por sectores amplios de la sociedad.	*El feminismo y el XXVIII Congreso del PSOE* (1979)
Machismo dentro de la izquierda	Los militantes de partidos de izquierda y sindicatos reproducen la opresión de la mujer sin cuestionarla, mostrando una falta de formación en cuestiones feministas.	*El feminismo y el XXVIII Congreso del PSOE* (1979)
Ausencia de una estrategia feminista clara en el PSOE	En lugar de construir una política feminista efectiva, el PSOE adoptó un programa moderado para atraer votantes de la derecha, lo que llevó a la pérdida de apoyo de las mujeres.	*El feminismo y el XXVIII Congreso del PSOE* (1979)
Necesidad de feministas en la dirección del PSOE	Las mujeres en cargos de poder dentro del PSOE deben ser feministas reales, no figuras que renieguen del feminismo o que actúen como «hombrecitos» para ser aceptadas.	*El feminismo y el XXVIII Congreso del PSOE* (1979)
Posible pérdida de liderazgo de la izquierda en la cuestión feminista	Si el PSOE no asume el feminismo, otros partidos (como el PCE) o incluso la derecha (UCD) podrían aprovechar la oportunidad para captar el voto femenino.	*El feminismo y el XXVIII Congreso del PSOE* (1979)

Crítica	Explicación	Referencia: *El País*
Falta de voluntad para transformar la familia patriarcal	La izquierda debe asumir que la familia, tal como está concebida, es un instrumento de opresión y desigualdad, y debe promover su transformación en una institución más igualitaria.	*La familia en la nueva etapa democrática* (1978)
Dependencia económica de las mujeres y papel de la familia en la opresión.	La estructura económica y social mantiene a las mujeres en una posición subordinada, y la izquierda no ha abordado esta cuestión con la urgencia necesaria.	*La familia en la nueva etapa democrática* (1978)
Crítica a la derecha por su visión tradicionalista de la familia	La derecha defiende un modelo de familia que perpetúa la desi gualdad, pero la izquierda tampoco ha sido lo suficientemente contundente a la hora de proponer alternativas reales.	*La familia en la nueva etapa democrática* (1978)

Fuente: Elaboración propia.

Otras realidades simbólicas complementarias sirven, llegado este punto, para constatar a su vez la pervivencia de un comportamiento resueltamente antifeminista sostenido por parte de la cúpula dirigente del PSOE durante estos años. A este respecto, cabe mencionar que figuras tan notorias como el mismo vicepresidente del gobierno socialista (1982-1991), Alfonso Guerra, como había señalado Bustelo, realizaron polémicas declaraciones acerca de las mujeres que despertaron indignación ya en su propio tiempo: «hay que convivir con la economía sumergida como con algunas mujeres: no se la puede eliminar por decreto» *(Diario 16,* 1986). Afirmaciones de este tipo, pronunciadas en un momento histórico marcado por un elevado número de feminicidios, evidencian el alcance que el antifeminismo mantuvo de manera velada durante este tiempo bajo la propia bandera de la socialdemocracia.

La composición de este complejo mosaico político cargado de contradicciones quedaría incompleta, en cambio, de no aludir a uno de los actores más destacados del proceso transitorio que estuvo además inmerso en arduos debates en torno a la realidad específica de las mujeres: el Partido Comunista de España (PCE). Constituido como la principal fuerza política de oposición al régimen franquista desde el final de la Guerra Civil, el PCE aglutinó en sus filas al grueso de la resistencia antidictatorial durante generaciones. La relación de la línea oficial sostenida por los comunistas con el movimiento feminista a lo largo del tiempo fue a menudo, sin embargo, objeto de profusas polémicas que encontraron su punto álgido durante la Transición. Pese a abogar por la liberación de las mujeres en sus programas y sucesivos congresos, los comunistas mantuvieron a lo largo de su historia una actitud distante hacia el movimiento feminista en sí mismo. Recelosos del peso que corrientes liberales pudieran adquirir en el interior de los cuadros del Partido, la cuestión femenina quedó en todo momento supeditada a la causa general de emancipación humana perseguida por el comunismo. En medio de este horizonte, manifestaciones contrarias a la libertad sexual femenina concebida como expresión de la «moral burguesa» permearon la reproducción de una cultura patriarcal en el seno de la militancia comunista del momento. A finales del año 1968, el Comité Ejecutivo del PCE todavía se refería a las aspiraciones feministas como: «reivindicaciones propias de las mujeres» mediante una fórmula peyorativa que evidenciaba la ausencia de una conciencia asentada en materia de igualdad de género *(Nuestra Bandera,* 1967-1968, núms. 56-57: 9). En esta misma línea, con el inicio de los años setenta, programas y manifiestos como el del Partido Socialista Unificado de Cataluña (PSUC), vinculado al PCE, continuaron introduciendo referencias a la situación de las mujeres desde posturas ancladas en viejos ideales interpretativos que las vinculaban permanentemente a la crianza de los hijos y la noción de maternidad *(Adelante,* marzo de 1971, núm. 2: 6). De igual manera, el secretario general del PCE, Santiago Carrillo, después de escuchar un informe presentado por Carmen Alcalde y Genoveva Forest sobre las movilizaciones realizadas por las mujeres y sus reivindicaciones propias, respondió: «Bien, vamos ahora a cosas importantes. ¿Cómo van las movilizaciones en España?» (Falcón, 1992: 179-180). Precisamente, fue Santiago Carrillo uno de los 279 diputados que votó a favor de la Ley de Bases de la Familia impulsada, como hemos señalado, por Manuel Fraga Iribarne y el Grupo Parlamentario de Coalición Democrática. Junto con estos, multitud de hechos simbólicos, como aquellos narrados por feministas cuyos testimonios se encuentran alojados en la Universidad de Alicante, insertos en el proyecto «Mujeres de la Transición (1975-1983). Biografías y Testimonios», reflejan la fuerte impronta de este moralismo machista que a menudo justificaría la permanencia de las mujeres únicamente en el ámbito doméstico.

Así lo relató Cristina Almeida al recordar conversaciones con sus camaradas del PCE: «A mi mujer no me la toques, que la tengo muy tranquila en casa» (minuto 23:53). Desbancar ese machismo no era nada fácil. Destacadas militantes políticas y feministas de los años setenta, como la abogada Concepción Collado Mateo, señalaron que en su día a día en el ámbito doméstico, las mujeres eran vistas como «marujas» y no como amas de casa con derechos (minuto 3:04:10). Y siempre que atravesaron el umbral de la política y se manifestaron en la vía pública para visibilizar sus reivindicaciones, fueron objeto de todo tipo de insultos proferidos por hombres, pero también por mujeres. Así lo expresó también Justa Montero Corominas, integrante de la Liga Comunista Revolucionaria (LCR) y de la organización feminista AUPEPM (Asociación Universitaria Para el Estudio de los Problemas de la Mujer), quien recuerda que muchas personas se dirigían a las manifestantes llamándolas «feministas, zorras…» (minuto 0:33:10). O Mercedes Comabella Marcos de León, miembro del MDM, desde donde intentó introducir nuevas inquietudes en la Asociación Castellana de Amas de Casa de Madrid creada en 1973:

> Cortábamos el tráfico aprovechando los semáforos, cortábamos el tráfico, empezábamos a gritar pues contra la carestía o por una sanidad no sé qué, o por libertad y tal. Y nada, el tiempo que duraba, interrumpíamos un poco el tráfico y antes de que

> llegara la policía nos íbamos, bien. Esto, hicimos varios, eh, varios y bastantes, a lo mejor éramos ochenta mujeres, cien, doscientas, no más de doscientas, eh, y bueno pues los insultos, todos los que os podáis imaginar, eh, por parte de la gente de la calle, hombres y mujeres, eh: guarras, a la cocina, putas... en fin, lenguajes encantadores y deliciosos (minuto 01:04:07).

A diferencia de las organizaciones de orientación prosoviética, agrupaciones como el Frente de Liberación Popular (FLP, popularmente conocido como FELIPE) (1958-1969) o el Partido Comunista de España (marxista-leninista) (1964-1992) mostraron una mayor apertura para incorporar nuevas consideraciones ideológicas; sin embargo, el feminismo estuvo inicialmente ausente en sus planteamientos. Por ejemplo, desde órganos estudiantiles vinculados al FELIPE, como Acción Estudiantil, las significativas reivindicaciones planteadas por miles de mujeres al inicio del ciclo sesentayochista fueron sistemáticamente invisibilizadas en las publicaciones oficiales vinculadas al movimiento. En cuanto al PCE (m-l), la lucha por la emancipación femenina siguió siendo concebida como un aspecto secundario dentro del proyecto revolucionario. Su periódico, *Vanguardia Obrera,* difundía de manera ocasional imágenes nostálgicas de antiguas milicianas republicanas con el objetivo de evitar el debate profundo sobre los avanzados temas feministas que comenzaban a tomar fuerza en la esfera pública de la época.

En último lugar, a lo largo de la Transición existió también un heterogéneo universo de fuerzas políticas radicales situadas a la izquierda del PCE que, a pesar de no contar con una reseñable representación política, tuvieron también cierto peso en determinados sectores de la sociedad española. En el marco de este mosaico extenso, aun habiendo exhibido una notoria radicalidad política legada de tradiciones como el anarquismo, el trotskismo, el maoísmo o el comunismo libertario, el antifeminismo constituyó también un eje común que impregnaría el devenir de estos reducidos espacios políticos. Plataformas como la Organización Comunista de España (Bandera Roja), la Organización Revolucionaria de Trabajadores

(ORT), el Partido del Trabajo de España (PTE) o la Liga Comunista Revolucionaria (LCR) estuvieron igualmente atravesadas por un discurso ambiguo, cuando no abiertamente contrario y patriarcal, hacia las aspiraciones feministas del momento. Considerado en su conjunto, el amplio espectro de grupos políticos de izquierda presente durante este tiempo mostró, por tanto, actitudes diversas hacia la causa feminista marcadas en todos los casos por un visible recelo y desconsideración. Aun habiendo compartido una historia de afinidades y vínculos inexistentes en el seno de la órbita conservadora, las reticencias a incorporar aspiraciones «demasiado radicales» a este respecto permearon siempre la acción político-cultural de estas facciones durante la lucha por la democracia en España. De modo que las mujeres tuvieron escasa presencia en los órganos de dirección y el machismo persistió en la militancia, lo que limitó la incorporación real de las cuestiones de género a la agenda política.

Las disidencias prosoviéticas no abordaron con seriedad la emancipación femenina, al respecto de la cual mantuvieron posturas dogmáticas y excluyentes, e incluso relegaron el feminismo como tema marginal o directamente lo suprimieron en sus programas y campañas. En el ámbito maoísta, grupos como el Frente Revolucionario Antifascista y Patriota (FRAP), Bandera Roja y la ORT mostraron un escaso interés por las reivindicaciones feministas que quedaba patente en discursos simplistas que no reflejaban las complejas discusiones del momento. El PCE (reconstituido) destacó como uno de los reductos más contradictorios, pues atacó al feminismo al considerarlo un obstáculo para la lucha revolucionaria, lo que evidenciaba que la radicalidad política no garantizaba necesariamente una conciencia feminista. Finalmente, el universo trotskista presentó posturas diversas, desde la promoción del movimiento autónomo de mujeres hasta posiciones machistas y antifeministas, como las del grupo Aurora (OM), que criticó el feminismo por dividir a la clase obrera y desviarla de la lucha socialista.

Desde sus orígenes y hasta comienzos de la década de 1980, los partidos políticos de la Transición española se revelaron, así, como formaciones marcadas por fuertes contradicciones, profundamente impregnadas de antifeminismo en todos los niveles. Las aspiraciones a redefinir los modelos de feminidad y masculinidad, sumadas a las notables demandas feministas en otros ámbitos, provocaron que desde un primer momento las formaciones con posibilidades de participar en el consenso político fueran reacias a incorporar medidas radicales al respecto. La moral católica en la sociedad y en la política españolas demostró tener aún un gran peso, y las reflexiones que filtraba la Nueva Izquierda europea, como la legalización de los anticonceptivos, el divorcio, el aborto, las modalidades reproductivas, la sexualidad o las dinámicas de socialización de los hijos, no siempre fueron bien recibidas en el debate público nacional. En este ámbito, y tanto entre los sectores más tradicionalistas como entre las facciones más progresistas y revolucionarias, el «consenso masculinista», reacio a sentar las bases de un horizonte de género alternativo, tuvo profundas implicaciones que perduran hasta la más inmediata actualidad.

«Asignaturas para septiembre»: exclusión política y violencia machista

Como venimos señalando, a pesar de la notable movilización política y social de las mujeres durante la Transición, pocas alcanzaron cargos de representación política, siendo esta una de las consecuencias más visibles del imperante horizonte antifeminista omnipresente en todas las fuerzas políticas del país.

En las diferentes campañas electorales que se sucedieron durante estos años, las listas acogieron siempre, por lo general, a pocas mujeres, las cuales tan solo en muy raras ocasiones llegaron a ocupar además puestos para los cuales tuvieran posibilidades reales de ser elegidas. De este modo, en los comicios de junio de 1977 solo hubo presentes 647 candidatas oficiales (un 13% del total de las candidaturas), de las cuales solo 21 lograron llegar al Congreso (un 4% de los escaños). En el encuentro electoral de 1979, por su parte, los datos no cambiarían sustancialmente, pues el número de candidatas fue del 9,7%, y el de diputadas, del 5,4%. Un hecho parecido a lo que sucedería, más adelante, en octubre de 1982, cuando un 10,9% de mujeres en las listas electorales legaron una representación femenina en el Congreso limitada a un 4,9% del total. Similares resultados se darían en las elecciones municipales y en las primeras autonómicas, marcando una tónica que se repetiría de manera periódica a lo largo del tiempo. A este respecto, muchas protagonistas de la época recuerdan todavía las luchas internas en el seno de sus respectivos partidos durante una época con pocas excepciones y en la que solo casos aislados de mujeres, como el de Soledad Becerril, nombrada ministra de Cultura en 1981, llegaron a altas instancias de poder. Esta infrarrepresentación, que se prolongaría hasta la incorporación de tardías medidas paritarias implementadas largas décadas después, constituye un buen reflejo representativo de las contradicciones que marcaron la Transición desde un punto de vista de género.

El imborrable déficit de igualdad reconocible durante este periodo determinaría, entre otras muchas realidades, que los problemas de índole femenina o feminizada (el control del cuerpo de las mujeres, su rol social, su identidad y su sexualidad) quedaran relegados al espacio secundario en el tiempo. Tal y como hemos indicado, los partidos políticos dominantes de derecha a izquierda expresaron un marcado ideario antifeminista mucho más preocupado de atender a los cálculos electorales que a algunas de las convicciones de la militancia de base expresadas por las mujeres. En este escenario, numerosas activistas fueron conscientes de tan difícil realidad y tuvieron que sortear contradicciones insólitas que, en algunas ocasiones, las llevarían a abandonar sus propias formaciones. La militante feminista Mercedes Comabella Marcos de León, por ejemplo, advirtió que «la UCD, no puso los mecanismos que hubiera podido poner porque realmente no le interesaba que en el tema del feminismo se fuera a fondo» (minuto 02:00:53). Cristina Almeida, por su parte, dentro de la órbita del PCE, señaló que algunos de sus camaradas «no veían bien el que una se dedicara más que hablar de las mujeres. Porque eran todos más burros que un arado. Por muy rojos que fueran, a la hora de ser machistas eran como el que más» (minuto 23:53). Militantes situadas todavía más a la izquierda, como la mencionada Justa Montero Corominas, en su caso, recuerdan el alcance de este fenómeno en el seno de partidos como la Liga Comunista Revolucionaria (LCR), donde, aunque se apostara «clarísimamente por el impulso del movimiento feminista como movimiento autónomo», hubo también tanto machismo que «impulsar el feminismo fue algo complejo, nunca era fácil» (minuto 0:33:10).

Carlota Bustelo denunció aquella situación de subrepresentación y machismo como «el miedo de algunos hombres» a perder su histórica posición de superioridad. Por ello no dudó en calificar como «un gran éxito» la reforma aprobada en el 31.º Congreso Federal del PSOE, celebrado en enero de 1988, que estableció una cuota mínima del 25% de representación femenina en los órganos de dirección del partido y en sus listas electorales. Bustelo subrayó entonces que esta medida no fue un regalo, sino el resultado de años de lucha y esfuerzo de las mujeres, tanto dentro como fuera del PSOE. Además, destacó que la aprobación de la cuota representaba por vez primera un «pacto hombre-mujer» para avanzar hacia una sociedad más equitativa, en la que el poder se distribuyera de manera justa entre ambos géneros *(El País,* 1988).

En el interior de este contradictorio contexto antifeminista, la ausencia de debate en torno a la discriminación de las mujeres perceptible en el ideario de los principales movimientos políticos de la época se hizo extensiva al hemiciclo. Este abrumador y consensuado silencio gubernamental sostenido durante los primeros años de la democracia contrastaría, cada vez más, con el clamor de denuncia extendido en las calles, en las secciones sindicales de la mujer, en las organizaciones feministas y en las asociaciones profesionales de mujeres en crecimiento exponencial. Como fiel reflejo del alcance de esta realidad, a lo largo de los dos primeros gobiernos democráticos en España (1977-1982) solo en dos ocasiones puntuales se aludió expresamente a la discriminación de las mujeres en el Congreso. En la misma línea, la primera mención a los «malos tratos» contra las mujeres no llegaría hasta octubre del año 1983, cuando el ministro de Justicia, Fernando Ledesma Bartret, interpeló al diputado Popular Antonio Pillado Montero acerca de las declaraciones hechas por Carlota Bustelo (a la postre directora del Instituto de la Mujer), remarcando que «se producían reiteradamente denuncias ante organismos públicos, no solo judiciales, sino también no judiciales, que, sin embargo, provocaban una reacción y unas resoluciones tendentes a quitar importancia y a considerar los atentados contra la mujer como problemas domésticos, internos, sin excesiva trascendencia jurídica».

Las palabras del ministro reflejaban la interpretación predominante de la violencia de género en la época. Las denuncias por malos tratos no se diferenciaban jurídicamente de otros delitos o faltas, lo que impedía dimensionar la magnitud real del problema y obstaculizaba la formulación de políticas públicas eficaces. Resulta especialmente significativo que la omisión de debates clave del feminismo durante la Transición favoreciera la persistencia de discursos paternalistas sobre las mujeres, sus cuerpos y sus derechos. Un ejemplo elocuente se produjo el 14 de octubre de 1977, cuando Marcelino Camacho —en nombre del movimiento obrero— celebró la amnistía laboral sin cuestionar la exclusión de delitos como el adulterio, que afectaban de manera específica a las mujeres. Aquella intervención parlamentaria reforzó un «nosotros» masculino en detrimento de un «vosotras» ausente, carente de agencia y representación.

Esta mirada también se reproducía en la prensa. La invisibilidad del sujeto político femenino, la despolitización del maltrato y la minimización de los asesinatos en el ámbito doméstico como cuestiones privadas estaban estrechamente ligadas a un marco institucional que, pese a los avances democráticos, seguía anclado en una concepción patriarcal del orden social. Según investigaciones recientes (García Varela, 2023: 343-355), los medios de comunicación trataban la violencia contra las mujeres con un enfoque sensacionalista y superficial, sin reconocerla como un problema estructural que tenía la sociedad española. Periódicos como *ABC, El País, La Vanguardia, El Correo* y *La Voz de Galicia* encuadraban los asesinatos de mujeres bajo la etiqueta de «crímenes pasionales», los relegaban a las páginas de sucesos y no les dedicaban un análisis profundo. En ausencia de un marco legal claro y de estadísticas oficiales, el problema quedaba invisibilizado. Sin embargo, existieron diferencias en el tratamiento mediático. *El País* destacó por ofrecer una mirada más crítica y humanizadora, denunciando los malos tratos y visibilizando las historias de las víctimas. En contraste, *ABC* mantuvo una postura más conservadora, deslegitimando las reivindicaciones feministas y cuestionando las políticas a favor de la igualdad. En general, la prensa solo otorgaba mayor cobertura a aquellos casos con detalles escabrosos o que involucraban a figuras reconocidas, perpetuando así una narrativa que minimizaba la dimensión social del problema. Según el seguimiento de las noticias publicadas, entre 1976 y 1982 se documentaron 280 asesinatos de mujeres.

Las primeras acciones del Ministerio del Interior para abordar la violencia de género y obtener datos sobre su magnitud no se materializaron hasta finales de 1983. En ese momento, la violencia contra las mujeres, especialmente el maltrato doméstico, comenzó a ser reconocida como un «problema público» de gran relevancia social. Este cambio de enfoque permitió que se crearan espacios institucionales clave, como el Instituto de la Mujer (24 de octubre de 1983), y se pusieran en marcha las primeras campañas de sensibilización pública sobre el problema. Además, se promovió la realización de estudios e investigaciones sobre la situación de los malos tratos en España, un terreno hasta entonces poco explorado por las instituciones oficiales.

El reconocimiento del fenómeno y la necesidad de actuar se vieron reflejados en las primeras cifras oficiales, que se obtuvieron a través de las denuncias presentadas en las comisarías de policía. En 1984, solo un año después de comenzar a registrar estos casos de manera formal, se contabilizó un total de 16.070 denuncias *(Informe de la Comisión de las Relaciones con el Defensor del Pueblo y de los Derechos Humanos encargada del estudio de la mujer maltratada,* Boletín Oficial de las Cortes Generales. Senado. III Legislatura, 12 de mayo de 1989, núm. 313: 12.184). Esta cifra no solo ilustraba la magnitud del problema, sino que también dejaba en evidencia la invisibilidad que había tenido anteriormente la violencia doméstica, tanto en la agenda política como en el discurso social.

Este avance, aunque positivo, también revelaba las carencias previas en la atención a las víctimas. Durante años, el maltrato a mujeres había sido en gran medida tolerado o ignorado, y solo a partir de este momento las instituciones comenzaron a tratarlo como una cuestión que requería una respuesta sistemática, organizada y eficiente. A pesar de los esfuerzos iniciales, las cifras seguían siendo preocupantes, lo que reflejaba la profundidad de una problemática estructural que no desaparecería rápidamente pero que comenzaba a ser reconocida como una responsabilidad pública que debía abordarse con urgencia.

Capítulo 8

Tensiones entre feminismo y bipartidismo en la democracia: los años ochenta y noventa

En las décadas de 1980 y 1990 se consolidó en España la democracia. Consolidación que fue fundamental para garantizar la construcción de un marco legal y político propicio para el planteamiento y el desarrollo de un paquete de medidas favorable a la igualdad de género. En esos años, y hasta el comienzo del siglo XXI, la tónica dominante fue el afianzamiento de un bipartidismo dominado por socialistas y populares. Durante los gobiernos del PSOE (1982-1996) y del PP (1996-2004), que gozaron de una estabilidad cómoda en la mayor parte de las sucesivas legislaturas que tuvieron que afrontar ambas formaciones, se lograron avances muy importantes en los derechos de las mujeres con la proyección de marcos normativos más igualitarios. Avances que también fueron posibles por la incorporación de España a la Unión Europea en 1986. Desde enero de aquel año, y atendiendo al entramado legal y a las resoluciones europeas sobre igualdad, el país comenzó la firme integración de la perspectiva de género en las políticas públicas, así como la adopción de medidas específicas adecuadas para reducir las desigualdades entre hombres y mujeres.

No obstante, y a pesar de las medidas adoptadas, el compromiso con la igualdad de género no fue uniforme ni completamente transformador (Muñoz Ruiz, Antón Fernández y García Bujarrabal, 2023). Muy pronto grupos feministas comenzaron a advertir, como ya ocurriera en marzo de 1977, que, si bien los gobiernos socialistas de Felipe González marcaron un punto de inflexión en la incorporación de la igualdad de género en la agenda política, lo hicieron de manera moderada y sin cuestionar profundamente las estructuras patriarcales heredadas del pasado («Don Felipe González, "contestado" por los grupos feministas en su conferencia sobre la mujer», *Informaciones,* 10 de marzo de 1977). En los ochenta se aprobaron leyes contra la discriminación laboral, se institucionalizó la lucha contra la violencia de género y se fomentó una mayor presencia de mujeres en la esfera pública. Sin embargo, este progresismo fue más tímido de lo que cabría esperar de un partido que se definía como socialdemócrata y mostraba un claro compromiso con la igualdad entre mujeres y hombres. Muchas de sus políticas estuvieron más orientadas a la necesidad de modernizar el país que, como criticaban aquellos grupos, a un verdadero compromiso con la transformación social y la atención a la diversidad.

Las críticas también continuaron con la llegada del Partido Popular al gobierno de España en 1996. José María Aznar, tomando distancia con las posiciones conservadoras de Alianza Popular y Manuel Fraga, centró la actuación de su mandato en áreas como la conciliación laboral y familiar e incluso elevó la presencia femenina, más que el PSOE, en altos cargos políticos, especialmente en los gobiernos locales (Sánchez Medero, 2007). Pero estas medidas generaron un fuerte recelo por parte del feminismo y otros partidos políticos al ser percibidas como estrategias orientadas a captar el voto femenino más que como una intención real de transformar estructuralmente el sistema del que emanaban las desigualdades de género. Se argumentaba que el giro hacia la igualdad era solo aparente, y que el PP mantenía una «agenda oculta» orientada a preservar el modelo tradicional de mujer como madre y cuidadora, limitando su papel en la esfera pública (Ruiz Jiménez, 2003). Esta percepción se reforzaba con la presentación de datos que, como sostenía el propio Felipe González, evidenciaban, tras trece años de crecimiento, y con la llegada del PP al gobierno, un estancamiento del porcentaje de mujeres que formaban la población activa. Un estancamiento que, siguiendo con el argumentario del expresidente socialista, reflejaba los efectos del neoliberalismo económico y las políticas de ajuste estructural defendidas por los populares. Dos medidas que impactaron de manera desproporcionada en las mujeres al debilitar el Estado de bienestar del que eran tanto principales beneficiarias como trabajadoras (Carlos E. Cué, «La política de Aznar perjudica a la mujer, según González», *El País,* 11 de septiembre de 1999). Pero más que estos efectos, lo que suscitó más dudas y sospechas sobre los auténticos fines del PP fueron las propias declaraciones del presidente Aznar. Declaraciones que no tardaron en ser presentadas como una muestra de las contradicciones del partido al evidenciar, por un lado, el reconocimiento formal de la igualdad y al negar, por otro, las herramientas políticas necesarias para alcanzarla. En la clausura el 5 de marzo de 1999 de las jornadas del PP «La Mujer en la España de las oportunidades», el presidente popular defendió la igualdad de oportunidades y responsabilidades para las mujeres, pero rechazó que el PP fuera un partido feminista. Asimismo, criticó el feminismo centrado en reivindicaciones específicas y se opuso a la existencia de *lobbies* femeninos, y aunque pidió incluir mujeres en listas electorales, rechazó el sistema de cuotas y la discriminación positiva. Finalmente, afirmó que la integración de la mujer era prioritaria, pero, según él, debía hacerse sin privilegios *(El Mundo,* 6 de marzo de 1999).

Por todo ello, las contradicciones fueron la nota dominante en el último decenio del siglo xx. La institucionalización de la lucha por los derechos de las mujeres permitió avances legislativos importantes, pero al mismo tiempo persistieron estructuras y resistencias dentro de la sociedad y la clase política que ralentizaron los cambios culturales necesarios para una transformación profunda que desmantelara el sistema patriarcal definido por el feminismo.

Los primeros gobiernos socialistas en España, liderados por Felipe González tras la victoria del Partido Socialista Obrero Español en las elecciones de 28 de octubre de 1982, marcaron un periodo de profundas transformaciones sociales y políticas en el país. Unas transformaciones que se enfocaron fundamentalmente en la consolidación de la democracia y la modernización del Estado (Ysàs, 2011: 23-49; Pérez Pérez, 2011: 99-127). Las reformas legislativas y políticas impulsadas por los socialistas no solo respondían a demandas internas de justicia social e igualdad, sino también a las exigencias y directrices europeas de la época (Sánchez Millas, 2016). A lo largo de los años ochenta, España se adentró en un doble proceso. Por un lado, el correspondiente a la consolidación de su democracia tras la Transición, y, por otro, el de integración plena a la Comunidad Económica Europea (CEE). Esta integración implicaba, en lo que se refiere a materia de igualdad, la necesidad de armonizar sus políticas sociales y de derechos humanos con las resoluciones y los estándares europeos en torno a la igualdad de género como un principio fundamental (Sánchez Millas, 2016) y en torno a la igualdad de oportunidades en ámbitos como el empleo, la educación y la participación política.

Uno de los ejes principales de este proceso fue la reforma legislativa para suprimir normas jurídicas con resabios claramente patriarcales provenientes de la dictadura. El primer gran impulso de los socialistas llegó con la creación del Instituto de la Mujer. Su puesta en marcha en 1983 supuso un hito fundamental en la historia de la lucha por los derechos de las mujeres en España (Agustín Puerta, 2003). Esta institución, dirigida por Carlota Bustelo, se erigió en un instrumento clave para la construcción de una sociedad más justa e igualitaria, que permitió a las mujeres acceder a los derechos y oportunidades constitucionales que les correspondían. Atendiendo al articulado de la Constitución de 1978, desde el Instituto se adoptaron medidas esenciales para generar, de manera paralela a los cambios legislativos, una labor de apoyo que favoreciera un cambio en las actitudes, comportamientos, formas de vida y estructuras sociales que suponían una barrera para el pleno desarrollo de las mujeres como ciudadanas de pleno derecho de nuestro país.

En un contexto de asentamiento de la democracia, el Instituto de la Mujer representó de esta manera un importantísimo avance en la visibilidad y el reconocimiento de las desigualdades estructurales que las mujeres enfrentaban en la sociedad española. Su creación permitió, por primera vez, que se pusieran en marcha en este país, y a través de sucesivos planes de igualdad, políticas orientadas a fomentar la participación femenina en el ámbito laboral y político, a promover la educación y la sensibilización sobre las múltiples formas de discriminación que sufrían las mujeres en su vida cotidiana y a abordar una asignatura aún pendiente: la violencia de género. Su creación también permitió un cambio de paradigma en la comprensión de los derechos de las mujeres, pues se pasó de una concepción asistencialista a una más integral que las reconocía como sujetos de derechos plenos. A través de la visibilización de la discriminación estructural y la implementación de políticas activas, el Instituto de la Mujer contribuyó, pues, a construir el camino que garantizara la transformación de la sociedad española hacia un modelo más igualitario.

Asimismo, durante la década de los ochenta, la evolución jurídica culminó con la superación del concepto de *honestidad* como bien jurídico protegido y su sustitución, en 1989, por el de *libertad sexual* (Ley Orgánica 3/1989, de 21 de junio). Este cambio supuso una transformación profunda en la concepción legal de la sexualidad y en la posición de las mujeres ante el derecho penal, al orientarse hacia la protección de sus derechos fundamentales y el reconocimiento de su autonomía sexual (Herreros Hernández, 2021: 60-69).

Este proceso de renovación se inscribió, como se ha advertido, en un contexto más amplio de desmantelamiento de las normas patriarcales heredadas del franquismo, que llevó al gobierno socialista a continuar impulsando —como ya habían iniciado desde 1978 las distintas formaciones con representación parlamentaria— un conjunto de reformas en el Código Penal y en el Código Civil destinadas a eliminar las disposiciones más discriminatorias hacia las mujeres (Telo Núñez, 1986: 91-92).

Dichas reformas legislativas representaron un avance decisivo hacia la igualdad jurídica y social, especialmente para las mujeres, al cuestionar y desarticular las estructuras legales que perpetuaban su subordinación y dependencia respecto a los hombres. Con ello, los primeros gobiernos socialistas abrieron el camino hacia una mayor equidad en los derechos civiles y sexuales, dando respuesta a las reivindicaciones del movimiento feminista y de las organizaciones sociales que habían luchado por el reconocimiento pleno de la autonomía y la dignidad de las mujeres.

Cabe mencionar, en este sentido, la Ley de Despenalización del Aborto de 1985. Una ley que marcó en España un cambio importante en la legislación sobre los derechos reproductivos de las mujeres. Su aprobación estuvo rodeada, no obstante, de tensiones, reflejadas en las reacciones tanto de sectores conservadores como del propio movimiento feminista, que demandó reformas más amplias y una legislación que estuviera alineada con los estándares más progresistas de otros países europeos. Antes de esta ley, el aborto estaba penalizado en la mayoría de los casos, salvo en circunstancias excepcionales, como cuando la vida de la mujer estaba en peligro o en situaciones de malformaciones fetales graves. En 1983, el ministro de Sanidad, Ernest Lluch, propuso reformar el Código Penal para despenalizar el aborto en ciertos casos. La ley fue aprobada en el Congreso por 186 votos a favor y 109 en contra. José María Ruiz Gallardón, portavoz de Alianza Popular, interpuso un recurso «previo» de inconstitucionalidad (Bonifacio de la Cuadra, «El Grupo Popular anuncia un recurso "previo" contra la ley del aborto, que impediría su entrada en vigor en 1983», *El País,* 8 de septiembre de 1983) y la ley no pudo aprobarse definitivamente hasta 1985. Tras ser definitivamente autorizada, la ley permitió que las mujeres pudieran interrumpir el embarazo de manera legal bajo ciertas condiciones, lo que marcó un avance importante en el reconocimiento de los derechos reproductivos de las mujeres. Esta ley instauró el llamado «sistema de indicaciones», que despenalizaba el aborto en tres supuestos: en primer lugar, en caso de grave peligro para la vida o la salud física o psíquica de la embarazada (indicación terapéutica); en segundo lugar, en caso de que el embarazo haya sido consecuencia de una violación (indicación ética), y, en tercer lugar, en caso de graves malformaciones físicas o psíquicas del feto (indicación eugenésica), cada uno de los supuestos con ciertas condiciones.

Pese al avance, rápidamente vino un claro desencanto. El movimiento feminista había estado luchando durante años por la despenalización total del aborto y exigiendo que las mujeres pudieran decidir libremente sobre sus cuerpos y sus embarazos sin tener que justificarse bajo condiciones estrictas o limitadas. Para muchas feministas, la ley de 1985 no cumplía con estas expectativas por las indicaciones señaladas (riesgo para la salud de la mujer, malformación fetal y violación). Esto dejaba fuera a muchas mujeres que se veían obligadas a continuar con embarazos no deseados, incluso si las razones eran personales, económicas o sociales, pero no se ajustaban a los criterios establecidos por la ley. Además, el movimiento feminista también expresó su descontento por otras tres razones. La primera, por la excesiva intervención de los médicos en el proceso de toma de decisiones, dado que la ley establecía que un comité de profesionales debía evaluar y autorizar el aborto en algunos de los supuestos, lo que no garantizaba una verdadera autonomía para las mujeres (Folguera, 2022: 182). Las feministas querían una ley que no dependiera del consentimiento o de la aprobación de médicos, sino que reconociera el derecho de las mujeres a tomar una decisión autónoma. La segunda, por el hecho de que la ley no abordaba de manera integral la educación sexual ni garantizaba un acceso adecuado a métodos anticonceptivos, lo que, para las feministas, habría sido una manera de prevenir embarazos no deseados y, por ende, evitar la necesidad de recurrir al aborto. Y la tercera, porque, en comparación con otros países, la Ley de Despenalización del Aborto de 1985 seguía estando alejada del marco europeo, ya que muchos países habían despenalizado el aborto en una gama más amplia de situaciones. Por ejemplo, en Reino Unido, el aborto era legal hasta las 24 semanas de gestación bajo diversas circunstancias, y en Francia, el aborto fue legalizado en 1975 bajo la Ley Veil, que permitía la interrupción del embarazo a solicitud de la mujer hasta la semana 10 de gestación. Por su parte, en Suecia y Países Bajos el aborto era legal de forma más amplia, con procedimientos claros y accesibles para las mujeres que lo solicitaban. La ley española reflejó, en cierto modo, los valores conservadores de la sociedad en ese momento.

A estas tres razones podrían añadirse otros factores que dificultaron de manera significativa la práctica del aborto. Por un lado, el peso todavía predominante en la sociedad española del modelo de sexualidad nacionalcatólico y tradicional: no se trataba únicamente de modificar las leyes, sino de transformar también las mentalidades en torno a la concepción de las mujeres y su relación con el propio cuerpo (Ignaciuk y Ortiz Gómez, 2016; Ignaciuk y Villén Jiménez, 2018: 303-331). A ello se sumaba la situación de quienes practicaban abortos. Tras la aprobación de la ley de 1985, se produjeron detenciones con el pretexto de que las intervenciones no se ajustaban a los tres supuestos contemplados por la norma. La persecución y vigilancia ejercidas sobre determinadas clínicas y profesionales, así como las campañas difamatorias contra médicos que realizaban abortos, convirtieron el acceso a esta práctica en un proceso complejo incluso después de su legalización parcial. Esta realidad llevó al feminismo español a ironizar con consignas como «Quiero un billete a Londres con todo incluido», que evidenciaban que, con la nueva ley, muchas mujeres aún se veían obligadas a salir del país para interrumpir su embarazo (Gahete Muñoz, 2024: 59-61).

El descontento llevó a la Coordinadora de Feministas del Estado Español a criticar abiertamente al gobierno de Felipe González. No solo cuestionó la ley, sino también el hecho de que el PSOE se presentara como un partido progresista que, en su opinión, no había cumplido con las expectativas de avanzar en términos de derechos reproductivos de las mujeres («Las feministas seguirán luchando por el aborto libre y gratuito», *El País,* 25 de abril de 1985). La despenalización parcial del aborto fue vista como una concesión limitada, influenciada por los sectores más conservadores de la sociedad y de la Iglesia católica, que seguían teniendo un gran peso en la política española a través de la Conferencia Episcopal. Este enfrentamiento con el feminismo se extendió a lo largo de los años con la organización de protestas, manifestaciones y campañas que reclamaban una legislación más amplia, accesible y respetuosa con la autonomía de las mujeres (María Palau Galdón, «40 años del primer aborto legal en España en una clínica valenciana tras una década de lucha feminista», *El País,* 19 de abril de 2025). La presión social y feminista fue clave para que, años más tarde, en 2010, se produjera una nueva reforma —durante el gobierno del también socialista José Luis Rodríguez Zapatero— que permitió el aborto a demanda hasta la semana 14 de gestación, lo que suponía una ampliación significativa de los derechos de las mujeres en cuanto a su libertad reproductiva.

Otro enfrentamiento entre el feminismo y los primeros gobiernos socialistas se originó a cuenta de la violencia machista. Si bien la violencia de género no fue uno de los ejes centrales del programa político del PSOE en sus primeros mandatos, se empezó a implementar medidas clave que marcarían el inicio de un cambio significativo en su tratamiento. En 1986, la Comisión de Derechos Humanos del Senado decidió crear una «Ponencia de Investigación sobre Malos Tratos a Mujeres» debido a la creciente preocupación social por la violencia de género. Su objetivo era recoger datos, analizar la situación en España y proponer soluciones para erradicarla. La ponencia se presentó tres años más tarde, en 1989, y terminó convirtiéndose en un documento pionero en la lucha contra la violencia de género en España, pues sentó las bases para futuras leyes y evidenció la urgencia de tratar la violencia doméstica como un problema público y no privado.

El informe destacaba que los malos tratos a mujeres en el ámbito familiar eran un problema oculto debido a la normalización social y la falta de denuncias. Se mencionaba que, aunque la Constitución de 1978 reconocía la igualdad y protección de derechos, no se había desarrollado una legislación específica para abordar la violencia doméstica, hecho que lo estaba convirtiendo en un problema de gran magnitud. Las estadísticas oficiales eran escasas y parciales, pero los primeros datos recopilados por el Ministerio del Interior reflejaban una realidad alarmante. En 1984 se registraron 16.070 denuncias por malos tratos en comisarías. Y en 1988, esta cifra fue de 14.711 denuncias, con un 80% de víctimas mujeres. Pese al descenso, el informe hablaba de un fenómeno de «infradenuncias», ya que muchas mujeres no acudían a las autoridades por miedo, dependencia económica o desconfianza en la justicia. Como subrayaba la ponencia, el perfil común de las maltratadas respondía a mujeres de entre 25 y 40 años, en su mayoría amas de casa, sin recursos propios y con un promedio de 2,5 hijos. Y en el 50% de los casos, tras huir del agresor, las mujeres regresaban por falta de alternativas económicas. Asimismo, el documento identificaba hasta «seis tipos de violencia doméstica» según su frecuencia y causas, destacando la «violencia reiterada» (semanal o diaria), muchas veces asociada al «alcoholismo o problemas psicológicos» del agresor.

La ponencia permitió establecer medidas concretas para que las instituciones públicas corrigieran las situaciones de desigualdad y rectificaran el antifeminismo estructural que hasta entonces había predominado en la actuación del Estado. En este sentido, el Ministerio del Interior impulsó la recopilación de estadísticas de denuncias en las trece Jefaturas Superiores de Policía proporcionando por primera vez datos oficiales sobre la magnitud del problema y desmontando la visión que minimizaba la violencia contra las mujeres. Además, se tomaron medidas para transformar la respuesta policial, ya que históricamente los agentes tendían a ignorar o relativizar los malos tratos en el hogar al considerarlos un «asunto privado» y fomentar la conciliación entre víctima y agresor, lo que perpetuaba la impunidad del maltratador y la indefensión de las mujeres. Para erradicar estas prácticas, se emitieron circulares con nuevas normas: en 1983 se estableció la obligación de tramitar todas las denuncias, se prohibió la mediación policial y se reforzó la recogida de pruebas; en 1988 se reafirmaron estas directrices y se añadió la obligación de acompañar a la víctima a su domicilio si lo solicitaba para garantizar mayor protección y confianza en el proceso. Estas medidas representaron un cambio de paradigma en la cultura policial al desmontar concepciones patriarcales y consolidar la idea de que la violencia doméstica debía abordarse como un delito grave contra los derechos humanos y no como un simple conflicto conyugal.

TABLA 12
Comisión de Malos Tratos a Mujeres (1989), publicado en el Boletín Oficial de las Cortes Generales

TIPO DE VIOLENCIA	CARACTERÍSTICAS PRINCIPALES	DURACIÓN Y CONSECUENCIAS
1. Agresión esporádica o única	Ocurre en el contexto de una crisis matrimonial. No hay antecedentes previos de violencia.	Generalmente, la relación termina tras el primer episodio grave. La víctima suele denunciar o separarse.
2. Agresión como explosión inesperada	Se produce por un desequilibrio familiar (problemas económicos, laborales, emocionales). La violencia no es regular ni planificada.	Dura entre 2 y 5 años. No sigue un patrón predecible. Puede resolverse con la separación o intervención externa.
3. Agresión múltiple habitual	La violencia es recurrente y forma parte de la relación. Suele ocurrir en fines de semana o tras consumo de alcohol.	Puede durar entre 10 y 20 años. La víctima suele desarrollar tolerancia al maltrato por dependencia emocional y económica. Es el tipo más común y difícil de erradicar.
4. Agresión por alcoholismo crónico	La violencia se asocia directamente al consumo habitual de alcohol del agresor.	Se prolonga mientras el agresor siga bebiendo. La gravedad de las agresiones puede aumentar con el tiempo.
5. Agresión por enfermedad mental	El agresor tiene trastornos psiquiátricos (esquizofrenia, paranoia, bipolaridad). Puede ser extremadamente peligroso.	Es impredecible y violenta. Puede llevar a intentos de homicidio o suicidio. El alcohol a menudo agrava la situación.
6. Agresión entre separados o divorciados	Violencia tras la ruptura, relacionada con la custodia de hijos o el reparto de bienes. Incluye allanamiento de morada, amenazas y acoso.	Puede ser prolongada. En algunos casos, incluye violencia sexual o persecución por parte del agresor.

Fuente: Elaboración propia.

En este mismo esfuerzo por transformar la actuación policial, y con el objetivo de mejorar la atención a las víctimas y evitar su revictimización en comisarías, el Ministerio del Interior impulsó la creación de unidades policiales especializadas en violencia de género. Estas unidades se establecieron en ciudades como Madrid, Barcelona, Valencia, Bilbao, Zaragoza, Vigo, Palma de Mallorca y Vitoria, y contaban con agentes formados específicamente en la atención a mujeres maltratadas, lo que garantizaba un trato más empático y profesional. Como resultado, en las ciudades donde se implementaron aumentaron las denuncias, lo que reflejaba una mayor confianza de las víctimas en las instituciones y una reducción del temor a denunciar. Además, el ingreso de mujeres en la Policía y la Guardia Civil en 1988 supuso un avance clave, ya que permitió que las víctimas fueran atendidas por agentes femeninas, lo que facilitaba la comunicación y reforzaba la confianza en el proceso de denuncia.

Desde el ámbito judicial, la ponencia identificó como uno de los problemas más graves la baja tasa de judicialización de las denuncias por malos tratos, un fenómeno agravado por diversos factores, como la presión social y familiar, que llevaba a muchas víctimas a retirar sus denuncias, la actitud de jueces y fiscales, que seguían considerando la violencia de género un conflicto conyugal en lugar de un delito grave, la falta de pruebas contundentes debido a que los abusos ocurrían en el ámbito privado y la carga de la prueba recaía sobre la víctima, así como la lentitud y burocracia de los trámites judiciales, que desalentaban a muchas mujeres a seguir con el proceso. En los casos que sí llegaban a juicio, las sentencias eran mayoritariamente absolutorias o se resolvían con sanciones mínimas, generalmente multas de escasa cuantía, lo que reforzaba la impunidad de los agresores y generaba desconfianza en el sistema judicial. Para abordar esta situación, en mayo de 1988 el Consejo General del Poder Judicial (CGPJ) aprobó una reforma para recopilar estadísticas específicas sobre los juicios por malos tratos, lo que permitió diferenciar estos casos dentro de los registros judiciales, evaluar cuántas denuncias derivaban en condenas efectivas y analizar la relación entre los delitos denunciados y las penas impuestas. Paralelamente, en junio de 1988, el fiscal general del Estado emitió una circular que ordenaba a los fiscales crear un registro de los procesos por violencia de género, estableciendo así un primer mecanismo para visibilizar la magnitud del problema y sentando las bases para futuras reformas que garantizaran una mayor protección a las víctimas.

Finalmente, se identificó también la necesidad del desarrollo de los servicios sociales como eje fundamental para la protección de las mujeres víctimas de violencia de género. Hasta la década de 1980, el Estado no contaba con recursos específicos para atender a estas mujeres, lo que las obligaba a permanecer en entornos violentos o a depender de la solidaridad de familiares y organizaciones privadas. La creciente presión de los movimientos feministas y el reconocimiento de la violencia doméstica como un problema público impulsaron la creación de infraestructuras de atención y apoyo. En 1984 se crearon los primeros Centros de Información y Casas de Acogida con el objetivo de ofrecer apoyo integral a las víctimas de violencia de género. Los Centros de Información brindaban asesoramiento jurídico, psicológico y social y orientaban a las mujeres sobre sus derechos y recursos disponibles. Por su parte, las Casas de Acogida proporcionaban alojamiento temporal y protección a aquellas mujeres que debían huir de sus agresores, lo que les permitía reconstruir su vida en un entorno seguro.

Estos servicios fueron pioneros en la intervención pública contra la violencia machista y marcaron un punto de inflexión en la política social española al reconocer que el Estado debía garantizar apoyo y asistencia a las víctimas en lugar de relegarlas al ámbito privado o familiar. Como complemento, en los primeros años del mandato socialista también se pusieron en marcha líneas telefónicas de ayuda para ofrecer orientación y apoyo inmediato a las mujeres que pudieran estar en situación de peligro. Del mismo modo, se emprendieron campañas públicas de sensibilización con el objetivo de visibilizar la violencia de género y promover la denuncia de los agresores. Estas campañas se realizaron a través de los medios de comunicación y en el ámbito educativo con la intención de cambiar la percepción social sobre la violencia machista y demostrar que no era un asunto privado, sino un problema social que debía ser abordado por el Estado. Y, finalmente, se inició la formación de los profesionales encargados de atender a las víctimas de violencia de género, como jueces, fiscales, policías, trabajadores sociales y personal sanitario. Esto contribuyó a una mayor sensibilización y a un tratamiento más adecuado de los casos de violencia desde un enfoque integral que tuviera en cuenta las necesidades específicas de las mujeres afectadas.

Como se desprende de lo expuesto, la segunda mitad de la década de los ochenta supuso un cambio sustancial en la lucha contra la violencia de género. Las medidas que comenzaron a implementarse durante este periodo sentaron las bases para cuestionar y desmantelar un antifeminismo estructural cuyo rostro más extremo y trágico era —y sigue siendo— la violencia machista. Medidas importantes, pero, como denunciaban los colectivos feministas más críticos, insuficientes. Para estos grupos, los cambios se estaban llevando a cabo de manera «controlada», por lo que el antifeminismo seguía siendo un componente profundamente arraigado tanto en las estructuras del Estado español como en la sociedad española. Un ejemplo claro de las críticas y las discrepancias fueron las cifras de las víctimas por violencia de género manejadas por las asociaciones de mujeres —en particular por parte de la Federación de Mujeres Separadas y Divorciadas, pionera en España en ocuparse de las mujeres en situaciones de violencia— y las proporcionadas por el Instituto de la Mujer, cuya fuente provenía del Ministerio del Interior. Como explicó Raquel Osborne (2008: 104-105), la metodología de la Federación en cuanto a la recopilación de datos sobre la violencia de pareja con resultado de muerte era sencilla: hacer un seguimiento sistemático de la prensa diaria y registrar los casos de asesinatos de mujeres por parte de las parejas masculinas, ya fuera en situaciones de conyugalidad o fuera de ella, en relaciones vigentes o pretéritas. Interior, por su parte, se limitaba a contabilizar la violencia ejercida por los cónyuges o parejas de hecho sin tener en cuenta la que tenía lugar por parte de excónyuges, y mucho menos entre novios, exnovios o pretendientes. Estas diferencias determinaban que, previsiblemente, siempre resultaran inferiores las cifras de Interior. De modo que, a pesar de los avances logrados, las asociaciones de víctimas, las organizaciones sindicales y los sectores feministas insistieron en la insuficiencia de los enfoques de análisis para abordar la violencia de género, además de en los también insuficientes recursos para atender el problema.

Más allá de la violencia de género, la actuación del PSOE también debe evaluarse en términos de su papel como referente en la incorporación de las mujeres a la política española mediante la implementación de medidas que comenzaron a garantizar su presencia en los órganos de dirección y en las listas electorales (García-Mercadal, 2005). Desde finales de los años ochenta, el Partido Socialista ha venido apostando por la igualdad a través de un sistema de cuotas progresivo. Como ya se mencionó, en 1988, el XXXI Congreso Federal estableció una cuota mínima del 25% de representación femenina en sus estructuras. Esta cifra fue ajustada en 1994, cuando se decidió que, si la afiliación de mujeres superaba ese porcentaje, su representación en los órganos de dirección aumentaría cinco puntos por encima. En 1997, el PSOE dio un paso más allá con la adopción del principio de democracia paritaria, asegurando que ningún sexo tuviera menos del 40% ni más del 60% de representación en candidaturas y estructuras internas.

Gracias a estas medidas, la presencia de mujeres en los órganos de dirección del PSOE experimentó un crecimiento considerable. En la Comisión Ejecutiva Federal (CEF), la representación femenina pasó del 21,2% en 1990 al 36,3% en 1997 y se mantuvo en el 34,6% en 2004. En el Comité Federal, el incremento también fue significativo, pues pasó del 13,4% en 1988 al 28,2% en 1994 (Verge, 2006: 107-139). Sin embargo, y sin negar ni desmerecer los logros alcanzados, aunque las mujeres han ocupado secretarías relevantes dentro del partido, como la de Organización o Relaciones Internacionales, aún no han llegado a puestos clave como la Secretaría General o la Vicesecretaría General, que son los verdaderos centros de poder. En cuanto a la representación en las Cortes Generales, el PSOE ha sido el partido que más ha promovido la inclusión femenina en el Congreso y el Senado (Sánchez Medero, 2007: 99-132). En 2004, las mujeres representaban el 46,3% del grupo parlamentario socialista, lo que suponía que había alcanzado prácticamente la paridad establecida en sus estatutos. Para lograrlo, el partido adoptó el sistema de «listas cremallera», que alterna hombres y mujeres en las candidaturas, garantizando así una mayor equidad en la representación. Sin embargo, en el Senado, la presencia femenina ha sido más reducida, con un 27% en 2004, lo que demuestra que, a pesar de los avances, aún persisten diferencias en los distintos niveles de representación.

Uno de los hitos más importantes del PSOE en términos de igualdad de género se produjo con la llegada al gobierno de José Luis Rodríguez Zapatero en 2004. En su ejecutivo, por primera vez en la historia de España, se alcanzó la paridad con la presencia de ocho mujeres ministras sobre un total de dieciséis. Hecho histórico sin duda, valorado internacionalmente (Janson y Valiente Fernández, 2001: 79-110), aunque la mayoría de estas carteras han sido tradicionalmente consideradas de menor peso político, como Sanidad, Cultura o Medio Ambiente, con la excepción de la Vicepresidencia Primera.

El Partido Popular y su «agenda oculta»

La llegada al gobierno del Partido Popular (PP) en 1996, bajo la presidencia de José María Aznar, marcó una nueva etapa en las políticas de igualdad en España. Durante este periodo, el PP continuó con el impulso de políticas de igualdad, siguiendo la senda de los planes anteriores y consolidando importantes avances para las mujeres en diversas áreas. Los gobiernos de Aznar implementaron medidas clave que no solo mantuvieron sino que ampliaron las acciones orientadas a lograr una mayor equidad en la sociedad española gracias en gran parte a la aplicación de los sucesivos Planes para la Igualdad de Oportunidades de las Mujeres (PIOM) del Instituto de la Mujer (Cabrera Díaz, 2005).

El Tercer Plan de Igualdad de Oportunidades entre Mujeres y Hombres (1997-2000) representó un avance destacado al incorporar el principio de igualdad en todas las políticas gubernamentales y al fomentar activamente la participación de las mujeres en todos los ámbitos de la vida social. Su objetivo era que las mujeres se convirtieran en agentes corresponsables en la toma de decisiones, reconociendo que sin su implicación no sería posible alcanzar los objetivos de igualdad y desarrollo. Este plan dio continuidad a la estrategia iniciada por los dos anteriores (1988-1990 y 1993-1995) y asumió los compromisos de la Plataforma de Acción de la IV Conferencia Mundial sobre la Mujer de Beijing , así como las directrices del IV Programa de Acción Comunitario. Una de sus principales innovaciones fue el énfasis en la conciliación de la vida laboral y familiar, un tema clave en el contexto español. Asimismo, impulsó la participación de las mujeres en el mercado laboral y respaldó el emprendimiento femenino, con el propósito de facilitar su inserción laboral y fortalecer su autonomía económica («Estudio comparativo de los Planes de Igualdad de Oportunidades entre Mujeres y Hombres», Madrid, Instituto de la Mujer-Ministerio de Trabajo y Asuntos Sociales, 2005).

Otro avance significativo fue la Ley de Conciliación de la Vida Familiar y Laboral (1999), que introdujo el permiso de paternidad de dos días y amplió la baja por maternidad de 14 a 16 semanas, una medida que buscaba aliviar la carga de las mujeres en su retorno al trabajo tras la maternidad. Además, se reguló la reducción de jornada para el cuidado de hijos, facilitando así una mayor flexibilidad en el ámbito laboral para las madres y los padres.

En el ámbito de la lucha contra la violencia de género se produjo un momento clave en el primer año del gobierno del PP. El asesinato de Ana Orantes evidenció la magnitud del problema y la necesidad de un cambio más profundo en las políticas públicas. Ana Orantes, una mujer que había sufrido años de violencia doméstica, fue asesinada por su exmarido en 1997, pocos días después de haber narrado su experiencia en un programa de televisión. Su testimonio fue un acto de valentía que conmocionó a la sociedad española y su asesinato desató una ola de indignación y una mayor concienciación sobre la violencia machista. Este trágico acontecimiento marcó un antes y un después al visibilizar de manera urgente la violencia de género y la insuficiencia de medidas efectivas para proteger a las mujeres.

La muerte de Ana Orantes provocó una profunda conmoción social y una reacción unánime de todos los partidos políticos, que pocos meses después se tradujo en la aprobación de un Plan de Acción contra la Violencia Doméstica. Aquel suceso marcó un punto de inflexión en la respuesta institucional frente a la violencia de género y sentó las bases para la ampliación del marco legislativo en esta materia. Como resultado, se emprendieron reformas significativas en el Código Penal —en 1999 y 2003— que endurecieron las penas por violencia doméstica, así como en la Ley de Enjuiciamiento Criminal de 1999, además de establecerse protocolos específicos para la atención y protección de las víctimas. En 2002 se instauró el «Protocolo de Actuación para las Fuerzas y Cuerpos de Seguridad en Casos de Violencia Doméstica» con el objetivo de unificar y mejorar la respuesta policial ante los casos de violencia de género. Además, se crearon las primeras unidades especializadas dentro de los cuerpos de seguridad para atender a las víctimas de violencia doméstica, lo que permitió una respuesta más coordinada y eficaz. Este caso también evidenció la necesidad urgente de implicar a toda la sociedad y a las instituciones centrales y autonómicas en la erradicación de esta violencia y contribuyó a consolidar la lucha feminista en los ámbitos político y social y a acelerar el desarrollo de nuevas medidas legales y sociales.

La continuidad de las políticas de igualdad se plasmó en el IV Plan de Igualdad de Oportunidades entre Mujeres y Hombres (2003-2006), que amplió el alcance de las actuaciones en áreas clave como la educación, el empleo y la representación política. Este plan impulsó la participación de las mujeres en la administración pública y en puestos de toma de decisiones, al tiempo que reforzó las políticas de apoyo a la maternidad y a las familias numerosas mediante beneficios fiscales y ayudas económicas. También se promovieron medidas específicas para facilitar la conciliación de la vida laboral y familiar, fomentando entornos laborales más corresponsables. El IV PIOM se elaboró conforme a las directrices de la Estrategia Marco Comunitaria sobre la Igualdad entre Hombres y Mujeres (2001-2005) y adoptó un enfoque dual: por un lado, promovía la transversalidad de la perspectiva de género en todas las políticas públicas y, por otro, aplicaba acciones positivas en aquellos ámbitos donde persistían desigualdades estructurales. Asimismo, el plan subrayó la importancia de la cooperación entre todos los agentes sociales implicados como principio fundamental para avanzar hacia la igualdad efectiva.

A la vista de estas medidas, hay que señalar que el PP experimentó en la década de los noventa una transformación significativa en su postura respecto a las cuestiones de género, reflejada tanto en la representación de mujeres en cargos públicos como en la legislación desarrollada (Sánchez Medero, 2007: 99-132). En su primer gobierno, en 1996, el 27% de los ministros eran mujeres, una cifra sin precedentes en España hasta entonces y que situaba al país en una posición avanzada en Europa en términos de representación femenina, al nivel de naciones como Suecia, Finlandia o los Países Bajos. En el ámbito municipal, el número de alcaldesas del PP también superaba ligeramente al del PSOE, con un 8% en 1995 y un 10% en 1999, alcanzando el gobierno de ciudades de gran relevancia como Valencia, Málaga, Zaragoza y Cádiz.

En el terreno legislativo, la sexta legislatura (1996-2000) se destacó por la aprobación de un número significativo de iniciativas en materia de igualdad de género. En este periodo, el 62% de todas las proposiciones no de ley y el 20% de las iniciativas legislativas relacionadas con la igualdad de género desde 1977 fueron aprobadas. Estas medidas reflejaban una continuidad con las políticas de los gobiernos anteriores y un cambio en el discurso del partido, que, a diferencia de su predecesor Alianza Popular (AP), comenzó a integrar ciertos principios de igualdad en su agenda política.

No obstante, esta evolución no eliminó por completo las raíces conservadoras del Partido. Durante los años ochenta, Alianza Popular (AP) había mantenido una postura férrea contra la regulación del aborto y el uso de anticonceptivos, alineándose con la doctrina de la Iglesia católica (Molinero e Ysàs, 2025: 157). En 1985, el diputado José María Ruiz-Gallardón defendía que su partido aceptaba la regulación del aborto solo en los términos estrictos establecidos por la sentencia del Tribunal Constitucional, mientras que Manuel Fraga, presidente de AP, vinculaba la oposición a la interrupción voluntaria del embarazo con las directrices del papa y la Conferencia Episcopal: «las declaraciones [...] de Su Santidad el Papa, de la Congregación para de Doctrina de la Fe, [y] de la Comisión del Episcopado Español, [...] absolutamente claras y terminantes», señaló en el Congreso de los Diputados el 25 de mayo de 1983 para condenar el aborto voluntario. Siguiendo estas mismas orientaciones doctrinales, AP se opuso incluso a la regulación del uso de anticonceptivos.

A lo largo de los años noventa, el PP suavizó su postura en relación con los derechos reproductivos de las mujeres, lo que reflejaba un cambio en su estrategia política. En su programa electoral de 1993, el partido reconoció la existencia de «casos límite» en los que un embarazo podía justificar la exención de responsabilidad penal, marcando una ruptura con el rechazo absoluto del pasado. Asimismo, durante su primer gobierno (1996-2000) no promovió retrocesos en la legislación sobre el aborto e incluso votó a favor de la proposición no de ley relativa a la comercialización de la píldora abortiva RU-486 presentada por el Grupo Parlamentario Federal de Izquierda, que hacía más accesible el aborto a las mujeres con pocos recursos. Frente a la aceptación de la doctrina católica de unos años atrás, este cambio de actitud con respecto al aborto le valió al PP las críticas de la Iglesia española, que, durante la campaña electoral de 2000, pidió de forma explícita a los católicos que no votaran a los partidos que no defendían el derecho a la vida, incluyendo entre ellos al propio PP.

Sin embargo, a pesar de estos claros avances, las discrepancias seguían presentes en sectores conservadores del partido y en el debate público, lo que dificultaba la transformación estructural de las dinámicas de género en la sociedad española. Aunque se implementaron, como hemos visto, medidas muy importantes en áreas como la violencia de género, la reproducción, la conciliación laboral y familiar y los derechos laborales de las mujeres, muchas de estas políticas no lograron transformar de manera profunda las estructuras de poder y las normas sociales que sostenían las desigualdades de género. Las políticas de conciliación no lograban modificar los patrones culturales profundamente arraigados, que seguían colocando a las mujeres en el centro de la reproducción de la vida familiar. De modo que, a pesar de la aprobación de la Ley de Conciliación de la Vida Familiar y Laboral (1999), que introdujo, como hemos indicado, el permiso de paternidad y amplió la baja por maternidad, los roles tradicionales de cuidado seguían recayendo principalmente en las mujeres. Y la distribución desigual de las tareas domésticas y de cuidados, que habían sido históricamente impuestas a las mujeres, no se alteró sustancialmente. Las medidas de conciliación, aunque significativas, seguían siendo percibidas como un apoyo limitado, sin que existiera una reconfiguración profunda de las responsabilidades familiares y laborales que pusiera a hombres y mujeres en una posición de igualdad real.

Esta idea conecta con un tema siempre presente en el PP y que ha dado lugar a diversos debates: la familia como institución. Frente a la inhibición manifestada como partido en la oposición, con la llegada al gobierno, la familia se convirtió en un eje central de la política del PP (Comas-d'Argemir, Marre y San Román, 2016: 858). Durante su primera legislatura, se logró unanimidad —incluida de los grupos de izquierda— para plantear un Plan Integral de Apoyo a la Familia, y cuatro años después, en 2001, fue aprobado el primer PIAF. El PP también desarrolló por primera vez un marco normativo estatal sobre familia para garantizar el desarrollo de políticas familiares orientadas a tres áreas principales: conciliación (medidas para equilibrar la vida laboral y familiar), medidas fiscales (beneficios impositivos para familias) y ayudas a la infancia (apoyos económicos y sociales para niños).

Tabla 13

Distribución de las responsabilidades familiares y laborales en España por sexo (años noventa)

Categoría	Mujeres	Hombres	Fuente/Referencia
Trabajo doméstico diario	4,2 horas al día	1,7 horas al día	Encuesta de Empleo del Tiempo (INE, 1999)
Cuidado de hijos (porcentaje de mujeres)	80%	35%	Informe «El trabajo doméstico y el empleo de las mujeres» (1999)
Mujeres con hijos pequeños que no trabajan	60%	5%	Encuesta de Población Activa (EPA, 1997)
Trabajo no remunerado (tiempo dedicado)	75% del total del trabajo no remunerado	25% del total del trabajo no remunerado	Informe «Trabajo no remunerado y género» (Instituto de la Mujer, 1995)
Mujeres en cargos públicos	16,1%	83,9%	Informe «Mujeres y Política» (INE, 1998)
Mujeres en el Congreso de los Diputados	7,5% en 1993	92,5%	Composición del Congreso de los Diputados (1993)
Mujeres en gobiernos autonómicos (1996)	13%	87%	Informe «La presencia de la mujer en las instituciones políticas» (1996)

Fuente: Elaboración propia.

Sin embargo, pronto entró en discusión, por progresistas y conservadores, el significado y alcance de estas políticas. A mediados de los años noventa, las políticas de conciliación laboral y familiar cobraron relevancia en Europa como respuesta al envejecimiento poblacional y a la necesidad de incorporar a más mujeres al mercado laboral. Se dictaron medidas como permisos parentales, trabajo flexible y ayudas sociales, con el objetivo de garantizar el equilibrio entre vida profesional y familiar. En esta coyuntura, el debate sobre estas políticas se intensificó en España. Mientras que los sectores progresistas denunciaban que muchas de estas iniciativas seguían impregnadas de un enfoque patriarcal —al centrarse en facilitar la conciliación sin transformar la distribución de responsabilidades en el hogar—, los sectores conservadores temían que estas reformas pusieran en riesgo el modelo convencional de familia.

Desde la óptica progresista, la conciliación, aunque necesaria, no bastaba para garantizar la equidad de género, ya que las mujeres, como hemos visto, continuaban asumiendo mayoritariamente las tareas domésticas y de cuidado. A pesar de la creciente participación femenina en el empleo, su trabajo no remunerado dentro del hogar seguía siendo un pilar del bienestar familiar y del sistema de protección social, sin un reconocimiento real en términos de derechos o compensaciones económicas. Por otro lado, los sectores más conservadores argumentaban que estas políticas podrían debilitar la estructura familiar tradicional. Consideraban que la promoción de la igualdad de género en la familia y el trabajo, lejos de fortalecer la unidad familiar, representaba una amenaza al rol del hombre como principal sostén económico del hogar. Algunas posturas más radicales incluso acusaban a estas medidas de querer «romper» la familia, y veían en ellas una estrategia de transformación social que atentaba contra los valores tradicionales (Lester C. Thurow, «La familia tradicional está en proceso de extinción», *El País,* 3 de febrero de 1997).

Este debate evidenciaba las profundas diferencias ideológicas en torno a la familia y el trabajo y reflejaba no solo la disputa sobre medidas concretas, sino también el modelo de sociedad que se aspiraba a construir. Para los sectores progresistas, el verdadero avance implicaba un nuevo contrato social que asegurara una redistribución equitativa de responsabilidades entre individuos, familias, empresas y el Estado, desmantelando las barreras estructurales que perpetuaban la desigualdad de género. Este enfoque revelaba que, incluso a finales del siglo xx, el antifeminismo seguía presente en múltiples esferas de poder, aunque de forma más sutil y menos visible, obstaculizando así una transformación profunda y duradera. Su presencia en el discurso público, los medios de comunicación y ciertos sectores políticos dificultaba el desmantelamiento de las estructuras patriarcales en todos los ámbitos de la vida social. Desde sectores de la izquierda y el movimiento feminista se argumentaba que el giro del PP en materia de igualdad de género respondía más a una estrategia electoral que a un compromiso genuino con la transformación social. Esta percepción se basaba en antecedentes históricos, según los cuales, cada vez que un gobierno conservador había sustituido a uno progresista —como ocurrió tras la Revolución de 1868 o al finalizar la Segunda República—, se había priorizado la consolidación de un modelo tradicional de mujer centrado en su papel de esposa y madre cuidadora, restringiendo su participación en la esfera pública (Ruiz Jiménez, 2003).

Es importante señalar también que la crítica al PP no solo se centraba en su postura ante la igualdad de género, sino que se extendía a su agenda económica y social. Se denunciaba, por aquellos mismos sectores, que el conservadurismo tenía diseñada una «agenda oculta» que, además de limitar los avances en derechos de las mujeres, impulsaba la expansión del liberalismo económico y el debilitamiento del Estado de bienestar. Como han señalado los informes elaborados por expertas y expertos en materia económica, los recortes en políticas públicas suelen afectar tradicionalmente, y de manera desproporcionada, a las mujeres. Esta conexión podría considerarse una nueva forma de antifeminismo indirecto o, como decimos, sutil. En efecto, como principales beneficiarias y trabajadoras de los servicios públicos, las mujeres suelen sufrir con especial intensidad las consecuencias de la reducción de la inversión estatal en educación, sanidad y servicios sociales. Esto no solo restringe sus oportunidades laborales en el sector público, sino que también refuerza su rol como proveedoras mayoritarias de cuidados dentro del hogar, dificultando aún más su acceso a una igualdad real y efectiva.

Por todo ello, aunque los planes de igualdad y conciliación, así como las reformas legales aprobadas en los noventa, representaron avances dignos de tenerse en cuenta, tales medidas no lograron desmantelar por completo las desigualdades estructurales que seguían limitando las oportunidades y el bienestar de las mujeres en España. A pesar de los esfuerzos normativos, persistieron barreras profundas en el ámbito laboral, político y social. Tal circunstancia hizo que dos realidades siguieran siendo un obstáculo tangible contra la igualdad: de un lado, la brecha salarial y, de otro, la restricción al acceso de las mujeres a posiciones de poder (Salazar Benítez, 2001).

Tabla 14
Aproximación de la brecha salarial de género en España (años noventa). INE

Año	Brecha salarial de género (%)
1990	24,5%
1991	23,8%
1992	23,1%
1993	22,6%
1994	22,0%
1995	21,5%
1996	21,0%
1997	20,6%
1998	20,3%
1999	20,0%

Fuente: Elaboración propia.

Así, la antesala del siglo XXI se tornaba llena de desafíos, con un panorama en el que la igualdad de género parecía aún lejana a pesar de los logros obtenidos en el terreno legislativo. La lucha por la verdadera emancipación de las mujeres no solo requería reformas legales, sino también, como estableció *El Informe Brecha de Género* (World Economic Forum, 2007), un cambio cultural y estructural más profundo que abordara las raíces de la desigualdad y desmantelara las normas patriarcales que seguían perviviendo en todos los rincones de la sociedad. Cuestiones de calado que, antes de la publicación del citado informe, entraron en la agenda del gobierno socialista de José Luis Rodríguez Zapatero en 2004. Sin embargo, la crisis económica de 2008 configuró un escenario en el que las discusiones sobre género y feminismo adquirieron una mayor complejidad.

La crisis económica de 2008 desempeñó un papel clave en la expansión de los nuevos peligros en España, especialmente en un contexto de desempleo y precarización laboral que afectó principalmente a sectores tradicionalmente masculinos, como la construcción y la industria (Fernández Navarrete, 2016: 127). Esto generó un sentimiento de injusticia entre algunos hombres, desde la perspectiva de los *Hombres (blancos) cabreados* (2023) de los que habla Michael Kimmel refiriéndose a Estados Unidos, que percibieron las políticas de igualdad como una amenaza. A pesar de que muchas de estas políticas favorecieron a sectores golpeados por la crisis, como los servicios, el viejo antifeminismo canalizó la frustración de estos grupos, que presentaron al feminismo como el responsable de su situación (Álvarez-Benavides y Jiménez Aguilar, 2021). En este contexto, grupos como la machosfera, que incluye los movimientos Red Pill, MGTOW (Men Going Their Own Way) y los *incel (involuntary celibates),* encontraron un terreno especialmente favorable para difundir sus discursos, reforzando la idea de que el feminismo había generado privilegios injustos para las mujeres y debilitado la posición de los hombres en la sociedad. Plataformas de redes sociales como X (anteriormente Twitter), Facebook, TikTok y YouTube se han convertido en un espacio idóneo de esos movimientos para la desinformación (mostrando una visión distorsionada del feminismo que lo presenta como un movimiento radical, sectario o excluyente) y la proliferación de discursos de odio, teorías conspirativas y comunidades antifeministas que atacan las luchas por la igualdad de género (Garzón Costumero y Roldán, 2024: 35-55).

Este fenómeno se reflejó asimismo en el ámbito político. El fin del bipartidismo PSOE-PP y la transición hacia un sistema político multipartidista en España también contribuyeron a este panorama. La aparición de nuevas formaciones políticas de alcance nacional, como Podemos, Vox y Ciudadanos, en los tres primeros lustros del siglo XXI ha diversificado el espectro ideológico, dando lugar a nuevas dinámicas en torno al feminismo y los derechos de las mujeres. El discurso antifeminista encontró apoyo en algunos sectores de la política española, que aprovecharon el malestar de estos grupos para cuestionar las políticas de igualdad y abogar por la supresión de normas como la Ley contra la Violencia de Género, que consideraban un instrumento que favorecía desproporcionadamente a las mujeres. En particular, Vox ha adoptado una postura claramente antifeminista, cuestionando las políticas de igualdad de género y promoviendo el retroceso en derechos como el acceso al aborto y la protección frente a la violencia machista. Además, y a pesar de las cifras inquietantes de esta violencia que no cesa, los sectores antifeministas insisten en negar su dimensión estructural, defienden que la violencia «no tiene género» y minimizan la gravedad del problema (Álvarez-Benavides y Jiménez Aguilar, 2020: 65). Sin embargo, estudios muestran un preocupante auge del negacionismo, especialmente entre los jóvenes, quienes en ocasiones perciben al feminismo como un movimiento que «ha ido demasiado lejos». Por ejemplo, una encuesta del Centre d'Estudis d'Opinió (CEO) de la Generalitat de Catalunya reveló que un 54% de los hombres catalanes entre 16 y 24 años están de acuerdo con esta afirmación *(El País,* 24 de febrero de 2024). A nivel nacional, una encuesta del Centro de Investigaciones Sociológicas (CIS) mostró que el 44,1% de los hombres españoles comparten esta percepción, cifra que asciende al 51,8% en el grupo de 16 a 24 años *(El País,* 15 de enero de 2024). Este fenómeno no solo refleja un creciente desencanto con el feminismo, sino que también advierte, siguiendo a Mayka Muñoz, de un cambio más profundo: el antifeminismo se está situando en el centro de las nuevas construcciones de la identidad masculina y configurándose como un rasgo de afirmación identitaria entre parte de la juventud *(Por experiencia,* Fundación 1º de Mayo, 30 de septiembre de 2024).

Epílogo

El antifeminismo en el siglo xxi: viejas sombras, nuevos peligros

El inicio del siglo xxi ha estado marcado por la aparición de nuevos desafíos que han obstaculizado el avance de la agenda de igualdad de género. Tal y como hemos expuesto, a pesar de los importantes logros legislativos alcanzados desde la instauración de la democracia, hoy en día la consecución de una emancipación plena de las mujeres sigue enfrentándose a resistencias de carácter estructural y cultural. Viejas sombras y amenazas emergentes en nuestro país, y también en un contexto global, ponen en riesgo los avances conseguidos por el feminismo en los últimos cincuenta años, mientras la desigualdad persiste en numerosos ámbitos de la vida social, política y económica. Todo ello pone de manifiesto, tomando esa referencia poética tan intensa de Miguel Hernández, «el rayo que no cesa», que la transformación real no puede limitarse a cambios normativos, sino que exige una revisión profunda de los modelos culturales y sociales que continúan reproduciendo relaciones de poder desiguales.

En consonancia con esta idea, desde que comenzara el nuevo milenio España ha dado pasos destacados en esa dirección que la han posicionado entre los países más comprometidos con la promoción de la libertad, los derechos reproductivos y la erradicación de la violencia de género. Estos progresos han sido posibles, en gran medida, gracias a la aprobación de un conjunto de reformas legislativas

Tabla 15
Legislación aprobada en el siglo XXI *a favor de la igualdad*

Año	Ley/Medida	Descripción
2004	Ley Orgánica 1/2004 de Medidas de Protección Integral contra la Violencia de Género	Primera ley integral para la protección de las mujeres víctimas de violencia de género. Incluye medidas de protección, prevención, atención y sanción a los agresores.
2007	Ley Orgánica 3/2007, de 22 de marzo, para la igualdad efectiva de mujeres y hombres	Su objetivo es eliminar la discriminación de género en todos los ámbitos de la vida, promoviendo la igualdad de oportunidades y la igualdad real en educación, empleo y salud.
2010	Ley Orgánica 2/2010 de Salud Sexual y Reproductiva y de la Interrupción Voluntaria del Embarazo	Despenaliza el aborto en determinadas circunstancias, permitiendo la interrupción voluntaria del embarazo hasta la semana 14 de gestación y, en algunos casos, hasta la 22.
2017 2025	Pacto de Estado contra la Violencia de Género. En 2025 se produce la renovación del Pacto	Acuerdo entre partidos políticos y organismos sociales para establecer una estrategia nacional coordinada de lucha contra la violencia de género, con medidas preventivas y de protección. La renovación de 2025 amplía las medidas de 290 a 460, e introduce nuevos ejes (la violencia vicaria, la violencia económica y la violencia digital).
2021	Ley 1/2021 de medidas urgentes en materia de protección y asistencia a las víctimas de violencia de género	Asegura la continuidad de los servicios de asistencia integral, adaptándolos a situaciones excepcionales como el estado de alarma.
2022	Ley Orgánica 10/2022 de Garantía Integral de la Libertad Sexual (Ley de «Solo Sí es Sí»)	Modifica la definición de agresión sexual, basándose en el principio de que solo el consentimiento explícito es válido. Introduce medidas de prevención, reparación y sanción para las víctimas de agresiones sexuales.

Año	Ley/Medida	Descripción
2023	Ley Orgánica 1/2023, de 28 de febrero, por la que se modifica la Ley Orgánica 2/2010, de 3 de marzo, de salud sexual y reproductiva y de la interrupción voluntaria del embarazo	Amplía los derechos reproductivos al permitir a jóvenes de 16 y 17 años abortar sin consentimiento paterno y eliminando el periodo de reflexión.
2023	Ley 4/2023, de 28 de febrero, para la igualdad real y efectiva de las personas trans y para la garantía de los derechos de las personas LGTBI. Conocida como Ley Trans	Desarrolla y garantiza los derechos de las personas lesbianas, gais, bisexuales, trans e intersexuales (LGTBI), erradicando cualquier forma de discriminación. Su finalidad es asegurar que en España se pueda vivir plenamente la orientación sexual, identidad de género, expresión de género y la diversidad familiar, en un marco de total libertad.

Fuente: Elaboración propia.

fundamentales, garantizadas principalmente por los gobiernos del PSOE y respaldadas por otros grupos parlamentarios. Dichas reformas han consolidado a España como un referente internacional en políticas de igualdad y la han situado en posiciones destacadas en los *rankings* globales al garantizar a las mujeres el ejercicio libre de sus derechos sexuales y reproductivos (Valiente, 2008: 101-117).

En 2010, y como se advirtió anteriormente, durante el gobierno de José Luis Rodríguez Zapatero (PSOE) se aprobó una de las leyes más relevantes en materia de derechos reproductivos: la Ley Orgánica 2/2010 de Salud Sexual y Reproductiva y de Interrupción Voluntaria del Embarazo. Esta norma, apoyada por la mayoría de los grupos parlamentarios (PSOE, IU, ERC, BNG, PNV, Na-Bai y dos diputados de CiU), reconoció el derecho de las mujeres a interrumpir su embarazo libremente hasta la semana 14 de gestación o hasta la semana 22 en casos de graves anomalías en el feto o cuando estuviera en riesgo la salud de la madre. La aprobación de esta ley marcó un hito en la consolidación de los derechos sexuales y reproductivos en España, aunque, como cabía esperar, también suscitó una fuerte controversia social. La Iglesia católica, por ejemplo, expresó su rechazo frontal a la reforma liderando una intensa campaña en su contra y movilizando a amplios sectores de la ciudadanía a través de argumentos morales y éticos, lo que alimentó un profundo debate que evidenció la persistencia de divisiones en torno al papel del Estado en la regulación de los derechos reproductivos. Cabe subrayar que la oposición de la Iglesia católica a las reformas en materia de derechos reproductivos en España no se limitó a declaraciones institucionales o intervenciones en el ámbito eclesiástico, sino que se articuló como parte de una estrategia más amplia y estructurada. Esta estrategia se manifestó en la conformación de lo que ha venido a denominarse una auténtica «ciudadanía religiosa» (Vaggione, 2017), caracterizada por una activa movilización social y una intensa presión política orientada a revertir o modificar la legislación sobre el aborto.

Esta resistencia no fue exclusiva de la jerarquía eclesiástica, sino que implicó también a miles de fieles y a diversas organizaciones provida, lo que contribuyó a intensificar el debate público y a polarizar la opinión social en torno a la moralidad y la mencionada legitimidad de los derechos sexuales y reproductivos. La «Marcha por la Vida», convocada en múltiples ocasiones por la Iglesia y colectivos afines, y otras manifestaciones similares reunieron a decenas de miles de personas en ciudades como Madrid, donde los participantes defendían los valores de la familia y la vida desde la concepción y rechazaban rotundamente la despenalización del aborto. En 2009, coincidiendo con la tramitación parlamentaria de la ley, la Conferencia Episcopal Española, junto con varias asociaciones provida, activó su extensa red de parroquias, comunidades y asociaciones y organizó una multitudinaria manifestación en la capital que contó con el respaldo de sectores múltiples de la sociedad española *(El País,* 29 de marzo de 2009). A esta manifestación le siguieron otras fomentadas por colectivos católicos que desplegaron diversas acciones —protestas, recogidas de firmas, campañas de sensibilización— orientadas a frenar lo que consideraban una «ley del aborto» incompatible con los valores fundamentales de la sociedad. En paralelo, la Conferencia Episcopal Española impulsó una potente campaña comunicativa, coincidiendo con la celebración de la

Jornada por la Vida. Bajo el lema «¡Es mi vida!... Está en tus manos», se distribuyeron seis millones de dípticos y se instalaron anuncios en 1.300 vallas publicitarias repartidas por treinta y siete ciudades del país. Esta ofensiva mediática tenía como objetivo reforzar el mensaje provida de la Iglesia y movilizar a la opinión pública en contra de la despenalización del aborto, subrayando su defensa del derecho a la vida desde el momento de la concepción (*Levante*, 9 de marzo de 2010).

A estas movilizaciones masivas se sumaron intervenciones directas por parte de la jerarquía eclesiástica en su estrategia de ejercer presión pública sobre el Gobierno. Una de las voces más influyentes al respecto fue la del cardenal Antonio María Rouco Varela, entonces arzobispo de Madrid, quien se convirtió en uno de los principales opositores a la ley de 2010. En reiteradas ocasiones, Rouco Varela acusó al ejecutivo de perpetrar un «crimen» contra los no nacidos y de promover una legislación contraria a los principios éticos y morales (*El País*, 20 de abril de 2009). Incluso llegó a decir durante su discurso inaugural de la 93 Asamblea Plenaria de la Conferencia Episcopal Española que, con la nueva legislación, España no hacía más que deteriorar su democracia y agudizar un deterioro moral en el que llevaba inmersa las últimas décadas: «Desde la legislación despenalizadora de 1983 [1985], la situación ha ido empeorando tanto en la práctica como en las leyes» (*ABC*, 20 de abril de 2009).

La estrategia de oposición de la Iglesia católica se extendió también al ámbito educativo, especialmente dentro de las instituciones confesionales. Durante el debate y la aprobación de la Ley de Salud Sexual y Reproductiva y de la Interrupción Voluntaria del Embarazo en 2010, numerosos centros de enseñanza de inspiración católica expresaron abiertamente su desacuerdo y llevaron a cabo iniciativas destinadas a concienciar a la comunidad escolar sobre lo que consideraban las implicaciones éticas y sociales negativas de la nueva normativa. Un caso conocido fue el de los colegios del CEU (Centro de Estudios Universitarios), que emitieron un comunicado denunciando la ley como «un atentado contra el derecho a la vida» y «contra la dignidad de la mujer», al tiempo que manifestaban su adhesión a las movilizaciones sociales en defensa de la vida y de la libertad educativa (*Religión Digital,* 3 de febrero de 2010).

A esta intensa movilización social y educativa se sumó también una dimensión política, en la que la Iglesia católica encontró aliados dentro de los grupos conservadores. Su influencia se hizo especialmente visible a través del respaldo de partidos como el Partido Popular y, más adelante, Vox, cuyas posiciones sobre los derechos reproductivos han coincidido en gran medida con las de la jerarquía eclesiástica. Ambos partidos han articulado discursos y estrategias parlamentarias en contra de la Ley de Salud Sexual y Reproductiva, presentando el aborto como una amenaza a la vida humana. Ya en julio de 2010, poco después de la entrada en vigor de la ley, varias comunidades autónomas gobernadas por el PP manifestaron su desacuerdo con la normativa y desafiaron abiertamente su aplicación (*El País,* 5 de julio de 2010). Apenas tres años después de su entrada en vigor, el gobierno de Mariano Rajoy inició los preparativos para una nueva reforma que eliminara el sistema de plazos y reinstaurara la legislación de supuestos. El ministro de Justicia, Alberto Ruiz-Gallardón, justificó esta medida apelando a que el Partido Popular «se siente mandatado por el pueblo español» al haber incluido dicha reforma en su programa electoral de 2011 (Mar F. Felices, «El PP respalda la reforma de Gallardón sobre el aborto por defender el derecho a la vida», *La Razón,* 30 de julio de 2012). Con ello el discurso conservador se apropiaba del concepto de «pueblo español» para legitimar políticas restrictivas hacia los derechos de las mujeres.

A pesar del fracaso del Partido Popular en sacar adelante su iniciativa de reforma, el debate sobre los derechos reproductivos en España ha seguido vivo y ha adoptado en los últimos años un tono aún más polarizado. La oposición a la interrupción voluntaria del embarazo se ha intensificado especialmente de la mano de Vox, que, con una postura más radical, ha propuesto la derogación total de la ley y ha abogado por una política de «protección integral de la vida», que excluye así el aborto como un derecho (Europa Press, 14 de febrero de 2023). Esta fue la postura con la que la formación de ultraderecha respondió a las nuevas iniciativas adoptadas por el gobierno de coalición PSOE-Unidas Podemos. Y es que el año 2022 marcó un nuevo hito en la evolución de los derechos reproductivos en España. Bajo el gobierno del socialista Pedro Sánchez, se aprobó una reforma de la Ley Orgánica de Salud Sexual y Reproductiva y de Interrupción Voluntaria del Embarazo que no solo amplió el acceso al aborto, sino que introdujo medidas que desataron un intenso debate público y político, especialmente entre los sectores conservadores y partidos como PP, Ciudadanos y Vox (Europa Press, 15 de diciembre de 2022).

Entre los principales cambios introducidos por la reforma se encuentra la posibilidad de que las jóvenes de 16 y 17 años puedan abortar sin necesidad del consentimiento de sus progenitores, la eliminación del periodo obligatorio de reflexión de tres días y la garantía de acceso gratuito al aborto en la sanidad pública hasta la semana 14 de gestación. Para sus impulsores, estas modificaciones constituyen un avance sustancial en la consolidación de los derechos reproductivos y en la eliminación de barreras que dificultaban el acceso efectivo al aborto, especialmente para mujeres jóvenes o en situación de vulnerabilidad. Sin embargo, la reforma provocó, como decimos, una fuerte reacción por parte de los sectores conservadores y neoconservadores incluidos en partidos como PP y Vox, que denunciaron lo que consideraban una «excesiva liberalización» del aborto y una merma en la protección de la vida desde la concepción *(El País,* 21 de septiembre de 2022). Una de las críticas más reiteradas fue la eliminación del consentimiento parental, que, según esos sectores, socavaba la autoridad familiar y desprotegía a las menores. Desde esta perspectiva, se argumentó que a los 16 años no se poseía la madurez necesaria para tomar una decisión de tal trascendencia sin el acompañamiento de los progenitores, y se advirtieron posibles consecuencias emocionales, psicológicas y familiares derivadas de esta autonomía legal.

Otro de los puntos más controvertidos de la reforma de 2023 fue la eliminación del periodo obligatorio de reflexión de tres días, una medida que había sido incorporada en la ley de 2010 con el propósito de asegurar que las mujeres tomaran su decisión con plena conciencia. La nueva legislación suprimió esta espera para evitar obstáculos innecesarios en el acceso a la interrupción voluntaria del embarazo. Sin embargo, esta modificación generó fuertes críticas al ser interpretado el cambio como un intento de facilitar el aborto sin un tiempo suficiente para la deliberación personal. Los detractores de la medida argumentaron que la supresión del plazo podía conducir a decisiones precipitadas, adoptadas sin la debida reflexión sobre las posibles consecuencias emocionales, psicológicas o incluso morales. A su juicio, la reforma fomentaba una visión del aborto como una práctica sin restricciones y representaba una nueva muestra de lo que calificaron como «liberalización excesiva» de los derechos reproductivos. En este sentido, la defensa de la vida desde la concepción volvió a situarse en el centro del discurso de estos grupos parlamentarios, que denunciaron que la legislación española avanzaba hacia una progresiva desprotección del feto. En sus posicionamientos públicos, alertaron del riesgo de que el aborto se normalizara como una opción cada vez más accesible y exenta de límites, lo que, según ellos, suponía una amenaza a los valores éticos y a los principios fundamentales de protección de la vida humana.

Vox se erigió en una de las fuerzas políticas más firmes en su rechazo a la reforma. En varias ocasiones, sus líderes afirmaron que la ley contribuía a una cultura de «muerte» y subrayaron que la protección de la vida debía prevalecer sobre el derecho de las mujeres a decidir sobre sus cuerpos (*El Debate,* 28 de diciembre de 2022). En coherencia con esta postura, el partido presentó una agenda política que incluía la derogación de la ley del aborto y proponía restringir el acceso al aborto a casos muy excepcionales, como cuando la vida de la madre estuviera en peligro o en situaciones de violación. Este mensaje fue ampliamente difundido tanto en sus campañas como en sus intervenciones parlamentarias, alineándose con los sectores más conservadores de la sociedad española. Un episodio particularmente polémico ocurrió en Castilla y León, donde Vox impulsó una medida que obligaba a las mujeres a escuchar el latido fetal antes de tomar la decisión de abortar (*El País,* 12 de enero de 2023). Esta propuesta, que se enmarca en la agenda del partido a favor de la «protección de la vida desde la concepción», fue ampliamente criticada por sectores feministas y de derechos humanos, que la consideraron una forma de coacción hacia las mujeres al forzarlas a enfrentarse a un sonido emocionalmente cargado como parte del proceso de toma de decisiones. Vox defendió esta medida como un acto de sensibilización, mientras que los detractores lo interpretaron como un intento de manipular a las mujeres y vulnerar su autonomía en cuestiones tan personales.

Por su parte, el Partido Popular, aunque en ocasiones adoptó una postura algo más moderada, dejó clara su posición a través de su líder, Alberto Núñez Feijóo, quien señaló: «El aborto es un derecho de la mujer», aunque inmediatamente después tuvo que añadir «pero no es un derecho fundamental» *(El Mundo,* 15 de febrero de 2022). Con esta declaración matizada, los dirigentes del PP criticaron de manera firme la reforma, subrayando que el aborto no debe considerarse un derecho intrínseco para todas las mujeres. Además, destacaron las preocupaciones sobre el impacto de la reforma en las jóvenes y la falta de una protección adecuada para la vida prenatal. En este contexto, el PP defendió la necesidad de alcanzar un «consenso social» sobre el aborto proponiendo un equilibrio entre la libertad de las mujeres y la protección de la vida desde la concepción.

La oposición de la Iglesia católica fue de nuevo clara. Aunque la Iglesia no podía oponerse de manera explícita al gobierno en términos legales, sus líderes continuaron impulsando una campaña moral contra el aborto utilizando el púlpito y los medios de comunicación para influir en la opinión pública. En diversos momentos, los obispos llamaron a la movilización contra la reforma y advirtieron de las consecuencias morales de legalizar el aborto sin restricciones. El mensaje de la Iglesia fue contundente, en la línea de lo pronunciado unos años antes, porque consideraban que, más allá de la decisión de las mujeres, el aborto representaba un atentado contra la vida desde su concepción, y que esta reforma era un paso más hacia la deshumanización de la sociedad. Este posicionamiento contó con el apoyo activo de grupos ultracatólicos, que realizaron acciones destinadas a captar la atención pública. Un ejemplo significativo tuvo lugar en septiembre de 2024, cuando un grupo organizó una campaña de rezos frente a una clínica que practicaba abortos en Castellón, con el respaldo explícito del Obispado de Segorbe-Castellón, como muestra de su firme rechazo a la nueva legislación (SER, 25 de septiembre de 2024).

En octubre de 2025, el debate en torno al aborto volvió a ocupar un lugar central en la escena política y mediática española, evidenciando que la cuestión sigue actuando como un eje de polarización ideológica y cultural. La propuesta del gobierno de incluir el derecho a la interrupción voluntaria del embarazo en la Constitución *(El País*, 14 de octubre de 2025) intensificó el enfrentamiento entre los principales actores sociales y políticos. Sectores conservadores y grupos religiosos reaccionaron con firmeza, calificando la iniciativa de «ataque a los valores fundamentales» y de intento de «imponer una visión ideológica del feminismo».

La presidenta de la Comunidad de Madrid, Isabel Díaz Ayuso, se convirtió en una de las voces más visibles de esta oposición al declarar que «nunca» implantará en su Comunidad el registro de objetores de conciencia previsto por la ley, e instar a las mujeres a «irse a otro lado a abortar» *(El País*, 10 de octubre de 2025). Sus palabras provocaron una oleada de reacciones tanto en el ámbito político como social, evidenciando que el aborto sigue siendo un tema capaz de activar discursos antifeministas, de moralizar el debate público y de reabrir la brecha entre quienes conciben los derechos sexuales y reproductivos como una cuestión de salud pública y quienes los interpretan como un problema ético o religioso.

Además del debate sobre el aborto, el inicio del siglo XXI ha estado marcado por intensas discusiones y avances legislativos en torno a medidas destinadas a garantizar la igualdad de género en distintos ámbitos de la sociedad. En 2007, el gobierno de José Luis Rodríguez Zapatero aprobó la Ley para la igualdad efectiva de mujeres y hombres, un nuevo hito legislativo que buscaba erradicar la discriminación de género en sectores clave como la educación, el empleo y la salud y con la que España se alineó con los compromisos internacionales asumidos en la Conferencia de Pekín (1995), que priorizaban la igualdad de género, el empoderamiento de las mujeres y la salud reproductiva como ejes fundamentales para el desarrollo social y económico. La nueva ley no solo favorecía la igualdad formal, sino que también implementaba medidas específicas para asegurar la igualdad real que abarcaban desde el acceso a oportunidades hasta la eliminación de barreras estructurales que dificultaban la participación plena de las mujeres en la sociedad. En la misma línea de progreso, en 2007 se aprobó la Ley 45/2007 de Desarrollo Sostenible del Medio Rural, con el objetivo de mejorar la calidad de vida en las zonas rurales. Esta ley introdujo políticas económicas, sociales y ambientales para fomentar la diversificación económica, facilitar el acceso a servicios básicos y apoyar la agricultura y ganadería, al tiempo que combatía el despoblamiento rural y abordaba las desigualdades de género presentes en estas áreas. Más tarde, en 2011, se dio un paso fundamental hacia la equidad de género en el sector agrario con la Ley 35/2011 de Titularidad Compartida de las Explotaciones Agrarias. Esta legislación reconoció oficialmente el trabajo de las mujeres en el campo, garantizando sus derechos laborales y de seguridad social, lo que supuso un avance significativo en la visibilidad y el reconocimiento del papel de las mujeres en la economía rural (Ortega López, 2013: 181-209; Cabana Iglesia, 2023: 233-302).

Los gobiernos del PP posibilitaron la adopción de medidas de gran trascendencia. El gobierno de Mariano Rajoy presentó en 2017 el Pacto de Estado contra la Violencia de Género. Este pacto supuso un consenso sin precedentes en torno a la necesidad de abordar la violencia de género de manera integral, tanto en el ámbito legal como en el social. Fue firmado por las principales fuerzas políticas del país, que formaron un frente común contra una de las violaciones de derechos humanos más graves que afectan a las mujeres. Entre los firmantes se encontraban el PSOE, el PP, Ciudadanos, Unidos Podemos, ERC (Esquerra Republicana de Catalunya) y otras formaciones, lo que permitió una colaboración conjunta en la lucha contra la violencia de género que trascendía las diferencias ideológicas de cada partido. En términos de contenido, el Pacto de Estado abarcó una serie de medidas orientadas a prevenir, erradicar y atender a las víctimas de violencia de género. En primer lugar, priorizó el aumento de los recursos destinados tanto a la prevención como a la protección de las víctimas. Esto se tradujo en diversas acciones, como la creación de más centros de acogida para mujeres maltratadas, el fortalecimiento de las unidades especializadas de violencia de género en las fuerzas de seguridad y la formación específica para los profesionales involucrados en la atención a las víctimas, como médicos, jueces y cuerpos policiales. Además, se implementaron iniciativas de sensibilización social con el fin de fomentar una cultura de igualdad y respeto entre la ciudadanía.

Otro aspecto fundamental del pacto fue el fortalecimiento del sistema judicial. Se abordó la necesidad de agilizar los procesos judiciales y mejorar la respuesta del sistema ante los casos de violencia de género. Esto incluyó medidas para optimizar la protección de las víctimas durante todo el proceso judicial y un incremento en las medidas cautelares para salvaguardar a las mujeres en situaciones de riesgo. En cuanto a las políticas preventivas, se incorporaron iniciativas educativas dirigidas a las nuevas generaciones con el objetivo de avanzar en la igualdad de género y erradicar la violencia desde sus raíces culturales y sociales. También se impulsó la coordinación entre las distintas administraciones públicas, creando mecanismos de intervención más efectivos en todos los ámbitos donde se detecten casos de violencia de género.

A pesar del consenso político que representó el Pacto de Estado contra la Violencia de Género, la confrontación y las voces críticas han sido la norma. La oposición del PP a algunas de las medidas aprobadas fue clara, ya que varios miembros del partido cuestionaron ciertos aspectos del enfoque adoptado, particularmente la priorización de la violencia de género en los tribunales y el sistema judicial. Algunos sugirieron que esta medida podría generar un trato desigual entre las víctimas de violencia en general. En una intervención parlamentaria del 21 de febrero de 2019, la diputada del PP

Mar Cotelo acusó al PSOE de «escudarse en el pacto de Estado contra la violencia de género para crear víctimas de primera y de segunda». No obstante, la crítica más recurrente provino de quienes consideraban que el Pacto podría dar lugar a un enfoque «ideológico» y no abordar adecuadamente todas las formas de violencia. Este componente «ideológico» ha sido precisamente un tema central del debate político y social en tiempos recientes.

El argumento ideológico ha sido empleado por el PP para criticar las diferentes iniciativas que los gobiernos de coalición (PSOE-Unidas Podemos, PSOE-Sumar) han adoptado en materia de igualdad. Según los populares, esas iniciativas no contribuyen a lograr una verdadera igualdad, sino que, atendiendo a su perspectiva, favorecen la discriminación inversa y fomentan la desigualdad en beneficio de las mujeres. Un punto destacado de su crítica fue el establecimiento de la paridad en las listas electorales, que exigía una representación de género equilibrada entre el 40% y el 60%. El PP consideraba que esta medida restringía la libertad de los partidos políticos a la hora de formar sus candidaturas, pues entendían que contravenía la libertad ideológica y el pluralismo político. Esta interpretación fue la base para presentar un recurso ante el Tribunal Constitucional (*El País,* 26 de junio de 2007). Con respecto al Pacto de Estado contra la Violencia de Género, el PP expresó reservas, especialmente en cuanto a la inclusión de la prostitución y la gestación subrogada como formas de violencia machista. Los populares opinaban que estos temas debían debatirse en contextos separados, no dentro del pacto, ya que consideraban que su inclusión respondía a un enfoque ideológico sesgado (*Tribuna Feminista,* 25 de abril de 2019).

Vox, por su parte, ha mantenido una postura de rechazo absoluto hacia las normativas de igualdad, pues considera que legislar en esta materia fomenta una ideología de género que, en su opinión, otorga privilegios a las mujeres y discrimina a los hombres y a los padres de familia. El partido liderado por Santiago Abascal ha articulado un discurso que intenta adaptar su ideario retrógrado a una sociedad española profundamente transformada (Alabao, 2023: 67-68). Según esta narrativa, las leyes de igualdad no solo son innecesarias, sino que contribuyen al «borrado de los hombres» en la sociedad al centrarse de manera excesiva en las mujeres y, según Vox, ignorar los supuestos derechos y necesidades de los hombres. De este modo, el partido reconfigura su argumentación para presentarse como menos conservador mientras centra su rechazo en lo que denomina feminismo «supremacista». Su lógica parte de la premisa de que, dado que en España existe igualdad formal y legal, cualquier medida que señale desigualdades de género y trate de corregirlas se convierte, en su interpretación, en una legislación que discrimina a los hombres y que podría generar injusticia. Esta estrategia discursiva evidencia el intento de Vox de desacreditar políticas de igualdad mediante la construcción de una falsa simetría entre hombres y mujeres que invisibiliza las desigualdades estructurales y normaliza la resistencia a cualquier transformación con perspectiva de género.

Atendiendo a esta posición, en octubre de 2022, Vox presentó un recurso de inconstitucionalidad contra la Ley para la Igualdad y No Discriminación argumentando que introducía un «sesgo ideológico» en la administración pública y en la esfera privada y afectaba incluso a la libertad de elección educativa de los padres. Javier Ortega Smith, vicepresidente de Vox, afirmó que «los que estamos discriminados somos los españoles» (Europa Press, 19 de octubre de 2022). Además, en enero de 2024, Pepa Millán, portavoz de Vox en el Congreso, calificó las leyes en materia de género aprobadas por el gobierno como «objetivamente discriminatorias» al sugerir que presentaban a los hombres como potenciales agresores y victimizaba a las mujeres por el simple hecho de serlo (Europa Press, 16 de enero de 2024). Su desacuerdo con la definición misma de violencia de género ha llevado también a Vox a adoptar una postura radicalmente contraria al Pacto de Estado contra la Violencia de Género. En este sentido, en febrero de 2025 registró un voto particular al informe aprobado por la subcomisión de seguimiento y actualización del Pacto de Estado en materia de violencia de género en el que destacaba tres motivos principales: la desigualdad ante la ley, la desaparición de la presunción de inocencia y la ineficacia e ineficiencia en la protección de las mujeres *(El País,* 17 de febrero de 2025).

Conviene indicar que el negacionismo de Vox no se limita a la retórica parlamentaria, sino que impregna sus propuestas legislativas y comunicativas en un intento de revertir avances legales y simbólicos en materia de igualdad. Un ejemplo reciente lo encontramos en Alicia Verónica Rubio Calle, diputada de la Asamblea de Madrid por Vox entre 2019 y 2023, conocida por declaraciones polémicas como «el feminismo es un cáncer» o «coser botones empodera mucho». Estas afirmaciones reflejan una oposición frontal a la igualdad que queda de manifiesto en su libro *Cuando nos prohibieron ser mujeres… y os persiguieron por ser hombres* (2016). Otro ámbito en el que se observa una estrategia significativa de la extrema derecha española es en la apropiación del lenguaje y las banderas del feminismo con fines opuestos a sus objetivos originales. Marta Cabezas (2022: 335) ha denominado a esta práctica «apropiación parasitaria» del feminismo, y la detecta de manera clara en algunas líderes de Vox, especialmente en Rocío Monasterio. En el marco de la manifestación del 8M de 2019, Monasterio reivindicó para sí y para su partido la etiqueta de «feminismo español» en abierta contraposición a lo que denominó «feminismo supremacista». Con esta maniobra no solo buscaba deslegitimar las corrientes feministas mayoritarias sino también resignificar el término «feminismo» en clave nacionalista, conservadora y excluyente, desvinculándolo de sus fundamentos igualitarios y de justicia social para alinearlo con valores restrictivos en materia de derechos.

Pese a la acalorada polémica suscitada en torno a las medidas legislativas mencionadas, fue la Ley de Garantía Integral de la Libertad Sexual, aprobada en 2022 por el gobierno de coalición PSOE-Unidas Podemos, la que se convirtió en el epicentro de un debate más amplio sobre la legislación en materia de igualdad de género. Esta ley, más conocida como del «Solo sí es sí», pretendía reforzar la protección de las víctimas de agresiones sexuales y redefinir el consentimiento. Sin embargo, a pesar de los avances en la protección de las mujeres, la ley desató una intensa batalla discursiva, mediática y política. En primer lugar, porque tanto el PP como Vox argumentaron, una vez más, que esta ley reflejaba un sesgo ideológico y un enfoque desequilibrado. Sesgo y enfoque que ambas formaciones presentaban nuevamente como una discriminación hacia los hombres. Y, en segundo lugar, la oposición del PP y Vox se centró en la reducción de penas para algunos agresores sexuales, derivada de la aplicación de la norma. Conviene señalar que, en este caso, las críticas del PP y Vox no carecían de fundamento. La falta de previsión en el diseño y aplicación de la ley evidenció una grave deficiencia técnica y política que tuvo consecuencias reales y dolorosas: numerosos condenados por delitos sexuales vieron rebajadas sus penas, y en algunos casos incluso lograron su excarcelación (Isabel Valdés y Daniele Grasso, «Los excarcelados por la "ley del solo sí es sí" han salido de media unos 11 meses antes de lo previsto», *El País,* 12 de febrero de 2023). Este resultado minó la confianza de la ciudadanía en la capacidad del legislador para proteger eficazmente a las víctimas y supuso un retroceso en la percepción social de la lucha contra la violencia sexual. En este sentido, más allá de la polarización política habitual, resulta difícil obviar que las críticas recibidas por la ley fueron percibidas por parte de la opinión pública como al menos parcialmente justificadas.

Todo este debate político en contra de las reformas y medidas en materia de igualdad que ha marcado el inicio del siglo XXI refleja, en muchos aspectos, una reiteración de las discusiones del pasado. Estas oposiciones no son sino una manifestación contemporánea, revitalizada en el contexto actual por la Iglesia católica y por diversos sectores políticos, conservadores, neoconservadores y de extrema derecha, en torno a ideas tradicionales sobre la familia, la moralidad y el papel de las mujeres en la sociedad (Carreras, 2019: 51-61). Así, los mismos argumentos que surgieron en décadas anteriores sobre el lugar de la mujer en la esfera pública y privada continúan resonando en los debates actuales, proyectando las preocupaciones de antaño en las políticas y movimientos de igualdad actuales. Actores como los señalados han impulsado discursos que intentan frenar o cuestionar el avance de los derechos de las mujeres, recurriendo a estrategias sutiles pero efectivas, revestidas de populismo. Apelan a nociones como la «protección», presentada como un deber de la sociedad hacia las mujeres, con el fin de justificar restricciones a su autonomía; la «deshumanización», utilizada para deslegitimar sus demandas y caricaturizar sus luchas, o la supuesta «ideología de género», elevada a la categoría de una amenaza que desestabiliza el orden social tradicional. Estas estrategias, que se presentan como una defensa de valores o una resistencia ante imposiciones ideológicas, no son más que tácticas para generar miedo y rechazo en la sociedad. Al hacerlo, refuerzan los discursos que perpetúan las estructuras de poder patriarcales y obstaculizan cualquier avance real hacia la igualdad (Sales Gelabert, 2023: 101-131).

España, como hemos visto, es un buen ejemplo de esto último. Pero lo que vemos aquí no se limita a las fronteras de nuestro país (Forti, 2022: 81-144). En otras naciones, especialmente en aquellos países donde los movimientos populistas de extrema derecha han ganado fuerza, la batalla contra el feminismo tampoco da tregua («La contrarrevolución antifeminista global avanza tras décadas de mejoras en la igualdad», *El País*, 19 de octubre de 2025). Figuras como el presidente argentino Javier Milei, el presidente estadounidense Donald Trump y la primera ministra italiana Giorgia Meloni han adoptado posturas similares, utilizando discursos que minimizan la violencia de género y ridiculizan las demandas feministas. Estos líderes promueven una agenda ultraconservadora apelando a valores tradicionales y defendiendo la figura de la familia como eje central de la sociedad. De igual manera, en Brasil, Jair Bolsonaro minimizó la violencia de género y descalificó las luchas feministas, mientras que, en Hungría, el gobierno de Viktor Orbán ha atacado las políticas de igualdad, cerrando departamentos de estudios de género en universidades y restringiendo derechos reproductivos. En Polonia, el gobierno ultraconservador ha adoptado medidas para restringir el derecho al aborto y ha promovido una visión tradicionalista de la mujer, vinculada exclusivamente al rol de madre y cuidadora. Estos movimientos, tanto en España como a nivel global, reflejan una misma narrativa de resistencia a las reformas de igualdad, basándose en la reproducción de estructuras antifeministas y el rechazo a los avances en los derechos de las mujeres (Fundación Alternativas, «Antifeminismo y extrema derecha», *Espacio Público,* 2021). En este contexto, las alianzas internacionales se han fortalecido de forma notable. Vox ha tejido vínculos estratégicos con partidos y líderes de la ultraderecha europea y latinoamericana, configurando un frente transnacional abiertamente contrario a la igualdad de género. Desde la firma de la Carta de Madrid en 2020 hasta la organización de convenciones como Viva o su integración en plataformas parlamentarias como Patriots for Europe, el partido ha consolidado de manera constante su alineamiento ideológico con estas fuerzas.

Estos discursos han sido acogidos con entusiasmo por sectores conservadores, quienes ven en el feminismo y en los movimientos LGTBIQ+ una amenaza directa a los valores tradicionales que han sostenido las estructuras sociales durante siglos. En fechas recientes, la narrativa antifeminista se ha fusionado con otras ideologías de extrema derecha, como el nacionalismo y el rechazo a la inmigración, para crear un discurso común que presenta al feminismo como una ideología destructiva, impuesta por élites globalistas o movimientos progresistas con la intención de desmantelar las bases de la sociedad. Esta visión ha sido desarrollada activamente por líderes políticos que buscan consolidar su poder apelando al miedo y la polarización y por medios de comunicación que amplifican estos mensajes a través de la desinformación y la retórica incendiaria. Además, y como ya se ha indicado, las redes sociales han desempeñado un papel fundamental en la expansión de esta narrativa al proporcionar un espacio para que estos discursos se difundan rápidamente, sin filtros y con un alcance global (Belenguer Sales, 2021). A través de plataformas digitales, se han creado comunidades que refuerzan estos mensajes construyendo una imagen del feminismo como un «enemigo» externo que debe ser combatido para preservar la identidad y la cultura nacionales.

Lo que está en juego en este enfrentamiento ideológico es mucho más que la lucha por la igualdad de género o los derechos LGTBIQ+.

Se trata de una batalla simbólica por el futuro de las sociedades contemporáneas, donde el choque entre visiones progresistas y conservadoras continúa polarizando a la población y generando tensiones que no parecen tener fin. Este conflicto, además, está intrínsecamente relacionado con los modelos económicos y los sistemas productivos en los que se fundamentan estas sociedades. Las políticas progresistas suelen estar centradas en garantizar economías más inclusivas que tratan de reducir las desigualdades y fomentar el acceso equitativo a los recursos, mientras que las posturas conservadoras tienden a defender modelos económicos más orientados al mercado libre y a la preservación de estructuras tradicionales que a menudo refuerzan las jerarquías sociales existentes. La respuesta a este fenómeno no depende únicamente de las políticas públicas, sino también de la educación y de la capacidad de las jóvenes generaciones para interiorizar valores de derechos humanos, inclusión y solidaridad. Solo mediante la construcción de una conciencia colectiva comprometida con la igualdad será posible transformar las estructuras sociales y económicas hacia un modelo más justo y equitativo, evitando así lo que puede entenderse como una *reconfiguración de la masculinidad:* un proceso que no desmantela el orden de género, sino que, como señalan Bridges y Pascoe (2018), lo mantiene mediante una «preservación a través de la transformación». Miguel Lorente, en la ponencia «El movimiento se demuestra andando, el destino trabajando: la movilidad estática del posmachismo» (2011), denominó este fenómeno la «paradoja del chef», al describir cómo los hombres pueden incorporarse a espacios tradicionalmente feminizados —como la cocina— alcanzando en ellos mayor éxito y prestigio que las mujeres, mientras los sectores más precarios e invisibles de esos mismos ámbitos siguen ocupados por ellas. Así, la aparente apertura masculina hacia ciertas esferas asociadas a lo femenino no supone una verdadera ruptura de la jerarquía de género, sino que contribuye a reforzarla, manteniendo los espacios masculinizados como territorios aún restringidos a las mujeres (Beroiz Sancho, 2023: 18).

A pesar de los retrocesos en los derechos conquistados y el auge de los discursos antifeministas, el feminismo continúa siendo una fuerza social activa, con una notable capacidad de movilización y resistencia. En el siglo XXI, este movimiento está demostrando una asombrosa adaptabilidad, respondiendo de manera efectiva a los cambios políticos, económicos y tecnológicos y encontrando nuevas formas de lucha y reivindicación. Las masivas manifestaciones a las que han dado lugar tanto el movimiento MeToo como el 8M (Gómez Nicolau, Medina-Vicent y Gámez-Fuentes, 2021), sin olvidar la indignación social provocada por la violación grupal de La Manada a una joven en los sanfermines de 2016, o la agresión sexual sufrida por la jugadora Jennifer Hermoso por Luis Rubiales, expresidente de la Real Federación Española de Fútbol (RFEF), son una de las expresiones más visibles de esta persistente lucha, con una participación creciente cada año. Estas manifestaciones no solo evidencian que la lucha por la igualdad sigue siendo fundamental, sino que también reflejan el respaldo social, que resulta crucial en la construcción de un entorno más justo para todas las mujeres.

En España las movilizaciones feministas han logrado poner en el centro de la agenda política cuestiones fundamentales como la violencia machista, la brecha salarial, los derechos reproductivos y la corresponsabilidad en los cuidados. Estos temas, anteriormente ignorados o minimizados, hoy ocupan un lugar destacado en el debate público gracias a las acciones del movimiento. Además, el feminismo desempeña un papel clave al desafiar la persistencia de estereotipos que vinculan a las mujeres con una menor competencia en disciplinas STEM (ciencias, tecnología, ingeniería y matemáticas). La exclusión de las mujeres de estas áreas, tanto en términos de participación como de liderazgo, sigue siendo una barrera importante que el feminismo continúa combatiendo. La visibilidad de estas problemáticas es, sin embargo, un desafío adicional: muchas investigadoras deben afrontar el acoso y el desprestigio, tanto en entornos académicos como en plataformas digitales, debido a la persistencia de estas ideologías. El uso de las redes sociales ha sido una herramienta clave para el feminismo al permitir que la información circule de manera rápida y global. Plataformas como

X, Instagram y TikTok se han convertido en espacios vitales para la denuncia de injusticias y la articulación de luchas en distintos contextos. A través de estos canales, el feminismo ha sensibilizado a la sociedad sobre cuestiones tan importantes como la violencia de género, la discriminación laboral y la desigualdad estructural (Ahmed, 2004). También han servido como espacios de sororidad para apoyar a aquellas mujeres que enfrentan dificultades. Sin embargo, estas mismas plataformas están siendo utilizadas por sectores antifeministas para propagar discursos de odio, desinformación y ataques organizados contra activistas feministas. Su impacto resulta especialmente visible entre los hombres más jóvenes, en los que estos mensajes encuentran un público receptivo que reproduce y amplifica sus contenidos, contribuyendo a la normalización de narrativas misóginas y a la deslegitimación del feminismo (Beroiz Sancho, 2023). Este fenómeno pone de relieve la necesidad urgente de regular los discursos de odio en el entorno digital, un desafío que exige la colaboración de las plataformas tecnológicas, los gobiernos y las organizaciones de derechos humanos («El antifeminismo de los "influencers"», *El País*, 12 de mayo de 2025).

Para contrarrestar estos desafíos y asegurar que los avances conseguidos no se vean revertidos, las políticas públicas deben desempeñar un papel activo en la promoción de la igualdad de género. La educación en igualdad, desde las primeras etapas de la vida, constituye una de las herramientas más eficaces para desmontar estereotipos y prevenir la violencia machista. Resulta igualmente importante abordar la construcción de la masculinidad, especialmente entre los hombres jóvenes, que, en muchos casos, se sienten desorientados ante los cambios en las relaciones de género. Aclarar y redefinir los modelos de masculinidad desde una perspectiva igualitaria es esencial para evitar que ese desconcierto derive en actitudes de rechazo o resentimiento hacia el feminismo. Incluir en los programas educativos una formación integral en respeto, equidad y corresponsabilidad —tanto afectivo-sexual como social— es clave para forjar generaciones más conscientes y comprometidas con la igualdad. En el ámbito judicial y de protección social, es fundamental reforzar las leyes que garantizan la seguridad de las mujeres y la protección frente a la violencia de género. Esto no solo incluye la mejora de los protocolos de actuación y la creación de recursos especializados, sino también la formación en perspectiva de género para jueces, fiscales y fuerzas de seguridad con el fin de asegurar que la justicia sea aplicada de manera equitativa. Igualmente, se debe garantizar el acceso de las mujeres a viviendas seguras y la creación de mecanismos de denuncia eficaces y accesibles. El entorno digital, por su parte, requiere una regulación más estricta para evitar que se siga propagando en línea el acoso y la violencia contra las mujeres. Las empresas tecnológicas deben asumir su responsabilidad en la moderación de contenidos y garantizar que las plataformas sean espacios libres de misoginia. Además, los gobiernos deben establecer normativas claras que protejan a las mujeres y otros colectivos vulnerables en los espacios digitales y les garanticen un entorno seguro para la expresión y la interacción.

Finalmente, a pesar de los obstáculos presentes, el feminismo ha demostrado ser históricamente un movimiento resistente y capaz de evolucionar frente a los desafíos. Aunque el contexto actual presenta dificultades como las señaladas, la lucha por la igualdad sigue siendo una prioridad para millones de personas. En los últimos años, sin embargo, el auge de discursos populistas ha derivado en ataques sistemáticos contra la llamada ideología *woke,* a la que acusa de imponer una agenda identitaria y de censura cultural. Estas críticas, muchas veces simplificadoras, buscan desacreditar, como hemos insistido, los avances del feminismo y otros movimientos sociales que denuncian desigualdades estructurales y se inscriben en una estrategia más amplia de reacción frente a los logros progresistas. A esto se suma, como ha advertido Nancy Fraser (2023), un cambio estructural en el propio escenario de las luchas sociales: en el actual capitalismo neoliberal, la presión sobre la reproducción social —el cuidado, la salud, la educación, la vida cotidiana— ha convertido a las mujeres y al feminismo en protagonistas centrales de las movilizaciones. A diferencia de crisis anteriores, lideradas principalmente por trabajadores industriales, hoy las principales tensiones sociales estallan en ámbitos tradicionalmente feminizados, lo que sitúa al feminismo en el corazón de las nuevas resistencias. El futuro del movimiento feminista dependerá de la capacidad para combinar la movilización social, el activismo digital y políticas públicas que se construyan sobre la base de un consenso amplio, asegurando que los logros alcanzados no solo se mantengan, sino que continúen expandiéndose hasta lograr una verdadera igualdad de género en todos los ámbitos de la sociedad.

Bibliografía

Abad Buil, Irene, «Las mujeres de presos republicanos: movilización política nacida de la represión franquista», *Documentos de Trabajo de la Fundación 1º de Mayo,* 2, 2004.

— «Las mujeres de los presos políticos del franquismo. Protagonistas de una represión indirecta», *Ripacurtia,* 3, 2005, págs. 21-39.

— «Las dimensiones de la "represión sexuada" durante la dictadura franquista», *Revista de Historia Jerónimo Zurita,* 84, 2009, págs. 65-86.

— «La categoría "mujer de preso" para entender la represión y la politización durante el franquismo: Nuevas reflexiones desde una perspectiva de género», en M. de los Ll. Pérez Gómez y D. A. González Madrid (coords.), *Las mil caras de la violencia contra las mujeres durante la Guerra Civil y la dictadura franquista, 1936-1966,* Granada, Comares, 2024, págs. 137-158.

Abad Buil, Irene, y Marías Cadenas, Sescún, «La represión de género en la Dictadura. Genealogía de víctimas, agentes y violencias contra las mujeres», en A. Asión Suñer y S. Calvo Romero (coords.), *Bajo sospecha. Historia de una sociedad vigilada. España, 1939-1975,* Madrid, Espasa, 2025, págs. 277-318.

Ackelsberg, Martha A., *Free Women of Spain, Anarchism and the Struggle for the Emancipation of Women,* Oakland (CA), AK Press, 1991.

Acle-Kreysing, Andrea, *Taming the Revolution in Nineteenth-Century Spain: Jaime Balmes and Juan Donoso Cortés,* Frankfurt / Nueva York, Campus Verlag, 2023.

Aguado, Ana, «Feminismo socialista y/o socialismo feminista: María Cambrils», *Arenal,* vol. 10 (2), 2003, págs. 243-254.

— «Entre lo público y lo privado: Sufragio y divorcio en la Segunda República», *Ayer,* 60, 2005, págs. 105-134.

— «La República de las ciudadanas. Entre el reformismo social y la igualdad (1931-1936)», en M. Gómez Oliver (dir.), *Hacia una España nueva. A los 90 años de la Segunda República Española,* Granada, Comares, 2021, págs. 39-58.

Aguado, Ana, y Ortega López, Teresa María, *Feminismos y antifeminismo. Culturas políticas e identidades de género en la España del siglo XX,* Valencia, Universidad de Valencia y Universidad de Granada, 2011.

Aguado, Ana, y Ramos, María Dolores, *Modernización de España (1917-1939): Cultura y vida cotidiana,* Madrid, Síntesis, 2004.

Agustín Puerta, Mercedes, *Feminismo: identidad personal y lucha colectiva (análisis del movimiento feminista español en los años 1975 a 1985),* Granada, Editorial Universidad de Granada, 2003.

Ahmed, Sara, *The cultural politics of emotion,* Edimburgo, University of Edinburgh Press, 2004.

Alabao, Nuria, «Terrores demográficos. Familia "natural" y guerras de género en Vox», en S. Forti (coord.), *Mitos y cuentos de la extrema derecha,* Madrid, Los Libros de la Catarata, 2023, págs. 62-81.

Alía Miranda, Francisco, *La Guerra Civil en retaguardia, Conflicto y revolución en la provincia de Ciudad Real (1936-1939),* Ciudad Real, Diputación Provincial, 1994.

Álvarez-Benavides, Antonio, y Jiménez Aguilar, Francisco, «Estrategias de comunicación de la nueva extrema derecha española. De Hogar Social a Vox, del alter-activismo a la doctrina del shock», *Revista Latinoamericana Estudios de la Paz y el Conflicto,* vol. 1 (2), 2020, págs. 55-78.

— «La contraprogramación cultural de Vox: secularización, género y antifeminismo», *Política y Sociedad,* 58 (2), 2021.

Álvarez Chillida, Gonzalo, *José María Pemán. Pensamiento y trayectoria de un monárquico (1874-1941),* Cádiz, Servicio de Publicaciones de la Universidad de Cádiz, 1996.

Álvarez Peláez, Raquel, «Origen y desarrollo de la eugenesia en España», en J. M. Sánchez Ron (ed.), *Ciencia y sociedad en España,* Madrid, CSIC, 1988, págs. 179-204.

Amador Carretero, Pilar, y Ruiz Franco, Rosario, «Las fotografías de los expedientes de familia numerosa del franquismo como fuente de investigación histórica», en P. Amador Carretero, J. Robledano Arillo y R. Ruiz Franco, *Cuartas Jornadas Imagen, Cultura y Tecnología,* Madrid, Universidad Carlos III / Editorial Archiviana, 2006, págs. 167-186.

Anderson, Peter, «Singling Out Victims: Denunciation and Collusion in the Post-Civil War Francoist Repression in Spain, 1939-1945», *European History Quarterly,* vol. 39 (1), 2009, págs. 7-26.
— *The Francoist Military Trials. Terror and Complicity, 1939-1945,* Londres, Routledge, 2012.
Applegate, Celia, *A Nation of Provincials: The German Idea of Heimat,* Berkeley (CA), University of California Press, 1990.
Arbaiza Vilallonga, Mercedes, «La construcción social del empleo femenino en España (1850-1950)», *Arenal,* vol. 9 (2), 2002, págs. 395-458.
Arbelo Curbelo, Antonio, «Contribución al estudio del problema de la natalidad», *Al Servicio de España y del Niño Español,* 1944, págs. 80-81.
Arce Pinedo, Rebeca, «De la mujer social a la mujer azul. La reconstrucción de la feminidad por las derechas españolas durante el primer tercio del siglo xx», *Ayer,* 57, 2005, págs. 247-272.
— *Dios, Patria y Hogar: La construcción social de la mujer española por el catolicismo y las derechas en el primer tercio del siglo xx,* Santander, Ediciones de la Universidad de Cantabria, 2008.
Aresti Esteban, Nerea, *Médicos, donjuanes y mujeres modernas: Los ideales de feminidad y masculinidad en el primer tercio del siglo xx,* Bilbao, Servicio Editorial de la Universidad del País Vasco, 2001.
— «Masculinidad y nación en la España de los años 1920 y 1930», en A. Aguado y M. Yusta (coords.), *Género, sexo y nación. Representaciones y prácticas políticas en España (siglos xix-xx), Dossier des Mélanges de la Casa de Velázquez: Nouvelle série,* vol. 42 (2), 2012, págs. 55-72.
— «Un movimiento de hombres: masculinidad y política durante la dictadura de Primo de Rivera», en T. M.ª Ortega López (ed.), *Mujeres, género y nación en la dictadura de Primo de Rivera,* Madrid, Sílex, 2022, págs. 61-88.
— «Folds of Modernity: Traditionalism and Gender in Contemporary Spain», *Journal of Iberian and Latin American Studies,* vol. 31, 2025.
Aresti Esteban, Nerea, y Martykánová, Darina, «Masculinidades, nación y civilización en la España contemporánea. Introducción», *Cuadernos de Historia Contemporánea,* 39, 2017, págs. 11-17.
Avilés Farré, Juan, *Los republicanos de izquierda, 1930-1936: Acción Republicana, Partido Radical Socialista, Izquierda Republicana, Unión Republicana,* tesis doctoral, Madrid, Universidad Complutense, 1982.
Babiano Mora, José, «Mujeres, trabajo y militancia laboral bajo el franquismo (materiales para un análisis histórico)», en J. Babiano Mora (coord.),

Del hogar a la huelga: trabajo, género y movimiento obrero durante el franquismo, Madrid, Fundación 1º de Mayo, 2007, págs. 25-76.

Balakrishnan, Gopal, «El contraataque de Occidente: La modernidad alternativa de la derecha de entreguerras», *New Left Review,* vol. 104, mayo-junio de 2017, págs. 23-49.

Baldó, María, *El libro del hogar,* Burgos, Hijos de Santiago Rodríguez, 1946.

Ballarín Domingo, Pilar, *La educación de las mujeres en la España contemporánea (siglos* xix-xx*),* Madrid, Síntesis, 2001.

Bard, Christine, «Para una historia de los antifeminismos», en C. Bard (ed.), *Un siglo de antifeminismo,* Madrid, Biblioteca Nueva, 2000a.

— (ed.), *Un siglo de antifeminismo,* Madrid, Biblioteca Nueva, 2000b.

Barranquero Texeira, Encarnación, «Mujeres malagueñas en la represión franquista a través de las fuentes escritas y orales», *Historia Actual Online,* 12, 2007, págs. 85-94.

Barranquero Texeira, Encarnación, y Prieto Borrego, Lucía, *Así sobrevivimos al hambre. Estrategias de supervivencia de las mujeres en la posguerra española,* Málaga, Diputación de Málaga, 2003.

Barrera, Begoña, *La Sección Femenina, 1934-1977: Historia de una tutela emocional,* Madrid, Alianza Editorial, 2019.

Bécarud, Jean, y López Campillo, Evelyne, *Los intelectuales españoles durante la II República,* Madrid, Siglo XXI, 1978.

Belenguer Sales, María Amparo, *Descodificando los discursos antifeministas en Youtube,* Valencia, Universitat de València, 2021.

Beroiz Sancho, Joseba, *La reacción antifeminista en el Estado español: el caso de la manosfera y su influencia en la población joven*, Trabajo Fin de Máster, Bilbao, Universidad del País Vasco, Hegoa, 107, 2023.

Berzal de la Rosa, Enrique, *La Unión General de Trabajadores, compromiso social y movilización ciudadana,* Madrid, Centro de Estudios Políticos y Constitucionales, 2022.

Bezanilla Rebollo, Carla, «Las mujeres rurales y los discursos feministas de los años 1920», *Historia Social,* 99, 2021, págs. 139-158.

Bizcarrondo, Marta, «Los orígenes del feminismo socialista en España», en P. Folguera (coord.), *La mujer en la historia de España (siglos* xvi-xx*): Actas de las II Jornadas de Investigación Interdisciplinaria,* Madrid, Universidad Autónoma, 1990, págs. 137-158.

Blasco Herranz, Inmaculada, *Paradojas de la ortodoxia. Política de masas y militancia católica femenina en España (1919-1939),* Zaragoza, Prensas Universitarias de Zaragoza, 2003.

— «Gender and the Spanish Nation», en X. M. Núñez Seixas y J. Moreno Luzón (eds.), *Metaphors of Spain: Representations of Spanish National Identity in the Twentieth Century,* Nueva York, Berghahn, 2017, págs. 105-121.
— «Madres sociales para la dictadura de Primo de Rivera: género, familia y sociedad en la política de las católicas», en T. M.ª Ortega López (ed.), *Mujeres, género y nación en la dictadura de Primo de Rivera,* Madrid, Sílex, 2022, págs. 263-288.
— «The power of motherhood […], free of obstacles, will amply fulfil its eternal mission. Feminism and motherhood in the early 20th century Spain», *Feminismo/s,* 41, 2023, págs. 103-130.
Bonet-Martí, Jordi, «Los antifeminismos como contramovimiento: una revisión bibliográfica de las principales perspectivas teóricas y de los debates actuales», *Teknokultura. Revista de Cultura Digital y Movimientos Sociales,* 18 (1), 2021, págs. 61-71.
Bosch Marín, Juan, *La alimentación del niño pequeño,* Madrid, Instituto Nacional de Previsión, 1949.
Box, Zira, *La Nación viril. Género, fascismo y regeneración nacional en la victoria franquista,* Madrid, Alianza Editorial, 2025.
Box, Zira, y Delgado Torres, Gemma, *Masculinidades y franquismo. Hegemonías, erosiones y contramodelos,* Valencia, PUV, 2025, en prensa.
Brey, Gérard, «Tierra y Libertad. Cien años de anarquismo en España», *Cahiers de civilisation espagnole contemporaine,* 2012.
Bridges, Tristan, y Pascoe, Cheri J., «Hybrid Masculinities: New Directions in the Sociology of Men and Masculinities», *Sociology Compass,* vol. 8, 3, 2014, págs. 246-258.
Buide Laverde, Ramón, *Mujer y Patria (Bocetos Sociales),* Santiago de Compostela, Tipografía El Eco Franciscano, 1925.
Bush, Julia, *Women Against the Vote: Female Anti-Suffragism in Britain,* Oxford, Oxford University Press, 2007.
Cabana Iglesia, Ana, «El Estado democrático. Trillando los mandatos del género en el campo», en T. M.ª Ortega López, A. Cabana Iglesia, L. Cabezas Vega y S. Canalejo Alonso, *Mujeres y agricultura en la política española del siglo* xx*,* Madrid, Cátedra, 2023, págs. 233-302.
Cabana Iglesia, Ana; Ortega López, Teresa María, y De Dios Fernández, Eider, «Trajinar sin descanso: mantenedoras, cuidadoras y contramodelos. Un relato en femenino de la posguerra española», *Historia del Presente,* 38, 2021, págs. 67-88.

Cabezas, Marta, «Silencing Feminism? Gender and the Rise of the Nationalist Far Right in Spain», *Journal of Women in Culture and Society,* 47 (2), 2022, págs. 319-345.

Cabezas Vega, Laura, «Espacio y género en los poblados de colonización del franquismo», *Historia Social,* 107, 2023, págs. 65-83.

Cabezas Vega, Laura; Ortega López, Teresa María, y Santiago Díaz, Gregorio, «Colonists under Franco: rural masculinity during the dictatorship… and beyond», *Journal of Rural Studies,* vol. 117, julio de 2025.

Cabrera Bosch, María Isabel, «Las mujeres que lucharon solas: Concepción Arenal y Emilia Pardo Bazán», en P. Folguera (coord.), *El feminismo en España: Dos siglos de historia,* Madrid, Fundación Pablo Iglesias, 2007, págs. 45-80.

Cabrera Díaz, José Manuel, *Derechos humanos y derechos de las mujeres en la democracia española (1975-2005),* Salamanca, Ediciones Universidad de Salamanca, 2005.

Cabrero Blanco, Claudia, «El PCE y las mujeres. La actitud del partido respecto a la militancia femenina durante el primer franquismo», en M. Bueno Lluch, J. R. Hinojosa Montalvo y C. García García (coords.), *Historia del PCE: I Congreso, 1920-1977,* vol. 1, 2007, páginas 427-440.

Caine, Bárbara, y Sluga, Glenda, *Género y ciudadanía: Mujeres en el cambio sociocultural europeo, de 1780 a 1920,* Madrid, Narcea, 2000.

Calatraveño, Fernando, *Congreso Pedagógico Hispano-Portugués-Americano: Actas, Resúmenes generales,* Madrid, Librería de la Viuda de Hernando y Cía, 1894.

Camino, Alejandro, *Defensoras de Dios y de las mujeres. Las activistas católicas en España (1900-1936),* Granada, Comares, 2023.

Canal, Jordi, *Banderas blancas, boinas rojas. Una historia política del carlismo, 1876-1939,* Madrid, Marcial Pons, 2006.

Canet-Benavent, Encarna, y Martínez-Martínez, Lucía, «Reacción Patriarcal contra los Avances en Materia de Violencia Machista», *Revista Búsqueda,* 6 (23), 2019, págs. 1-12.

Capel Martínez, Rosa María, *Socialismo e igualdad de género,* Madrid, Editorial Pablo Iglesias, 2007, págs. 34-35.

— «Mujer y Socialismo (1848-1939)», *Pasado y Memoria. Revista de Historia Contemporánea,* vol. 7, 2008, págs. 101-122.

Carreras, Judith, «Neoderechas y antifeminismo», *Viento Sur,* 166, 2019, págs. 51-61.

CARRIZALES GONZÁLEZ, Carlos Alberto, «Antifeminismo en línea, entre la legitimación de la violencia machista y el conservadurismo», *Virtualis,* 14 (27), 2022, págs. 93-121.

CASANOVA, Julián, *La Iglesia de Franco,* Barcelona, Crítica, 2001.

CASES SOLA, Adriana, «La violencia sexual en la retaguardia republicana durante la Guerra Civil española», *Historia Actual Online,* 34, 2014, págs. 69-80.

CASES SOLA, Adriana, y ORTEGA LÓPEZ, Teresa María, «La investigación sobre la represión femenina y violencia sexuada en el franquismo. Evolución historiográfica», *Ayer,* 118, 2020, págs. 347-361.

CASTEJÓN-BOLEA, Ramón, y RIQUELME-QUIÑONERO, María-Teresa, «Maternología, eugenesia y sífilis en España durante el primer franquismo, 1939-1950», *História, Ciências, Saúde-Manguinhos,* vol. 29 (1), 2022, págs. 101-120.

CASTILLO MARTÍN, Marcia, «Contracorriente: Memorias de escritoras de los años veinte», *Espéculo. Revista de Estudios Literarios,* 17, marzo-junio de 2001.

— «La "fémina insurgente": Personaje femenino y modernidad en la vanguardia española de los años veinte», *Espéculo. Revista de Estudios Literarios,* 23, marzo-junio, 2003a.

— «De corzas, vegetales y otras feminidades: Ortega y Gasset y la idea de feminidad en los años veinte», *España Contemporánea. Revista de Literatura y Cultura,* vol. 16 (1), primavera, 2003b, págs. 39-57.

CAYUELA SÁNCHEZ, Salvador, *La biopolítica en la España franquista,* tesis doctoral, Murcia, Universidad de Murcia, 2011.

— *Por la grandeza de la patria: La biopolítica en la España de Franco (1939-1975),* Madrid, Fondo de Cultura Económica, 2014.

CENARRO LAGUNAS, Ángela, *La sonrisa de la Falange. Auxilio Social en la Guerra Civil y en la posguerra,* Barcelona, Crítica, 2005.

— «Movilización femenina para la guerra total (1936-1939): un ejercicio comparativo», *Historia y Política,* 16, 2006, págs. 159-182.

— «La Falange es un modo de ser (mujer): discursos e identidades de género en las publicaciones de la Sección Femenina (1938-1945)», *Historia y Política,* vol. 37, 2017, págs. 91-120.

COBO ROMERO, Francisco, *Revolución campesina y contrarrevolución franquista en Andalucía,* Granada, EUG y Servicio de Publicaciones, 2004.

— «The Red Dawn of the Andalusian Countryside: Peasant Protest during the Bolshevik Triennium, 1918-1920», en F. J. Romero Salvadó y A. Smith, *The Agony of Spanish Liberalism: From Revolution to Dictatorship, 1913-23,* Londres, Palgrave Macmillan, 2010, págs. 121-144.

— «La larga crisis del liberalismo europeo y los precedentes del discurso nacional-católico y de género del régimen de Primo de Rivera», en T. M.ª Ortega López (ed.), *Mujeres, género y nación en la dictadura de Primo de Rivera,* Madrid, Sílex, 2022, págs. 17-60.

Collantes de Terán de la Hera, María José, «La política social en el nuevo Estado Franquista: protección a las familias numerosas», en J. A. Alejandre García (coord.), *Estudios jurídicos sobre el Franquismo: la familia ideal y otras cuestiones,* Madrid, Dykinson, 2009, págs. 65-99.

Colmenar Orzaes, Carmen, «La institucionalización de la maternología en España durante la Segunda República y el franquismo», *Historia de la Educación: Revista Interuniversitaria,* 28, 2009, páginas 161-183.

Comas-d'Argemir, Dolors; Marre, Diana, y San Román, Beatriz, «La regulación política de la familia. Ideología, desigualdad y género en el Plan Integral de Apoyo a la Familia», *Política y Sociedad,* vol. 53, núm. 3, 2016, págs. 853-877.

Confino, Alon, *The Nation as a Local Metaphor: Württemberg, Imperial Germany and National Memory, 1871-1918,* Chapel Hill (NC), University of North Carolina Press, 1997.

Coronado Ruiz, Carlota, y Galán Fajardo, Elena, «¿Tontas y Locas?: género y movimientos sociales en la ficción televisiva sobre la transición española», *Historia y Comunicación Social,* vol. 20 (2), 2015, páginas 327-343.

Cott, Nancy F., «Mujer moderna, estilo norteamericano: Los años 20», en G. Duby y M. Perrot (dirs.), *Historia de las mujeres en Occidente,* vol. 5: *El siglo xx,* Madrid, Taurus, 2000, págs. 107-126.

Crehuet, Diego María, *El feminismo en los aspectos jurídico-constituyente y literario,* Madrid, Publicaciones de la Real Academia de Jurisprudencia y Legislación, 1920.

Cruz, Rafael, *Repertorios. La política de enfrentamiento en el siglo xx,* Madrid, CIS, 2008.

Cuevas, Tomasa, *Prison of Women. Testimonies of War and Resistance in Spain, 1939-1975,* Albany (NY), State University of New York Press, 1998.

De Grand, Alexander, «Women under Italian Fascism», *The Historical Journal,* vol. 19, 4, diciembre de 1976), págs. 947-968.

Della Sudda, Magali, «Gender, Fascism and the Right-Wing in France between the Wars: The Catholic Matrix», *Politics, Religion & Ideology,* vol. 13, núm. 2, 2012, págs. 179-195.

— «Réseaux catholiques féminins. Une perspective de genre sur une mobilisation transnationale», *Genre & Histoire,* núm. 12-13, 2013.

Díaz Fernández, Paloma, «La dictadura de Primo de Rivera. Una oportunidad para la mujer», *Revista Espacio, Tiempo y Forma,* Serie V, Historia Contemporánea, 17, 2005, págs. 175-190.

Díaz Freire, José Javier, «El progreso de las ideas. José Díaz Fernández en El Liberal de 1931 a 1937», *Revista de Historia Contemporánea,* 2, 1989, págs. 267-294.

Díaz Sánchez, Pilar, «Trabajo y género en la España franquista. Estudio comparado de dos sectores: la confección textil y los ferrocarriles», en G. Nielfa Cristóbal (ed.), *Mujeres y hombres en la España franquista: sociedad, economía, política, cultura,* Madrid, Editorial Complutense, 2003, págs. 221-239.

Diéguez Gómez, Antonio, «Psiquiatría y género: el naciente discurso médico-psiquiátrico en España y el estatuto social de la mujer», *Revista de la Asociación Española de Neuropsiquiatría,* vol. XIX, 72, 1999, págs. 637-652.

Díez, Galo, *La mujer en la lucha social,* Pueblonuevo del Terrible, 1922.

Dionisio Vivas, Miguel Ángel, *El cardenal Isidro Gomá y la Iglesia española en los años treinta,* Madrid, Universidad Autónoma, 2010.

Domínguez Martín, Rafael, y Sánchez Sánchez, Nuria, «Los diferenciales salariales por género en España», *Reis. Revista Española de Investigaciones Sociológicas,* 117, 2007, págs. 143-160.

Donoso Cortés, Juan, *Discurso sobre la Biblia,* edición digital en HTML, Alicante, Biblioteca Virtual Miguel de Cervantes, 2000 (obra original publicada en 1946 en Madrid por Editorial Católica).

Duby, G., y Perrot, M. (dirs.), *Historia de las mujeres en Occidente,* vol. 5, *El siglo XX,* Madrid, Taurus, 2000.

Escario, Pilar; Alberdi, Inés, y López-Acotto, Ana Inés, *Lo personal es político: el movimiento feminista en la transición,* Madrid, Instituto de la Mujer, 1996.

Espigado Tocino, Gloria, «Las mujeres en el anarquismo español», *Ayer,* 45, 2002, págs. 39-72.

— «Pasiones políticas: la representación de la mujer política en el siglo XIX», *Historia Social,* 81, 2015, págs. 151-168.

Espinosa Gutiérrez, Jesús, *Del discurso al activismo. Los hombres defensores de los derechos de las mujeres en la España contemporánea,* Santander, Universidad de Cantabria, 2020.

Espuny Tomás, María Jesús, «Aproximación histórica al principio de igualdad de género: el empleo femenino después de la guerra (II)», *IUSLabor,* 1, 2007a.

— «Aproximación histórica al principio de igualdad de género (III): las Reglamentaciones de Trabajo, observatorios de la desigualdad», *IUSLabor,* 2, 2007b.

— «Aproximación histórica al principio de igualdad de sexos (IV): De la Ley de Contrato de Trabajo de 1944 a las últimas disposiciones franquistas», *IUSLabor,* 1, 2008.

Espuny i Tomás, María Jesús, y Paz Torres, Olga, «Las Bases de Trabajo de los Jurados Mixtos de la II República: una perspectiva de género», en S. Castillo y J. Uría González (coords.), *Sociedades y culturas: IX Congreso de Historia Social. Treinta años de la Asociación de Historia Social. Comunicaciones,* Oviedo, 7-9 de noviembre de 2019, 2019, págs. 653-674.

Estudio comparativo de los Planes de Igualdad de Oportunidades entre Mujeres y Hombres, Madrid, Instituto de la Mujer-Ministerio de Trabajo y Asuntos Sociales, 2005.

Fajardo, Montse, *Caídas. Achegamento ao Patronato de Protección a Muller en Galicia,* Santiago de Compostela, Servizo de Publicacións e Intercambio Científico da Universidade de Santiago de Compostela, 2024.

Falcón, Lidia, *Mujer y poder político: fundamentos de la crisis de objetivos e ideología del Movimiento Feminista,* Madrid, Vindicación Feminista, 1992.

Félez Castañé, Nuria, *Discurso de género e implementación de políticas de género en los partidos políticos de la derecha española durante la transición y hasta 1989 en perspectiva comparada,* tesis doctoral, Granada, Universidad de Granada, 2018.

Fernández Galeano, Javier, «Entre el crimen y la locura: relaciones sexo-afectivas entre mujeres y disconformidad de género bajo el Franquismo», *Encrucijadas: Revista Crítica de Ciencias Sociales,* 17, 2019.

— «"El Todo Poderoso nos ayude, para llegar a lo que deseamos". Homosexuality and Catholicism in Franco's Spain (1954-1970)», *Journal of Spanish Cultural Studies,* vol. 22 (3), 2021, págs. 331-350.

Fernández Navarrete, Donato, «La crisis económica española: una gran operación especulativa con graves consecuencias», *Estudios Internacionales,* 183, 2016, págs. 119-151.

Fernández Soria, Juan Manuel, y Agulló Díaz, Carmen, «Depuración de maestras en el franquismo», *Studia Historica. Historia Contemporánea,* 17, 1999, págs. 249-270.

Folguera, Pilar, «De la transición política a la paridad», en P. Folguera (coord.), *El feminismo en España: dos siglos de historia,* 2022, páginas 163-202.

Forti, Steven, *Extrema derecha 2.0. Qué es y cómo combatirla,* Madrid, Siglo XXI, 2022.

Fox Keller, Evelyn, *Reflexiones sobre género y ciencia,* Valencia, Alfons el Magnànim, 1991.

Franco Rubio, Gloria (ed.), *Debates sobre la maternidad desde una perspectiva histórica (siglos xvi-xx),* Madrid, AEIHM/Icaria, 2010.

Fraser, Nancy, *Capitalismo caníbal. Qué hacer con este sistema que devora la democracia y el planeta, y hasta pone en peligro su propia existencia,* Madrid, Siglo XXI, 2023.

Frencia, Cintia, y Gaido, Daniel, *El marxismo y la liberación de las mujeres trabajadoras: de la Internacional de Mujeres Socialistas a la Revolución Rusa,* Santiago de Chile, Ariadna Universitaria, 2016.

Fusi, Juan Pablo, «La crisis de la conciencia europea», en M. Cabrera, S. Juliá y P. Martín (eds.), *Europa en crisis, 1919-1939,* Madrid, Editorial Pablo Iglesias, 1991, págs. 327-342.

Gahete Muñoz, Soraya, «Quiero un billete a Londres con todo incluido. La práctica del aborto en España (1960-1985)», *Revista Historia Autónoma,* 25, 2024, págs. 50-77.

García Canales, Mariano, «Organicismo y corporativismo en la crisis de la Restauración», en J. Tusell Gómez, J. Gil Pecharromán y F. Montero García (coords.), *Estudios sobre la derecha española contemporánea,* Madrid, UNED, 1993, págs. 207-224.

García Carbonell, Marta, y Palau Galdón, María, *Indignas hijas de su Patria: Crónicas del Patronato de Protección a la Mujer en el País Valencià,* Valencia, Institució Alfons el Magnànim, 2023.

García Márquez, José María, *Las víctimas de la represión militar en la provincia de Sevilla (1936-1963),* Sevilla, Aconcagua Libros, 2012.

García-Mercadal, Fernando, *La presencia de la mujer en la vida política y parlamentaria española: De la conquista del voto femenino a la democracia paritaria,* Almería, Instituto de Estudios Almerienses, 2005.

García Moreno, Marina, *El antifeminismo en España (1875-1936),* tesis doctoral, Granada, Universidad de Granada, 2025.

García-Sanz Marcotegui, Ángel, *El voto femenino y las elecciones municipales de 1933 en Navarra,* Pamplona, Universidad Pública de Navarra, 2009.

García Varela, Pablo, «La violencia de género en la prensa española durante la Transición», en E. Bandrés Goldáraz (coord.), *Feminismo en la línea del tiempo, desde las (in)visibilidades al concepto de felicidad,* Madrid, Dykinson, 2023, págs. 343-355.

Garzón Costumero, Xandra, y Roldán, Concha, «Transformación digital, feminismo y antifeminismo en el tercer entorno», *Enrahonar. An International Journal of Theoretical and Practical Reason,* 73, 2024, págs. 35-55.

Geddes, Patrick, y Thompson, John Arthur, *The Evolution of Sex,* Londres, W. Scott, 1889.

Gemie, Sharif, «Anarchism and Feminism: A Historical Survey», *Women's History Review,* vol. 5 (3), 1996, págs. 417-444.

Gil Pecharromán, Julio, *Conservadores subversivos. La derecha autoritaria alfonsina (1913-1936),* Madrid, Eudema, 1994.

Gómez Beltrán, Iván, «La despenalización identitaria y la amnistía política masculina en la España de la Transición democrática: movimiento feminista y LGTB», *Arenal,* vol. 25 (2), julio-diciembre de 2018, págs. 425-442.

Gómez-Ferrer Morant, Guadalupe, «Las primeras alcaldesas de España. El acceso de las mujeres a los poderes públicos», *La Aljaba,* vol. XIX, 2015, págs. 55-77.

Gómez-Ferrer Morant, Guadalupe, y Del Moral Vargas, Marta, «Las pioneras en la gestión local: concejalas y alcaldesas designadas durante la dictadura de Primo de Rivera y el gobierno de Berenguer (1924-1930)», en G. Nielfa Cristóbal (ed.), *Mujeres en los gobiernos locales: alcaldesas y concejalas en la España contemporánea,* Madrid, Biblioteca Nueva, 2015, págs. 41-71.

Gómez Martínez, María Rosa, «Obreras y madres: la implantación del seguro de maternidad en España desde la salud pública (1917-1934)», *Ehquidad,* 20 (julio-diciembre), 2023, págs. 221-246.

Gómez Nicolau, Emma; Medina-Vicent, María, y Gámez-Fuentes, María José (eds.), *Mujeres y resistencias en tiempos de manadas,* Castellón, Universitat Jaume I, Instituto Universitario de Estudios Feministas y de Género, 2021.

Gómez Oliver, Miguel; Ortega López, Teresa María, y Del Arco Blanco, Miguel Ángel (coords.), *Hacia una España nueva. A los*

90 años de la Segunda República Española, Granada, Comares, 2021.

GONZÁLEZ BLANCO, Edmundo, *La mujer según los diferentes aspectos de su espiritualidad,* Madrid, Editorial Reus, 1930.

GONZÁLEZ CUEVAS, Pedro Carlos, *Historia de las derechas españolas: De la Ilustración a nuestros días,* Madrid, Biblioteca Nueva, 2000.

GONZÁLEZ DURO, Enrique, *Las rapadas. El franquismo contra la mujer,* Madrid, Siglo XXI, 2012.

GONZÁLEZ MARTÍNEZ, Carmen, «Mujeres Antifascistas Españolas. Trayectoria histórica de una organización femenina de lucha», en *Las mujeres y la guerra civil española,* Madrid, Ministerio de Cultura, 1991, págs. 54-59.

GONZÁLEZ PÉREZ, Teresa, «Los programas escolares y la transmisión de roles en el franquismo: la educación para la maternidad», *Bordón: Revista de Pedagogía,* vol. 61 (3), 2009, págs. 93-106.

GRAYZEL, Susan R., *Women and the First World War,* Londres, Routledge, 2002.

GUTIÉRREZ, Miren (coord.), *Resistencias antifeministas,* Vitoria-Gasteiz, Emakunde-Instituto Vasco de la Mujer, 2022.

GUTIÉRREZ LLORET, Rosa Ana, «Las católicas y la política: Del apostolado a la propaganda y la movilización (1900-1924)», en M. de la C. Marcos del Olmo y R. Serrano García (eds.), *Mujer y política en la España contemporánea (1868-1936),* Valladolid, Ediciones de la Universidad de Valladolid, 2012, págs. 159-182.

— «¡Hagámoslo por Dios y por la Patria! La organización de las mujeres católicas en las elecciones de noviembre de 1933», *Historia Constitucional,* 19, 2018, págs. 251-285.

GUTIÉRREZ MOLINA, José Luis, «Carilanteras. Mujeres y franquismo en un pueblo andaluz», *Germinal. Revista de Estudios Libertarios,* 7, 2009, págs. 79-95.

HERMIDA MARTÍN, Yanira, *Mujeres y cambios sociales en la provincia de Santa Cruz de Tenerife, 1931-1975: Amas de casa, camaradas y marginadas,* tesis doctoral, Barcelona, Universitat de Barcelona, 2012.

HERNÁNDEZ ANDREU, Juan, *Economía política de la transición en España, 1973-1980,* Madrid, Editorial Complutense, 2004.

HERNÁNDEZ HOLGADO, Fernando, *Mujeres encarceladas. La prisión de Ventas: de la República al franquismo, 1931-1941,* Madrid, Marcial Pons, 2003.

Hernández Rodríguez, Gerardo, *El aborto en España: análisis de un proceso sociopolítico,* Santander, Universidad Pontificia de Comillas, 1992.

Hernández Sandoica, Elena, *Rosario de Acuña. La vida en escritura,* Madrid, Abada Editores, 2022.

Herreros Hernández, Inés, «Construcción histórica de la libertad sexual como bien jurídico: una visión desde la perspectiva de género», *Revista del Ministerio Fiscal,* 10 (número dedicado a «La transversalidad del principio de igualdad y género»), 2021, págs. 60-69.

Howard, Angela, y Adams Tarrant, Sasha Ranaé (eds.), *Redefining the New Woman, 1920-1963 (Antifeminism in America: A Collection of Readings from the Literature of the Opponents to U.S. Feminism, 1848 to the Present),* Nueva York, Garland Pub., 1997.

Ignaciuk, Agata, y Ortiz Gómez, Teresa, *Anticoncepción, mujeres y género: la « píldora» en España y Polonia (1960-1980),* Madrid, Los Libros de la Catarata, 2016.

Ignaciuk, Agata, y Villén Jiménez, Alba, «¿Una pequeña revolución sexual?: experiencias de sexualidad y anticoncepción de mujeres andaluzas entre los años cincuenta y ochenta del siglo xx», *Dynamis: Acta Hispanica ad Medicinae Scientiarumque Historiam Illustrandam,* vol. 38, 2, 2018, págs. 303-331.

Jagoe, Catherine, *La mujer en los discursos de género: Textos y contextos en el siglo xix,* Barcelona, Icaria, 1989.

Janson, Jane, y Valiente Fernández, Celia, «El movimiento a favor de la democracia paritaria en Francia y España», *Revista Española de Ciencia Política,* 5, octubre de 2001, págs. 79-110.

Jiménez Aguilar, Francisco, *Masculinidades en vertical: Género, nación y trabajo en el primer franquismo,* Valencia, Publicacions de la Universitat de València, 2024.

Jiménez Lucena, Isabel; Ruiz Somavilla, María José, y Castellanos Guerrero, Jesús, «Un discurso sanitario para un proyecto político. La educación sanitaria en los medios de comunicación de masas durante el primer franquismo», *Asclepio. Revista de Historia de la Medicina y de la Ciencia,* vol. I, 2002, págs. 210-211.

Johnson, Roberta L., «El discurso nacionalista y el discurso sobre la mujer en el primer Azorín», en A. Díez Mediavilla (ed.), *Azorín. Fin de siglos: (1898-1998),* Alicante, Instituto de Cultura Juan Gil-Albert / Aguaclara, 1998, págs. 191-202.

Jolie, Maud, «Guerre Civile, violences et mémoires: retour des victimes et des émotions collectives dans la société espagnole contemporaine», *Nuevo Mundo / Mundos Nuevos,* V.ª Jornada de Estudios de Historia de las Sensibilidades, Rennes, 2008a.

— «Las violencias sexuadas de la Guerra Civil española: paradigma para una lectura cultural del conflicto», *Historia Social,* 61, 2008b, págs. 89-107.

Jones, Elizabeth B., *Gender and Rural Modernity: Farm Women and the Politics of Labor in Germany, 1871-1933,* Farnham (RU), Ashgate, 2009.

Juliá, Santos, *Vida y tiempo de Manuel Azaña. 1880-1940,* Madrid, Taurus, 2008.

Kimmel, Michael, *Hombres (blancos) cabreados. La «masculinidad» al final de una era,* Valencia, Barlin Libros, 2023.

Kimmel, Michael, y Aronson, Amy, *Men & Masculinities: A Social, Cultural, and Historical Encyclopedia,* Santa Bárbara (CA), ABC Clio, 2004.

Krook, Mona Lena, *Violence against Women in Politics,* Nueva York, Oxford University Press, 2020.

Lamoureux, Diane, «L'antiféminisme comme conservatisme», en B. Christine, M. Blais y F. Dupuis-Déri Francis (dirs.), *Antiféminismes et masculinismes d'hier et d'aujourd'hui,* París, PUF, 2019, págs. 51-77.

Lamoureux, Diane, y Dupuis-Déri, Francis (dir.), *Antiféminismes. Analyse d'un discours réactionnaire,* Montreal, Les éditions du remue-ménage, 2015.

Larrondo, Ainara, «La representación pública del movimiento de liberación de la mujer en la prensa diaria española (1975-1979)», *Historia Contemporánea,* 39, 2009, págs. 627-655.

Larumbre Gorraitz, M.ª Ángeles, *Las que dijeron no: palabra y acción del feminismo en la Transición,* Zaragoza, Universidad de Zaragoza, 2004.

Ledesma, Nadia, «Anarquismo(s) y feminismo(s). Reflexiones a partir de las intervenciones de las mujeres anarquistas. Buenos Aires (1896-1947)», *Izquierdas,* 34, julio de 2017, págs. 105-124.

Ledesma Ramos, Ramiro, *Discurso a las juventudes de España,* Madrid, Ediciones la Conquista del Estado, 1935.

Lekan, Thomas M., *Imagining the Nation in Nature: Landscape Preservation and German Identity, 1885-1945,* Cambridge (MA), Harvard University Press, 2004.

Llona González, Miren, «El feminismo católico en los años veinte y sus antecedentes ideológicos», *Vasconia,* 25, 1998, págs. 283-299.

— «La imagen viril de Pasionaria. Los significados simbólicos de Dolores Ibárruri en la II República y la Guerra Civil», *Historia y Política,* 36, julio-diciembre de 2016, págs. 263-287.

Lora Medina, Alejandro, «La vivencia del ideal anarquista en la España de los años treinta», *Hispania Nova: Revista de Historia Contemporánea,* 16, 2018, págs. 134-163.

Mangini González, Shirley, *Las modernas de Madrid: Las grandes intelectuales españolas de la vanguardia,* Barcelona, Península, 2001.

Marañón, Gregorio, *Biología y feminismo,* Madrid, Sucesor de Enrique Teodoro, 1920.

— *Tres ensayos sobre la vida sexual,* Madrid, Biblioteca Nueva, 1934.

Marcilhacy, David, *Raza hispana. Hispanoamericanismo e imaginario nacional en la España de la Restauración,* Madrid, Centro de Estudios Políticos y Constitucionales, 2010.

Marcos del Olmo, María de la Concepción, «Francisca Bohigas, militancia política y actividad parlamentaria en las Cortes del segundo bienio republicano», en M. de la C. Marcos del Olmo y R. Serrano García (eds.), *Mujer y política en la España contemporánea (1868-1936),* Valladolid, Ediciones de la Universidad de Valladolid, 2012, págs. 203-222.

Marcos del Olmo, María de la Concepción, y Serrano García, Rafael (eds.), *Mujer y política en la España contemporánea (1868-1936),* Valladolid, Ediciones de la Universidad de Valladolid, 2012.

Markoff, John, *Ola de democracia. Movimientos sociales y cambio político,* Madrid, Tecnos, 1998.

Martín de Santa Olalla Saludes, Pablo, «Iglesia católica y democracia. La aportación del catolicismo al cambio político en España», *Miscelánea Comillas,* vol. 77 (150), 2019, págs. 57-81.

Martínez Cuesta, Francisco Javier, «Maternidad y primer franquismo», *Revista de Comunicación y Salud,* 7, 2017, págs. 151-172.

Martínez Quintero, Esther, «Derechos humanos y derechos de las mujeres en el franquismo (1939-1969)», en J. Cuesta Bustillo (dir.), *Historia de las mujeres en España. Siglo* XX*,* vol. II, Madrid, Instituto de la Mujer, 2003, págs. 383-394.

Martínez Rus, Ana, y Sánchez Pérez, Francisco, *Manuel Cordero y el voto femenino. El socialista que apostó por las mujeres,* Madrid, Editorial Pablo Iglesias, 2024.

Martínez Soto, Ángel Pascual, «La voz silenciada. Sindicalismo jornalero femenino, negociación y dinámica salarial en el área vitícola del sureste español (1914-1936)», en L. Gálvez Muñoz y C. Sarasúa (coords.), *¿Privilegios o eficiencia?: Mujeres y hombres en los mercados de trabajo,* Barcelona, Bellaterra, 2003, págs. 79-110.

Mauri Medrano, Marta, «Frente de juventudes y escuela: la construcción del imaginario social de la juventud durante el franquismo (1940-1960)», *Historia de la Educación,* 35, 2016, págs. 321-334.

Mínguez Blasco, Raúl, «Entre el hogar y la calle: La movilización política de mujeres católicas durante el Sexenio Democrático», *Hispania Nova. Revista de Historia Contemporánea,* 18, 2020, págs. 419-449.

Molinero Ruiz, Carme, «Mujer, Franquismo, Fascismo. La clausura forzada en un "mundo pequeño"», *Historia Social,* 30, 1998, págs. 97-117.

— *La captación de las masas. Política social y propaganda en el régimen franquista,* Madrid, Cátedra, 2005.

Molinero Ruiz, Carme, e Ysàs, Pere, *Patria, justicia y pan: nivel de vida i condicions de treball a Catalunya, 1939-1959,* Barcelona, La Magrana, 1985.

— *Alianza Popular / Partido Popular: del franquismo a la democracia (1976-1996),* Granada, Comares, 2025.

Monjo, Anna, *Militants. Democrácia i participació a la CNT als anys trenta,* Barcelona, Laertes, 2003.

Montagut, Eduardo, «Mujer y socialismo en España en 1918», *Argumentos Progresistas,* 52, julio-agosto de 2023.

Montero Gibert, José Ramón, *La CEDA: El catolicismo social y político en la II República,* Madrid, Ediciones de la Revista del Trabajo, 1977.

Mora Gaspar, Víctor, *Al margen de la naturaleza. La persecución de la homosexualidad durante el franquismo: Leyes, terapias y condenas,* Madrid, Debate, 2016.

— «Ciencia, política y sexo», *La Manzana de la Discordia,* vol. 14, 2019, págs. 37-49.

Moral Roncal, Antonio Manuel, «Devociones para tiempos de espadas: el Sagrado Corazón y Cristo Rey como categorías políticas del Movimiento Carlista (1931-1936)», *Historia y Política,* 21, 2009, páginas 219-246.

— «María Rosa Urraca Pastor: de la militancia en Acción Católica a la palestra política carlista (1900-1936)», *Historia y Política,* 26, 2011, págs. 199-226.

— «Auge y caída de una líder carlista en el franquismo: María Rosa Urraca Pastor», *Aportes,* 81, 2013, págs. 63-96.

Moral Vargas, Marta del, «Persiguiendo el reconocimiento de la igualdad: La petición de la Cruzada de Mujeres Españolas a las Cortes (31-V-1921)», *Arenal,* vol. 16 (2), 2009, págs. 379-397.

— «En los márgenes del poder, en primera línea de las manifestaciones obreras: la representación de la militancia femenina en el partido socialista (1906-1927)», *Feminismos, Revista del Centro de Estudios sobre la Mujer de la Universidad de Alicante,* 16, 2010, págs. 107-138.

— «La definición de un proyecto de acción política: el reglamento de la Agrupación Femenina Socialista de Madrid (1910)», *Arenal. Revista de Historia de las Mujeres,* vol. 18 (2), 2011, págs. 463-477.

Morant, Isabel (ed.), *Historia de las mujeres en España y América Latina IV: Del siglo* XX *a los umbrales del* XIX*,* Madrid, Cátedra, 2006.

Morcillo Gómez, Aurora, «El género en lo imaginario: el "ideal católico femenino" y estereotipos sexuados bajo el franquismo», en M. Nash (ed.), *Represión, resistencias, memoria. Las mujeres bajo la Dictadura Franquista,* Granada, Comares, 2013, págs. 71-94.

— *En cuerpo y alma. Ser mujer en tiempos de Franco,* Madrid, Siglo XXI, 2015.

Moreno Seco, Mónica, «Cristianas por el feminismo y la democracia. Catolicismo femenino y movilización en los años setenta», *Historia Social,* 53, 2005a, págs. 137-153.

— «Mujeres, clericalismo y asociacionismo», en J. de la Cueva Merino y Á. L. López Villaverde (eds.), *Clericalismo y asociacionismo católico en España, de la Restauración a la Transición: un siglo entre el palio y el consiliario,* Cuenca, Ediciones de la Universidad de Castilla-La Mancha, 2005b, págs. 107-132.

— «Ideal femenino y protagonismo de las mujeres en las culturas políticas católicas del franquismo», *Arenal,* vol. 15 (2), 2008, págs. 269-293.

— «Feminismo, antifeminismo, catolicismo y anticlericalismo en la transición política a la democracia», en A. Aguado y T. M.ª Ortega, *Feminismos y antifeminismos. Culturas políticas e identidades de género en la España del siglo* XX*,* Valencia, Universidad de Valencia y Universidad de Granada, 2011, págs. 307-332.

— «Mujeres en la Acción Católica y el Opus Dei. Identidades de género y culturas políticas en el catolicismo de los años sesenta», *Historia y Política: Ideas, Procesos y Movimientos Sociales,* 28, 2012a, págs. 167-194.

— «República, género y religión. Las mujeres ante la política laicista republicana», en M. de la C. Marcos del Olmo y R. Serrano García (eds.),

Mujer y política en la España contemporánea (1868-1936), Valladolid, Ediciones de la Universidad de Valladolid, 2012b, págs. 183-202.

— «Compromiso político y feminismo en el universo comunista de la Transición», *Cuestiones de Género, de la Igualdad y la Diferencia,* 8, 2013, págs. 43-60.

— «Parti communiste et féminisme: De l'antifascisme à la transition démocratique en Espagne», *Vingtième Siècle. Revue d'histoire,* 126, abril-junio de 2015, págs. 133-146.

Motadel, David, «The German Nature Conservation Movement in the Twentieth Century», *Journal of Contemporary History,* vol. 43 (1), 2008, págs. 137-153.

Muñoz Encinar, Laura, «Desenterrando la represión de género: análisis de la violencia ejercida sobre las mujeres durante la Guerra Civil y la dictadura franquista en el suroeste de España», *Huarte de San Juan. Geografía e Historia,* 28, 2021, págs. 73-100.

— «Arqueología y represión: La violencia ejercida sobre las mujeres durante la Guerra Civil y la dictadura franquista», en F. Carrión y M. Á. del Arco Blanco (eds.), *Desenterrar el pasado. Arqueología e historia de la Guerra Civil y la dictadura franquista,* Granada, Comares, 2024, págs. 241-258.

Muñoz Ruiz, Mayka; Antón Fernández, Eva, y García Bujarrabal, Diana, *El feminismo en las políticas de las centrales sindicales en España,* Madrid, Ministerio de Igualdad, Instituto de las Mujeres, 2023.

Narváez Alba, María Virtudes, *La imagen de la mujer en la Guerra Civil. Un estudio a través de la prensa gaditana (1936-1939),* Cádiz, Quorum Editores, 2009.

Nash, Mary, «Dos intelectuales anarquistas frente al problema de la mujer: Federica Montseny y Lucía Sánchez Saornil», *Convivium,* 44-45, 1975a, págs. 73-99.

— *Mujeres Libres. España, 1936-1939,* Barcelona, Tusquets, 1975b.

— *Mujer y movimiento obrero en España,* Barcelona, Fontamara, 1981.

— «Pronatalismo y maternidad en la España franquista», en G. Bock y P. Thane (eds.), *Maternidad y políticas de género. La mujer en los estados de bienestar europeos, 1880-1950,* Madrid, Cátedra, 1996, págs. 279-308.

— *Rojas. Las mujeres republicanas en la Guerra Civil,* Madrid, Taurus, 1999a.

— «Un/Contested Identities: Motherhood, Sex Reform and the Modernization of Gender Identity in Early Twentieth-Century Spain», en

V. L. Enders y P. B. Radcliff (eds.), *Constructing Spanish Womanhood. Female Identity in Modern Spain,* Albany (NY), State University of New York Press, 1999b, págs. 9-34.
— «Maternidad, maternología y reforma eugénica en España, 1900-1939», en G. Duby y M. Perrot (dirs.), *Historia de las mujeres en Occidente,* vol. 5: *El siglo XX,* Madrid, Taurus, 2000, págs. 687-708.
— *Mujeres en el mundo: Historia, retos y movimientos,* Madrid, Alianza Editorial, 2004.
— *Dones en Transició. De la resistència política a la legitimitat feminista: les dones en la Barcelona de la Transició,* Barcelona, Ajuntament de Barcelona i Regidoria de la Dona, 2007.
— «La construcción de una cultura política desde la legitimidad feminista durante la Transición política democrática», en A. Aguado y T. M.ª Ortega (eds.), *Feminismos y antifeminismos. Culturas políticas e identidades de género en la España del siglo XX,* Valencia, Universidad de Valencia y Universidad de Granada, 2011, páginas 283-316.
— «Trabajos invisibles y el difícil reconocimiento de las mujeres trabajadoras en los medios socialistas», en C. Fernández Casanova (coord.), *Estudios sobre Pablo Iglesias y su tiempo,* A Coruña, Universidade da Coruña, 2013, págs. 157-170.
Noblet, Bertrand, «Historia de una construcción social: la mujer en los manuales de la dictadura franquista», *Cadernos de Pesquisa,* vol. 52 (1), 2022.
Nogués Sardá, Agustín, «El campo escolar agrícola», *La Tierra: Órgano de la Federación de Sindicatos Católico-Agrarios de Córdoba,* 92, 15 de septiembre de 1925, págs. 1-3.
Núñez, María Gloria, «Políticas de igualdad entre varones y mujeres en la segunda república española», *Espacio, Tiempo y Forma,* Serie V, Historia Contemporánea, 11, 1998, págs. 393-445.
Núñez Seixas, Xosé Manoel, y Umbach, Maiken, «Hijacked Heimats: National Appropriations of Local and Regional Identities in Germany and Spain, 1930-1945», *European Review of History,* vol. 15 (3), 2008, págs. 295-316.
Ofer, Inbal, «Historical Models, Contemporary Identities. The Sección Femenina of the Spanish Falange and its Redefinition of the Term "Femininity" », *Journal of Contemporary History,* vol. 40 (4), 2005, págs. 663-674.

— «A "New" Woman for a "New" Spain. The Sección Femenina de la Falange and the Image of the National Syndicalist Woman», *European History Quarterly,* vol. 39 (4), 2009, págs. 583-605.

Offen, Karen, *European Feminisms, 1700-1950: A Political History,* Stanford (CA), Stanford University Press, 2000.

Orduña Prada, Mónica, *El Auxilio Social (1936-1940). La etapa fundacional y los primeros años,* Madrid, Escuela Libre Editorial, 1996.

Orobon, Marie-Angèle, *et al.* (eds.), *Diccionario simbólico del republicanismo histórico español (siglos XIX-XX),* Granada, Comares, 2024.

Oroz, Elena, «Nuestra Misión (1940): Maternidad simbólica y regeneración nacional en la propaganda cinematográfica de la Sección Femenina», *Letras Femeninas,* vol. 42 (1), 2016, págs. 86-100.

Ortega López, Teresa María, «Conservadurismo, catolicismo y antifeminismo», *Ayer,* vol. 71 (3), 2008, págs. 53-83.

— «Culturas liberales y catolicismo en la génesis del antifeminismo franquista», *Historia Social,* 67, 2010, págs. 155-171.

— «¡Cosa de coser… y cantar! La derecha antiliberal y el adoctrinamiento político de la mujer de clase media en la Segunda República», en A. Aguado y T. M.ª Ortega (eds.), *Feminismos y antifeminismos. Culturas políticas e identidades de género en la España del siglo XX,* Valencia, Universidad de Valencia y Universidad de Granada, 2011, págs. 173-206.

— «Democratizando la democracia. Estrategias de género de las trabajadoras agrícolas españolas (1977-1990)», *Historia Agraria. Revista de Agricultura e Historia Rural,* 61, 2013, págs. 181-209.

— (coord.), *La sociedad civil andaluza: punta de lanza de la democracia y la autonomía,* Sevilla, Centro de Estudios Andaluces, 2019.

— «Contra el feminismo: movilización, represión y sublimación del modelo femenino tradicional en la primera mitad del siglo XX en España», *Revista de Humanidades,* 41, 2020, págs. 157-180.

— «Contra la República y la igualdad. Antifeminismo y conservadurismo católico en las derechas españolas», en L. Álvarez Rey (coord.), *La Segunda República Española 90 años después. Balances y Perspectivas,* vol. 1, Madrid, CEPC, 2022a, págs. 301-326.

— «Haciendo a la mujer española. Antifeminismo y antifeministas en la cultura y la política de los años veinte», en T. M.ª Ortega López (ed.), *Mujeres, género y nación en la dictadura de Primo de Rivera,* Madrid, Sílex, 2022b, págs. 123-154.

— (ed.), *Mujeres, género y nación en la dictadura de Primo de Rivera,* Madrid, Sílex, 2022c.

— «Olas de antifeminismo en España en la Segunda República, en la Guerra Civil y en la dictadura de Franco», *Arenal,* vol. 29 (1), 2022d, págs. 217-237.

— «Mujeres, antifeminismo y maternidad en el franquismo», en G. Román Ruiz, *Los niños de Franco. Entre el control, la pobreza y la picaresca (1939-1969),* Madrid, Sílex, 2024, págs. 25-58.

Ortega López, Teresa María, y Moreno Seco, Mónica, *Historia de las mujeres y del feminismo desde 1945*, Madrid, Síntesis, 2023.

Ortega López, Teresa María, y Cobo Romero, Francisco, «"Guardianas de la raza". El discurso "nacional-agrarista" y la movilización política conservadora de la mujer rural española (1880-1939)», *Historia y Política,* 37, 2017, págs. 57-90.

Ortuño Martínez, Bárbara, y Moreno Seco, Mónica, «Militantes entre el ser y el deber ser. Compromiso, género y familias en la juventud revolucionaria de los años setenta en España y Argentina», *Arbor,* vol. 196 (796), 2020.

Osborne, Raquel, «Simmel y la cultura femenina», *Revista Española de Investigaciones Sociológicas,* 40, 1987, págs. 97-111.

— «De la "violencia" (de género) a las "cifras de la violencia": una cuestión política», *Empiria. Revista de Metodología de las Ciencias Sociales,* 15, enero-junio de 2008, págs. 99-124.

Ostolaza Esnal, Maitane, «Feminismo y religión: Las Congregaciones religiosas y la enseñanza de la mujer en España, 1851-1930», en M. de la C. Marcos del Olmo y R. Serrano García (eds.), *Mujer y política en la España contemporánea (1868-1936),* Valladolid, Ediciones de la Universidad de Valladolid, 2012, páginas 137-158.

Pacheco Oropeza, Bettina, «La concepción de lo femenino en Unamuno: Encuentro en un entreacto», *Contexto. Revista Anual de Estudios Literarios,* vol. 8 (10), 2004, págs. 217-228.

Palacio Lis, Irene, *Mujeres ignorantes, madres culpables: Adoctrinamiento y divulgación materno-infantil en la primera mitad del siglo xx,* Valencia, Universitat de València, 2003.

Palomera Valenzuela, Adriana, «La mujer anarquista: Discursos en torno a la construcción del sujeto femenino revolucionario en los albores de la "idea"», *Izquierdas,* 24, julio de 2015.

Pérez Garzón, Juan Sisinio, *Historia del feminismo,* Madrid, Los Libros de la Catarata, 2018.
— *Historia del feminismo. La revolución de las mujeres: de la Ilustración a la globalización,* Madrid, Los Libros de la Catarata, 2024.
Pérez Gómez, María de los Llanos, y González Madrid, Damián A. (coords.), *Las mil caras de la violencia contra las mujeres durante la Guerra Civil y la dictadura franquista, 1936-1966,* Granada, Comares, 2024.
Pérez Pérez, José Antonio, «Una sociedad en transformación (1982-1996)», *Ayer,* 84, 2011, págs. 99-127.
Peset, José Luis, «Ciencia y poder en la polémica entre Maupertuis y Voltaire», *Asclepio,* vol. XL (2), 1988, págs. 163-177.
Pidal y Mon, Alejandro, *El feminismo y la cultura de la mujer,* Madrid, Hijos de J. A. García, 1902.
Pierce, Samuel, «The Political Mobilization of Catholic Women in Spain's Second Republic: The CEDA, 1931-6», *Journal of Contemporary History,* vol. 45 (1), 2010, págs. 74-94.
Piérola Narvarte, Gemma, *Mujer e ideología en la dictadura franquista. Navarra (1939-1960),* Pamplona, Pamiela, 2018.
Polo Blanco, Antonio, *Gobierno de las poblaciones en el primer franquismo (1939-1945),* Cádiz, Servicio de Publicaciones de la Universidad de Cádiz, 2006.
Prada, Julio, «Mujeres contra la revolución. La movilización femenina conservadora durante la Segunda República española y la Guerra Civil», *Revue de Civilisation Contemporaine de l'Université de Bretagne Occidentale,* 2008.
Prieto Borrego, Lucía, «Violencia anticlerical en las comarcas de Marbella y Ronda durante la Guerra Civil», *Baética. Estudios de Arte, Geografía e Historia,* 25, 2003, págs. 751-772.
— «La prostitución en Andalucía durante el primer franquismo», *Baética. Estudios de Arte, Geografía e Historia,* 28, 2006, págs. 665-687.
— «Mujer y anticlericalismo: la justicia militar en Marbella, 1937-1939», *Historia Actual Online,* 12, 2007, págs. 95-106.
Quaggio, Giulia, «La cuestión femenina en el PSOE de la Transición: de la marginación a las cuotas», *Arenal,* vol. 24 (1), 2017, páginas 219-253.
Quiroga, Alejandro, *Miguel Primo de Rivera. Dictadura, populismo y nación,* Barcelona, Crítica, 2022.

Quirosa Cheyrouze-Muñoz, Rafael, *Almería, 1936-37. Sublevación militar y alteraciones en la retaguardia republicana,* Almería, Universidad de Almería, 1997.

Radcliff, Pamela, «Política y cultura republicana en el Gijón de fin de siglo», en N. Townson (ed.), *El republicanismo en España (1830-1977),* Madrid, Alianza Editorial, 1994, págs. 373-394.

— «El debate sobre el género en la Constitución de 1978: orígenes y consecuencias del nuevo consenso sobre la igualdad», *Ayer,* vol. 88 (4), 2012, págs. 195-225.

Ramírez Cremades, Francisco José, *El Código de Trabajo de 1926,* Elche, Universidad Miguel Hernández, 2018.

Ramos Mesonero, Alicia, *Memoria de las presas de Franco,* Madrid, Huerga y Fierro, 2012.

Ramos Palomo, M.ª Dolores, «Luces y sombras en torno a una polémica: la concesión del voto femenino en España (1931-1933)», *Baética,* 11, 1988, págs. 563-574.

Recas de Calvet, Teresa, *Enseñanzas del hogar,* Barcelona, Casa Provincial de la Caridad, 1946.

Redonet y López Dóriga, Luis, *Política Agraria* (conferencia pronunciada el 29 de enero), Madrid, Real Academia de Jurisprudencia y Legislación, 1916.

Richards, Michael, «Morality and Biology in the Spanish Civil War: Psychiatrists, Revolution and Women Prisoners in Málaga», *Contemporary European History,* vol. 10, 3, 2001, págs. 395-421.

— «Antonio Vallejo Nágera. Heritage, Psychiatry and War», en A. Quiroga y M. A. del Arco (eds.), *Right-Wing Spain in the Civil War Era. Soldiers of God and Apostles of the Fatherland, 1914-1945,* Londres / Nueva York, Continuum, 2012, págs. 195-224.

Riopérez Milá, Santiago, «El amor y las mujeres en la obra de Azorín», *Anales Azorianos,* vol. 4, 1993, págs. 593-602.

Rodrigo, Javier, *Hasta la raíz: Violencia durante la Guerra Civil y la dictadura franquista,* Madrid, Alianza Editorial, 2008.

Rodríguez López, Sofía, «Mujeres perversas: la caricaturización femenina como expresión de poder entre la guerra civil y el franquismo», *Asparkia: Investigació feminista,* 16, 2005, págs. 177-198.

Rodríguez López-Brea, Carlos María, «Cuando aún no era "el jefe". Un ensayo biográfico del primer José María Gil-Robles (1898-1931)», *Studia Historica. Historia Contemporánea,* vol. 38, 2020, págs. 267-295.

Román Ruiz, Gloria, y Martínez, Alba (eds.), *Mujeres frente a la miseria. Historia y memoria de la supervivencia femenina,* Madrid, Marcial Pons, 2025.

Romeo Mateo, María Cruz, «Destinos de mujer: esfera pública y políticos liberales», en I. Morant (dir.), *Historia de las mujeres en España y América Latina (del siglo xix a los umbrales del xx),* vol. 3, Madrid, Cátedra, 2006, págs. 61-83.

Romero Salvadó, Francisco J., y Smith, Ángel, *The Agony of Spanish Liberalism. From Revolution to Dictatorship 1913-23,* Londres, Palgrave Macmillan, 2010.

Rosell, José, «Veladas rurales de educación popular y agrícola», *El Progreso Agrícola y Pecuario,* núm. 476, 22 de marzo de 1906.

Rosique Navarro, Francisca, «La Institución Teresiana en la Liga Católica de Mujeres Campesinas», *Hispania Sacra,* vol. LXIX (139), enero-junio de 2017, págs. 363-387.

Ruiz Franco, Rosario, «La situación legal: discriminación y reforma», en G. Nielfa Cristóbal (ed.), *Mujeres y Hombres en la España franquista: sociedad, economía, política y cultura,* Madrid, Universidad Complutense, 2003, págs. 117-144.

— *¿Eternas menores? Las mujeres en el franquismo,* Madrid, Biblioteca Nueva, 2007.

Ruiz Jiménez, Antonia María, «Razones de sexo, razones de peso: el feminismo en el Partido Popular», *Documento de Trabajo,* Madrid, IESA, 2003.

Ruiz Resa, Josefa Dolores, *Los derechos de los trabajadores en el Franquismo,* Madrid, Dykinson, 2015.

Salazar Agulló, Modesta, *Asistencia materno-infantil y cuestiones de género en el Programa Al servicio de España y del niño español (1938-1963),* Alicante, Universidad de Alicante, 2009.

Salazar Agulló, Modesta; Martínez Marco, Emilio A., y Bernabeu Mestre, Josep, «La salud materno-infantil durante el franquismo: notas bibliométricas sobre el programa "Al servicio de España y del niño español"», *Asclepio. Revista de Historia de la Medicina y de la Ciencia,* vol. 59 (1), 2007, págs. 285-314.

— «Salud materna y perspectiva de género en el primer franquismo. La colección "Al Servicio de España y del Niño Español"», *Matronas,* vol. 9 (4), 2008, págs. 28-33.

Salazar Benítez, Octavio, *Las cuotas electorales femeninas. Una exigencia del principio de igualdad sustancial: contra el monopolio de los púlpitos,* Córdoba, Universidad de Córdoba, 2001.

Sales Gelabert, Tomeu, «Reproducción, campo de batalla en la esfera pública: el discurso antifeminista de la nueva derecha radical neoliberal española», *Revista de Estudios Políticos,* 199, 2023, págs. 101-131.

Sánchez, Pura, *Individuas de dudosa moral. La represión de las mujeres en Andalucía, 1936-1958,* Barcelona, Crítica, 2009.

Sánchez Anido, José, *Educación campesina,* Madrid, Imprenta de Perlado, Páez y C.ª, 1922, págs. 141-142.

Sánchez Medero, Gema, «El papel de las mujeres en dos grandes partidos españoles: PP y PSOE», *Política y Cultura,* 28, 2007, págs. 99-132.

Sánchez Millas, María del Pilar, *La Europa soñada, la Europa creada: idea y acción del PSOE en la CEE (1982-1992),* tesis doctoral, Madrid, Universidad Complutense, 2016.

Scanlon, Geraldine M., *La polémica feminista en la España contemporánea (1868-1974),* Madrid, Akal, 1986.

— «La mujer y la instrucción pública: de la ley Moyano a la II República», *Historia de la educación. Revista interuniversitaria,* 6, 1987, págs. 193-208.

Segato, Rita Laura, *La guerra contra las mujeres,* Madrid, Traficantes de Sueños, 2016.

Somolinos Molina, Cristina, «La "mujer nueva" ha hablado: diálogos entre Luisa Carnés y Alexandra Kollontai en Tea rooms. Mujeres obreras (1934)», *Castilla. Estudios de Literatura,* vol. 14, 2023, págs. 833-861.

Sueiro Seoane, Susana, «Amor, sexo y feminidad en el pensamiento anarquista. La idea de la emancipación femenina de dos anarquistas emblemáticas: Emma Goldman y Federica Montseny», *Altre Modernità. Rivista di studi letterari e culturali,* Extra 3, 2019, págs. 49-78.

Tajadura Tejada, Javier, «El legado intelectual y político de Manuel Azaña (1880-1940)», *Revista de las Cortes Generales,* 109, 2020, páginas 209-246.

Tavera, Susanna, *Federica Montseny. La indomable,* Madrid, Temas de Hoy, 2005.

Telo Núñez, María, «La evolución de los derechos de la mujer en España», en C. Borreguero, E. Catena, C. de la Gándara y M. Salas (dirs.), *La mujer española: De la tradición a la modernidad (1960-1980),* Madrid, Tecnos, 1986.

Tezanos, José Félix, «Cambio social y modernización en la España actual», *Revista Española de Investigaciones Sociológicas,* 28, 1984, págs. 19-62.

Thébaud, Françoise, «La Primera Guerra Mundial: ¿La era de la mujer o el triunfo de la diferencia sexual?», en G. Duby y M. Perrot (dirs.), *Historia de las mujeres en Occidente,* vol. 5, *El siglo* XX, Madrid, Taurus, 2000, págs. 45-106.

Toran Belver, Rosa, y Cañellas Julià, Cèlia, «Participació femenina als Consells Municipals a Catalunya 1934-1939», en M. Nash y S. Tavera García (eds.), *Las mujeres y las guerras. El papel de las mujeres en las guerras de la Edad Antigua a la Contemporánea,* Barcelona, Icaria, 2003, págs. 426-440.

Torres Marty, Luis, y Gil Ossorio, Félix, *El primer semestre de vida del niño español,* Madrid, Publicaciones del Instituto Nacional de Previsión, 1941.

Ugarte Tellería, Javier, *La Nueva Covadonga Insurgente. Orígenes Sociales y Culturales de la Sublevación de 1936 en Navarra y País Vasco,* Madrid, Biblioteca Nueva, 1998.

Unamuno, Miguel de, «La educación», en *Paisajes y ensayos,* Madrid, Escelicer, 1966, págs. 1020-1021.

— *El hermano Juan,* Madrid, Espasa-Calpe, 1969.

Urigüen, Begoña, *Orígenes y evolución de la derecha española. El neocatolicismo,* Madrid, CSIC, 1986.

Vaggione, Juan Marco, «La Iglesia Católica frente a la política sexual: la configuración de una ciudadanía religiosa», *Cadernos Pagu,* 2017.

Valcárcel, Amelia, *La política de las mujeres,* Madrid, Cátedra, 2004.

Valero, Miguel Ángel, «Eugenesia franquista: de la "raza hispana" de Vallejo-Nájera a administrar arsénico a embarazadas para "mejorar la calidad" de los niños españoles», *El Salto,* 3 de mayo de 2022.

Valiente Fernández, Celia, «La liberalización del régimen franquista: la Ley de 22 de julio de 1961 sobre derechos políticos, profesionales y de trabajo de la mujer», *Historia Social,* 31, 1998, págs. 45-65.

— «Spain at the Vanguard in European Gender Equality Policies», en S. Roth (ed.), *Gender Politics in the Expanding European Union. Mobilization, Inclusion, Exclusion,* Nueva York, Berghahn Books, 2008, págs. 101-117.

Vallejo de Simón, Antonio M., *Balance demográfico de un año de guerra,* Valladolid, Ministerio de la Gobernación, Subsecretaría del Interior, Jefatura de Sanidad, Sección de Maternología, Puericultura e Higiene

Escolar (Publicaciones «Al Servicio de España y del Niño Español», núm. 15), 1939.

Vallejo Nágera, Antonio, *Eugenesia de la Hispanidad y regeneración de la raza,* Burgos, Editorial Española, S. A., 1937.

— *Política Racial del Nuevo Estado,* Madrid, Editorial Española, 1938.

Van Osselaer, Tine, *The Pious Sex: Catholic Constructions of Masculinity and Feminity in Belgium, c. 1800-1940,* Lovaina, Leuven University Press, 2013.

Vázquez de Mella, Juan, *Obras Completas: Selección de Elocuencia e Historia,* vol. 1, Madrid, Editorial Voluntad, 1931.

Vázquez García, Francisco, y Moreno Mengíbar, Andrés, *Sexo y razón: Una genealogía de la moral sexual en España (siglos XVI-XX),* Madrid, Akal, 1997.

Vázquez Montalbán, Manuel, *Cambiar la vida, cambiar la historia,* Madrid, Atrapasueños, 2020.

Vázquez Ramil, Raquel, *La mujer en la II República,* Madrid, Akal, 2014.

Vega, Eulàlia, *Entre revolució i reforma. La CNT a Catalunya (1930-1936),* Lleida, Pagés Editors, 2004.

— *Pioneras y Revolucionarias. Mujeres libertarias durante la República, la Guerra Civil y el Franquismo,* Barcelona, Icaria, 2010.

Velasco Haro, Manuel, *Los Corrales. Referencias históricas de un pueblo andaluz,* Sevilla, Diputación de Sevilla, 2000.

Verd Llabrés, Guillem, *El origen de los subsidios familiares en España, 1926-1950,* Barcelona, Universitat de Barcelona, 2022.

Verge, Tània, «De la cuota a la democracia paritaria: estrategias partidistas y representación política de las mujeres en España», *Política. Revista de Ciencia Política,* 46, 2006, págs. 107-139.

Vicente, Laura, «El feminismo anarquista desde sus orígenes internacionalistas a Mujeres Libres», *Viento Sur,* 136, octubre de 2014, págs. 90-98.

Victoria Moreno, Diego, «Contribución de Cartagena al ensayo autoritario de Primo de Rivera: ideología y realidad social (1923-1930)», *Estudios Románicos,* 6, 1989, págs. 1811-1826.

Vilar Rodríguez, Margarita, *El precio del trabajo industrial en las primeras décadas del franquismo (1936-1963): las limitaciones de las fuentes estadísticas,* Madrid, Fundación 1º de Mayo, 2004.

— *Los salarios del miedo. Mercado de trabajo y crecimiento económico en España durante el franquismo,* Santiago de Compostela, Fundación 10 de marzo, 2009.

Vincent, Mary, «La reafirmación de la masculinidad en la cruzada franquista», *Cuadernos de Historia Contemporánea,* 28, 2006, págs. 135-151.

Vinyes, Ricard; Armengou, Montse, y Belis, Ricard, *Los niños perdidos del franquismo,* Barcelona, Plaza & Janés Editores, 2002.

Vivas Tesón, Inmaculada, «La mujer en el Código civil de 1889: La capacidad jurídica negada y las puertas abiertas a la igualdad», *Iura Vasconiae. Revista de Derecho Histórico y Autonómico de Vasconia,* vol. 21, 2024.

Ysàs, Pere, «Cambio y continuidades: tres lustros de gobiernos socialistas», *Ayer,* 84, 2011, págs. 23-49.

Yusta Rodrigo, Mercedes, «Las mujeres en la resistencia antifranquista, un estado de la cuestión», *Arenal,* vol. 12, enero-junio de 2005, págs. 5-34.

— «La Segunda República: significado para las mujeres», en I. Morant (ed.), *Historia de las mujeres en España y América Latina IV (del siglo* xx *a los umbrales del* xxi*),* Madrid, Cátedra, 2006, págs. 101-122.

— *Madres coraje contra Franco. La Unión de Mujeres Españolas en Francia, del antifascismo a la guerra fría,* Madrid, Cátedra, 2009.

— «Construyendo el género más allá de la nación: dimensión nacional e internacional de la movilización de las mujeres antifascistas (1934-1950)», *Mélanges de la Casa de Velázquez,* vol. 42 (2), 2012, págs. 107-125.

— «Comunismo y antifascismo en femenino: de Mujeres Antifascistas a la Unión de Mujeres Españolas», en F. Erice (dir.), *Un siglo de comunismo en España II: presencia social y experiencias militantes,* Madrid, Akal, 2022, págs. 285-312.

Zafra Anta, Miguel Ángel; Hernández Clemente, Juan Carlos, y Medino Muñoz, Juan, «Estudio histórico hemerográfico sobre la Escuela Nacional de Puericultura. Antecedentes de la Pediatría Social y mirada crítica a la maternología y la perspectiva de género», *Anales de Pediatría,* vol. 93 (1), 2020, págs. 70-72.

Índice